Dnjepr
Wolga
Don
chwarzes Meer
Kaukasus
Kaspisches Meer
ASIEN
ARMENIEN
Orontes
rus
Antiochia
SYRIEN
Euphrat
Ninive
Tigris
Ekbatana
PERSIEN
Gebal
Sidon
Ijon
Tyros
Damaskus
LIBANON
MESOPOTAMIEN
STINA
Babylon
Jaffa
Jordan
Totes Meer
Bach
tens
Jerusalem
Ur
Elat
Persischer Golf
Arabische Wüste
Rotes Meer
OPIEN
che Wüste

Chaim Herzog
Mordechai Gichon

»MIT GOTTES HILFE«

Die biblischen Kriege

Chaim Herzog
Mordechai Gichon

»MIT GOTTES HILFE«

Die biblischen Kriege

Deutsch von Ursula Walther

Mit 84 Abbildungen und Karten

Langen Müller

Titel der englischen Originalausgabe
»Battles of the Bible«
(Greenhill Books/Lionel Leventhal Limited
of Park House, London)

Umschlaggestaltung: Wolfgang Heinzel
Satz: VerlagsService Dr. Helmut Neuberger
& Karl Schaumann GmbH, Heimstetten
Gesetzt aus der 11/14,6 Punkt Stempel-Garamond
auf Apple Macintosh in QuarkXPress
Druck: Jos. C. Huber KG, Dießen
Binden: R. Oldenbourg, München
Printed in Germany
ISBN 3-7844-2705-7

Inhalt

II

Der zweite Tempel bis zum Tod von Judas Makkabäus 293

Vorwort zur Ausgabe von 1997

Das vorliegende Buch entstand aus einem Projekt, das unter demselben Titel vor zwanzig Jahren veröffentlicht wurde. Die Forschungsergebnisse und archäologischen Funde der letzten zwei Jahrzehnte wurden in den Text eingearbeitet, zudem wurden neue Karten und Illustrationen angefertigt.

Das Buch stellt den Versuch dar, die biblischen Erzählungen nach modernen militärischen Erkenntnissen zu interpretieren.

Wir wurden von dem Wunsch geleitet, die Militärgeschichte der Bibel anhand moderner Militärkonzepte und in heute gebräuchlicher Terminologie neu zu erzählen. Auf diese Weise und anhand von Vergleichen mit späteren Zeiten tritt, wie wir finden, die militärische Genialität vieler Feldherren, von denen in der Bibel berichtet wird, deutlich zutage, während gleichzeitig auf die Gültigkeit der Prinzipien des Krieges über die Jahrhunderte hinweg hingewiesen wird.

Falls wir zu Beginn unserer Nachforschungen Zweifel daran hegten, ob die militärischen Ereignisse, die vor zwei, drei Jahrtausenden stattgefunden haben, nach modernen Gesichtspunkten beurteilt werden können, dann wurden diese Zweifel während der Arbeit zerstreut. Wenn man die quantitativen Veränderungen, die moderne Waffen und Ausrüstung mit sich bringen, berücksichtigt, galten dieselben grundlegenden Gesetze – Strategie und Taktik –, die in einem modernen konventionellen Krieg angewendet werden, auch in den Schlachten der entfernten Vergangenheit.

Die besonderen geographischen Bedingungen waren über die Jahrtausende hinweg ein prinzipieller und konstanter Faktor, der die Überlegungen der Feldherren bestimmte. Wir selbst hatten während unserer Jahre im Militärdienst Gelegenheit, Lehren aus der Antike zu ziehen, als wir uns Gedanken über die Probleme des heutigen Israel, seinen Kampf um die Unabhängigkeit und die Aufrechterhaltung seiner Sicherheit machten. Die Faktoren, die die Entscheidungen der Feldherren von Judäa und Israel in der Antike bestimmt haben, beeinflussen auch noch die Überlegungen der Generäle von heute.

Die Position des Heiligen Landes als strategisch wichtige Landbrücke im östlichen Mittelmeerraum zwang die Bewohner dieses Landstrichs, die nach Unabhängigkeit strebten, dazu, eine effiziente Kriegsmaschinerie aufzubauen, zu erhalten und von Zeit zu Zeit geschickt einzusetzen, um sich die Freiheit zu bewahren. Nur auf diese Weise und durch die kluge militärische Nutzung des Geländes konnten die Juden des Altertums die De-facto-Herrschaft über das alte Israel über zwölf Jahrhunderte hinweg behalten.

Die militärischen Heldentaten eines kleinen Volkes, die oft unter widrigsten Umständen erbracht wurden, erscheinen es uns wert, in moderner Sprache erzählt zu werden. Zudem bieten die Darstellung des militärischen Hintergrundes und die Interpretation der Ereignisse, aus denen sich die biblische Geschichte zusammensetzt, sowie die kritische Untersuchung der Kriege und der militärischen Sachverhalte zahlreiche Lehren, die bis zum heutigen Tag von Nutzen sind.

Viele Wissenschaftler werden auf den von der Religion inspirierten Charakter der Heiligen Schriften hinweisen und gleichzeitig bestätigen, daß die Texte verschiedenen Quellen aus mehreren Jahrhunderten entnommen sind. Die Bibel sollte nie ein Geschichtsbuch oder eine Chronik sein. Tatsächlich wird aber immer wieder auf Annalen, wie auf die Bücher der Chronik der Könige von Juda und die Bücher der Könige von Israel, verwiesen. Die Intention der Bibel ist, zu lehren und zu leiten, indem sie in ihren Geschichtsbüchern ausgewählte Vorkommnisse aufgreift, ohne notwendigerweise ein vollkommenes, unvoreingenommenes Bild zu zeichnen. Demzufolge stehen die Erzählungen aus der prämonarchischen Periode nicht in allen Fällen in Verbindung mit den richtigen biblischen Figuren, und sie folgen auch nicht immer der korrekten chronologischen Ordnung. Schließlich überging der eine oder andere Herausgeber etliche bedeutende, ihm unwichtig erscheinende Ereignisse, ohne sie zu erwähnen, und nur ein zufälliger Hinweis in anderen Quellen konnte ein paar von ihnen vor dem Vergessen bewahren. Wir werden, wann immer es nötig ist, in diesem Text darauf verweisen.

Andererseits hat uns unsere Vertrautheit mit militärischen Angelegenheiten und den Plätzen, an denen die biblischen Schlachten stattgefunden haben, überzeugt, daß es falsch ist, immer mehr Teile der biblischen Geschichte in das Reich der Sage zu verbannen, als pragmatische Erfindung oder ätiologische Interpretation unbekannter Urheber von Volkstum oder späterer Schreiber und Autoren anzusehen, die die Texte verfaßten, nach denen der biblische Kanon zusammengestellt wurde.[1]

Die taktische Schilderung der biblischen Schlachten, die Ortsangaben und Beschreibungen der topographischen Eigenheiten sowie die detaillierte und logische Interaktion zwischen Truppenbewegungen, Manövern und den Besonderheiten des Geländes – das alles kann nicht mit reinem Einfallsreichtum erklärt werden. Es genügt beispielsweise, Gideons Feldzug gegen die Midianiter und ihre Verbündeten, von dem im Buch der Richter, Kapitel 6–8, erzählt wird, mit den Schlachten im Trojanischen Krieg zu vergleichen, den Homer in dem Epos *Ilias* beschreibt. Für letztere wäre jede leicht zugängliche Küste mit einer nicht allzu weit entfernten befestigten Stadt ohne weiteres als Ort des Geschehens denkbar. Setzt man Gaza, Aschkelon oder Rimini (oder zahllose andere zufällig ausgewählte Küstenstädte) an die Stelle von Troja, könnten alle in der *Ilias* beschriebenen Ereignisse dorthin transferiert werden, da das Epos keinerlei relevante Einzelheiten enthält. Nicht so im biblischen Bericht von Gideons Feldzug. Die detaillierten taktischen Truppenbewegungen und Feindberührungen, die auf der Interaktion zwischen spezifischen topographischen Eigenschaften und den Aktionen von eigenen Männern und Gegnern basieren – in einem Kriegsgebiet, das eine Länge von mehr als 65 Kilometern einnimmt –, können schlichtweg nirgendwo sonst stattgefunden haben. Wie alle Soldaten bestätigen werden, ist jedes Schlachtfeld *sui generis* in seinen Details.

Wir sind daher praktisch gezwungen, den Wahrheitsgehalt der Kriegsberichte in der Bibel zu akzeptieren, obwohl die Ereignisse der prä-monarchischen Periode, wie bereits erwähnt, entweder aus Versehen oder absichtlich möglicherweise dem falschen Stammesführer zugesprochen oder in eine falsche Zeit verlegt wurden.

Die archäologische Forschung ist von unschätzbarem Wert, und sie hat uns sowohl Hintergrundmaterial als auch die Basis für unsere Arbeit sowie relevante epigraphische Beweise aus der Antike geliefert, die wegen ihrer Seltenheit um so kostbarer sind. Andererseits sollten viele der Schlüsse, die eine beträchtliche Anzahl von Wissenschaftlern aus diesen Quellen gezogen haben, als Mutmaßungen angesehen werden, die sich nicht auf zwingende faktische Beweise stützen. Bewußt oder unbewußt färben soziopolitische Vorstellungen und Vorurteile die Grundeinstellung einiger Wissenschaftler, und alle neigen dazu, allumfassende, letztgültige historische Schlußfolgerungen aus den Funden verschiedener Stätten zu ziehen, oft ehe der letzte und wissenschaftlich geprüfte Nachweis der Funde veröffentlicht wurde.[2] An keiner dieser Stätten wurden übrigens komplette Ausgrabungen mit sicheren Verfahren durchgeführt.

Das ist zu beklagen, insbesondere in den vielen Fällen, in denen sich Wissenschaftler ungerechtfertigte Freiheiten mit Textkorrekturen nahmen, um »einleuchtende Erklärungen« für »unpassend« erscheinende Funde anzubieten, und geopolitische Realitäten außer acht ließen. Wie immer das wohlerwogene Urteil der künftigen Forschung auch ausfallen mag, was den historischen Rahmen und die Ereignisse betrifft, vor deren Hintergrund wir die Kriege der Bibel betrachten müssen, sie kann nicht den Wahrheitsgehalt und die Authentizität der Geschichten über diese Auseinandersetzungen leugnen.[3]

Es würde zu weit führen, in diesem Buch eine Diskussion zu beginnen, die über militärische Belange hinausgeht.

Deshalb stellen wir nicht in Frage, ob Josua und die anderen in der Bibel genannten Anführer die großen Taten selbst ausgeführt haben, die ihnen zugeschrieben werden.[4]

Unsere Wertschätzung und unser Dank gilt Nati Tsameret und Lt. Col. Ephraim Melzer, die uns neue Fotografien von den biblischen Schlachtfeldern zur Verfügung stellten, John Richards, der die Karten zeichnete, und unserem Verleger Lionel Leventhal, seiner Assistentin Kate Ryle und allen seinen Mitarbeitern, die uns in vielerlei Hinsicht geholfen haben, die Neuausgabe dieses Bandes herauszubringen.

Dieses Buch ist ein Gemeinschaftswerk, und wir haben großen Nutzen aus den wechselseitigen Ratschlägen und den vielen Gesprächen gezogen. Wir beide profitierten von den Erfahrungen und speziellen Qualifikationen des Kollegen. Beim Schreiben des Buches konzentrierte sich Mordechai Gichon auf die Erste Tempel-Periode, während sich Chaim Herzog mit der Zweiten Tempel-Periode bis zum Tod von Judas Makkabäus auf dem Schlachtfeld, mit dem die biblischen Militärberichte enden, beschäftigte.

In jedem Fall ist es uns in dieser erweiterten und korrigierten Ausgabe, in der neue Hinweise und neue Vorstellungen und Theorien berücksichtigt werden, gelungen, nochmals zu bestätigen, daß die strategischen und taktischen Lehren der Bibel nach wie vor anwendbar und so bedeutend wie immer sind.

CHAIM HERZOG MORDECHAI GICHON

Die Zitate in der deutschen Ausgabe folgen, soweit möglich, der Bibelübersetzung Martin Luthers in der revidierten Fassung von 1984. Die Schreibweise der Orts- und Personennamen entspricht den ökumenisch erarbeiteten »Loccumer Richtlinien zur einheitlichen Schreibung biblischer Eigennamen«. Moderne Ortsnamen sind den entsprechenden israelischen, syrischen und jordanischen Landkarten entnommen.

ZEICHENERKLÄRUNG

Bewegungen der israelitischen oder verbündeter Streitkräfte
Bewegungen feindlicher Truppen
fliehende israelitische Truppen
fliehende gegnerische Truppen
israelitische Hauptstadt
Hauptstadt eines fremden Reiches
israelitische befestigte Stadt
fremde befestigte Stadt
israelitische Festung
fremde Festung
israelitische Stadt
fremde Stadt
israelitisches Dorf, Kleinstadt
fremdes Dorf, Kleinstadt
besetzte Position
Reichsgrenze
Landes- oder Staatsgrenze
regionale oder aufgehobene Staatsgrenze
interne Bezirksgrenze
Lager des israelitischen Oberbefehlshabers
Lager des gegnerischen Oberbefehlshabers
israelitisches Lager
gegnerisches Lager
Schlacht
Hafen
Wasservorkommen unter israelitischer Kontrolle
Wasservorkommen unter fremder Kontrolle
Blockade der Israeliten
Blockade des Gegners
Streitwagen
Infanterie
Kavallerie
Elefanten
Dromedare

Zeittafel

(Angaben jeweils v. Chr.)

27.–22. Jh.	Das alte Königreich in Ägypten.
ca. 2350	Unis Invasion in Kanaan.
18.–16. Jh.	Kanaan ist Teil des Hyksos-Reiches.
16.–8. Jh.	Das neue Königreich in Ägypten.
1468–1436	Tutmosis III. schlägt siebzehn Schlachten in und nördlich von Kanaan.
14. Jh.	18. Dynastie in Ägypten. Hebräische Stämme kommen nach Kanaan. Aufenthalt der Israeliten in Ägypten.
13. Jh.	Moses; Auszug aus Ägypten. Josua; teilweise friedliche Eroberung und Besiedlung von Kanaan.
12.–11. Jh.	Die Richter. Die Philister und andere »Seevölker« besiedeln die Küste von Kanaan.
ca. 1050	Samuel.
ca. 1025–1006	Saul.
ca. 1006–968	David; das Reich dehnt sich bis an die Grenze Ägyptens am Euphrat aus.
ca. 968–928	Salomo – Salomo erbaut den Tempel in Jerusalem. Bündnis mit Tyros.
ca. 925	Teilung des Königreiches

Israel

ca. 925–907	Jerobeam. Schischaks Invasion.
ca. 882–870	Omri. Bau von Samaria und Erneuerung der Allianz mit Tyros.

ca. 870–851	Ahab. Sieg über die Aramäer. Ahab führt die Koalition gegen Salmanassar III. an. Schlacht von Qarqar (853). Prophet Elias.
ca. 858–824	Salmanassar III. von Assyrien unterwirft in mehreren Kampagnen die Aramäer und erreicht Gilead und Galiläa.
ca. 852	Mescha König von Moab, gewinnt die Unabhängigkeit von Israel zurück.
ca. 850–842	Joram regiert in Israel.
ca. 850	Israel und Juda marschieren in Moab ein. Die Kampagne zeitigt keinen dauerhaften Erfolg.
ca. 842–814	Jehu rebelliert und wird mit Hilfe des Propheten Elisa zum König von Israel gekrönt. Der interne Kampf in Israel führt zur teilweisen Abhängigkeit von Damaskus, das von Hasaël regiert wird.
ca. 800–785	Joasch gewinnt Israels Unabhängigkeit zurück.
ca. 785–750	Jerobeam II. schließt ein Bündnis mit Usija von Juda und richtet die salomonischen Grenzen wieder ein. Der Prophet Amos.
ca. 745–727	Tiglat-Pileser III. von Assyrien dringt bei mehreren Feldzügen auf die palästinensische Landbrücke vor und erobert das Gebiet. Nur Juda bewahrt sich offenbar einen Rest von Unabhängigkeit.
ca. 722	Sargon II. von Assyrien nimmt Samaria nach drei Jahren Belagerung durch seinen Vorgänger, Salmanassar V., ein. Große Teile der Bevölkerung werden in entfernte Gebiete des Reiches verbannt (»die verlorenen zehn Stämme«). Die Übriggebliebenen vermischen sich mit nicht-jüdischen Umsiedlern und bilden das Volk der Samariter – sie werden nicht als orthodoxe Juden akzeptiert.
ca. 722–628	Israel ist assyrische Provinz.
ca. 604–539	Israel ist babylonische Provinz.
ca. 539	Israel wird persische Provinz.

JUDA

ca. 928–911	Rehabeam.
ca. 924	Schischak I. von Ägypten dringt nach Juda und Israel vor.
ca. 908–867	Asa festigt das Reich und nutzt die großartigen, von Rehabeam erbauten Befestigungsanlagen.
ca. 867–851	Joschafat. Offensive und defensive Allianz und Kooperation mit Israel.
ca. 851--843	Joram versucht ohne Erfolg, Edom zurückzuerobern.
ca. 812–810	Joasch wird von Damaskus bedrängt.
ca. 799–785	Amazja gewinnt Judas Unabhängigkeit zurück und erobert Edom.
ca. 786–758	Usija gewinnt Einfluß auf die östlichen, südlichen und westlichen Nachbarn. Der Prophet Jesaja – er wirkt bis in die Zeit Hiskias.
ca. 724–697	Hiskia schlägt Sanheribs Invasion zurück (701).
ca. 628–609	Josia. Letzte Ausbreitung Judas, die – wegen Assyriens Schwäche – große Gebiete des früheren Israels mit einschließt.
ca. 609	Josia fällt in Megiddo bei der Schlacht gegen Pharao Necho.
ca. 605	Gründung des neo-babylonischen Reiches, das beinahe alle Gebiete des ehemaligen Assyrien umfaßt.
ca. 586	Nebukadnezar erobert Jerusalem, der erste Tempel wird zerstört. Große Teile der Bevölkerung werden nach Babylonien verbannt. Jüdische Truppen fliehen in Begleitung des Propheten Ezechiel/Hesekiel nach Ägypten. Gründung der ersten jüdischen Militärkolonien in Ägypten.

537–332	Persische Periode.
537	Unter persischer Herrschaft können die Juden von Babylonien nach Juda zurückzukehren.
515	Wiederaufbau des Tempels (zweiter Tempel).
ca. 440	Nehemia kehrt aus Babylon zurück und errichtet neue Mauern in Jerusalem.
ca. 435	Esra schließt sich Nehemia an und wirkt beim Wiederaufbau Jerusalems und des Gemeinwesens in Juda mit.
332–134	Hellenistische Periode.
332	Alexander der Große erobert Persien und seine Provinzen, inklusive Palästina. Jüdische Bogenschützen schließen sich Alexander bei der Eroberung Ägyptens an.
301–200	Palästina unter der Herrschaft der Ptolemäer von Ägypten.
198	Der seleukidische Herrscher Antiochos III. von Syrien bringt Palästina unter seine Herrschaft.
190	Antiochos verliert die Entscheidungsschlacht mit den Römern in Magnesia.
188	Nach den Verhandlungen von Apamea wird Antiochos' Sohn (der spätere Antiochos IV.) als Geisel nach Rom geschickt.
187	Seleukos IV., Sohn von Antiochos III., übernimmt die Macht.
175	Antiochos IV. Epiphanes, Bruder von Seleukos IV., übernimmt die Macht. Onias III. (Honyo), traditionalistischer Hoherpriester in Jerusalem, wird vom Herrscher des Amtes enthoben; der pro-hellenistische Jason nimmt seine Stelle ein.
172	Jason wird verbannt, er flieht ins Trans-Jordanland; der extreme Hellenist Menelaus wird Hoherpriester.

170	Antiochos IV. führt einen Feldzug nach Ägypten.
168	Rom erobert Mazedonien. Zweiter Feldzug Antiochos' IV. nach Ägypten; kurz vor der endgültigen Eroberung des Landes befiehlt Rom seinen Rückzug. Aufstand in Jerusalem. Antiochos IV. schickt Truppen nach Jerusalem. Massaker an den Juden; Plünderung des Tempels; das berühmte Fort Acra wird als seleukidische Militärbasis erbaut.
167	Antiochos IV. erläßt anti-jüdische Dekrete.
Dez. 167	Entweihung des Tempels.
167	Mattatias widersetzt sich in Modeïn; er und seine Söhne rufen zur Rebellion auf. Judas bildet Guerillatruppen. Das Buch Daniel wird veröffentlicht.
167–166	Tod von Mattatias. Judas wird zum Anführer der Makkabäer. Apollonius erleidet Niederlage bei Gofna in der ersten makkabäischen Schlacht gegen seleukidische Truppen.
165	Seron wird in der Schlacht am Bet-Horon-Paß geschlagen. Antiochos IV. bricht zu einer Kampagne im Osten auf. Nikanor und Gorgias erleiden Niederlage in Emmaus.
164	Lysias wird von den Makkabäern in Bet-Zur zurückgeschlagen.
163	Judas rettet die Juden in Gilead; Simon zieht ins westliche Galiläa und befreit die Juden. Judas' Feldzüge auf der Küstenebene und in Idumäa. Tod Antiochos' IV. Epiphanes. Philippus übernimmt die Regentschaft für Antiochos' minderjährigen Sohn Antiochos V. Eupator.
162	Judas' Bruder Eleasar fällt in der Schlacht von Bet-Sacharja. Lysias gelangt nach Jerusalem. Im Namen von Antiochos V. hebt Lysias die anti-jüdischen Dekrete auf. Der Hohepriester Menelaus wird hingerichtet. Demetrius entkommt aus Rom und

wird neuer seleukidischer Herrscher (Demetrius I. Soter). Antiochos V. und Lysias kommen ums Leben. Alkimus wird Hoherpriester. Nikanor wird von den Makkabäern bei der Schlacht von Kafar-Salama in die Flucht geschlagen.

161 Nikanor fällt in der Schlacht von Adasa. Judas' Bündnis mit Rom.

160 Bakchides schlägt die Makkabäer. Judas fällt in der Schlacht. Jonatan wird nach Judas Anführer der Makkabäer und zieht sich in den Südosten von Judäa zurück.

152 Jonatan beginnt die Rückeroberung von Judäa und knüpft diplomatische Beziehungen zu Rom und Sparta.

142 Simon, der letzte der makkabäischen Brüder, wird Nachfolger Jonatans und erlangt die Unabhängigkeit für sein Land.

I

Vom Auszug aus Ägypten bis zur Zerstörung des Ersten Tempels

KAPITEL 1

Schauplatz des Geschehens

Die geographische Bühne

Eretz Israel – das Land, das Gott Abraham nach biblischer Überlieferung als dauerhafte, ureigene Heimat für das jüdische Volk versprochen hat – war eines der wichtigsten militärischen Durchgangsgebiete, seit es schriftliche Aufzeichnungen über historische Ereignisse gibt. Die älteste erhaltene, zusammenhängende Schilderung eines militärischen Feldzugs sehen die meisten Historiker als Bericht über eine ägyptische Invasion in Kanaan an. Die Grabinschrift von Uni, einem Feldherrn des Pharao Pepi I., rühmt die Eroberung des »Landes der Sandbewohner« bei einer Operation sowohl zu Wasser als auch zu Lande.[1] Unis Seetruppen landeten hinter der »Nase des Gazellenkopfes« und überwältigten die Feinde, bevor die Landtruppen, die über die Küstenebene marschierten, das Schlachtfeld erreichten. Doch schon ihr bedrohliches Näherkommen im Rücken der Verteidiger muß entscheidend zum Sieg beigetragen haben. Das Ereignis fand im 24. Jahrhundert v. Chr. statt, das »Land der Sandbewohner« war das heutige Israel, und der »Gazellenkopf« könnte der Berg Karmel gewesen sein.

Unis Eroberung der Gebiete, die in der Folgezeit zur ägyptischen Provinz Kanaan wurden, ging der israelitischen Besiedlung um eintausend Jahre voraus. Dennoch bietet die Schilderung das erste Bild der geopolitischen Gegebenheiten, die das Schicksal des

Heiligen Landes während seiner langen, turbulenten Geschichte bestimmt haben.

Bevor wir in die Details gehen, noch ein Wort zur Terminologie. Wie bereits erwähnt, ist Eretz Israel der hebräische Name für das Gelobte Land, das vor der israelitischen Eroberung als Kanaan bekannt war. Nach der Teilung des Vereinten Königreiches um das Jahr 925 v. Chr. erhielt das nördliche Reich den Namen Israel, das südliche wurde Juda genannt. Schließlich wurden nach der Rückkehr der Israeliten aus dem Exil in Babylon im Jahr 537 v. Chr. alle jüdischen Gebiete mit dem Begriff Juda bezeichnet, das hasmonäische Königreich in seinen wechselnden Grenzen mit eingeschlossen. Juda wurde uns in der latinisierten Form Judäa (Iudaea) bekannt, wie das Land als römische Provinz nach der Unterwerfung durch Vespasian und Titus (66–73 n. Chr.) hieß. Kaiser Hadrian änderte nach dem großen Aufstand unter Bar Kochba (132–135 n. Chr.) in dem vergeblichen Bemühen, die Juden in ihrer Heimat zu vernichten, den Namen in Syria-Palästina. Da in der nachfolgenden Geschichte weder die Araber noch die Türken dem Land einen eigenen Namen gaben, war es weiterhin als Palästina bekannt.

Im folgenden werden wir den Begriff Palästina verwenden, wenn wir von dem Land im geographischen Sinne innerhalb seiner geographischen Grenzen sprechen, ohne auf die aktuelle politische Konstellation der jeweiligen Zeit hinzuweisen. Die Bezeichnungen Cis- und Trans-Jordanland werden ebenfalls nur als geographische Angaben für die Regionen westlich und östlich des Jordan-Flusses eingesetzt.

Allem voran hat Palästinas *Lage* das Schicksal des Heiligen Landes bestimmt. Palästina ist die einzige Landbrücke zwischen Eurasien und Afrika. Es gibt keine andere Route zwischen Wasser und Wüste und keine Alternative zu den palästinensischen Straßen westlich und östlich des Jordan. Demzufolge schreckten die jeweiligen Mächte auch nicht vor kriegerischen Auseinandersetzungen zurück, um dieses strategisch bedeutsame Gebiet unter ihre Herrschaft zu zwingen, das sowohl für den Handel im Frieden als auch für Truppenbewegungen in Kriegszeiten unentbehrlich war. Und die Herrscher der angrenzenden Länder waren immer bemüht, diesen wichtigen Knotenpunkt ihren jeweiligen Reichen einzuverleiben. Daher mußte jedes Volk, das einen unabhängigen Staat auf der palästinensischen Landbrücke gründen wollte, eine wichtige Tatsache akzeptieren: Es war nahezu ständig dem geballten Druck aus nah und fern ausgesetzt, und nur eine dauerhafte militärische Bereitschaft konnte das Überleben in dieser Region sichern.

Es ist wahrscheinlich kein Zufall, daß die Juden als einziges Volk auf der palästinensischen Landbrücke ein nationales Gemeinwesen etablieren konnten, das (mit nur kurzen Unterbrechungen) eine nennenswerte Zeitspanne überdauerte (zwölf Jahrhunderte, vom 12. Jahrhundert v. Chr. an). Während dieser langen Zeit waren die Juden meistens gezwungen, mit Einfallsreichtum und Selbstaufopferung ihre zahlenmäßige Unterlegenheit wettzumachen – eine Unterlegenheit, deren Ursache ein weiterer grundlegender Faktor des geopolitischen Charakters von Palästina war. Die Bevölkerungszahl war begrenzt, da das Land so klein war. Im Altertum, als der größte Teil der Bevölkerung von der Landwirtschaft lebte und nur einige wenige Menschen die Möglichkeit hatten, ihren Lebensunterhalt zu bestreiten, ohne selbst das Land zu bewirtschaften, konnte das nationale Potential – Arbeitskräfte und Nahrungsmittelproduktion – nur durch die Besetzung fremder Territorien gesteigert werden. Ein Herrscher, der zusätzliches Agrarland eroberte und die Bewohner dazu zwang, es zu bearbeiten, war in der Lage, mehr eigene Volkszugehörige vorübergehend oder dauerhaft für den Kriegsdienst einzusetzen – ganz zu schweigen von den Hilfstruppen, die in den eroberten Gebieten ausgehoben werden konnten.

Palästina, durch natürliche Grenzen eingeengt und im Norden und Süden von wesentlich größeren Ländern umgeben, mußte zwangsläufig die natürlichen Ressourcen effizienter nutzen als großzügiger ausgestattete Regionen. Doch selbst nachdem die Berge urbar gemacht und weite Gebiete des unfruchtbaren Südens von Juda – der Negev – besetzt und besiedelt worden waren, blieben die »Palästinenser« ein kleines Volk im Vergleich zu den Staaten, die sich in der Nachbarschaft – am Nil, in Mesopotamien, dem syrischen Hochland und in Kleinasien – entwickelt haben.

Dieses Buch ist ein Tatsachenbericht und befaßt sich nicht mit den spirituellen Aspekten der biblischen Geschichte. Dennoch muß hervorgehoben werden, daß nur ein Volk, das durchdrungen war von religiöser Hingabe, dem unerschütterlichen Glauben an sein Anrecht auf das von Gott verheißene Land, und das an Dogmen festhielt, die die Ausübung der Religion innerhalb der Grenzen dieses Landes zum höchsten Gebot erhoben, die nötige Moral sowie die spirituelle Geduld und Standhaftigkeit aufbringen konnte, um einen Staat in Palästina zu schaffen und die Drangsal und Not zu erdulden, die seine Erhaltung mit sich brachte.[2]

Noch ein anderer geopolitischer Faktor wurde bei Unis Feldzug offenbar: Palästina hat eine lange Küstenlinie und auch lange Landgrenzen, und jedes Volk, das sich in diesem Land niederlassen wollte, mußte sich sowohl zu Wasser als auch auf dem Land verteidigen können. Eine der wichtigsten Entscheidungen der Verantwortlichen für die Verteidigung des Landes Palästina war daher immer, die Größe der Land- und der Seestreitkräfte zu bestimmen. Dieses Buch macht deutlich, daß die Juden des Altertums nicht in der Lage waren, beide militärischen Aufgaben ausreichend zu bewältigend. Daher versuchten sie, ihre Probleme entweder durch Handelsbeschränkungen oder durch Allianzen und Verträge zu lösen. Die am Mittelmeer ansässigen seefahrenden Völker – die Phönizier im Norden und die Philister im Süden – wurden durch Bündnisse oder Zwang dazu gebracht, Seehandel zu treiben und die Küste Palästinas zu schützen. Die Schwächen derartiger Abkommen sind nur allzu offensichtlich. Gerade in Notzeiten, wenn die Israeliten besonders auf die Unterstützung von Flotten und die Profite des Seehandels angewiesen waren, nahmen die Partner ihre Aufgaben nur halbherzig wahr oder brachen die Beziehungen zu Israel sogar ganz ab.[3]

Uni nannte Palästina das »Land der Sandbewohner«. Der augenscheinliche Grund für die falsche Bezeichnung ist, daß dieser Name ursprünglich für den Sinai und die Negev verwendet wurde und erst später, als sich Ägyptens Horizont erweiterte, auch die nördlichen, fruchtbaren Gebiete des Landes umfaßte. Aber uns weist dieser Irrtum auf die nächste geopolitische Tatsache hin, die die Geschicke der Bewohner der palästinensischen Landbrücke bestimmte. Palästina ist ein Land zwischen Wüste und urbaren Regionen. Seine südlichen und östlichen Grenzen waren größeren Invasionen von Stämmen, die versuchten, im Land, »in dem Milch und Honig fließt«, seßhaft zu werden, ebenso ausgesetzt wie den Raubüberfällen der Nomaden. Die Sicherheit der Grenzbewohner war demnach ständig gefährdet. Die Lösung dieser Probleme spielte eine wichtige Rolle bei den militärischen Anstrengungen des biblischen Israel. Die Israeliten waren sich der Gefahren um so bewußter, da sie selbst ursprünglich ein Stammesverband waren, der sich von der Wüste im Osten Zugang zu Palästina verschafft hatte.

Abb. 1: Krieger der »Seevölker« mit Streitaxt. (Aus Enkomi, Zypern)

Die eigentliche palästinensische Landbrücke erstreckt sich vom weißen Vorgebirge (»der Leiter von Tyros«) zum »Bach Ägyptens« (Wadi El Arisch) –

250 Kilometer Luftlinie – und von Ijon (Marjayoun) nach Elat (450 Kilometer). Die durchschnittliche Entfernung zwischen der Mittelmeerküste im Westen bis zum Ostrand des transjordanischen Hochlandes beträgt 115 Kilometer. Die Größe des jüdischen Staatsgebietes veränderte sich im Laufe der biblischen Geschichte immer wieder.

Palästina ist der Länge nach – das heißt in nord-südlicher Richtung – vom Jordantal durchschnitten, das am Toten Meer den tiefsten Punkt der Erde erreicht. Die durchschnittliche Jahrestemperatur dort beträgt 25 °C. Die durchschnittliche Temperatur am See Genezareth, der 209 Meter unter dem Meeresspiegel und nur 110 Kilometer vom Toten Meer entfernt liegt, ist 21 °C; der gewöhnlich im ganzen Jahr von Schnee bedeckte Berg Hermon ist davon nur 55 Kilometer entfernt. Armeen, die das alte Israel bekämpften, mußten demzufolge mit unterschiedlichen Aspekten der Kriegführung vertraut sein und für Schlachten sowohl in Bergregionen als auch in der Wüste gerüstet sein. Ein gutes Beispiel für die unterschiedlichen Bedingungen der Kriegsschauplätze in Palästina bietet die Schlacht von Hattin im Jahre 1178 n. Chr. Während die Kreuzritter beim Abstieg von Galiläa nach Tiberias an einem heißen Sommertag beinahe verdursteten, konnten sich die sarazenischen Befehlshaber mit eisgekühlten Getränken erfrischen – das Eis wurde mit Kamelen von den oberen Hängen des Berges Hermon gebracht.

Topographisch kann das Land westlich des Jordan (Cis-Jordanland) in fünf Hauptzonen unterteilt werden: 1. die Küstenebene, 2. die Wüste Negev, 3. das zentrale Hochlandmassiv, 4. Galiläa, 5. das Jordantal (das Verbindungsglied zum östlichen Palästina oder Trans-Jordanland). Zwei große von Osten nach Westen verlaufende Täler teilen das westliche Hochland in drei Regionen: das Beerscheba-Tal, zwischen der Negev und dem Zentralmassiv, und das Jesreel-Tal (in griechischen Quellen und im Neuen Testament Esdrelon genannt), das zwischen dem Zentralmassiv und Galiläa verläuft.[4]

Galiläa ähnelt einem großen Wagenrad, dessen Nabe die höchste Erhebung, der Merom-Kamm (1208 Meter über dem Meeresspiegel), ist. Von dieser zentralen Wasserscheide aus hat das Regenwasser Täler ausgewaschen, die wie Speichen in alle Richtungen führen und sowohl als Verkehrswege dienen als auch landwirtschaftlich genutzt werden, während die dazwischenliegenden Bergkämme die Region in viele halbisolierte Abschnitte unterteilen.

Wenn Galiläa topographisch an ein großes Wagenrad erinnert, dann sind Juda und Samaria gigantische Treppen, die vom Meer zum zentralen Wasserscheiden-Plateau hinauf- und, wenn auch in viel steileren Stufen, zum Jordantal hinunterführen. Von der Küste aus steigt man über die erste Stufe in die Ausläufer der Berge (in der Bibel Schefela genannt), über die dritte (die unteren Hänge) und vierte Stufe (die oberen Hänge) zum Plateau. Beim Abstieg ist die unterste Stufe (von den Abhängen zum Jordantal) ein steiler, senkrechter Felsen, der in seinem Nord-Süd-Verlauf unterschiedliche Höhen aufweist. Aus der Luft sieht das Zentralmassiv wie ein riesiges Fischskelett aus. Das Rückgrat ist die Wasserscheide, die *Wadis* (Flußbetten), die von diesem Scheidekamm zum Mittelmeer und zum Jordantal oder zum Toten Meer verlaufen, sind die einzelnen Gräten. Die Hauptverkehrswege in nord-südlicher Richtung führen entweder über die Küstenebene, über das Plateau oder am Jordantal entlang, während die Wadis – zusätzlich zu den großen Tälern – die Wege von West nach Ost darstellen.

Die Übergangslinien von einer geographischen Zone zur anderen – wie die von der Küstenebene zum Vorgebirge in Juda oder von dort zu den Berghängen – waren immer schon Schauplätze bewaffneter Auseinandersetzungen zwischen den Bergbewohnern und den Herren der Ebenen (beispielsweise zwischen den Israeliten und den Philistern), bis eine wechselseitige Einigung erzielt wurde oder bis, was weitaus öfter vorkam, eine Partei die Überlegenheit der anderen anerkennen mußte. Von größter

Bedeutung für die Sicherheit des samaritischen und judäischen Herzlandes war die Herrschaft über die zahlenmäßig begrenzten Seitenstraßen und deren Abzweigungen. Dauerhafte Blockaden wurden errichtet, die der Gegner zu stürmen versuchte, und Überfälle aus dem Hinterhalt fanden zu biblischen Zeiten und auch später statt.

Das östlich vom Jordan gelegene Land (Trans-Jordanland) kann als Hochland mit hochgebirgigen Regionen in Teilen von Edom und der südlichen Wüste Moab beschrieben werden. Das Gelände fällt zum Jordantal hin steil ab, während die Hänge zur Wüste im Osten so sanft und allmählich verlaufen, daß die Grenze zwischen Hochland und Wüste an vielen Stellen kaum wahrnehmbar ist.

Die vier tiefen canyonartigen Flußtäler des Jarmuk, Jabbok, Arnon und Sered durchschneiden den westlichen Zweig der nordsüdlichen Haupthandelsroute des Trans-Jordanlandes, die Königsstraße, die dadurch schwer zu passieren und an den Übergängen problemlos abzuriegeln war. Um die tiefen Schluchten zu umgehen, wurde der östliche Zweig der Königsstraße nahe an den Rand der Wüste gelegt.

Das topographisch vielschichtige Bergland des Basan mit der Westflanke des Golan war Schauplatz ständiger Auseinandersetzungen zwischen Israeliten und Aramäern. Wenn die etwa 85 Kilometer breite Region zwischen Jarmuk und Hauran in die Hände der Aramäer fiel, war Israels Herrschaft über das Trans-Jordanland bedroht, und im östlichen Galiläa mußten die Straßen und Wege von den Golanhöhen ständig bewacht werden.

Im Osten, am Rand der arabischen Wüste, herrschten ähnliche Bedingungen wie in der Negev. Der wichtigste Zugang von Zentralarabien, der Wadi Schiran, führte nach Gilead. Im Frieden zogen die »midianitischen« Karawanen von dort aus bis nach Ägypten. Bezeichnenderweise wurde Josef von seinen Brüdern an vorüberziehende Kaufleute – die Midianiter – verkauft (Genesis/1. Moses 37, 23-28), damit sie ihn auf dem Sklavenmarkt im pharaonischen Reich feilboten. Doch in Kriegszeiten fielen dieselben Midianiter-Stämme ins Land ein und drangen bis zum Jesreel-Tal im Westen vor (Richter 6, 33).

Abraham und die Patriarchen

Die Kriege der Bibel beginnen mit Abrahams Auszug aus der nordmesopotamischen Stadt Haran. Abraham verließ mit seiner Sippe wegen seines revolutionären Glaubens an einen einzigen Gott, Schöpfer und Herrscher über das Universum, die Heimat. Bei seinem Weggang von Haran scheint sich Abraham der großen Bewegung ethnischer Verbände, die den östlichen mediterranen Raum im 18. Jahrhundert v. Chr. erschütterte, angeschlossen zu haben. Volkserhebungen in Kleinasien und im Norden von Mesopotamien haben große Wanderungen in Gang gesetzt, die, zusammen mit anderen Entwicklungen, heterogene ethnische Gruppen – wie die Semiten, Horiten und Indo-Iraner – zu dem sogenannten Volk der Hyksos zusammenschweißten. Die Hyksos eroberten Ägypten (im 18. Jahrhundert v. Chr.), indem sie zum erstenmal, und zwar in großer Anzahl, eine bis dahin in dieser Region unbekannte Waffe benutzte – den Streitwagen.[5]

Wie so oft in der Geschichte waren der ursprüngliche Besitz dieser neuen Waffe (auch wenn sie bald allgemein in Gebrauch war) und der geschickte Umgang damit kriegsentscheidend. Den Hyksos gelang es, ihr Reich aufzubauen und Ägypten für etwa zwei Jahrhunderte zu beherrschen. Sie waren jedoch nie in der Lage, möglicherweise auch nicht dazu bereit, sich mit der alteingesessenen ägyptischen Bevölkerung zu vermischen. Um die Macht sowohl über Ägypten als auch über die palästinensische Landbrücke zu behalten, die sie mit ethnisch verwandten Gruppen in Syrien und Kleinasien verband, ermutigten sie diese verwandten Völker, sich ebenfalls in Ägypten und Palästina anzusiedeln.

Die von den Hyksos initiierten Umwälzungen hatten Unruhen und kriegerische Auseinandersetzungen zur Folge, die der Bericht über Abrahams Leben (Genesis/1. Moses 12-25) widerspiegelt. Abrahams militärische Handlungen sowie die von Isaak und Jakob fallen in zwei Kategorien: Abraham veteidigte seine Weiderechte nach der Einwanderung nach Kanaan, dem Land, das Gott ihm verheißen hatte, und er unternahm geeignete Maßnahmen, um gestohlene Herden zurückzuholen (Genesis/1. Moses 26ff.). In die zweite Kategorie gehörte die Teilnahme an größeren Kriegen. Wahrscheinlich hatte sich Abraham den Hyksos-Machthabern und ihren kanaanitischen Vasallen – den kleinen Königen, die die Gebiete verwalteten, in denen sich Abraham niederließ – gegenüber verpflichtet, sie bei kriegerischen Auseinandersetzungen zu unterstützen.[6] Genauere Informationen fehlen, aber einer der großen Kriege, an denen sich Abraham beteiligte, der Krieg der vier Könige von Mesopotamien (?) gegen die fünf Könige der Gebiete am Toten Meer, wirft Licht auf die strategischen Bedingungen und geomilitärischen Gegebenheiten in Palästina.

Während die Verbündeten aus dem Norden, an deren Spitze Amraphel von Sinear (in Mesopotamien) stand, östlich des Jordan die Königsstraße hinuntermarschierten, um die Kontrolle über die Straße nach Elat und zum Roten Meer zu gewinnen, nutzte Abraham die Möglichkeit, den parallelen Weg westlich des Jordan zu nehmen. Über die Wasserscheiden-Straße auf dem Zentralmassiv rückte er der Marschrichtung der Könige aus dem Norden entgegen vor und gelangte rechtzeitig in die Nähe von Damaskus, um auf der Straße nach Hoba in den westlichen Ausläufern des Hermon einen Hinterhalt zu legen: »… und teilte seine Schar, fiel des Nachts über sie her mit seinen Knechten und schlug sie und jagte sie bis nach Hoba …« (Genesis/1. Moses 14,15). Der nächtliche Überfall fand natürlich in der Nähe der Straßenkreuzung vor Damaskus statt. Man ist versucht anzunehmen, daß Abraham die

Barada-Schlucht nordwestlich von Damaskus, eine alte Handelsstraße, auf der schon häufig Hinterhalte gelegt wurden, als Schauplatz des Geschehens ausgewählt hat. In der Nacht des 30. September 1918 hat dort die australische Kavallerie mit einer ähnlichen Taktik, wie sie Abraham angewandt haben muß, die auf dem Rückzug befindliche Vierte Armee der Türken vernichtend geschlagen.[7]

Die Legenden über die Patriarchen sind in die Überlieferung von Sitten, Gebräuchen und Gesetzen eingebettet, die während des zweiten Jahrtausends v. Chr. und noch einige Zeit danach in der Region vorherrschten. Daher kann bis heute noch nicht schlüssig festgesetzt werden, wann genau diese Legenden entstanden. Dennoch werden in diesen Geschichten genau wie in den griechischen und nordischen Sagen die wahren sozialen, wirtschaftlichen und geographischen Umstände geschildert, und man tendiert dazu, sie der ersten Hälfte der genannten Zeitspanne zuzuschreiben; zudem nimmt man an, daß sie sich um einen wahren historischen Kern ranken.

Moderne Wissenschaftler sind sich bewußt, daß die unterschiedlichen Editoren der Bibel die kriegerische Einstellung der Patriarchen teilweise beschönigten und besonders Abraham als Prototyp des großmütigen Kämpfers darstellten. Selbst in den gegenwärtig gültigen Bibeltexten weigert sich Abraham nach dem siegreichen Ende des oben erwähnten Krieges (Genesis/1. Moses 14), materielle Güter oder einen Teil der Kriegsbeute anzunehmen, und betont, seine einzige Motivation sei sein Pflichtgefühl den Verbündeten und seinem in Gefangenschaft geratenen Bruder gegenüber gewesen. Diese Haltung zitierte H. Grotius, der Vater des modernen internationalen Rechts, im 16. Jahrhundert als Beispiel in seiner Abhandlung über »Die Gesetze im Frieden und im Krieg«.[8]

Es wird angenommen, daß auch Jakobs Einzug nach Ägypten und die darauf folgende Einwanderung der Patriarchen mit ihren Sippen in das Gebiet Gosen zur Zeit der Hyksos-Herrschaft stattfanden. »Da kam ein neuer König auf in Ägypten, der wußte nichts von Josef« (Exodus/2. Moses 1, 8) – dieser König war entweder Amosis I. oder einer seiner Nachfolger. Amosis I. (er regierte von 1580–1557 v. Chr.) war ein ägyptischer Prinz und der Begründer der 18. Dynastie. Es gelang ihm, die Hyksos aus dem Niltal zu vertreiben und den Grundstock für die spätere Eroberung Kanaans zu legen. Nach dieser »Rückeroberung« blieben die hebräischen Stämme in Ägypten Fremde, die im Verdacht standen, mit den letzten Hochburgen der Hyksos in Palästina und Syrien sowie anderen nicht-ägyptischen Sippen im Norden

Abb. 2: Ein semitischer Stamm aus dem Zeitalter der Patriarchen zieht in Ägypten ein. Männer und Frauen tragen den »bunten Rock«, das Kleidungsstück, das den Neid von Josefs Brüdern hervorrief (Genesis/1. Moses 37, 3-4). Die Lasten, die die Esel tragen, könnten entweder Eisenstücke oder Wasserschläuche aus Tierhaut sein. Der Krieger unten links hat einen Bumerang in der Hand, der sich deutlich von den Krummschwertern der Krieger oben unterscheidet.

zu sympathisieren. Sie wurden zu dem, was Militärstrategen im 20. Jahrhundert ein »dauerhaftes potentielles Sicherheitsrisiko« nennen würden.

Es gab immer zwei Möglichkeiten, Probleme dieser Art zu lösen. Die erste ist, die fremden Bevölkerungsteile dazu zu bringen, sich anzupassen und in das Gemeinwesen einzugliedern. Das war die Politik von Alexander dem Großen während seiner Eroberungsfeldzüge im Osten. Die andere, häufiger angewandte, aber »kontraproduktive« Methode (um einen anderen kürzlich geprägten politischen Begriff zu benutzen) ist die Unterjochung der fremden Elemente. Die Ägypter entschieden sich für die letztere Maßnahme, um mit den Hebräern fertig zu werden, »... daß sie nicht noch mehr werden. Denn wenn ein Krieg ausbräche, könnten sie sich auch zu unsern Feinden schlagen und gegen uns kämpfen ...« (Exodus/2. Moses 1, 10).

Während der Verfolgung, dem Auszug aus Ägypten und der »vierzig Jahre« währenden Wanderschaft durch die Wüsten der Sinai-Halbinsel unter der erleuchteten Führung von Moses, dem Befreier und Gesetzgeber, wuchsen die verschiedenen hebräischen Stämme zu einem einzigen zusammen, der schließlich, nach Überwindung ethnischer Unterschiede, zum israelitischen Volk wurde. Die gemeinsame patriarchale Tradition, die Religion und die Gesetze, die Moses festlegte, sowie – nicht zuletzt – die gemeinsamen Bemühungen, zuerst am Ost-, dann am Westufer des Jordan Fuß zu fassen, waren die Kräfte, die die hebräischen Stämme zum Volk Israel zusammenschweißten. Als »Hebräer« wurden sie zum erstenmal von Pharao Merenptah etwa 1220 v. Chr. erwähnt.[9]

Die militärische Ordnung der Israeliten basierte ähnlich der aller Völker, die sich über den Stammesstatus erhoben hatten, auf der Pflicht eines jeden körperlich leistungsfähigen Mannes, Waffen zu tragen und dem Volk zu dienen, wann immer es nötig wurde. Die Bibel berichtet, daß Moses und Aaron das erste israelitische Heer organisierten, als sie die ägyptische Knechtschaft verließen:

»Nehmt die Summe der ganzen Gemeinde der Israeliten auf nach ihren Geschlechtern und Sippen und Namen, alles, was männlich ist, Kopf für Kopf, von zwanzig Jahren an und darüber, was wehrfähig ist in Israel. Ihr sollt sie zählen nach ihren Heerscharen, du und Aaron. Und es soll euch beistehen je ein Mann von jedem Stamm, nämlich das Haupt seiner Sippen.« (Numeri/4. Moses 1, 2-4)

Aus diesem Abschnitt und dem restlichen ersten Kapitel des Buch Numeri/4. Buch Moses erfahren wir, daß die Stammesführer – ebenso wie in den entstehenden griechischen, römischen und germanischen Gemeinschaften – sowohl im Frieden als auch im Krieg die Geschicke der Stämme lenkten. Die »Heerscharen« hingegen bildeten die Versammlung des ursprünglich souveränen Volkes. Es ist interessant, daß die alten jüdischen Gemeinschaften niemals, nicht einmal in der Blütezeit der Monarchie, dem Absolutismus nachgegeben haben, während in westlichen Gesellschaften die grundlegenden demokratischen Rechte der frühen Volksversammlung im Laufe der Zeit schwanden. Das »Volk« blieb immer ein Organ mit direktem und indirektem Einfluß auf Staatsangelegenheiten. Auf diese Weise blieb das »Volk in Waffen« bis zur Zerstörung des Ersten Tempels die Hauptstütze der israelitischen Streitkräfte, wie wir im folgenden noch sehen werden. Wegen dieser Möglichkeit zur Selbstbestimmung waren die Israeliten auch stets bereit, die Last der ständigen Kriegsbereitschaft zu tragen.[10]

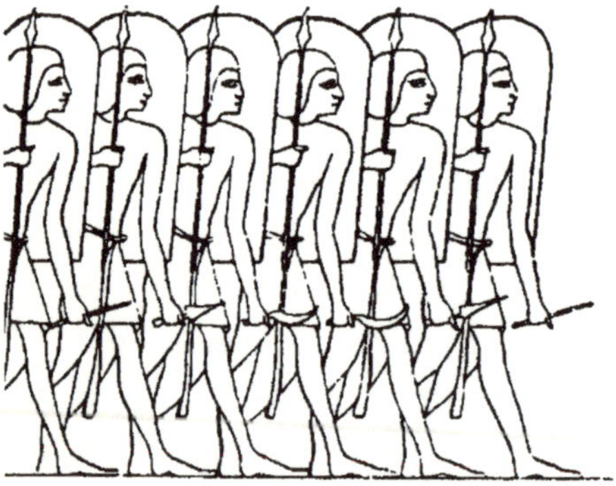

Abb. 3: Ägyptische Infanterie (von Ramses II.) mit Piken (Spießen) und Krummschwertern bzw. Dolchen. Die »Unteroffiziere« ganz rechts und ganz links sind an einer Art »Offiziersstöckchen« zu erkennen.

Ein berühmtes Wandgemälde in einer Grabstätte in Beni Hasan, Ägypten (siehe S. 34), zeigt eine semitische Sippe, die etwa zur selben Zeit wie Abraham (19.–18. Jahrhundert v. Chr.) in Ägypten einzog.[11] Wir dürfen annehmen, daß sich der dort dargestellte Stamm in der äußeren Erscheinung kaum von den Israeliten beim Exodus (14.–13. Jahrhundert) unterschied. Die Israeliten waren wie dieser Stamm sogenannte Esel-Nomaden. Sie zogen zu Fuß durch das Land und kämpften zu Fuß, und Esel trugen ihre schwere Habe – beispielsweise Werkzeuge und Zelte –, die Alten, Schwachen und kleinen Kinder. Wenn die ganze Gemeinschaft mit den Viehherden auf Wanderschaft war, kam der Zug nur langsam, etwa fünf Kilometer in der Stunde, voran. Die Männer mußten sich anstrengenden Übungen unterziehen und unternahmen lange Märsche, wenn sie ohne Familien und Habseligkeiten in die Schlacht zogen. Aus Sicherheitsgründen hielten die Stämme während ihrer Wanderschaften eine bestimmte Marschordnung ein und errichteten ihre Lager nach einem festgelegten, wohldurchdachten Schema.

Auf dem Wandgemälde von Beni Hasan sind auch die Waffen dargestellt: Speer, Wurfspieß, Bogen und Schwert. Ein Barde spielt die Laute; zur Zeit Moses' wurden, während die Karawane wanderte, die Leviten – die Gesetze – rezitiert. Die Blasebalge, die von Eseln getragen werden, beweisen, daß diese Nomaden wie die Israeliten selbst Schmiede und Handwerker waren und demzufolge ihre eigenen Waffen herstellten. Diese Unabhängigkeit garantierte ihnen eine maximale Flexibilität, was militärische Manöver betraf, so daß sie unter einem klugen Anführer einige der Vorteile, die besser gerüstete Streitkräfte haben mochten, wettmachen konnten.

Obwohl die Israeliten ausschließlich Fußsoldaten waren, rüsteten sie sich nicht nach eigenem Gutdünken mit einer oder mehreren der oben genannten Waffen. Vor, während und gleich nach dem Exodus entwickelten sich stammestypische Fertigkeiten. Im folgenden werden wir die Entstehung des israelitischen Heeres darlegen, das aus unterschiedlich bewaffneten und geschulten Stämmen mit sich ergänzenden Fähigkeiten ein ausgewogene, leistungsfähiges Ganzes machte.[12] Am Anfang mußten jedoch eine straffe Organisation mit festgelegter Befehlskette und Disziplin stehen. Durch diese Faktoren unterscheidet sich eine Armee, wie primitiv und schwach sie auch sein mag, von einem bewaffneten Haufen. Viele Stammesgemeinschaften konnten sich nie oder nur ganz allmählich von einer Ansammlung von kämpfenden Horden zu einer kompakten Streitkraft mit taktischen Divisionen und einer funktionierenden Befehlskette transformieren. Die Bibel schreibt Moses die Leistung zu, all dies vollbracht zu haben: »Und [Moses] erwählte redliche Leute aus ganz Israel und machte sie zu Häuptern über das Volk, zu Obersten über tausend, über hundert, über fünfzig und über zehn« (Exodus/2. Moses 18, 25).

Der Zug durchs Rote Meer

Der biblische Bericht über den Exodus und die damit einhergehenden Kämpfe wirft viele Probleme auf und enthält scheinbare Widersprüche, die bisher nicht erklärt werden konnten. Wir neigen dazu, der These des früheren britischen Gouverneurs des Sinai, Major Jarvis, recht zu geben. Nach seiner Auffassung war die schmale Landzunge zwischen dem Mittelmeer und der brackigen Lagune, dem sogenannten Schilfmeer, auf halbem Wege von Port Saïd nach El Arisch die Stelle der Begegnung zwischen den Israeliten und den sie verfolgenden Ägyptern.[13] Wir können uns sehr gut vorstellen, wie er in dem nassen Sand stand und ein plötzlicher Sturm aufkam, der das Wasser des Mittelmeeres aufwühlte und vor sich hertrieb. Das brachte ihn zu der Überzeugung, daß nur an dieser Stelle »der Zug durchs Rote Meer« stattgefunden haben konnte. Man braucht nur wenig Phantasie, um die biblische Schilderung hierher zu verlegen: »Und die Kinder Israel gingen hinein, mitten ins Meer auf dem Trockenen ... Und die Ägypter folgten und gingen hinein ihnen nach ... daß das Wasser wiederkam und bedeckte Wagen und Reiter und alle Macht des Pharao ...« (Exodus/2. Moses 14, 22-28).

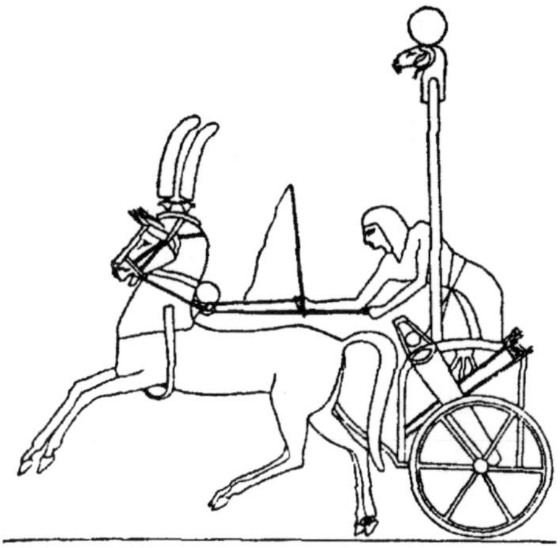

Abb. 4: Ägyptischer Streitwagen mit Divisionsstandarte, die Amon Ra darstellt.

Es ist um so verlockender, diese Route als den Weg Moses' anzusehen, da es Berichte über zwei ähnliche Ereignisse gibt, die auf dieser Sandbank stattgefunden haben. Der griechische Historiker Diodorus Siculus (1. Jahrhundert v. Chr.) erzählt, daß Teile von Xerxes' Truppen beim Marsch nach Ägypten im Jahre 340 v. Chr. in dieser Lagune ertrunken sind.[14] Strabo, der in derselben Zeitspanne schrieb, informiert uns außerdem: »Während meines Aufenthaltes in Alexandria in Ägypten stieg das Meer in der Nähe Pelusiums und des Berges Cassius [in der Mitte der Sandbank] so hoch an, daß das Land überflutet und der Berg in eine Insel verwandelt wurde.«[15]

Moses setzte ein Beispiel für alle späteren israelitischen Befehlshaber, als er die Überlegenheit der Gegner minimierte, indem er die geographischen Gegebenheiten der Kriegsschauplätze ausnutzte. Dieser »Scharfblick«, die taktischen Möglichkeiten eines Schlachtfeldes zu erahnen, ist die Gabe großer Anführer.[16] Moses entschied sich, die Küstenstraße zu nehmen, da sie den Ägyptern nicht genügend Platz für einen vollen Aufmarsch mit Streitwagen und Truppen bot und die Landschaft die Möglichkeit offenließ, den pharaonischen Soldaten einen Hinterhalt zu stellen. Archäologische Forschungen konnten noch eine weitere Begründung beisteuern: Zur Zeit des Auszugs aus Ägypten waren die militärischen Festungen an der Küstenstraße wie zum Beispiel die auf dem Berg Cassius nicht ständig bemannt, während die Haupthandelsstraße (der die im Zweiten Weltkrieg von den Briten erbaute Eisenbahnlinie und die heutige asphaltierte Straße folgen) von ägyptischen Garnisonen besetzt waren und sich in der Nähe aller Wasserstellen befestigte Lager befanden. Moses wollte sicherlich diese Verteidigungsposten umgehen, daher ist eine Entscheidung für die Küstenstraße denkbar, auch wenn später, schon in byzantinischer Zeit (5.–6. Jahrhundert n. Chr.), dem Exodus traditionell eine andere Route zugeschrieben wurde.[17] In welcher Szenerie der Konflikt auch stattgefunden haben mag, Moses berücksichtigte auf jeden Fall den Spruch »Krieg soll man mit Vernunft führen« (Sprüche 20, 18), lange bevor er niedergeschrieben wurde.

Hintergründe der Eroberung

Ähnlich dem Verlauf des Exodus bleiben auch die verschiedenen Stadien der Eroberung von Kanaan im dunkeln. Die Bibel war an kriegerischen Handlungen per se nicht interessiert, und die Chronisten, die die in den Büchern Josua und Richter wiedergegebenen historischen Berichte über die Eroberung Kanaans sammelten, unternahmen nicht den Versuch, ihre Quellen zu überprüfen. Daher haben sich hin und wieder abweichende oder sogar sich widersprechende Versionen in die Schilderungen der Eroberung eingeschlichen, und der modernen Forschung ist es bis jetzt noch nicht gelungen, eine allgemein anerkannte Fassung herauszufiltern. Kürzlich aufgestellte Theorien, es habe eine durch und durch friedliche Übernahme stattgefunden, halten dem Vergleich mit allen bekannten Landübernahmen in der Antike nicht stand, bei denen es immer zu Kämpfen und zur Vertreibung der eingesessenen Bevölkerung kam. Genausowenig gibt es eine vernünftige Erklärung für die gegensätzliche

Theorie, daß das Volk der Israeliten aus der damaligen kanaanitischen Bevölkerung entstanden ist. Auch hierfür fehlt uns, abgesehen von gewissen unterschiedlich interpretierten archäologischen Erkenntnissen, jede echte historische Vergleichsmöglichkeit. Nur zwei der vielen Ungereimtheiten dieser Theorien seien erwähnt: Wie und warum entwickelte eine Randgruppe von enteigneten und vertriebenen Bauern (die die Vorväter der Israeliten gewesen sein sollen) in ihrem eigenen Land ohne jeden Zwang eine ausgeprägte nationale Einheit, die auf einem neuartigen Monotheismus basierte – einer Religion, dic dem althergebrachten, tief verwurzelten Glauben von Grund auf widersprach? Wie konnten sie Wissen und Traditionen entwickeln, die auf den Erfahrungen von Nomaden und der eigenartigen und auf den ersten Blick keineswegs erhabenen Vergangenheit in ägyptischer Knechtschaft gründen?[18]

Die Eroberung sowohl des Cis- als auch des Trans-Jordanlandes war begünstigt durch die Tatsache, daß das ägyptische Reich nicht mehr in der Lage war, genügend Streitkräfte zum Schutz der Provinz Kanaan abzustellen, die es sich bei der Verfolgung der auf dem Rückzug befindlichen Hyksos angeeignet hatte. Mitte des 14. Jahrhunderts v. Chr. hatte das Neue Königreich vorübergehend die Übermacht verloren, war zudem mit internen Schwierigkeiten belastet und mußte Angriffe auf seine Grenzen abwehren. Deshalb konnten die hebräischen Stämme im Gelobten Land Fuß fassen, teilweise durch militärische Eroberung, teilweise durch friedliche Unterwanderung. Ägyptische Quellen weisen ebenso wie die Andeutungen in der Bibel darauf hin, daß nicht alle mit den Patriarchen verbundenen Stämme Jakob nach Ägypten gefolgt waren. Die zurückgebliebenen Sippen waren die natürlichen Verbündeten derer, die aus der pharaonischen Knechtschaft zurückkamen. Außerdem schlossen sich noch andere Sippen, die ursprünglich nicht zum hebräischen Stammesverband der Patriarchen gehört hatten, während der verschiedenen Stadien der Eroberung den »zwölf Stämmen« an.[19]

Obwohl keine präzisen Informationen über den Einzug der Israeliten ins Trans-Jordanland zur Verfügung stehen, gibt es einen äußerst interessanten Bericht über eine bedeutsame Begebenheit, die sich während der Vorbereitungsphase ereignet hat. Eine der wichtigsten militärischen Aufgaben von den ersten Tagen der primitiven Stammeskämpfe bis heute ist die geheimdienstliche Tätigkeit. Die großen Anführer der Geschichte haben, jeder zu seiner Zeit, viel Mühe darauf verwendet, die Feinde auszukundschaften und zu überlisten, indem sie sich ein möglichst genaues Bild über ihre Absichten, Fähigkeiten und Stärke, über Waffen und das Terrain machten. Wellington faßte seine mentalen Anstrengungen in prägnante Worte. Als er gefragt wurde, woran er denke, wenn er lange Stunden in Abgeschiedenheit und grübelnd verbrachte, sagte er: »Ich denke über die andere Seite des Hügels nach.«

»Die andere Seite des Hügels« war für Moses, der in der Oase Kadesch-Barnea sein Lager aufgeschlagen hatte, das Land Kanaan jenseits der unfruchtbaren Felsen und Sandflächen der Wüste Negev. Um herauszufinden, wie dieses Land am besten erobert werden konnte, sandte Moses zwölf Spione aus. Das Buch Numeri/4. Buch Moses erzählt im Kapitel 13 von den Anweisungen, die Moses seinen Kundschaftern mit auf den Weg gegeben hat. Es ist einer der wichtigsten Grundsätze jeder modernen geheimdienstlichen Operation, den Geheimdienstoffizieren präzise Befehle zu erteilen. Die Aufgaben und die Bedingungen sind zwar bei jeder Mission anders, aber ein modernes, offizielles Handbuch sagt: »Die Aufgaben strategischer Geheimdienste können unter zwei Aspekten betrachtet werden: 1. die Fähigkeiten eines Staates, 2. die Absichten eines Staates.« Moses beschäftigte sich eindeutig mit dem ersten Punkt. In dem Handbuch heißt es weiter: »Die Fähigkeiten einer Nation im Frieden und im Krieg basieren auf ihren natürlichen und industriellen Ressourcen, ihrer politischen Stabilität und Demographie, auf der Mentalität und der Widerstandskraft der Bevölkerung, auf ihren Streitkräften, ihren wissenschaftlichen Bestrebungen, der Topographie und der Infrastruktur.«

Verglichen mit diesem Leitfaden, der über dreitausend Jahre später verfaßt wurde, erscheinen die Anweisungen Moses' erstaunlich modern und entsprechen durchaus den heutigen Anforderungen:

> »Als sie nun Moses aussandte, das Land Kanaan zu erkunden, sprach er zu ihnen: Zieht da hinauf ins Südland und geht auf das Gebirge und seht euch das Land an, wie es ist, und das Volk, das darin wohnt, ob's stark oder schwach, wenig oder viel ist; und was es für ein Land ist, darin sie wohnen, ob's gut oder schlecht ist; und was es für Städte sind, in denen sie wohnen, ob sie in Zeltdörfern oder festen Städten wohnen; und wie der Boden ist, ob fett oder mager, und ob Bäume da sind oder nicht.« (Numeri/4. Moses 13, 17-20)

Eine der Schwächen und potentiellen Fehlerquellen von Geheimdienstberichten war immer schon die Tatsache, daß sich der Auftraggeber bei seinen Planungen und Aktionen auf die Einschätzungen und Interpretationen anderer verlassen muß. Und die Kundschafter kommen unter Umständen wegen ihres Charakters, ihrer Ausbildung oder ihrer Neigungen zu anderen Schlüssen, als sie der Befehlshaber ziehen würde, wenn er »die andere Seite des Hügels« selbst ausgekundschaftet hätte. Die Niederlage Friedrichs des Großen in Kunersdorf 1759, Napoleons Rückzug 1799 aus Akko und das britische Desaster in Arnheim 1944 hätten wahrscheinlich vermieden werden können, wenn die Oberbefehlshaber die Möglichkeit gehabt hätten, sich die benötigten Informationen persönlich zu beschaffen.[20] Daher ist es nur natürlich, daß die Befehlshaber ihren Spionen einschärfen, so viele greifbare Beweise wie möglich mitzubringen, mit denen sie ihre Berichte untermauern können. Moses war keine Ausnahme, und er schloß seine Befehle mit folgender Aufforderung: »Seid mutig und bringt mit von den Früchten des Landes.« (Numeri/4. Moses 13, 20)

Die Spione befolgten Moses' Anweisungen und veranschaulichten ihre Schilderungen über die Naturprodukte Kanaans, indem sie ihm Früchte brachten, die dort wuchsen. Höchstwahrscheinlich gewannen ihre Berichte in anderen Punkten, für die keine Beweise verfügbar waren, dadurch an Glaubwürdigkeit: »... stark ist das Volk, das darin wohnt, die Städte sind befestigt und sehr groß; und wir sahen dort auch Anaks Söhne ... und wir waren in unseren Augen wie Heuschrecken und waren es auch in ihren Augen.« (Numeri/4. Moses 13, 28 u. 33)

Ein anderes Mittel, die Gefahr von Fehleinschätzungen zu minimieren, war immer die sorgfältige Auswahl der fähigsten Männer für die entscheidenden Missionen. Im 17. Jahrhundert, als es üblich wurde, Botschafter als beständige Informanten an fremde Höfe zu entsenden, betonte ein französisches Handbuch, daß möglichst ein hochrangiger General für diese Aufgaben eingesetzt werden sollte, da »er besser als jeder andere Bericht über die Streitkräfte des Landes, in dem er residiert, über die Schlagkraft der Truppen ... den Zustand der Befestigungsanlagen, die Waffen- und Munitionslager erstatten kann«. Moses handelte schon zu seiner Zeit nach dieser Devise. Numeri/4. Moses 13, 1f.: »Und der Herr redete mit Moses und sprach: Sende Männer aus, die das Land Kanaan erkunden, das ich den Israeliten geben will, aus jedem Stamm ihrer Väter je einen Mann, lauter Älteste.« Auf diese Weise wurden die optimistischeren Einschätzungen von Josua und Kaleb durch die zehn anderen Kundschafter, die die höchsten Anführer ihrer Stämme repräsentierten, überstimmt.

Ihre Beurteilungen fanden Bestätigung, als der Versuch, von Kadesch-Barnea aus durch die Negev direkt nach Norden in das Gelobte Land vorzustoßen, vom König von Arad vereitelt wurde. Die Soldaten konnten die befestigten Städte im Beerscheba-Tal (bei archäologischen Ausgrabungen kamen die Grundrisse der Anlagen zutage) ebensowenig stürmen, wie sie auf offenem Gelän-

Abb. 5: Feindliche Spione werden von ägyptischen Wachsoldaten geschlagen.

de dem schwerbewaffneten Heer, dem vermutlich auch eine Einheit mit den gefürchteten Streitwagen angehörte, standhalten konnten. Die Kundschafter hatten recht behalten; Moses änderte seinen Plan und beschloß, sich dem Ziel auf einer indirekten Route zu nähern. Er umging in weitem Bogen die gut verteidigten Königreiche, die sich im trans-jordanischen Bergland schon Generationen vor dem Exodus etabliert hatten, und wandte sich am Rand der Wüste nach Westen, um das einzige schwache Glied in der Reihe der an die Wüste grenzenden Königreiche zu überfallen: das Gebiet des Amoriter-Königs Sichon.

Die Nachrichtenübermittlung unter den verwandten Stämmen, den Edomitern, Moabitern und Ammonitern, muß bestens funktioniert haben. Die Israeliten brauchten nicht lange, um herauszufinden, daß Sichon erst kürzlich Gebiete der moabitischen Ebene nördlich des Flusses Arnon besetzt hatte. Die Eroberung hatte ihn große Anstrengungen gekostet, und es war ihm noch nicht gelungen, die Grenzen seines Reiches ausreichend zu sichern. Aus diesem Grund war es den Israeliten möglich, dort einzudringen und das Land zu besetzen. Von dort aus stießen sie in nördlicher Richtung nach Gilead vor, das zu dieser Zeit nur spärlich besiedelt war.

Dort schlossen sie sich den örtlichen hebräischen Sippen an und und fügten den noch immer sehr losen Stammesverband zu einer halb-seßhaften Gemeinschaft von kriegsbereiten Stämmen zusammen, mit dem Ziel, das gesamte Gelobte Land zu besetzen.[21]

KAPITEL 2

Josuas Feldzüge

Der Plan für die Eroberung

Die Bibel schreibt Josua das Verdienst zu, für die Israeliten Siedlungsgebiete im Herzland Judas, westlich des Jordan, erobert zu haben. Wenn seine Operationen einem festgelegten Zeitplan folgten, dann könnten sie in den folgenden strategischen Plan passen: Phase eins: die Einrichtung eines Brückenkopfes westlich des Jordan; Phase zwei: Aufbau einer sicheren Ausgangsbasis in den Bergen; Phase drei: Ausbreitung über das Zentralgebirge, um mehr Gebiete zu besetzen, in denen sich die Israeliten dauerhaft niederlassen konnten. Diese logische Strategie – so untypisch für rein mythologische Geschichten von Kriegen und Eroberungen – ist der Beweis dafür, daß in dem biblischen Text ein wahrer Kern steckt, selbst wenn Josua nur für einen Teil der tatsächlichen Geschehnisse im Anfangsstadium verantwortlich war.

Phase eins war in zwei Stufen unterteilt: die Überquerung des Flusses und die Sicherung des Brückenkopfs. Die Stelle, die Josua zur Überquerung des Jordan bestimmte, war direkt am Toten Meer. Eine Reihe von Überlegungen beeinflußte seine Wahl. Zum ersten war der Zugang zum Fluß in diesem Teil von Moab sicher, da er von den Israeliten besetzt war. Falls ein Rückzug notwendig werden sollte, könnte Josua in freundliches Territorium flüchten oder Verstärkung aus Gilead und dem moabitischen Flachland anfordern. Zweitens gab es an diesem Abschnitt des Flusses mehrere Furten; die Truppen hatten also im Falle feindlicher Gegenwehr die Wahl zwischen verschiedenen Routen. Zudem führten viele Wege vom Fluß aus ins Hochland von Juda, und das ließ den Israeliten mehrere Alternativen für die zweite Phase der Eroberung offen.

Was den geplanten Brückenkopf betraf, gab es nur eine einzige geeignete Stelle. Am Westufer des unteren Flußlaufes befanden sich die Ebene von Jericho und in deren Zentrum die Oasenstadt Jericho – möglicherweise die älteste Stadt der Welt und sicher die älteste befestigte Stadt, von der wir Kenntnis haben. Bereits fünftausend Jahre vor Josuas Zeit verwandelte die Quelle (Ain el-Sultan), die den fruchtbaren Alluvialboden bewässerte, das ansonsten karge Tal in einen üppigen tropischen Garten. Hier versorgten sich Karawanen und Reisende, die den Jordan überquerten oder das Flußtal entlang zogen, mit allem, was für den weiteren Weg nötig war. Daher würde mit der Oase von Jericho ein Stützpunkt besetzt werden, in dem es Früchte und Wasser im Überfluß gab. Außerdem konnte die Wasserquelle kontrolliert werden, die lebenswichtig für alle war, die dieses Gebiet durchwanderten.

Die Einnahme von Jericho, das mit Mauern, Türmen und Zinnen bewehrt war, stellte für die Israeliten das größte Problem dar – sie hatten keine Erfahrung mit Belagerungen und waren auch nicht dafür gerüstet. Josua schickte daher Späher aus, damit sie das Westufer des Jordan auskundschafteten, nach einer geeigneten Stelle für den Brückenkopf Ausschau hielten und sich besonders in Jericho umsahen. Ihre Schritte sind bekannt: »Die gingen hin [nach Jericho] und kamen in das Haus einer Hure, die hieß Rahab, und kehrten dort ein.« (Josua 2, 1) Es besteht kein Zweifel, daß im späteren hebräischen Sprachgebrauch das Wort *zonah* »Hure« bedeutete. Doch das Verb, von dem es abgeleitet ist, *zan*, heißt soviel wie »füttern«, »mit Lebensmitteln versorgen«. Rahab könnte also sehr gut Wirtin in einer Herberge für Durchreisende gewesen sein. Das würde auch erklären, warum sie der Haushaltsvorstand einer großen Familie war und sogar von den Gesandten des Königs der Stadt mit gewissem Respekt behandelt wurde. Herbergen und Gasthöfe waren immer schon ausgezeichnete Quellen für Informationen. Die unachtsamen Gespräche der Gäste und die scharfen Ohren der Wirte machen sie zu einem begehrten Standort für Spione und Späher. Friedrich der Große riet seinen Erben, in jeder bedeutsamen Region einen Gastwirt zu bezahlen.[1]

Die wichtigsten Informationen aus Gesprächen in Gasthöfen betreffen die wahre Kriegsmoral und die Ansichten der Bevölkerung. Rahabs Worte – »Denn wir haben gehört ... was ihr den beiden Königen der Amoriter ... getan habt, wie ihr an ihnen den Bann vollstreckt habt. Und seitdem wir das gehört haben, ist unser Herz verzagt, und es wagt keiner mehr, vor euch zu atmen» (Josua 2, 10f.) – müssen Josua in der Überzeugung bestärkt haben, daß der geeignete Augenblick für den Sturm auf Jericho gekommen war.

Zwei Angriffswellen waren geplant. Die Sturmspitze sollten die bewaffneten Männer der Stämme Ruben, Gad und des halben Stammes Manasse bilden, die sich bereits dauerhaft im Trans-Jordanland niedergelassen hatten. Das übrige Volk sollte ihnen mit seinem ganzen Besitz folgen, so daß sofort jedes Stückchen erobertes Land besiedelt werden konnte. Auf diese Weise wurde ein *fait accompli* geschaffen, und wenn die Kanaaniter versuchen sollten, die Gebiete zurückzuerobern, würden die Sippen um so heftiger kämpfen, da sie ihre neue Heimat verteidigten.

Vor Beginn des Angriffs wurde Josua mit höchster Macht ausgestattet und erhielt unter anderem das Recht, die Todesstrafe auszusprechen. Im Text über seine Amtseinsetzung finden wir die folgende Passage: »Wer deinem Mund ungehorsam ist und nicht gehorcht deinen Worten in allem, was du gebietest, der soll sterben. Sei nur getrost und unverzagt!« (Josua 1, 18) Der gesunde Menschenverstand veranlaßte die Stammesältesten dazu, noch vor der schicksalhaften Überquerung des Jordan auf einige ihrer eifersüchtig bewachten Rechte zu verzichten und ihrem auserwählten Anführer mehr Macht zu übertragen, damit er seine Mission erfüllen konnte. Im weiteren Verlauf der Geschichte übergaben die Römer ihren höchsten Anführern auf ähnliche Art das *imperium.* Und genau wie sich die dauerhafte Macht und die Privilegien der israelitischen Könige aus der vorübergehend höchsten Autorität der Richter entwickelten, die im Beisein Josuas gewählt und in ihr Amt eingeführt wurden, basierte die höchste Autorität der römischen Imperatoren auf der Beständigkeit des *imperium*, das früher nur in Kriegszeiten in die Hände der obersten Feldherrn gelegt worden war. Während Moses der Prototyp eines göttlich inspirierten Anführers war – einer der wenigen der Menschheitsgeschichte, die durch ihr ehrfurchteinflößendes Charisma Gesetze festlegen konnten, die ihnen Gehorsam sicherten –, war Josua der erste Anführer, der vom israelitischen Volk gewählt wurde. Religiöse Menschen mögen mehr als nur einen bloßen Zufall in der Tatsache sehen, daß die Voraussetzungen für die spätere Regierungsform in Israel ausgerechnet am Vorabend der Jordanüberquerung geschaffen wurden.

Die Zerstörung Jerichos

Die Überquerung des Jordan wurde durch ein Erdbeben erleichtert:

> »Als nun das Volk aus seinen Zelten auszog, um durch den Jordan zu gehen … da stand das Wasser, das von oben herniederkam, aufgerichtet wie ein einziger Wall, sehr fern, bei der Stadt Adam, die zur Seite von Zaretan liegt … Und ganz Israel ging auf trockenem Boden hindurch, bis das ganze Volk über den Jordan gekommen war.« (Josua 3, 14-17)

Adam (heute: Tell Damiyeh, nahe der Damiyeh-Brücke über den Jordan) wurde auch in einigen anderen Berichten als die Stelle erwähnt, an der sich der Fluß staute, wenn durch leichte Erdbeben die Uferseiten abbrachen. 1267 n. Chr., als der untere Flußlauf wegen eines ähnlichen Staus vorübergehend austrocknete, hatte der Mamelucken-Sultan Baybars sechzehn Stunden Zeit, um die Fundamente einer Brücke legen zu lassen. Diese Brücke war der wichtigste Übergang für seine Truppen, als er gegen die Kreuzritter um das Gelobte Land kämpfte. Professor John Garstang berichtet von demselben Phänomen: »1927 fielen Felsen, die hier [in Damiyeh] etwa 45 Meter in die Höhe ragen, quer über den Fluß und stauten ihn, so daß 21½ Stunden kein Wasser mehr durchs Flußbett floß.«[2]

Das wirft die Frage auf, ob Josua das Wissen über die seismischen Bedingungen im Jordantal genutzt und auf die Auswirkungen des Erdbebens gewartet hat, das einige Zeit zuvor spürbar gewesen sein muß, um seinem Volk die Überquerung des Flusses oder den Sturm auf Jericho zu erleichtern. Jedenfalls machten sich die Stämme zum Aufbruch bereit, als das Erdbeben begann. Dieses erstaunliche Phänomen werteten die Israeliten als göttlichen Beistand, und auch heute noch erscheint es wie ein Wunder, daß dieses Ereignis genau zum richtigen Zeitpunkt stattfand.

In der Überzeugung, Gottes Unterstützung zu haben, zogen die israelitischen Kriegsleute um die Stadt Jericho:

> »Aber der Herr sprach zu Josua: Sieh, ich habe Jericho samt seinem König und seinen Kriegsleuten in deine Hand gegeben. Laß alle Kriegsmänner rings um die Stadt herumgehen einmal, und tu so sechs Tage lang. Und laß sieben Priester sieben Posaunen tragen vor der Lade her, und am siebenten Tag zieht siebenmal um die Stadt ... Und wenn man die Posaune bläst und es lange tönt, so soll das ganze Kriegsvolk ein großes Kriegsgeschrei erheben, wenn ihr den Schall der Posaune hört. Dann wird die Stadtmauer einfallen ...« (Josua 6, 2-5)

Josua hielt sich genau an das oben beschriebene Verfahren, und da »... fiel die Mauer um, und das Volk stieg zur Stadt hinauf, ein jeder stracks vor sich hin. So eroberten sie die Stadt« (Josua 6, 20).

Wissenschaftler haben umfassend nach einer »rationalen« Erklärung für die leichte Eroberung Jerichos gesucht. Manche bizarren Theorien wurden angeboten – angefangen von der These, daß die Mauern wegen der Erschütterung durch die rhythmisch trampelnden Füße bei der siebenmaligen Umrundung der Stadt einfielen, bis zu der, daß die schrillen Töne der Posaunen zusammen mit dem Geschrei der Menschen dieses Wunder bewirkten. Realistischer ist die Erklärung der Archäologen, daß die Mauern von Jericho zur Zeit Josuas in baufälligem Zustand waren. Angeblich deuten Untersuchungen darauf hin, daß die Festungswehren aus einer früheren Zeit stammten und nur noch Ruinen waren, die hastig (?) von den Stadtbewohnern geflickt worden waren, ohne einen neuen Verteidigungsgürtel zu errichten. Doch selbst wenn man annimmt, daß die Mauern wahrscheinlich wegen desselben Erdbebens, das den Jordan blockiert hatte, Risse hatten, sind derartige Theorien unhaltbar oder unzureichend. Unglücklicherweise waren die Mauerreste des kanaanitischen Jericho der späten Bronzezeit längst weggespült, als Hiel, der Bethelite, zu König Ahabs Zeit die Stadt rekonstruierte. Demzufolge konnten bei den drei großen und ausgedehnten Ausgrabungen am Wall von Jericho keine archäologischen Hinweise auf die Zeit der Eroberung gefunden werden.[3]

Die Lösung des Rätsels scheinen uns nicht materielle Beweise zu liefern, sondern ein Vergleich mit alten militärischen Strategien und Kriegslisten.

In der Sammlung der Kriegslisten, die Sextus Julius Frontinus gegen Ende des ersten Jahrhunderts n. Chr. herausgab, lesen wir: »Als Gnaeus Pompeijus einmal einen Fluß nicht überqueren konnte, weil feindliche Truppen am anderen Ufer postiert waren, wandte er folgende List an: Er führte seine Truppen viele Male aus dem Lager und wieder zurück. Dann, als der Feind schließlich dazu verleitet worden war, in der Bewachung der Straße vor den römischen Truppen nachzulassen, wagte er einen überraschenden Vorstoß, und die Flußüberquerung gelang« (aus: *Strategmata* I.IV.8).

Dieses Prinzip mutet bekannt an. Sechs Tage lang zog das gesamte israelitische Heer in voller Ausrüstung feierlich um die Mauern von Jericho. Und sechs Tage lang rannten die guten Bürger von Jericho zu ihren Waffen, liefen auf die Befestigungsmauern und beobachteten voller Angst die marschierenden Kolonnen und die geheimnisvollen Priester mit der Bundeslade, die die Prozession anführten und möglicherweise einen unbekannten Zauber heraufbeschworen. Aber nachdem sich der erste Schrecken gelegt hatte und die Angst verflogen war, gewöhnten sich die Menschen in Jericho an das eigenartige Spektakel und beruhigten sich. Dann am siebten Tag, nachdem das mittlerweile gewohnte Manöver der Israeliten begonnen hatte, verwandelte sich die ruhige, gemessene Prozession plötzlich auf ein Zeichen ihres Anführers hin in einen erbitterten Sturmangriff. Bevor die verwirrten und entsetzten Verteidiger begriffen, wie ihnen geschah, hatten die Israeliten die Mauern erklommen oder waren durch die Lücken gegangen, die in letzter Zeit durch Erdbeben entstanden waren, und »verbannten alles, was in der Stadt war … mit der Schärfe ihres Schwerts«.

Die Strategie, den Feind in falscher Sicherheit zu wiegen, indem man ihn an bestimmte Manöver gewöhnt, die dann plötzlich in einen Angriff umschlagen, war oft erfolgreich. Auf diese Weise haben die Briten ihre türkischen und deutschen Gegner in Romani auf der Halbinsel Sinai 1916 in die Irre geführt.[4] Vor dem Jom-Kippur-Krieg im Oktober 1973 täuschten die Syrer und Ägypter die israelischen Streitkräfte an der Grenze mit ähnlichen Manövern, als sie Gerät zum Bau von Brücken bereitmachten und Angriffsformation einnahmen.

Die Eroberung der Stadt Ai

Mit der Einnahme von Jericho hatten die Israeliten ihren ersten richtigen Stützpunkt westlich des Jordan. Josuas nächstes Ziel war der Vorstoß in die Berge von Juda. Mit seinem Scharfblick erkannte er die strategische Bedeutung des zentralen Bergmassivs für die Gründung eines hebräischen Reiches im Cis-Jordanland. Die Berge von Juda waren eine natürliche Festung, hinter deren Bollwerken die leichtbewaffneten Israeliten den Angriffen der viel besser gerüsteten kanaanitischen Streitkräfte widerstehen konnten. Josua wußte sehr genau, wie eine Schlacht auf offener Ebene ausgehen würde – dort wäre sein Heer praktisch machtlos gegen die kanaanitischen Streitwagen gewesen. Die topographischen Bedingungen in den Bergen schlossen hingegen schweres Kriegsgerät von vornherein aus und boten leicht bewaffneten Truppen die Chance, ihre Unterlegenheit durch Geschick, List, Wagemut und Mobilität auszugleichen. Zudem waren die Berge nur dünn besiedelt – so hatten die Israeliten genügend Platz, sich zu verschanzen und seßhaft zu werden, was die hohen Bevölkerungszahlen und die befestigten Städte auf dem flachen Land praktisch unmöglich gemacht hätten.

Josua mußte außerdem mit einem Eingreifen der Ägypter rechnen, da Kanaan noch immer zum pharaonischen Reich gehörte. Heute wissen wir aus den Archiven Amenhoteps IV. (Amenophis IV., Echnaton 1391–1353 v. Chr.), die in Tell el-Amarna am Nil entdeckt wurden, daß die meisten Hilferufe von kanaanitischen und ägyptischen Statthaltern mit leeren Versprechungen beantwortet wurden. Josua war sicherlich nicht in die diplomatische Korrespondenz der Ägypter eingeweiht, aber er schätzte die Situation richtig ein. Die Zeit war reif für einen Angriff, und es bestand kaum Gefahr, daß sich die Ägypter in die Kämpfe einmischen würden, solange sich die Israeliten auf die Berge beschränkten und von den Ebenen und der Via Maris (der Straße des Meeres), der großen Handelsstraße, fernhielten, die Ägypten mit Syrien verband und die Lebensader des ägyptischen Reiches war.[5]

Die erste strategische Maßnahme bei der Vorbereitung des Feldzugs in die Berge war ein Bündnis mit den Gibeonitern, die selbst eine leidgeprüfte kleine Stammesgemeinschaft waren und sich – wahrscheinlich vor nicht allzu langer Zeit – an der Wasserscheide nördlich von Jerusalem in den Bergen angesiedelt hatten. Ihre Hauptstadt war Gibeon (das heutige El Jib), acht Kilometer nordwestlich von Jerusalem. In der Bibel wird geschildert, daß der Kontakt zu den Gibeonitern erst nach der Eroberung von Ai zustande kam (Josua 9). Aber eine kritische Analyse des Textes und die Entscheidung Josuas, das Gebiet von Bet-El zuerst anzugreifen, lassen es viel wahrscheinlicher erscheinen, daß die ersten Verbindungen zu den Gibeonitern schon nach der Einnahme von Jericho zur Vorbereitung des Angriffs auf Ai geknüpft wurden.

Nachdem er sich so Rückendeckung für seinen nächsten Feldzug verschafft hatte, begann Josua, die notwendigen Informationen über sein Ziel zu sammeln: Ai oder, was wahrscheinlicher ist, die Region um Bet-El, die Stadt, die die verschiedenen Wege zur Wasserscheide von Juda unter Kontrolle hatte. Nicht weit weg von dieser Wasserscheide lag das gibeonitische Beerot (heute: El Bira bei Ramallah). Die Nachrichten, die ihm seine Kundschafter brachten, müssen Josua von der Idee abgebracht haben, Bet-El selbst anzugreifen, da es zu starke Verteidigungsanlagen hatte. Tatsächlich erwies sich ein solcher Angriff auch als unnötig, weil Ai die Stadt war, die eigentlich die Wasserscheide bewachte.[6]

Ai war dreizehnhundert Jahre vor Josuas Zeit eine solide befestigte Stadt gewesen. In seinen Tagen muß sie jedoch entweder erst kürzlich wieder besiedelt worden sein, ohne daß man die massiven Befestigungsanlagen – die sogar noch als Ruinen furchteinflößend waren – wiederaufgebaut hätte, oder sie war tatsächlich

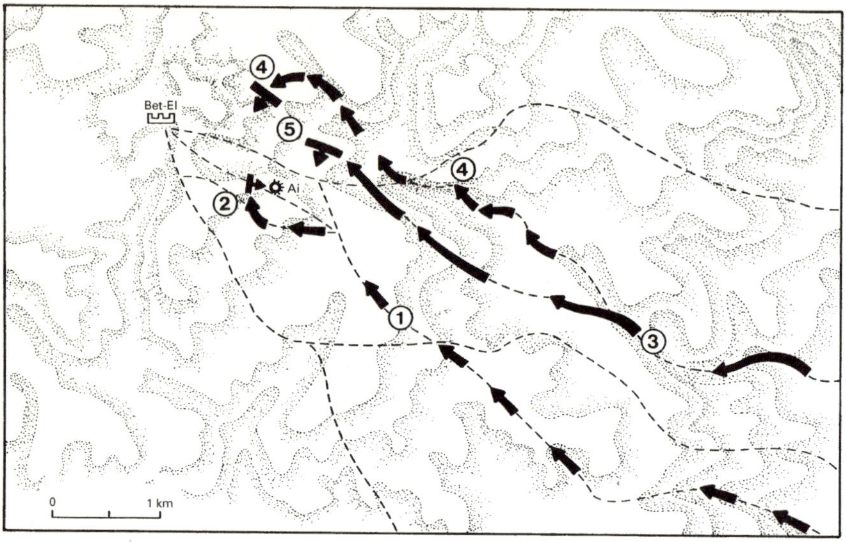

Abb. 6: Die Eroberung von Ai (Phase eins)
1 Die Truppen, die den Hinterhalt legen, nähern sich Ai am Vorabend des Hauptangriffs.
2 Sie nehmen ihre Position im Westen von Ai ein.
3 Die Haupttruppen nähern sich über den mittleren Weg; sie beginnen den Anstieg etwa um Mitternacht.
4 Eine Abteilung wird abgestellt; sie soll die Zugänge von Bet-El blockieren.
5 Das Hauptheer nimmt im Norden der Stadt Aufstellung.

verlassen, wie der Name »Ha-Ai« (Die Ruine) nahelegt. Die Ausgrabungen deuten auf die letztere Möglichkeit hin, da die erneuerte Anlage gewisse Merkmale aus der Zeit nach der israelitischen Eroberung aufweist. Eine eindeutige Interpretation der Funde existiert jedoch nicht, da der betreffende Archäologe verstarb und keinen endgültigen Bericht über die Ausgrabungsarbeiten hinterließ. Falls diese Theorie zutrifft, läßt die biblische Erzählung (Josua, 7-8) die Vermutung zu, daß die Bewohner von Bet-El, um der Bedrohung eines israelitischen Angriffs auf ihre Stadt vorzubeugen (der nach dem Fall von Jericho zu erwarten war), Ai wegen seiner erhöhten Lage zu ihrem Vorposten rüsteten.

Anders als die Späherberichte über Bet-El waren die über Ai günstig (Josua 7, 3f.). Die Kundschafter, die nichts von den Vorteilen von Ruinen wußten, welche zu Verteidigungsposten gemacht worden waren, erklärten ihrem Anführer, daß 3000 Soldaten ausreichend wären, um die Stadt einzunehmen. Zu diesem Zeitpunkt unterlief Josua ein Irrtum, den so mancher selbstbewußte, erfolgsverwöhnte General begangen hat. Er richtete sich nach dem Bericht seiner Kundschafter, die die Stärke und Fähigkeiten der Feinde unterschätzt hatten. Das Resultat war voraussehbar: »So zogen hinauf vom Volk etwa dreitausend Mann; aber sie flohen vor den Männern von Ai.« (Josua 7, 4)

Der taktische Rückzug führte nicht zu einer Katastrophe, obwohl die Lage ernst war. Weit gefährlicher waren die psychologische Auswirkung und die absehbaren Folgen. Die Israeliten verloren nicht nur den Glauben an ihre eigene Tapferkeit und ihr Können, sondern auch der Mythos von der Unbesiegbarkeit Israels war gebrochen (»Wenn das die Kanaaniter und alle Bewohner des Landes hören ...« – Josua 7, 9). Der erlahmte Kampfgeist der Gegner erwachte von neuem. Josuas Reaktion zeigt, wie zutreffend Napoleons Ausspruch ist: »Ein großer Feldherr beweist sein wahres Können in der Not.« Er entschied sich, den Angriff beinahe sofort zu wiederholen und sich die natürliche Selbstsicherheit der Sieger für eine List zunutze zu machen, die nach dem folgenden Plan ablaufen sollte: 1. Aufstellung des gesamten Heeres. 2. Verlagerung der Garnison bei Ai durch eine simulierte Flucht der israelitischen Truppen, gleich nach einem angeblichen Sturmangriff, ähnlich dem ersten mißlungenen Versuch. 3. Kerntruppen sollten noch vor dem Angriff im Schutze der Nacht auf der Rückseite von Ai Aufstellung nehmen, um die Stadt zu besetzen, wenn die Verteidiger die zum Schein flüchtenden Israeliten verfolgten. 4. Der Gegner würde dann zwischen dem Hauptheer und den Besatzern von Ai in der Falle sitzen. 5. Vor dem Überfall sollte eine Abteilung die Wege nach Bet-El blockieren, damit keine feindliche Verstärkung nach Ai gelangen konnte.

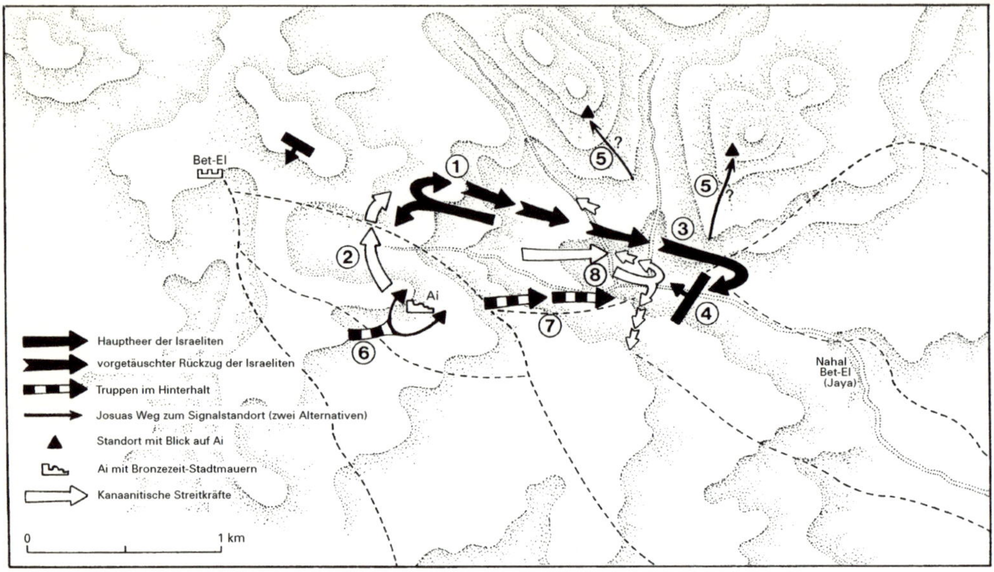

Abb. 7: Die Eroberung von Ai (Phase zwei)

1 Die Truppe im Westen ist in Position; Josua marschiert nach Ai und beginnt den Scheinrückzug.
2 Die Kanaaniter ziehen aus der Stadt und nehmen die Verfolgung von Josua und seinen Männern auf.
3 + 4 Josua stoppt den Rückzug und macht kehrt, um die Verfolger anzugreifen.
5 Josua gibt der im Westen der Stadt postierten Truppe das Signal zum Angriff.
6 Die Truppe nimmt die Stadt Ai ein.
7 Die Truppe fällt dem Feind in den Rücken.
8 Bei dem Angriff aus zwei Richtungen werden die Kanaaniter vernichtend geschlagen.

Der Platz eines Befehlshabers während einer Schlacht ist immer dort, wo die kritischsten Entscheidungen gefällt werden müssen. Josua war der Ansicht, daß der vorgetäuschte Rückzug der Hauptruppen die schwierigste Aufgabe sein würde, und er behielt recht. Erstens war es nötig, sofort nach Eintreffen des entsprechenden Befehls kehrtzumachen und zum Angriff überzugehen. Zweitens war es von größter Wichtigkeit, exakt den richtigen Zeitpunkt für die Umkehr der Streitmacht zu wählen. Diese beiden Aufgaben waren die schwierigsten Manöver in diesem Krieg. Daher beschloß Josua, persönlich das Kommando über das Hauptheer zu übernehmen. Nachdem die Truppen, die den Hinterhalt im Rücken von Ai legen sollten, am Vorabend der Schlacht losgezogen waren, ging er zu den Männern ins Hauptlager, um ihnen durch seine Anwesenheit Mut zu machen. Wo auch immer die Israeliten ihr Lager aufgeschlagen hatten, ein Marsch (entweder durch einen Seitenarm des Wadi Muheisin oder über einen der parallel verlaufenden Höhenzüge) von nicht weniger als sechs Stunden trennte es von Ai, und es ging den ganzen Weg bergauf. Die Stunde Null war der Tagesanbruch, nachdem die Blockadetruppe nach Nordwesten abgezogen war.

Das Hauptheer griff an und inszenierte unter Josuas Kommando im richtigen Moment den vorgetäuschten Rückzug. Wie erwartet »... wurde das ganze Volk in der Stadt zusammengerufen, um ihnen nachzujagen. Und sie jagten Josua nach und wurden von der Stadt hinweggelockt ...« (Josua 8, 16f.). Sobald die Verteidiger weit genug von der Stadt entfernt und tief in der Schlucht des Wadi Muheisin waren, erklomm Josua in aller Eile den nächstgelegenen Abhang und ließ seinen Speer im Licht aufblitzen (das vorher verabredete Zeichen). Daraufhin stürmten die im Hinterhalt lauernden Truppen in die praktisch menschenleere Stadt und setzten sie in Brand.[7] Zur selben Zeit machten Josuas Truppen kehrt und griffen die Gegner an. Noch ehe die Verfolger begriffen, wie ihnen geschah, wurden sie gleichzeitig von beiden Seiten bekämpft – vom Hauptheer und von den Männern, die Ai eingenommen hatten; und obwohl es nicht ausdrücklich beschrieben ist, dürfte zumindest ein Teil der Abteilung, die die Straßensperren errichtet hatte, zu diesem Zeitpunkt die Hänge heruntergestürmt sein und sich an der Schlacht beteiligt haben. Das Schicksal der Bewohner von Bet-El war besiegelt. Sie waren von allen Seiten eingeschlossen, und die Überlieferung sagt, daß nicht eine einzige Seele dem Gemetzel entkam.

Der Fall von Ai alarmierte alle kanaanitischen Machthaber im Cis-Jordanland. Am meisten waren die Kleinkönige beunruhigt, die im Hochland von Juda herrschten. Die Allianz zwischen Josua und den Gibeonitern war für die Kanaaniter ebenso unheilvoll wie die Eroberung von Ai.

> »Und Adoni-Zedek, der König von Jerusalem, sandte zu Hoham, dem König von Hebron, und zu Piram, dem König von Jarmut, und zu Jafia, dem König von Lachisch, und zu Debir, dem König von Eglon, und ließ ihnen sagen: Kommt herauf zu mir und helft mir, daß wir Gibeon schlagen; denn es hat mit Josua und den Israeliten Frieden gemacht. Da sammelten sich und zogen hinauf die fünf Könige der Amoriter ... und belagerten Gibeon und kämpften gegen die Stadt.« (Josua 10, 3-5)

Die Stunde der Wahrheit für die neue Allianz war gekommen – vielleicht früher als erwartet. Aber als der Hilferuf der Gibeoniter im israelitischen Lager in Gilgal eintraf, zögerte Josua keinen Augenblick. Er ahnte, daß er seine neugewonnene starke Position und seinen Stützpunkt im Cis-Jordanland verlieren würde, wenn er die Gibeoniter ihrem Schicksal überließ.

Daher rüstete sich Josua eilends zur Schlacht und setzte sich mit seinen Truppen nach Einbruch der Nacht in Marsch, um nicht von feindlichen Kundschaftern gesehen zu werden. Die Israeliten erreichten tatsächlich unbeobachtet die Gegend des etwa 24 Kilometer entfernten Gibeon. Die hügelige, bewaldete und spärlich besiedelte Landschaft bot den Israeliten ausreichend Deckung, und Josua gönnte seinen Männern vermutlich in der Nähe von Gibeon eine kurze Rast, um letzte Vorbereitungen für den Kampf zu treffen. In der Zwischenzeit nahm er zum erstenmal sein Ziel in Augenschein – entweder vom Nebil Samwil (dem Mizpe der Makkabäer-Zeit?)[8] oder von einem benachbarten Berg aus – und sah, daß Gibeon auf einer sanften Anhöhe in einem anmutigen Gebirgstal erbaut und von Bergen umgeben war. Die amoritischen Verbündeten belagerten die Stadt, und ihr Lager (vielleicht waren es mehrere) hatten sie vermutlich in der Nähe der Quellen im Tal aufgeschlagen.

Weil die Amoriter nicht ahnten, daß sich Feinde in ihrem Rücken befanden, und auch keine Späher ausgeschickt hatten, die sie vor feindlichen Bewegungen in diesem Gebiet hätten warnen können, gelang Josua ein Überraschungsangriff. Da seine Truppen bergab stürmten, gewannen sie zusätzlich an Schwung und stießen mit aller Gewalt vor. Die Amoriter, die allem Anschein nach nun auch von den Verteidigern der Stadt entschlossen angegriffen wurden, flohen in heilloser Verwirrung.

Ihre Fluchtroute führte am Bet-Horon-Paß entlang, einem breiten Zugang nach Juda, der in der Geschichte des Landes sowohl im Krieg als auch im Frieden noch eine große Rolle spielen sollte. Die körperliche Leistungskraft des israelitischen Heeres war bewundernswert. Nach einem 24 Kilometer langen Nachtmarsch in steilem Berggelände griffen sie nach nur kurzer Rast in die Schlacht ein. Wie lange der Kampf dauerte, ist unbekannt, aber nachdem sie den Feind in die Flucht geschlagen hatten, waren die Israeliten noch imstande, ihren Sieg auszukosten und den Gegner zu verfolgen.

> »Damals redete Josua mit dem Herrn ...und er sprach in Gegenwart Israels: ›Sonne, stehe still zu Gibeon, und Mond, im Tal Ajalon!‹ Da stand die Sonne still, und der Mond blieb stehen, bis sich das Volk an seinen Feinden gerächt hatte. Ist dies nicht geschrieben im Buch des Redlichen? ... Und es war kein Tag diesem gleich, weder vorher noch danach, daß der Herr so auf die Stimme eines Mannes hörte; denn der Herr stritt für Israel.« (Josua 10, 12-14)

Die Übersetzung dieser Bibelstelle gibt nur schwach die Dramatik wieder, die im hebräischen Original zu finden ist. Dennoch

Abb. 8: Josuas Überraschungsangriff auf die Amoriter in Gibeon. Seine Gebete wurden erhört, und die Sonne steht still hinter der Stadt. (Illustration aus der Josua-Rolle, 8. Jh. n. Chr., Bibliothek des Vatikans)

können wir uns den kühnen, tapferen Josua vorstellen, der gerade einen großen Sieg errungen hatte, aber erkannte, daß die Schlacht keine endgültige Entscheidung herbeigeführt hatte, bis es ihm gelang, die Streitkraft der Amoriter vollkommen zu vernichten.

Viele siegreiche Schlachten in der Geschichte hatten kaum Konsequenzen, weil der Triumphator nicht entschlossen genug war, seinen Erfolg zu vervollkommnen. Deshalb konnten oder wollten die Schweden nach der Schlacht bei Lützen (1643) Wallensteins Befreiung nicht verhindern; Wellington hatte nicht die Mittel, die Franzosen an einem geordneten Rückzug und einer Neuaufstellung der Truppen nach der Schlacht von Talavera (1805) zu hindern; und auch Napoleon vervollständigte seinen Sieg in Ligny (1815) nicht mit der Vernichtung von Blüchers preußischer Armee, was den alten Generalfeldmarschall in die Lage versetzte, seinen Verbündeten zwei Tage später bei Waterloo Verstärkung zu bringen und über Napoleon zu siegen.[9] Moderne militärische Lehrschriften weisen deshalb immer wieder auf die Notwendigkeit hin, über den Sieg hinaus zu planen, und Überlegungen, was etwa den Standort der Truppen in dieser Phase betrifft, sind mittlerweile fester Bestandteil jeder strategischen Planung.

In alten Zeiten wurde die Vervollkommnung des Sieges gewöhnlich nicht frischen Truppen überlassen, die meistens gar nicht verfügbar waren. Der errungene Sieg stärkte die Moral und den Kampfgeist der Soldaten und verlieh ihnen neue Kräfte, so daß sie diese Leistung auch noch nach der Schlacht erbringen konnten.

In Josuas Fall bestand die Schwierigkeit darin, daß der maximale Erfolg erreicht werden sollte, solange der Mond noch im Westen (über dem Tal von Ajalon) zu sehen war und nicht von der im Osten (über Gibeon) aufgehenden Sonne überstrahlt wurde. Mit anderen Worten: Er wollte den Gegner vor Tagesanbruch überwältigen und verhindern, daß er den Paß Bet-Horon erreichte. Zudem muß die körperliche Anstrengung für die Israeliten beinahe unerträglich gewesen sein, denn nach dem Marsch in der vorangegangenen Nacht und der Schlacht am Morgen verfolgten Josua und seine Männer die Fliehenden noch für 18 Kilometer.

Josuas Gebet wurde erhört, und unter seiner Führung verfolgten die israelitischen Soldaten die Amoriter und ließen nicht nach, bevor diese vollkommen aufgerieben waren. Es ist denkbar, daß die im Tal von Ajalon häufig vorkommenden dichten Morgennebel und die schlechte Sicht den leichtbewaffneten Israeliten Vorteile gegenüber den mit schwerem Kriegszeug fliehenden Amoritern verschafften. Wann immer sich der Nebel ein wenig lichtete, waren die blasse Sonne und der Mond im Dunst zu sehen.

Die letzte Phase der Auseinandersetzung führte die Israeliten durch das Tal von Ajalon bis vor die Tore von Aseka, des kanaanitischen Forts, das später die wichtigste Festung von Juda werden sollte. Insgesamt waren die israelitischen Männer 48 Kilometer in 45 bis 48 Stunden marschiert, und mindestens zwei Drittel der Zeit hatten sie kämpfend verbracht.

Da der Fluchtweg der Amoriter zu Anfang durch gibeonitisches Gebiet führte, schwärmten zweifellos auch die gibeonitischen

Bauern aus, um den Feind zu verfolgen. Die Bibel spricht von großen Steinen bzw. »Hagelsteinen«, die auf die Kanaaniter niederregneten. Bei dieser Schilderung kommen einem unwillkürlich der Rückzug der Österreicher und später der Burgunder in ihren Kriegen gegen die Schweiz (1386 bzw. 1474–1477) in den Sinn sowie die Franzosen, die 1809 den Tiroler Widerstand niederzuschlagen versuchten (um nur einige Beispiele zu nennen). Die Bevölkerung rollte Steine und Felsbrocken in die Täler und tötete eine große Anzahl von Feinden, während anderen der Rückzug versperrt wurde.

Die Aktionen, mit denen der Feind behindert werden sollte, erklären, weshalb die Auseinandersetzung so lange dauerte. Zudem waren beide Seiten wahrscheinlich des öfteren gezwungen, vorübergehend haltzumachen, entweder weil der Gegner angriff oder aus purer Erschöpfung. Andererseits könnte auch, wie die deutsche Bibelübersetzung andeutet, ein wirklicher Hagelsturm die Flucht der Amoriter behindert haben. Jeder, der schon einmal ein heftiges Unwetter mit Hagel in den Bergen von Judäa erlebt hat, weiß, welche Verheerung er anrichten kann.[10]

Die Vernichtung der Herrscher von Galiläa

Nachdem Josua die kanaanitische Gegenoffensive zurückgeschlagen hatte, ergriffen die israelitischen Stämme nach und nach vom spärlich besiedelten Bergland Besitz. Vom Kern Judas schwärmte Josua mit seinen Männern in alle Richtungen aus, und nach den Berichten der Bibel eroberte er das gesamte zentrale Bergmassiv, dessen westliche Ausläufer und Galiläa.[11]

In der Bibel lesen wir, daß Josua das Bündnis der nördlichen Kanaaniter, das von Jabin, dem König von Hazor – der größten Stadt in diesem Gebiet –, angeführt wurde, am Wasser von Merom zerschlug:

»Alle diese Könige versammelten sich und kamen und lagerten sich gemeinsam am Wasser von Merom, um mit Israel zu kämpfen ... Da kamen Josua und das ganze Kriegsvolk mit ihm plötzlich über sie am Wasser von Merom und überfielen sie. Und der Herr gab sie in die Hände Israels, und sie schlugen sie ... bis niemand mehr unter ihnen übrigblieb. Da tat Josua mit ihnen, wie der Herr ihm gesagt hatte, und lähmte ihre Rosse und verbrannte ihre Wagen ...« (Josua 11, 5-9)

In diesem Abschnitt wird zum erstenmal der Streitwagen erwähnt. Dieser Vorläufer der modernen Panzerfahrzeuge war die wichtigste Kriegsausrüstung seit seiner Einführung durch die Hetiter und

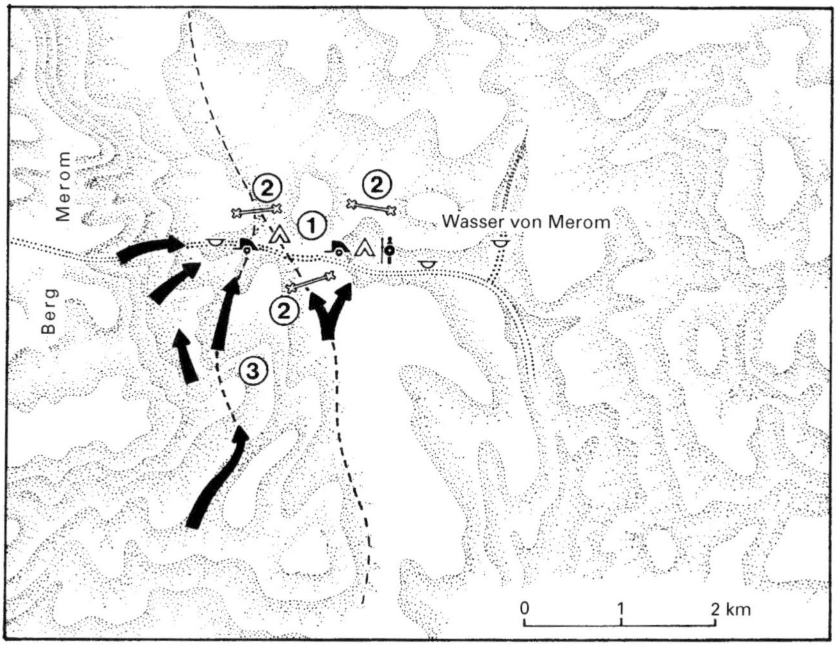

Abb. 9: Die Schlacht am Wasser von Merom
1 Kanaanitisches Lager; hier sollten die Streitwagen bei gesicherter Wasserversorgung aufgestellt werden.
2 Vermutlich die Stellen, an denen die Zugänge abgeriegelt wurden.
3 Josuas Überraschungsangriff über die Hänge des Berg Merom.

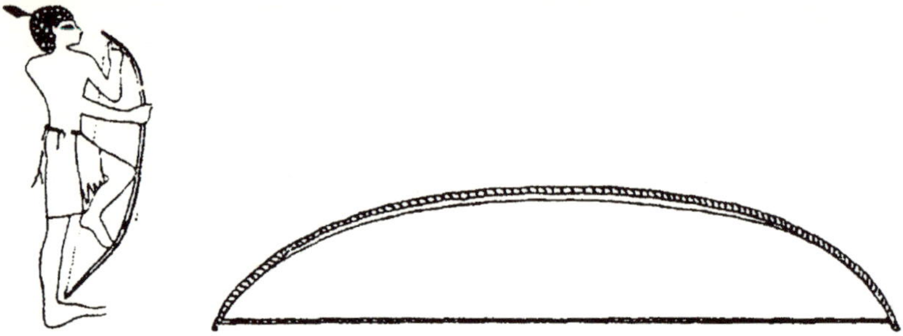

Abb. 10: Ein Bogenschütze spannt den Bogen. Um größtmögliche Elastizität zu gewährleisten, bewahrte man die Bögen ohne Saite auf und spannte sie erst, wenn sie gebraucht wurden. Unten: Bogen, der durch Bänder aus verschiedenen Materialien verstärkt ist.

die Hyksos im 18. vorchristlichen Jahrhundert. Es scheint, daß die taktische Verwendung der Streitwagen in vielerlei Hinsicht dem Einsatz der mittelalterlichen Kavallerie gleicht. Aber während sich die Ritter in Rüstung hauptsächlich auf ihre Wucht verließen, kombinierte der antike Streitwagen – ähnlich den modernen Kriegsfahrzeugen – Wucht mit Schußwaffen wie Pfeil und Bogen und Speeren; zu diesem Zweck wurden Schützen zusammen mit dem Wagenlenker auf dem Wagen postiert. Diese bewaffneten Männer gehörten den *marianu* an, die wie die mittelalterlichen Ritter eine privilegierte Kaste von Kriegern in der kanaanitischen Gesellschaft darstellten und viel Zeit für Waffenübungen aufwenden konnten.[12] Sie bildeten die Hauptangriffstruppe in einer Armee, die ansonsten aus Fußsoldaten bestand. Es hätte dem israelitischen Heer schon Schwierigkeiten bereitet, der kanaanitischen Infanterie auf offenem Feld zu begegnen, aber gegen die Streitwagen hatte es überhaupt keine Chance. Die Könige aus dem Süden hatten ihre Streitwagen wahrscheinlich auf der Ebene zurückgelassen, bevor sie das in den Bergen liegende Gibeon angriffen, da in der biblischen Schilderung der Kämpfe keine Streitwagen erwähnt werden. Josuas inbrünstiges Gebet um eine Verlängerung der Morgendämmerung ist um so verständlicher, wenn er, wie wir annehmen, zusätzlich zu seinen anderen Schwierigkeiten auch noch mit dem Angriff einer Truppe mit Streitwagen rechnen mußte.

Bei dem Feldzug gegen die Völker aus dem Norden war eine derartige Begegnung nicht zu vermeiden. Josua löste das Problem auf eine Art, die beispielgebend für alle späteren israelitischen Anführer war, solange sie noch keine eigenen Streitwagen in die Schlachten schicken konnten und ihre Soldaten noch nicht im Kampf gegen Truppen mit Streitwagen geübt waren. Josua wartete den richtigen Augenblick ab, um die Kanaaniter zu überrumpeln, während sie in der engen Schlucht am Bach Merom kampierten. Dort war nicht genügend Platz, um die Streitwagen sinnvoll einzusetzen. Wenn die Pferde ausgespannt waren, weil sie getränkt wurden, stellten die Streitwagen eher ein großes Hindernis dar. Angeschirrt und verängstigt hätten die Rösser vielleicht sogar eine Gefahr für die geschlossenen, engen Reihen der eigenen Fußsoldaten bedeutet. Josua stürmte den Abhang hinunter und errang erneut einen totalen Sieg. Diesmal gelang ihm der Überraschungsangriff nicht nur durch seine heimliche Annäherung, sondern auch durch seine Schnelligkeit.[13]

Daß die kanaanitischen Verbündeten den Bach Merom als Versammlungs- und Aufmarschplatz für ihre gemeinsame Offensive gegen die Israeliten wählten – um sie aus den Gebieten westlich des Jordan zu vertreiben und zu verhindern, daß sie nach Galiläa vordrangen –, war wohldurchdacht. Der Berg Merom bildet die Nabe des in Kapitel 1 beschriebenen Wagenrades, und die Wege verlaufen vom Gipfel aus wie Speichen in alle Himmelsrichtungen. Die verbündeten Streitkräfte aus ganz Galiläa trafen sich also an einer zentralen Wegkreuzung und hätten ihre Offensive in jeder Richtung durchführen können.

Den Israeliten blieb nur eine erfolgversprechende Vorgehensweise, und Josua entschied sich entweder instinktiv oder, wie die Bibeltexte nahelegen, mit Berechnung und Weitblick dafür: Er riß die Initiative an sich und schlug den Feind in einer Blitzaktion. Die Kanaaniter waren noch bei den Vorbereitungen für ihre Kampagne, und Josuas Schlag – der Prototyp eines Präventivangriffs – überrollte sie, noch ehe sie die Möglichkeit hatten, sich auf offeneres Gelände zurückzuziehen.

Da Josua keine Verwendung für die eroberten Streitwagen hatte, blieb ihm nichts anderes übrig, als sie mitsamt den Pferden zu vernichten. Dies ist ein guter Hinweis auf die technische und administrative Rückständigkeit der Israeliten. Erst in der späten Regierungszeit Davids erreichten die Israeliten das Stadium, in dem sie mit Streitwagen umgehen konnten. Ein anderer Schwachpunkt ihrer militärischen Fähigkeiten in den ersten Phasen der Eroberung war die mangelnde Erfahrung bei der Erstürmung und Belagerung von Städten: »Doch die Städte, die auf Hügeln standen [befestigte Städte], verbrannte Israel nicht« (Josua 11, 13).

Diese beiden Faktoren zwangen die Israeliten dazu, zunächst die Berge zu besetzen und erst allmählich in die Ebenen vorzustoßen. Diese Strategie wird im folgenden Bibelabschnitt deutlich:

> »Da sprachen die Nachkommen Josefs: Das Gebirge wird nicht Raum genug für uns haben: dazu gibt es eiserne Wagen bei allen Kanaanitern, die im ebenen Land wohnen ... Josua sprach zum Hause Josef ... Du bist ein großes Volk, und weil du so stark bist, sollst du nicht nur ein Los haben, sondern das Gebirge soll dein sein, wo der Wald [unbewohntes Gebiet] ist; dort kannst du roden, und er soll dein sein, so weit er reicht; dann wirst du die Kanaaniter vertreiben, obwohl sie eiserne Wagen haben, denn du wirst mächtiger sein als sie.« (Josua 17, 16-18)

Moderne Forscher verwerfen die Annahme, daß Josua selbst der Anführer im Krieg gegen die Kanaaniter im Norden war. Es ist durchaus möglich, daß diese Eroberungen von der folgenden oder sogar der übernächsten Generation gemacht wurden, die Josuas Siege nutzten, um größere Gebiete unter ihre Herrschaft zu bringen. Falls das zutrifft, überschattete Josuas unübertrefflicher Ruhm in später verfaßten Annalen die Identität des Anführers, der tatsächlich diese Heldentaten vollbrachte. Die militärischen Hintergründe waren jedoch dieselben, und unsere Interpretation gilt in jedem Fall.

Es gab auch Diskussionen, ob die Schlacht am Bach Merom in eine Zeit nach Deboras Krieg datiert werden sollte und als Fortsetzung ebendieses Krieges oder als eine der Legenden anzusehen sei, die später um den große Sieg gesponnen wurden.[14] Die Bibel nennt den Herrscher über Hazor als Anführer der anti-israelitischen Liga in beiden Kriegen, genau wie sie Jabin als Hazors König oder obersten Feldherrn angibt. Das wird als Beweis dafür gewertet, daß der biblische Bericht unkorrekt ist. Auch archäologische Funde konnten in diesem Punkt keine Klarheit herbeiführen, obwohl Professor Yadin behauptet, es gebe Beweise, daß Hazor sowohl von Josua als auch nach Deboras Sieg zerstört wurde. Für uns gilt, daß es keinen logischen Grund für die Änderung der biblischen Chronologie oder für die Verschmelzung der beiden Feldzüge zu einem gibt, solange nicht archäologische Beweise beigebracht werden, die gegen die Annahme sprechen, daß Josua oder ein anderer früher Anführer der Israeliten Hazor bereits vor Debora zerstört hat. Deboras Krieg kann, wie wir noch aufzeigen werden, sehr gut als Folge der Schlacht am Wasser von Merom angesehen werden. Auch mit Jabin muß nicht notwendigerweise in beiden Berichten ein und dieselbe Person gemeint sein – möglicherweise gab es mehrere Träger dieses Namens in der Dynastie, die in Hazor herrschte.[15]

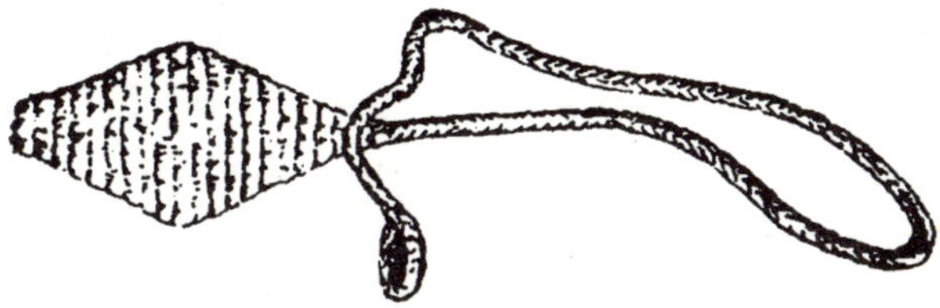

Abb. 11: Mittelteil und rechte Kordel einer Schleuder, die linke Kordel fehlt (aus dem 8. Jh. v. Chr.; Fundort: Ägypten). Der Stein wurde in die vom Mittelteil gebildete Schlinge gelegt, dann nahm man beide Kordeln in eine Hand, schwang die Schleuder über dem Kopf und ließ eine Kordel los.

Wenn man ein Urteil über Josuas Feldherrnkunst abgeben müßte, würde man ihn zu den großen Anführern der Geschichte zählen müssen. Immer wieder hat er strategischen Weitblick bewiesen – etwa bei der Entscheidung, Jericho als erstes einzunehmen, bei dem Vorstoß nach Gilgal, das er zur Operationsbasis für die Eroberung des westlichen Palästina machte, oder bei seiner Allianz mit den Gibeonitern und seinem raschen Entschluß, dem belagerten Gibeon zu Hilfe zu kommen, um den lebenswichtigen Stützpunkt in den Bergen von Juda nicht zu verlieren. Dieser letztgenannte Schachzug ist auch ein großartiges Beispiel für die kombinierte Anwendung von militärischen und diplomatischen Mitteln, um ein politisches Ziel zu erreichen. Zudem zeigte Josua große Willensstärke nach dem Mißgeschick beim ersten Angriff auf Ai, besonders da er die israelitische Niederlage und ihre Auswirkungen kühn dazu nutzte, den Feind zu einer zweiten Schlacht zu verleiten, in der ihm der Sieg gewiß war. Das ungeheure Geschick, mit dem er die geteilte Streitmacht durch diesen zweiten Sturm auf Ai führte, und die genaue zeitliche Abstimmung der Aktionen beweisen hochentwickelte Führerqualitäten und militärisches Verständnis.

Als großer Soldat wußte Josua sehr genau, welche Grenzen ihm die unzureichende Bewaffnung der Israeliten und die mangelnden Erfahrungen im Kampf auf offenem Schlachtfeld setzten. Deshalb stimmte er seine Taktik in solchen Schlachten wie der vor Gibeon und der am Wasser von Merom (?) auf die Talente und Fähigkeiten der Israeliten ab. Er nutzte ihre Schnelligkeit für Blitzangriffe aus dem Hinterhalt und nutzte die Vorteile des Geländes; auf diese Weise gelang es ihm, den ansonsten unbesiegbaren Feind zu schlagen. Sein Verhalten setzte Maßstäbe für jeden israelitischen Anführer, der ihm nachfolgte.

Die Eroberungen von Jericho und Ai zeigen, daß sich die Israeliten ihrer Unfähigkeit besußt waren, befestigte Ortschaften einzunehmen. Daher griffen sie auch nur solche Städte an, deren Verteidigungsanlagen ihnen schwach erschienen, doch selbst dabei mußten sie verschiedene Kriegslisten anwenden, um die Städte besetzen zu können. Diese Schwäche behielten sie bis in die Zeit der Richter bei, wie Gideons Sohn Abimelech bei der Eroberung von Sichem zeigte (Richter 9, 43-45).

Den politischen Hintergrund der israelitischen Machtübernahme im Cis-Jordanland bildete, wie bereits erwähnt, Ägyptens mangelnde Bereitschaft, Kanaan gegen die Eindringlinge zu verteidigen. Das erlaubte den »Habiru« – wie es in den königlichen Archiven heißt, die in Tell el-Amarna gefunden wurden –, sich in der Provinz breitzumachen. Leider enden diese Aufzeichnungen vor der Regierungszeit Ramses' II. (1290–1223 v. Chr.), der höchstwahrscheinlich während des Exodus Pharao war. Aber wir dürfen annehmen, daß solche Übergriffe auch während seiner und der Regentschaft von Merenptah (1223–1204 v. Chr.) stattfanden, aus der schriftliche Belege bezeugen, daß die Habiru im Westen Fuß faßten (siehe S. 35).

»Habiru« war im zweiten vorchristlichen Jahrtausend die Bezeichnung für eine nicht-seßhafte Bevölkerungsgruppe, die sich aus heimatlos gewordenen oder vertriebenen Sippen und anderen Nomadenstämmen zusammensetzte und Anstrengungen unternahm, mit friedlichen oder kämpferischen Mitteln – je nach politischer Lage – in fremde Gebiete einzudringen und sie zu besiedeln.

Ob sich der Begriff »Hebräer« von »Habiru« ableitet oder nicht, ist unklar. Aber die Hebräer, die sich später Israeliten nannten, waren in den Augen der Kanaaniter ganz sicher Habiru – um so mehr, da sie sich auf die eine oder andere Weise mit den Sippen im Trans-Jordanland, die einer solchen Gesellschaft angehörten, zusammentaten.[16]

Dennoch gab es einen grundlegenden Unterschied, und auf diesen ist der letztendliche Erfolg der Israeliten zurückzuführen: Die Israeliten der alten Zeit waren von dem Glauben durchdrungen, daß Kanaan das Land war, das ihnen von ihrem Gott, dem einzigen und wahren Gott, verheißen worden war.[17]

KAPITEL 3

Die Kriege der Richter

Deboras Triumph

In der Zeit der Richter faßten die Israeliten endgültig Fuß im Heiligen Land, sowohl westlich als auch östlich des Jordan. Die Kanaaniter, die untereinander zerstritten waren, konnten den Israeliten nicht über einen längeren Zeitraum standhalten; und als sie in immer kleinere Enklaven gedrängt wurden, ergaben sie sich den Israeliten oder gingen ganz unter.

Die Zeit der Richter war demzufolge eine Epoche der heroischen Kämpfe einer einfachen Stammesgemeinschaft gegen einen kultivierten, wenn auch ziemlich dekadenten Feind, der ihnen oft erbitterten Widerstand leistete. Die Kanaaniter wurden in ihrem Bemühen, die Israeliten abzuwehren, von den am Rand der Wüste im Trans-Jordanland gelegenen Königreichen unterstützt. Die Bewohner dieser Reiche ärgerten sich über die wachsende Macht der Israeliten. Die ständige Bedrohung durch ihre Nachbarn schweißte die Stämme Israels zusammen. Krieger, die über einen Teil der Stämme oder über alle »richteten«, ohne sich in die internen Angelegenheiten einzumischen, führten sie an.

Der Sieg am Bach Merom sicherte den Eroberern eine Ausgangsbasis in Galiläa. Ortsansässige Sippen unterstützten die Israeliten bei der Besiedlung und nahmen sie bei sich auf. Wie nicht-biblischen Quellen zu entnehmen ist, bildeten diese Stämme die heterogene Population, die das »Galiläa der Völker« (wie es genannt wurde) vor der endgültigen Eroberung durch die Israeliten bewohnte. Ob diese Sippen wie die in der Bibel genannten Familien der Stämme Asser und Issachar Blutsverwandte der Israeliten waren, die nicht nach Ägypten gezogen waren, oder ob sie sich gleich nach ihrer Ankunft in Galiäa mit ihnen zusammentaten, ändert nichts an der Tatsache, daß sie bei der Übernahme von großen Teilen der Bergregion im Norden Kanaans entscheidend mitwirkten.[1]

Obwohl die Angehörigen des Volkes noch weit davon entfernt waren, die wahre Bedeutung und die Konsequenzen des reinen Monotheismus zu begreifen, gab ihnen die charismatische Qualität ihres Glaubens die nötige Kraft und die moralische Unterstützung, über Generationen hinweg der kanaanitischen Überlegenheit, was Technik, Bewaffnung, Organisation und Verteidigungsanlagen betraf, zu trotzen und sie schließlich zu überwinden. Falls die Annahme zutrifft, daß sich ein großer Teil der Bevölkerung im Cis-Jordanland während des Vorstoßes in den Westen den israelitischen Stämmen freiwillig anschloß, muß der religiöse Eifer ein entscheidender Faktor bei der Überzeugungsarbeit gewesen sein.[2]

Die Ebenen (die Küstengebiete und das Jesreel-Tal) waren immer noch fest in der Hand der Kanaaniter. Die Macht der beiden Hauptstädte an den südwestlichen Berghängen des unteren Galiläa, Schimron und Achschaf, war nach der Schlacht am Wasser von Merom gebrochen, aber dafür sprang ein anderer Herrscher, »der König von Völkern in Galiläa« in die Bresche (Josua 12, 23). Die Reihenfolge der Namen der besiegten Könige und ihrer Reiche, die in Josua, Kapitel 22, angegeben sind, deutet darauf hin, daß dieser neue Herrscher verschiedene ethnische Gruppen aus dem unteren Galiläa gegen die israelitischen Eindringlinge vereinte. Die Schilderung im Buch der Richter, Kapitel 4 und 5, auf der unser Material basiert, macht deutlich, daß die Völker in Galiläa Haroschet-Gojim (»Haroschet der Heiden«), die Wälder am Nordrand des Jesreel-Tal, bewohnten.

Abb. 12: Ein aristokratischer Wagenlenker (»marianu«) aus Kanaan mit seinen Knechten; er führt dem Landesherrn Gefangene vor. (Einlegearbeit aus Elfenbein, Megiddo, 12. Jh. v. Chr.) Der Harfenist spielt für den Herrscher – so wie David es für Saul getan hat (1. Samuel 18, 10).

Die natürlichen Verbündeten des Königs »von Völkern in Galiläa« waren die Herrscher der verbleibenden Städte im Jesreel-Tal. Die bekanntesten von ihnen waren die Könige von Taanach, Megiddo und Jokneam. Die Machthaber von Dor an der Mittelmeerküste, von Kedesch im Norden von Naftali und von Hazor stärkten das Bündnis zusätzlich. An der Spitze der Liga stand der König von Hazor, Jabin.[3]

Die größte Stärke der kanaanitischen Könige waren ihre befestigten Städte, aber sie konnten die Israeliten natürlich nicht bezwingen, wenn sie sich hinter den geschlossenen Stadttoren verschanzten. Sie mußten die Initiative ergreifen und aktiv werden. In den Gebieten, die sie bewohnten, war der von den Israeliten so gefürchtete Streitwagen von unschätzbarem Wert. Mobile Einheiten mit Wagenlenkern bewachten die Ebenen und die Zugangs-

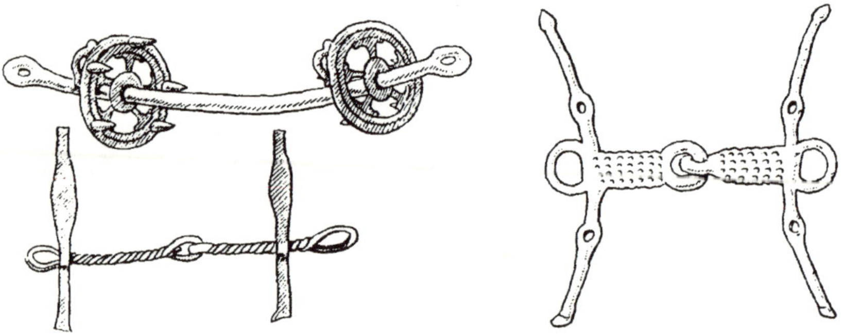

Abb. 13: Zaumzeug aus Tell el-Fara und Nordsyrien.

straßen und boten, wenn nötig, Handelskarawanen oder Reisenden Schutz. Israelitische Angreifer konnten rasch verfolgt oder abgefangen werden, und selbst in hügeligem Gelände bildeten die Wagenlenker eine schlagkräftige Ergänzung zu den Fußsoldaten. Um dem Bündnis mehr Zusammenhalt zu verleihen, wurde das Kommando über alle gemeinsamen Anstrengungen Sisera übertragen, dem Befehlshaber von Jabins Armee und möglicherweise selbst Anführer einer Sippe. Die Situation eskalierte, als Sisera Haroschet-Gojim besetzte, das den schmalen Zugang vom Jesreel-Tal zur Küstenebene nördlich von Haifa ebenso kontrollierte wie die Straßen, die Galiläa mit dem See Genezareth und dem Jordantal im Süden verbanden.[4]

»Zu der Zeit war Richterin in Israel die Prophetin Debora, die Frau Lappidots. Sie hatte ihren Sitz unter der Palme Deboras … auf dem Gebirge Efraim. Und die Kinder Israel kamen zu ihr hinauf zum Gericht« (Richter 4, 4f.). Seit Miriam, der Schwester Moses', bis zu Salome Alexandra, die in seiner letzten Glanzzeit (76–67 v. Chr.) über das hasmonäische Königreich herrschte, haben Frauen eine wichtige und oft auch eine entscheidende Rolle in der jüdischen Geschichte gespielt. Unter ihnen hob sich Debora ganz besonders als göttlich inspirierte Kämpferin für die Freiheit und das Überleben ihres Volkes hervor. Debora war das Urbild einer Jeanne d'Arc und ihr in der Kunst der Strategie und Taktik ebenbürtig. Während Jeanne d'Arc selbst das Heer anführte und ein Beispiel für unerschütterlichen Mut war, rief Debora den erfolgreichsten der Stammesführer, Barak von Kedesch-Naftali, zu sich und sagte zu ihm:

> »Hat dir nicht der Herr, der Gott Israels, geboten: Gehe hin und zieh auf den Berg Tabor und nimm zehntausend Mann mit dir von Naftali und Sebulon? Ich aber will Sisera, den Feldhauptmann Jabins, dir zuführen an den Bach Kischon mit seinen Wagen und mit seinem Heer und will ihn in deine Hände geben.« (Richter 4, 6f.)

Abb. 14: Kettenhemd; Metallplättchen sind auf ein Stoffhemd genäht.

Damit erläuterte Debora ihrem Feldherrn Barak die Grundlage eines vollständigen und mehrstufigen Plans für eine Schlacht, mit der sie das Joch des kanaanitischen Bündnisses abzuschütteln hoffte.

Bevor wir ins Detail gehen, ist es wichtig, noch einmal auf die Kampfüberlegenheit der Kanaaniter hinzuweisen – mit ihren Streitwagen und ihrer »Berufsarmee« (»mit seinen Wagen und mit seinem Heer«), die zumindest teilweise aus schwerbewaffneten Speerwerfern bestand. Die Anzahl der Streitwagen in Siseras Heer wird mit 900 angegeben. Diese Zahl kann verifiziert werden, wenn man sie mit der Zahl der kanaanitischen Streitwagen vergleicht, die Thutmosis III. angab, als er die Streitmacht seiner nordkanaanitischen Gegner bei der Schlacht von Megiddo 1468 v. Chr. beschrieb. Bei der Schlacht von Megiddo, als das kanaanitische Bündnis noch größer und wohlhabender war, erbeuteten die Ägypter 924 kanaanitische Streitwagen.[5] Offizielle Zahlenangaben, von Ägyptern oder anderen (wie die in der Bibel, die auf mündlicher Überlieferung basieren und den Zuhörer oder Leser beeindrucken sollen), stehen häufig im Verdacht, reine Übertreibungen zu sein. Wenn man die oben genannte Zahl auf ein Zehntel reduziert, ist man an der untersten anzunehmenden Grenze – doch selbst mit nur 90 Streitwagen wäre Siseras Streitkraft den Israeliten weit überlegen und furchterregend gewesen. Stellen Sie sich eine moderne Streitkraft vor, die ohne geeignete Abwehrwaffen plötzlich neunzig Panzern oder Panzerfahrzeugen auf offenem Land gegenübersteht – natürlich hinkt dieser Vergleich, aber das Ergebnis wäre wahrscheinlich genauso ver-

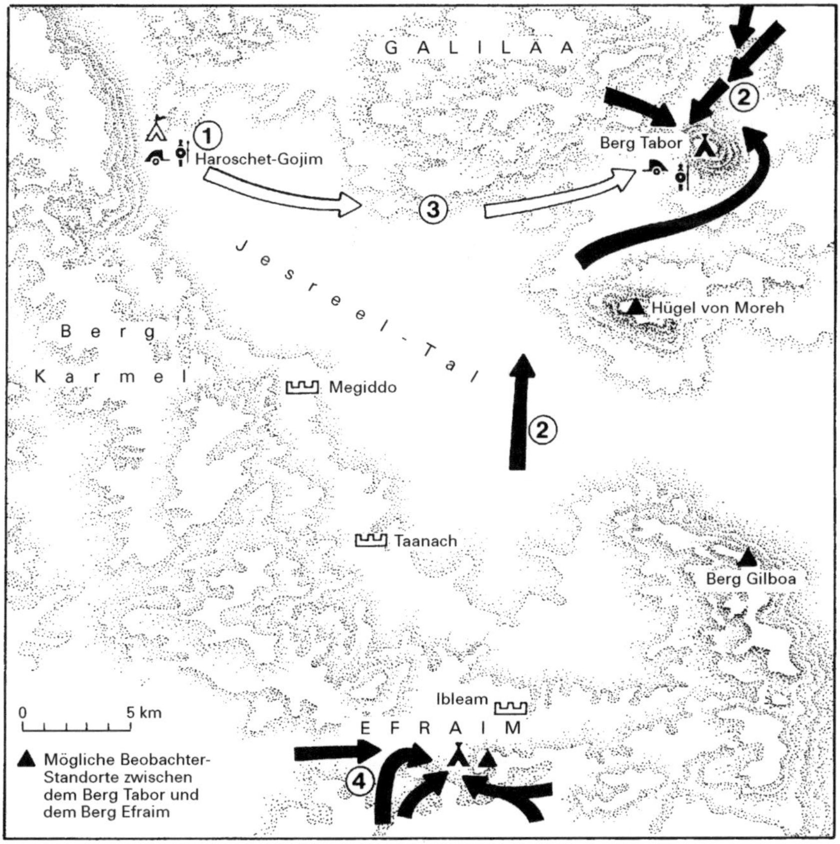

Abb. 15: Deboras Sieg über Sisera (Phase eins)
1 Siseras ursprüngliches Basislager bei Haroschet-Gojim.
2 Debora und Barak versammeln ihre Truppen auf dem Berg Tabor.
3 Sisera rückt vor, um den Berg Tabor einzuschließen.
4 Die zweite israelitische Streitmacht nimmt im Norden des Berges Efraim Aufstellung.

heerend. Deboras Hauptsorge muß demnach der Neutralisierung der schlagkräftigsten Waffe des Gegners, der Streitwagen, gegolten haben.

Debora plante einen Feldzug in drei Phasen. Phase eins war die Konzentration aller Truppen aus Naftali und Sebulon, die aus mindestens 10 000, möglicherweise sogar 20 000 Mann bestanden, am Berg Tabor. Der Berg Tabor war eine leicht zu verteidigende

Basis, die von Streitwagen nicht angegriffen werden konnte; zudem hatte man von dort aus eine gute Sicht in alle Richtungen und konnte feindliche Bewegungen im Jesreel-Tal rechtzeitig ausmachen. Am wichtigsten jedoch war, daß sich das Gelände bestens für Überraschungsangriffe auf einen Feind eignete, der am Fuß des Berges lagerte.

Phase zwei gründete sich auf die Annahme, daß Sisera, sobald er vom Aufmarsch Israels erfuhr, alle verfügbaren Streitkräfte zusammenziehen würde, um Barak am Berg Tabor einzuschließen. Dann könnte er ihn ins Tal treiben und zu einem Kampf auf offener Ebene zwingen. Debora baute auf eine derartige Reaktion und schlug vor, Sisera mit den Truppen, die sie in Efraim versammelt hatte, von seinem Wachposten vor dem Berg Tabor weg in das sumpfige Gebiet des Flusses Kischon im westlichen Teil des Jesreel-Tales zu locken.

In der dritten Phase sollten die Kanaaniter in der Nähe des Flusses Kischon, wo bei Regenfällen der Boden so morastig wurde, daß Männer, Pferde und Streitwagen gleichermaßen behindert wurden, gleichzeitig von Deboras und Baraks Truppen angegriffen werden. Barak, der durch das Manöver von Deboras Streitmacht von der feindlichen Bedrohung befreit sein würde, konnte Sisera folgen und seiner Armee in den Rücken fallen.

Die genaue Route von Deboras geplantem Ablenkungsmanöver wird im Bibeltext nicht ausgeführt. Aber es ist nur logisch anzunehmen, daß es eine Aktion gewesen sein muß, die die ungeschützte Küstenebene an der Bucht von Haifa bedrohte. Nur eine Truppenbewegung, die einen wichtigen kanaanitischen Verbündeten wie die Bewohner von Dor in Gefahr brachte, konnte Sisera dazu verleiten, Barak den Rücken zu kehren, das Lager abzubrechen und so schnell wie möglich zum Fluß Kischon zu marschieren, um die schmale Passage zwischen dem Berg Karmel und den Tivon-Hügeln abzusichern, die vom Jesreel-Tal in die Küstenebene führte.

Barak akzeptierte Deboras Vorschlag, aber er sträubte sich

dagegen, die größte Last allein zu tragen; er stimmte dem Plan nur zu, wenn Debora die Truppen begleitete, die unter seinem Kommando standen. Vielleicht stellte er diese Forderung aber auch nicht aus Furcht, sondern aus Ritterlichkeit: Es wäre möglich, daß er die Prophetin davon abbringen wollte, die gefährliche Rolle des Lockvogels zu spielen. Deboras berühmte Antwort lautete: »Ich will mit dir ziehen; aber der Ruhm wird nicht dein sein auf diesem Kriegszug, den du unternimmst, sondern der Herr wird Sisera in eines Weibes Hand geben« (Richter 4, 9). Die Truppen vom Berg Efraim wurden unter den Befehl eines unbekannten Anführers gestellt, und Debora schloß sich den Streitkräften an, die sich unbemerkt in Kedesch-Naftali versammelten und zum Berg Tabor geführt wurden.

Dem Bibeltext zufolge verriet Heber der Keniter, Anführer eines halb-nomadischen, mit den Israeliten verwandten Stammes, den Versammlungsort an Sisera. Aber die weitere Entwicklung der Dinge und das Verhalten von Hebers Frau Jaël, als sie dem flüchtenden kanaanitischen Befehlshaber begegnete, legen nahe, daß Heber im Einverständnis mit Debora handelte und daß sein »Verrat« Teil des großen Plans war, Siseras Aufmerksamkeit auf den Berg Tabor und weg vom Berg Efraim zu lenken.

Als Sisera von den Truppenbewegungen der Israeliten hörte, reagierte er wie vorausgesehen und versammelte sein ganzes Heer, um sich Debora und Barak entgegenzustellen. Die feindlichen Armeen beobachteten sich ein paar Tage, ohne in Aktion zu treten. Man könnte annehmen, daß Debora auf den Regen wartete, der das westliche Jesreel-Tal, die Ufer des Kischon und seiner Nebenflüsse in Sumpf verwandeln würde. Als sie die ersehnte Bestätigung erhielt, daß heftiger Regen im Anzug war, gab sie Barak das Zeichen zum Angriff: »Auf! Das ist der Tag, an dem dir der Herr den Sisera in deine Hand gegeben hat« (Richter 4, 14). Die Truppen vom Efraim müssen einige Stunden früher den Befehl erhalten haben, sich in Bewegung zu setzen. Wir wissen nicht, wie weit sie kamen, aber Deboras Triumphlied nach gewonnener

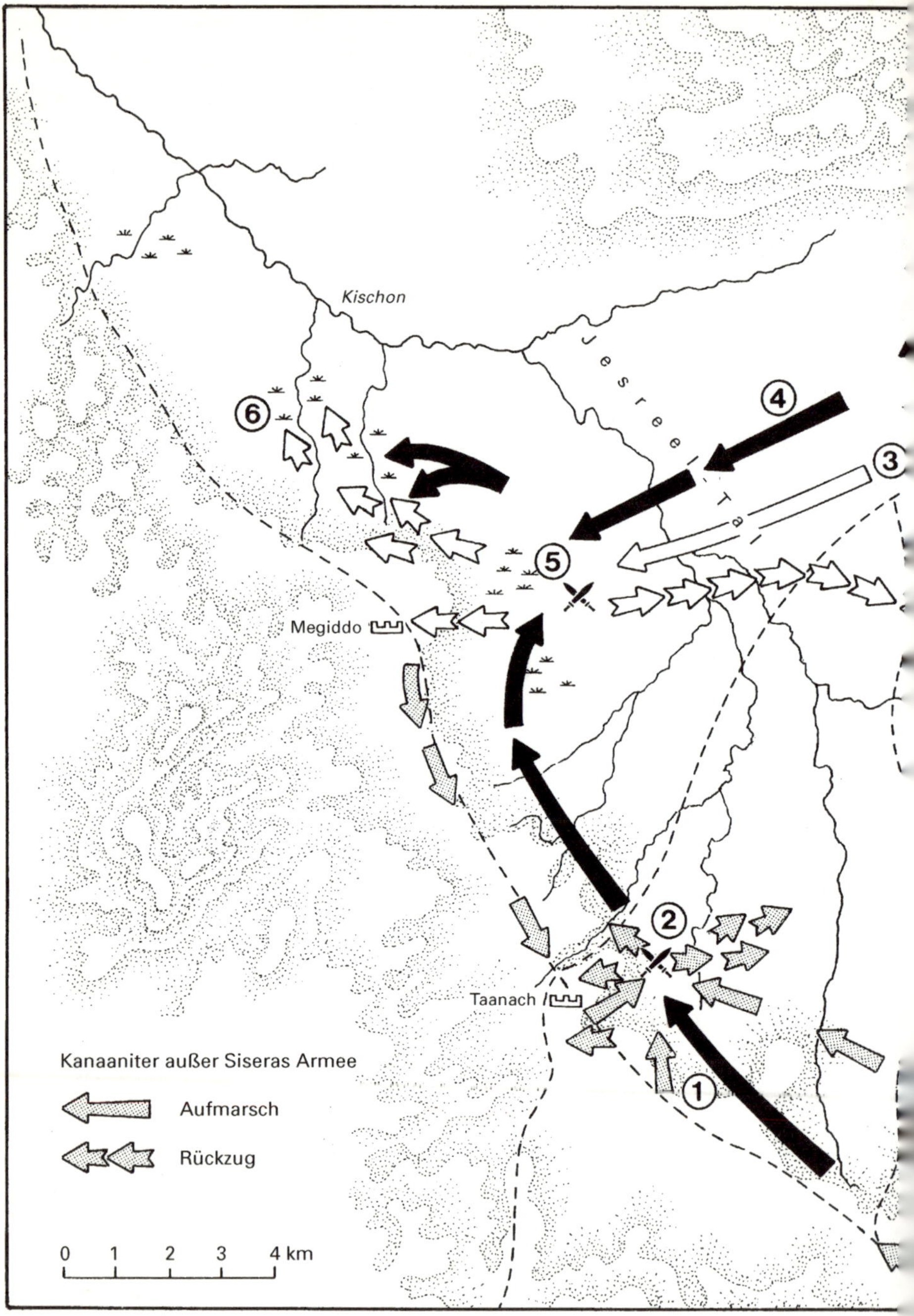
Kischon
Jesreel-Tal
Megiddo
Taanach
Kanaaniter außer Siseras Armee
Aufmarsch
Rückzug
0 1 2 3 4 km

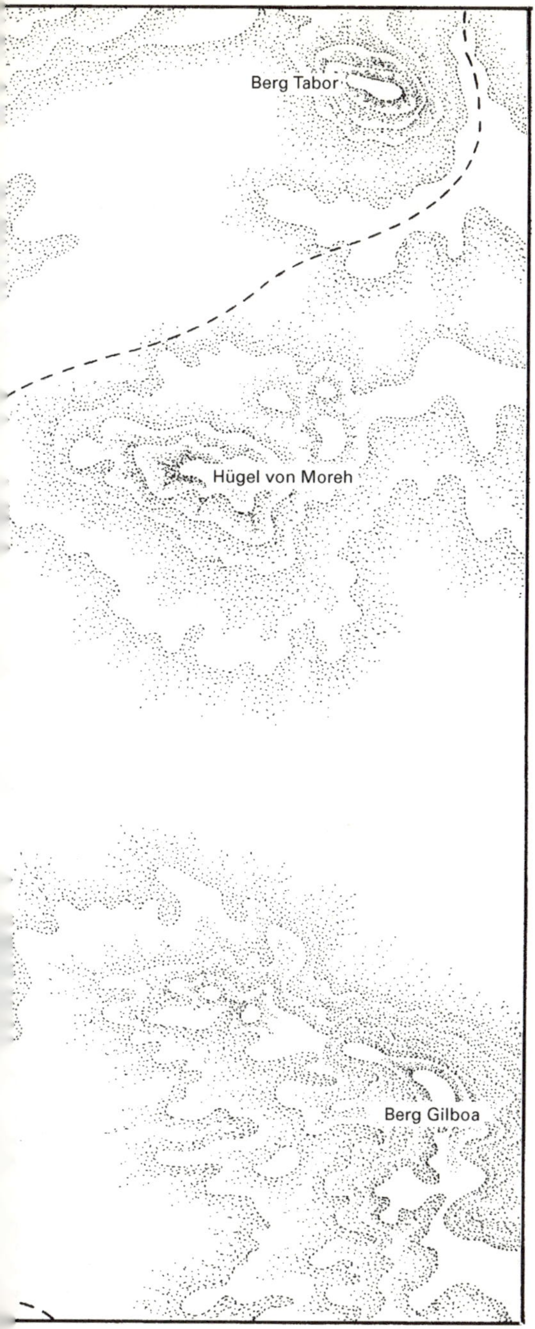

Abb. 16: Deboras Sieg über Sisera (Phase zwei)

1 Die zweite israelitische Streitmacht lenkt Sisera vom Berg Tabor ab.
2 Ortsansässige Kanaaniter und die Dorfbewohner aus der Region von Taanach greifen die Ablenkungstruppen an, ohne Erfolg.
3 Sisera rückt an, um den Kanaanitern zu Hilfe zu kommen und den Marsch der Israeliten aufzuhalten.
4 Debora und Barak folgen Sisera.
5 Debora und Barak überwältigen Sisera im Sumpfland am Fluß Kischon.
6 Siseras Truppen fliehen, die Israeliten nehmen die Verfolgung auf.
7 Sisera selbst entkommt zu Fuß und wird von Hebers Frau Jaël getötet.

Schlacht (Richter 5) erzählt von einer entscheidenden Begegnung mit den Königen der Kanaaniter (Vers 19), die »zu Taanach am Wasser Megiddos« stattfand. Wie es scheint, wurden die Truppen vom Efraim von Wachsoldaten aus den Städten, die am südlichen Rand des Tales lagen, abgefangen, als sie ins Jesreel-Tal kamen. Eine schwierige Auseinandersetzung folgte. Aber Siseras Aufmerksamkeit wurde wie geplant auf den neuen Gegner im Tal gezogen, der die unzureichend geschützten Regionen im Westen bedrohte, und er eilte seinen Verbündeten zu Hilfe.

Kurze Zeit danach gab Debora den Befehl zum Angriff. Ihre Truppen stürmten die Hügel hinunter und fielen Siseras Heer in den Rücken oder in die Flanke – vielleicht griffen sie auch von zwei Seiten an. Zu diesem Zeitpunkt rückten die Efraimiter bis zum Schlachtfeld vor. »Und der Herr erschreckte den Sisera samt allen seinen Wagen und dem ganzen Heer vor der Schärfe von Baraks Schwert« (Richter 4, 15). Ein plötzlicher Wolkenbruch half den Israeliten beträchtlich, und Sisera wurde vernichtend geschlagen. In Deboras Lied ist ausdrücklich von himmlischem Beistand die Rede, und es erzählt davon, daß die Wasser des Kischon anstiegen und die Pferde und Streitwagen der Feinde fortschwemmten. Hierzu muß erklärt werden, daß Regenfälle, die selbst in weiter Ferne niedergehen, die Fluß- und Bachbetten in dieser Gegend schnell füllen und oft in tosende, todbringende Ströme verwandeln, die alles und jeden mit sich reißen. Ein örtlicher Wolkenbruch hat wahrscheinlich die gefürchteten »eisernen Wagen«, die nicht von der Strömung mitgerissen wurden, im sumpfigen Gelände manövrierunfähig gemacht. Sogar die schwerbewaffnete Infanterie wurde vermutlich durch den Morast stark behindert.

Als die kanaanitischen Reihen auseinanderbrachen, geriet Sisera in Panik. Statt zu retten, was noch zu retten war, sprang er von seinem Streitwagen und floh zu Fuß in seinen schändlichen Tod durch die Hand Jaëls, der Frau von Heber dem Keniter, in deren Zelt er Schutz suchte. »So demütigte Gott zu der Zeit Jabin, den König von Kanaan, vor Israel« (Richter 4, 23).[6]

Gideons Feldzug gegen die Angreifer aus der Wüste

Wie die meisten Schilderungen im Buch der Richter sind auch die Berichte in den Kapiteln 7 und 8, die sich mit den Feldzügen Gideons beschäftigen, von Konflikten durchzogen, die von Stammesbräuchen hervorgerufen wurden und die Rivalitäten der damaligen Zeit widerspiegeln. Gideons Krieg gegen die Sippen, die am Rand der Wüste wohnten, war eine Folge der israelitischen Besiedlung der an die Wüste grenzenden fruchtbaren Gebiete. Augenscheinlich hat sich das Klima in Palästina seit den biblischen Zeiten nicht drastisch verändert. Die Isohyete (die Linie, die Punkte mit gleich starken Niederschlägen verbindet) für etwa 15 Zentimeter Niederschlag verläuft heute wie damals südlich von Beerscheba und östlich von Amman (dem biblischen Rabbat-Bene-Ammon) parallel zu der Hedjaz-Bahnlinie. Etwa zwanzig Zentimeter Niederschlag sind nötig, um nicht künstlich bewässertes Land urbar zu machen. Demzufolge hatten schon leichte Niederschlagsschwankungen, die nördlich und westlich der oben genannten Linie nur einen vorübergehenden Notstand verursachten, sehr ernste Auswirkungen auf die halbfruchtbaren Regionen. Quellen versiegten, in den Zisternen war kein Wasser, und das Weideland verdorrte.

In solchen Situationen hatten die Stämme, die die Halbinsel Sinai, die Wüste Negev und das östliche Trans-Jordanland durchstreiften, keine andere Möglichkeit, als in das fruchtbare Land einzufallen. Je länger die Dürreperioden andauerten und je weitflächiger sie sich auswirkten, um so größere Not litten die Nomaden und um so erbitterter wurden ihre Überfälle mit dem Ziel, mit ihren Sippen und Herden Weideland so lange wie möglich zu besetzen. Daher mußte jede zentrale Amtsgewalt, die den Bewohnern von Israel ein sicheres und ungestörtes Leben ermöglichen wollte, dauerhafte Befestigungen und Grenzposten gegen Überfälle und Invasionen aus der Wüste einrichten.[7]

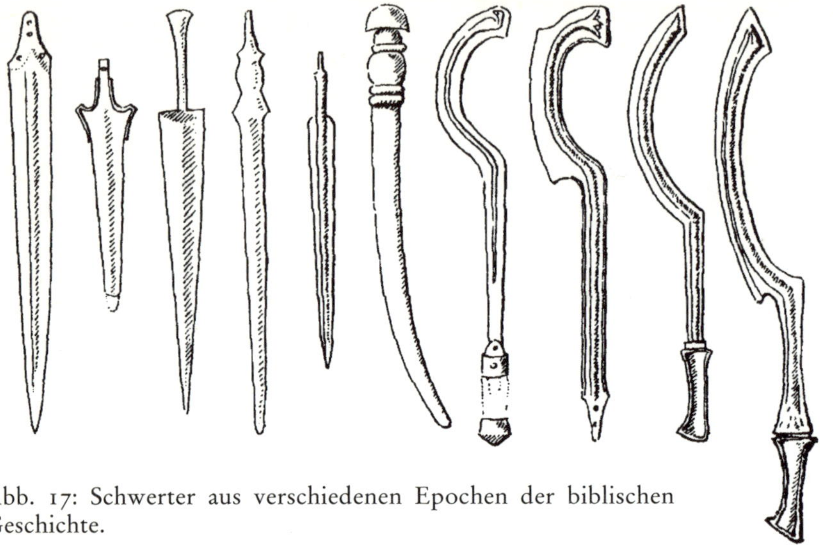

Abb. 17: Schwerter aus verschiedenen Epochen der biblischen Geschichte.

Während der Zeit der Richter, als es noch keine zentrale Regierung in Israel gab, konnten derartige Anlagen nicht geplant werden, und im Buch der Richter heißt es:

> »Und als die Israeliten übel taten, was dem Herrn mißfiel, gab sie der Herr in die Hand der Midianiter sieben Jahre ... Und immer wenn Israel gesät hatte, kamen die Midianiter und Amalekiter und die aus dem Osten herauf über sie und lagerten sich gegen sie und vernichteten die Ernte im Land bis hin nach Gaza und ließen nichts übrig an Nahrung in Israel, weder Schafe noch Rinder noch Esel. Denn sie kamen herauf mit ihrem Vieh und ihren Zelten wie eine große Menge Heuschrecken, so daß weder sie noch ihre Kamele zu zählen waren, und fielen ins Land, um es zu verderben.« (Richter 6, 1,3-5)

Die Stämme im Süden, Juda und Simeon, scheinen zunächst passiv auf die Bedrohung reagiert zu haben. Wenn sich die plündernden Horden näherten, zogen sich die israelitischen Bauern und Hirten, die wahrscheinlich von Wächtern auf Beobachtungsposten vorgewarnt wurden, hastig in vorher eingerichtete Höhlen und Verstecke zurück (Richter 6, 2) und überließen den Nomaden ihre Dörfer und Felder.

Durch dieses Verhalten ermutigt oder von einer besonders lang anhaltenden Dürrezeit dazu gezwungen, begannen die Wüstenstämme eine großangelegte Invasion im nördlichen Palästina. Sie galoppierten auf ihren schnellen Dromedaren durch Gilead und drangen bis zum Jesreel-Tal vor. Angesichts dieser Bedrohung entschieden sich die Stämme aus dem Norden, einen anderen Kurs einzuschlagen als ihre Brüder aus dem Süden. Offenbar veranlaßte ein einziger Mann, Gideon, der Richter der Sippe der Abiesriter, die in Ofra (das heutige Afuka?) wohnten, die Stämme dazu, sich zur Wehr zu setzen. Als er hörte, daß das riesige Nomadenheer am Fuß des Hügels More und an der Quelle En-Dor lagerte, entschloß sich Gideon zur Offensive, und es gelang ihm, Männer aus Asser, Sebulon, Naftali und Manasse mobil zu machen.[8]

Wir erfahren nicht, welche Überlegungen Gideon anstellte, während er darauf wartete, daß sich seine Truppen sammelten. Aber es ist klar, was sein größtes Problem war: Bei Tageslicht hatte er nicht die geringste Möglichkeit, den Feind in einen offenen Kampf zu verwickeln. Unter ungünstigen Umständen konnten die Plünderer auf ihren Dromedaren entkommen und andere Dörfer überfallen. Andererseits hätten die wendigen Reiter die leichtbewaffnete israelitische Infanterie rasch überrollen und zermalmen können.

Gideons einzige Chance lag in einem Überraschungsangriff, wenn der Feind nicht im Sattel saß und unachtsam war – mit anderen Worten: Er konnte nur nachts angreifen. Um das zu bewerkstelligen, brauchte er eine auserlesene Truppe, die klein genug war, um sich möglichst geräuschlos zu bewegen und nicht vorzeitig entdeckt zu werden. Der größere Teil seiner Streitmacht konnte dafür eingesetzt werden, die Fluchtwege nach Westen zu blockieren und die überraschten Plünderer in die tödliche Falle zwischen dem Berg Gilboa, den östlichen Hängen des Samaria-Kammes und dem Jordan zu treiben. Die Truppenteile, die nicht für den ersten Überfall gebraucht wurden, sollten über die flüchtenden Midianiter herfallen (Richter 7, 3 – lies »Gilboa« statt »Gilead« und »umschwenken« statt »umkehren«) und die Furten durch den Jordan absperren.[9]

Den folgenden Ereignissen können wir entnehmen, daß dies im großen und ganzen Gideons Plan war, und er befaßte sich damit, aus etwa 32 000 Männern eine Sturmtruppe von 300 Mann für seinen nächtlichen Angriff auszuwählen. Er folgte einer plötzlichen Eingebung (Richter 7, 4-7) und beobachtete die Gewohnheiten und das Verhalten der Männer, während er sie am Tage zur Quelle Harod führte. Dort wäre es dem Feind, der sehr gut eine Wache auf dem Hügel More aufgestellt oder einen Hinterhalt in der Nähe der bekannten Quelle gelegt haben könnte, ein leichtes gewesen, sie zu überwältigen. Gideon teilte nur die Männer seiner kleinen Streitkraft zu, die trotz ihres Durstes wachsam blieben und die Gegend im Auge behielten, die ihre Waffen beim Trinken nicht ablegten und sich auf den Bauch legten, um Wasser aus der hohlen Hand zu lecken.[10]

Nachdem er die Männer wie geplant eingeteilt und ihnen die entsprechenden Anweisungen gegeben hatte, beschloß Gideon, den Feind und seinen genauen Standort persönlich auszukundschaften. Nach dem Bericht der Bibel (Richter 7, 10-14) begleitete ihn nur Pura, sein Diener und Schwertträger, bei dieser Mission. Er drang in das Lager der Feinde ein und belauschte ihre Gespräche. Danach entwarf Gideon seine endgültige Strategie. Jeder Soldat wurde mit einer brennenden Fackel, die in einem irdenen Krug verborgen war, und einer Posaune ausgestattet (wahrscheinlicher ist jedoch, daß einige Posaunen, die anderen Fackeln trugen). Die kleine Streitkraft wurde in drei Gruppen aufgeteilt, die sich dem Lager der Midianiter gleichzeitig aus drei Richtungen näherten. Am Rand des Lagers gingen sie in Deckung und warteten auf das Signal für den Überfall. Gideon paßte den Wach-

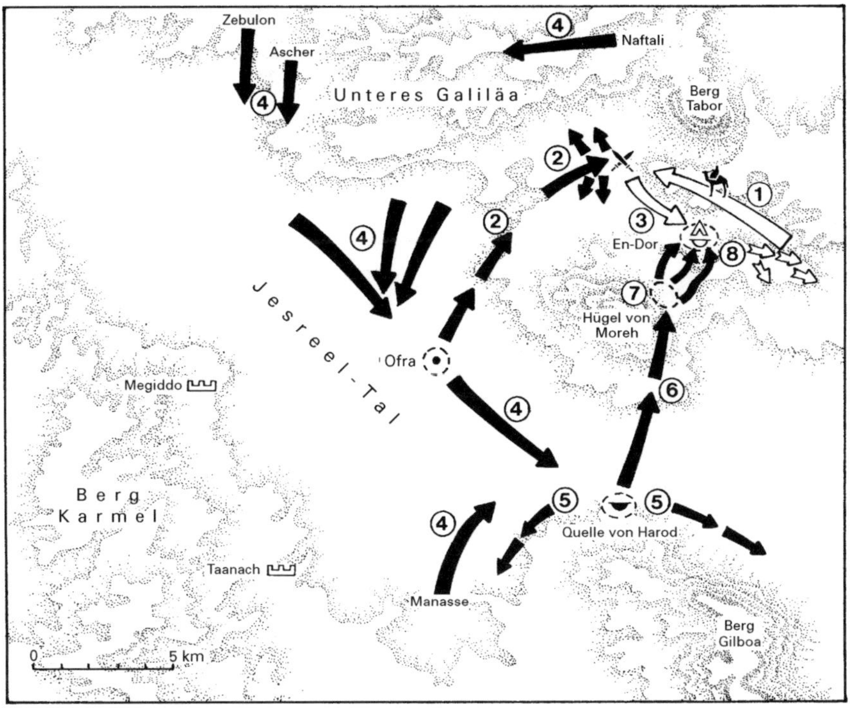

Abb. 18: Schlacht an der Quelle von Harod
1 Midianitische Kamelreiter dringen ins Jesreel-Tal ein.
2 Gideon schickt seine Brüder und Verwandten los, um den Vorstoß der Midianiter aufzuhalten.
3 Nach dem Kampf mit Gideons Brüdern schlagen die Midianiter ihr Nachtlager in En-Dor auf.
4 Gleichzeitig versammelt Gideon das israelitische Stammesheer an der Quelle von Harod.
5 Gideon stellt seine Sturmtruppen auf und weist das restliche Heer an, die Midianiter auf dem Rückzug anzugreifen.
6 Gideon rückt zu seinem Ausgangspunkt in Tel Agol vor.
7 Ein Blitzangriff von drei Seiten stürzt die Midianiter in Verwirrung.
8 Die Midianiter fliehen in Panik.

wechsel ab und gab, noch bevor Ohren und Augen der neuen Wächter auf die Umgebung eingestellt waren, das Zeichen zum Angriff (Richter 7, 19). Mit Geschrei und Posaunenklängen zerschlugen die Angreifer die Krüge, warfen wahrscheinlich die brennenden Fackeln auf die Zelte der Nomaden und erschreckten

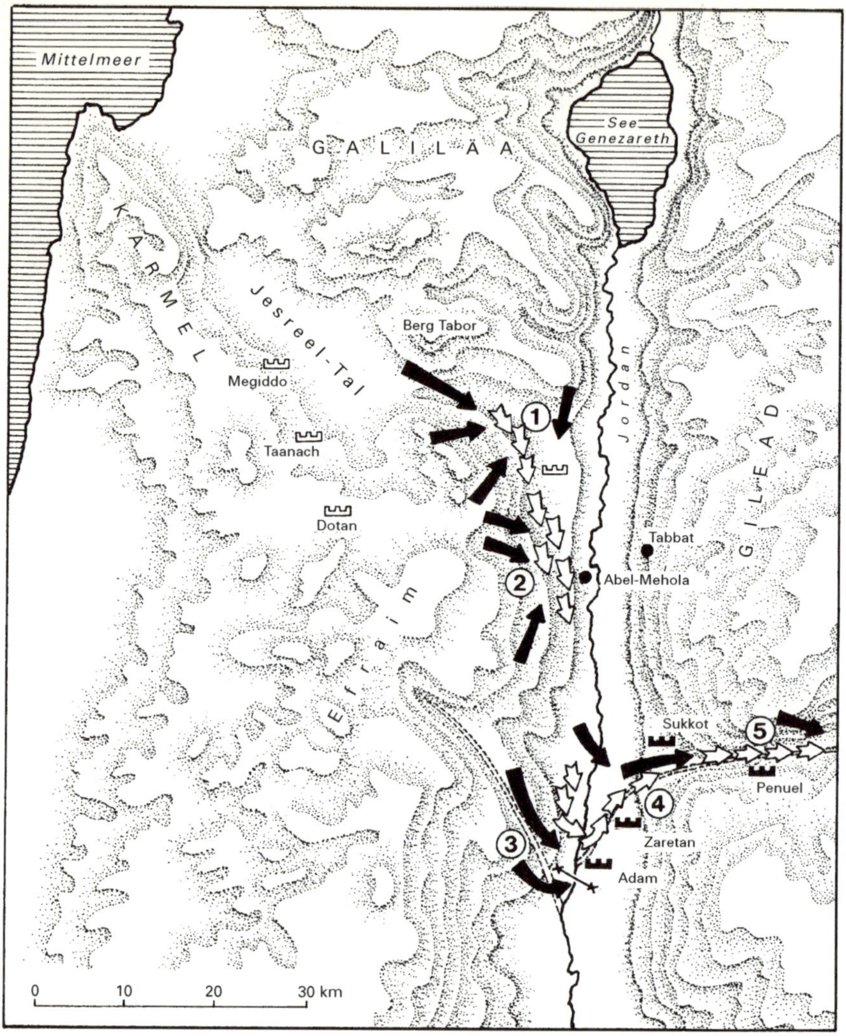

Abb. 19: Gideon verfolgt die Midianiter

1 Die Midianiter fliehen aus En-Dor, verfolgt von Gideon und angegriffen von den Stammestruppen.
2 Stammestruppen riegeln die Furten durch den Jordan ab und greifen die Midianiter wiederholt an.
3 Die Efraimiter sichern die Furten um Adam.
4 Eine große Abteilung der Midianiter überquert nördlich von Adam den Jordan.
5 Gideon setzt die Verfolgung östlich des Jordan fort, bis er die Plündererttrupps überwältigen und vernichten kann.

Menschen und Tiere gleichermaßen. Geblendet von der hellen Feuersbrunst, gerieten die Midianiter bei dem anschließenden Gemetzel in Panik und fielen versehentlich auch über eigene Männer her.

Schließlich ergriffen sie die Flucht und wurden, wie geplant, in die Schlucht zwischen den Bergen und dem Jordan gehetzt. Tabbat und Abel-Mehola scheinen als Blockadeposten gedient zu haben, die den fliehenden Nomaden die Möglichkeit nahmen, sich zu zerstreuen, und sie zwangen, in südliche Richtung zu fliehen. Die Männer aus Manasse hatten schon früher Befehl erhalten, sich den Truppen aus Naftali und Asser anzuschließen, um den flüchtenden Feind anzugreifen. Erst jetzt befahl Gideon den Männern aus Efraim, die sich an den großen Furten des Jordan in dem Gebiet von Adam niedergelassen hatten, die Übergänge abzuriegeln. Sie hatten nur teilweise Erfolg bei diesem Manöver. Bei dem anschließenden Kampf wurden zwei Anführer der Nomaden getötet, die das Ostufer erreichen wollten. Es ist durchaus denkbar, daß Unstimmigkeiten unter den Stämmen Gideon dazu brachten, bis zum letzten Augenblick zu warten, ehe er die Efraimiter zum Kampf rief. Hätte er sich früher dazu entschlossen, wäre der Sieg über die Midianiter noch vollkommener geworden. Die Efraimiter machten ihm deswegen Vorwürfe, und er hatte alle Mühe, ihren Zorn zu besänftigen.

Noch schlimmer war die Reaktion der gileaditischen Bewohner der beiden großen Städte östlich der Adam-Furt, Sukkot und Pnuël. Sie mißtrauten Gideons politischen Bestrebungen und weigerten sich, ihm und seinen Männern zu essen zu geben. Trotz dieser Rückschläge gab Gideon nicht auf und verfolgte die entkommenen Feinde weiter. Nahe der Grenze zu Ammon gelang ihm ein zweiter Überraschungsangriff. Bei Jogboha in den Bergen machten die Nomaden erschöpft an einem Weg Rast, der gewöhnlich nur von Wüstenbewohnern benutzt wurde (Richter 8, 11). Sie glaubten sich in Sicherheit – sie glaubten, einige Entfernung zwischen sich und Gideon gebracht zu haben, und befanden sich in der Nähe des neutralen, oder in diesem Fall freundlich gesinnten, Ammon. Einzelheiten sind nicht bekannt, aber wir wissen, daß Gideon seine Feinde überrumpeln und vernichten konnte (Richter 8, 11f.).

Wenn wir Gideons Vorgehensweise genauer betrachten, erkennen wir dieselben Schachzüge und Eigenschaften, mit denen schon frühere israelitische Anführer bei ihren Kampagnen erfolgreich waren: Wagemut, Schnelligkeit, Mobilität, Angriffsbereitschaft und eine unkonventionelle Strategie. Selbst große Feldherren nehmen gewöhnlich Abstand von nächtlichen Angriffen, weil ihre Ausführung gefährlich und schwierig ist. General Reynier führte einen Nachtangriff durch, um der französischen Armee den lebenswichtigen Zugang zur Quelle bei El Arisch zu sichern (14. Februar 1799), und Napoleon erwähnte diese Kampagne in seinen Memoiren als eine der »plus belles operations de guerre«. Gideon bewies bei seiner nächtlichen Aktion großen Scharfsinn, denn er überrumpelte den Feind in einem Augenblick, in dem er seine größten Vorteile nicht nutzen konnte und seine mobilen Bogenschützen und Speerwerfer praktisch außer Gefecht gesetzt waren. Und er war bereit, trotz aller Widrigkeiten – interne Streitigkeiten eingeschlossen – sein Ziel weiterzuverfolgen, nachdem er den ersten Erfolg errungen hatte. So glückte es ihm, durch die Verfolgung und einen zweiten Überfall die Entscheidungsschlacht herbeizuführen und seinen taktischen Sieg in einen dauerhaften strategischen Triumph umzuwandeln.

Der Entschluß, die Streitkräfte zu teilen und die Attacke am Hügel More mit nur 300 Mann zu starten, ist ein frühes Beispiel für das, was Militärs ein »kalkuliertes Risiko« nennen. Diese Entscheidung fußte hauptsächlich auf den Informationen über den Standort, die Stimmung und die Moral des Feindes, und Gideon verschaffte sich diese Informationen persönlich. Da er ihre Gespräche belauscht hatte und die Zweifel und Ängste der Midianiter kannte, die auf israelitischem Territorium kampierten, war er in der Lage, genau zu planen, wie er bei seinem Angriff den Aberglauben und die Furcht des Gegners zu seinem Vorteil nutzen konnte.

Ein Punkt muß allerdings noch geklärt werden. Warum ließen die schnellen, mobilen Plünderer Gideon Zeit, seine Truppen zu sammeln und eine Schlacht nach seinen Vorstellungen vorzubereiten? Wieso lagerten sie – ganz gegen ihre sonstigen Gewohnheiten – zumindest einige Tage lang an ein und derselben Stelle am Fuß des Hügels More, statt weiter nach Westen zu ziehen? Die Antwort findet sich in Gideons Bemerkung, als er sich weigerte, die gefangengenommenen Anführer der Midianiter am Leben zu lassen: »Wie waren die Männer, die ihr am Tabor erschlagen habt? ... Es sind meine Brüder, meiner Mutter Söhne ...« (Richter 8, 18f.).

Folgende Rekonstruktion der Ereignisse erscheint plausibel: Als Gideon erfuhr, daß die Midianiter anrückten, schickte er ihnen eine hastig zusammengestellte, vermutlich kleine Truppe entgegen, die den Zugang in das enge Tal zwischen dem Berg Tabor und dem Hügel More abriegeln sollte. Diese Truppe, die Befehl hatte, die Feinde um jeden Preis aufzuhalten, damit Gideon Zeit für seine Vorbereitungen gewann, bestand hauptsächlich aus Männern seiner eigenen Sippe und wurde vermutlich von seinen Brüdern angeführt. Die Brüder fielen im Kampf mit den Midianitern, aber das Tal blieb blockiert.

Das kleine israelitische Kontingent, das an den unteren Hängen des Berges Tabor postiert war, diente außerdem als Ablenkung, so daß Gideon unbemerkt im Rücken des Feindes näher kommen konnte, und war ein wirksames Hindernis bei der Flucht des Feindes in Richtung Westen. Wären die Midianiter nach Westen ausgewichen, ohne die Israeliten von ihrem Posten zu vertreiben, hätten sie ihre Flanke einem Angriff von anderen Truppen preisgegeben und riskiert, daß alle Rückzugsmöglichkeiten abgeriegelt würden. Genau das passierte der französischen Armee unter General Kléber fast 3000 Jahre später. Sie stand kurz vor der vollständigen Vernichtung, als sie ahnungslos durch denselben Engpaß vorstieß, wo die Türken an den Flanken Aufstellung genommen hatten. Die Zusammensetzung und geschickte Vorgehensweise der kleinen Blockadetruppe im Norden war demnach ein fester Bestandteil von Gideons Plan und eine wichtige Voraussetzung für seinen Sieg.

Gideons Sohn Abimelech ist wegen seines grausamen Brudermordes bekannt geworden. Historische Berühmtheit erlangte er, weil er als erster versuchte, eine erbliche Führerschaft über das alte Israel oder Teile davon einzuführen (Richter 9). Seine Feldzüge müssen in diesem Zusammenhang erwähnt werden, da sie den Fortschritt der Israeliten, was die Belagerung und Erstürmung befestigter Städte anging, demonstrieren. Abimelechs Krieg gegen die Sichemiten (Richter 9, 22-45) zeigt, daß die Kriegskunst der Israeliten immer noch hauptsächlich auf List und Heimlichkeit basierte und daß es wichtig war, Verbündete in einer Stadt zu haben, um die Befestigungsanlagen zu überwinden. Im Kampfgetümmel gelang es Abimelech, eine große Anzahl der Verteidiger von der Stadt wegzulocken und anschließend durch die Tore zu marschieren. Das erinnert an Josuas Strategie in Ai, und auch General Reynier, der 1799 für eine Belagerung nicht ausreichend gerüstet war, fiel kein besserer Weg ein, um die Zitadelle von El Arisch zu besetzen.[11]

In seinen nächsten Militärkampagnen benutzte Abimelech Feuer, um den Feind in kleineren Festungen auszuräuchern; er setzte die hölzernen Teile der Anlagen, besonders die Tore, in Brand (Richter 9, 52f.). Bei einer solchen Aktion fand er den Tod: »Da kam Abimelech zur Burg [zur Zitadelle (?) von Tebez] ... und näherte sich dem Burgtor, um es mit Feuer zu verbrennen. Aber eine Frau warf einen Mühlstein Abimelech auf den Kopf und zerschmetterte ihm den Schädel« (Richter 9, 52f.). Abimelech starb so gewaltsam, wie er gelebt hat. Aber sein Tod barg auch ein gewisses Pathos in sich: »Da rief Abimelech eilends seinen Waffenträger herbei und sprach zu ihm: Zieh dein Schwert und töte mich, daß man nicht von mir sage: Ein Weib hat ihn erschlagen. Da durchstach ihn sein Waffenträger, und er starb« (Richter 9, 54).

KAPITEL 4

Gründung des Königreichs und einer einheitlichen Armee

Die Ankunft der Philister

Nicht viel später als die Israeliten begann ein anderes Volk, in die de facto ägyptische Provinz Kanaan einzufallen: die Philister.[1] Sie kamen aus der entgegengesetzten Richtung, von Westen, ins Land. Die Philister hatten ihre Wurzeln in der Ägäis und waren daher sowohl mit den minoischen und mykenischen Völkern auf den Inseln als auch mit den Griechen auf dem Festland verwandtschaftlich verbunden. Sie gehörten zur Familie der »Seevölker«, die mit wendigen Schiffen die südöstlichen Küsten des Mittelmeers entlangfuhren, um mit Feuer und Schwert neues Land einzunehmen und zu besiedeln. Ihre Art des Kämpfens erinnert an die Wikinger. Im frühen 12. vorchristlichen Jahrhundert versuchten die Seevölker, Ägypten zu erobern, und Pharao Ramses III. hatte die größte Mühe, sie in einer langen, blutigen Seeschlacht im Delta (ca. 1190 v. Chr.) zu bezwingen und ihren Überfall abzuwenden.

Nach dieser Begegnung scheinen die Philister zu einem Modus vivendi mit den Ägyptern gekommen zu sein und ließen sich mit der Erlaubnis der pharaonischen Statthalter an der Südwestküste von Kanaan nieder. Zuerst akzeptierten sie nicht nur die ägyptische Landeshoheit, sondern ließen auch zu, daß in ihren Dörfern Garnisonen eingerichtet wurden, als die Pharaonen noch vor der

Abb. 20: Ramses II. im Kampf gegen die einfallenden »Seevölker«, die mit ihren Familien unterwegs sind. Die Ägypter, hauptsächlich Infanteristen, kämpfen mit Schwertern oder Lanzen und schützen sich mit verlängerten Rundschilden. Die Lanzenstecher – fremde Söldner – in Schlachtreihen rücken nicht mit vorgestreckter Waffe vor, sondern stechen mit ihren Lanzen von oben zu.

Landnahme der Israeliten letzte Versuche unternahmen, ihre Provinz auf der palästinensischen Landbrücke an das Mutterland zu binden. Doch bald schon schwand Ägyptens Macht; die Philister wurden praktisch unabhängig und stießen bis zur Ebene im Süden von Juda vor, um sich das fruchtbare Hinterland zu sichern.

Bei diesen Bestrebungen gerieten sie mit den Israeliten aneinander, die sich in derselben Region ansiedeln wollten. Die Israeliten hielten die strategisch wichtigen westlichen Zugänge zu den Bergen Judas und den Gebirgsausläufern, der Schefela, besetzt. Dort stießen sie mit den Philistern zusammen, und dort, wo heute die Autobahn von Jaffa über Ramleh nach Jerusalem die Hügel zwischen Zora und Eschtaol passiert, stand der Stamm Dan den Philistern direkt gegenüber. Die Schefela war der Schauplatz von Simsons Taten, dessen endgültiger Niedergang die vorübergehende Überlegenheit der Philister widerspiegelt (Richter 13-16).[2]

Während die Israeliten in den meisten Teilen Palästinas im großen und ganzen siegreich waren, ballten sich Mitte des 11. Jahrhunderts dunkle Wolken an der Front mit den Philistern zusammen. Die Vorzeichen waren um so unheilvoller, da die Philister meisterhafte Eisenschmiede waren und ihre Krieger mit eisernen Waffen ausstatteten, die den Israeliten beinahe völlig fehlten.

Samuel

Dies geschah zu Lebzeiten des »Sehers« Samuel, der die Eigenschaften eines Priesters, Propheten und Richters in sich vereinte. Die Bedrohung durch die Philister wurde während seiner Führerschaft zu einer Existenzfrage. Ungeachtet seines frommen Eifers erwies sich der lose israelitische Stammesverband als unfähig, die nötige Ausdauer und gemeinsame Handlungsbereitschaft aufzubringen, um die Flut der Philister einzudämmen. Außerdem wog die bessere Bewaffnung der Philister den Wagemut auf, der den Israeliten angeboren war. Obwohl die Israeliten unter Samuel Siege davontrugen, wie in der Schlacht von Eben-Eser (1. Samuel 7), erfahren wir, daß die Philister in seinen letzten Tagen im Herzland von Juda, in den Bergen, Fuß gefaßt haben. Sie richteten eine Garnison in Gibea (dem späteren Geba von Saul) gute fünf Kilometer nördlich von Jerusalem ein, so daß sie sowohl im Westen als auch im Süden die Hügel von Nord-Juda und Benjamin verteidigen konnten. Kein Wunder, daß die Israeli-

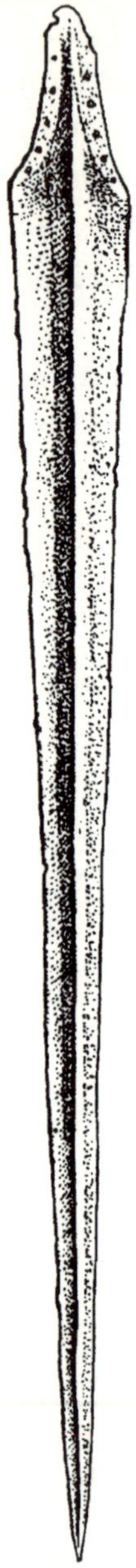

Abb. 21: Philistinisches Langschwert.

ten viel von ihrem früheren, so entscheidenden Selbstvertrauen verloren hatten, wie die entsprechende Bibelstelle (1. Samuel 7, 7f.) zeigt. Zudem schienen die Philister eine gewisse Kontrolle über ganz Juda gewonnen zu haben, da sie den übrigen Volksgruppen verbieten konnten, das Schmiedehandwerk auszuüben: »Es war aber kein Schmied im ganzen Lande Israel zu finden; denn die Philister dachten, die Hebräer könnten sich Schwert und Spieß machen. Und ganz Israel mußte hinabziehen zu den Philistern, wenn jemand eine Pflugschar, Hacke, Beil oder Sense zu schärfen hatte.« (1. Samuel 13, 19f.) Diese allgemeine Schwächung nutzten natürlich auch Israels Nachbarn östlich des Jordan aus, und als die Philister ins Gebirge von Juda – westlich des Jordan – vordrangen, geriet Gilead östlich des Flusses unter den Druck der Ammoniter.

Der erste jüdische König

In diesem Stadium erwies sich eine große historische Binsenweisheit als zutreffend, nämlich, daß die Geschicke eines Volkes oft von der Fähigkeit abhängen, mit althergebrachten Handlungsweisen zu brechen und den Herausforderungen mit neuen Methoden zu begegnen. Gegen die Warnungen und Ratschläge Samuels, der die bestehende Ordnung und die alten israelitischen Vorstellungen von einem einheitlichen theokratisch-demokratischen Stammesverband rühmte, blieben die Stammesführer eisern und forderten eine Veränderung: »... daß wir auch seien wie alle Heiden, daß uns unser König richte und vor uns her ausziehe und unsere Kriege führe« (1. Samuel 8, 20). Samuel beugte sich dem gesunden Instinkt des Volkes und erfüllte ihren Wunsch nach einem einzelnen, ständigen Anführer im Krieg und notwendigerweise auch im Frieden. Damit stellte er seinen Edelmut und seine Weisheit zugleich unter Beweis. Er bemühte sich, den richtigen Anführer auszuwählen – einen, den die wenig lenkbaren und unabhängigen Stämme auch noch akzeptieren würden, nachdem die erste Begeisterung verflogen war.

Seine Wahl fiel auf Saul – nicht nur weil »niemand unter den Israeliten so schön [war] wie er, eines Hauptes länger als alles Volk« (1. Samuel 9, 2), sondern weil er hoffte, die Rivalitäten unter den größeren Stämmen zu neutralisieren, wenn er einen geeigneten Mann aus dem kleinsten der zwölf Stämme, dem der Benjaminiter, aussuchte. Das erinnert an ein viel späteres Ereignis, als das unbedeutende Haus Habsburg dazu auserkoren wurde, den Thron des deutschen Reiches einzunehmen – diese Entscheidung wurde aus ähnlichen Erwägungen gefällt. Zum Unglück von Saul, einem der tragischsten Helden des Alten Testamentes, war Samuels Strategie nur zum Teil erfolgreich, und die meisten Unruhen gegen Ende von Sauls Regentschaft sowie sein Streit mit David, seinem späteren Nachfolger, müssen vor dem Hintergrund dieser Stammesrivalitäten betrachtet werden.[3]

Die andere Überlegung, die Samuel dazu brachte, Saul zum ersten gesalbten israelitischen König zu machen, trug mehr Früchte. Da Saul einem Stamm angehörte, der mehr als alle anderen unter der Präsenz der Philister litt, weil er ihre Besatzungstruppen auf seinem Territorium erdulden mußte, war der neue König besonders stark motiviert, das Banner der Freiheit zu erheben.

Sauls erste Sorge galt dennoch den östlichen Gebieten. Die Stadt Jabesch-Gilead wurde schon seit einiger Zeit von den Ammonitern unter ihrem König Nahasch belagert. Da den Verteidigern noch niemand zu Hilfe geeilt war, standen sie kurz davor, sich zu ergeben und eine feindliche Besiedlung mitten im israelitischen

Trans-Jordanland zuzulassen. Es mußten unverzüglich Maßnahmen getroffen werden, aber der Hang zur zersetzenden Kleinstaaterei war unter den Stämmen mittlerweile so weit verbreitet, daß es Saul für geboten hielt, eine besondere Drohung auszusprechen, um die wehrfähigen Männer zu zwingen, sich dem »Kriegsvolk« anzuschließen: »Und er nahm ein Paar Rinder und zerstückte sie und sandte davon in das ganze Gebiet Israels durch die Boten und ließ sagen: Wer nicht mit Saul und Samuel auszieht, dessen Rindern soll man ebenso tun« (1. Samuel 11, 7). Die Drohung zeigte Wirkung, und Saul musterte zu Besek 330000 Männer. Übrigens erscheint diese Zahl authentisch, und sie läßt eine Schätzung der Gesamtbevölkerung des alten Israel am Vorabend der Gründung der Monarchie auf etwa 750 000 Seelen zu. Dennoch erscheint die Zahl für die tatsächliche Musterung übertrieben, und erst recht wird die Streitkraft, die in die Schlacht geschickt wurde, nicht so groß gewesen sein. Viel eher ist damit die Anzahl der männlichen Israeliten über etwa sechzehn Jahren angegeben, nach der wir dann die Gesamtbevölkerung berechnet haben. Etwa zehn Prozent der Männer ist das Maximum, das eine gut organisierte Volksgemeinschaft für den Kriegsdienst abstellen kann – eine Truppenstärke, die mit denen moderner Zeiten vergleichbar ist. Sauls Gesamtheer wird bei seinen ersten Feldzügen jedoch nur halb so stark gewesen sein (das heißt 16 500 Mann).

Die Bibel bietet keine Einzelheiten über die Befreiung von Jabesch-Gilead, aber die wohlbekannten Bestandteile israelitischer Taktik sind alle vorhanden: die zügige Annäherung bei einem raschen Nachtmarsch, die Teilung der Truppen (diesmal in drei voneinander unabhängige Einheiten), ein Überraschungsangriff auf den ahnungslosen Feind, die anschließende Verfolgung und Vernichtung. Hierbei muß erwähnt werden, daß die Teilung der Streitkräfte, die in der Antike und später in der orientalischen Kriegführung üblich war,[4] das absolute Vertrauen der Befehlshaber und der Divisionen zueinander voraussetzt. Genügend Mittel, wie primitiv sie auch sein mögen, müssen zur Verfügung stehen,

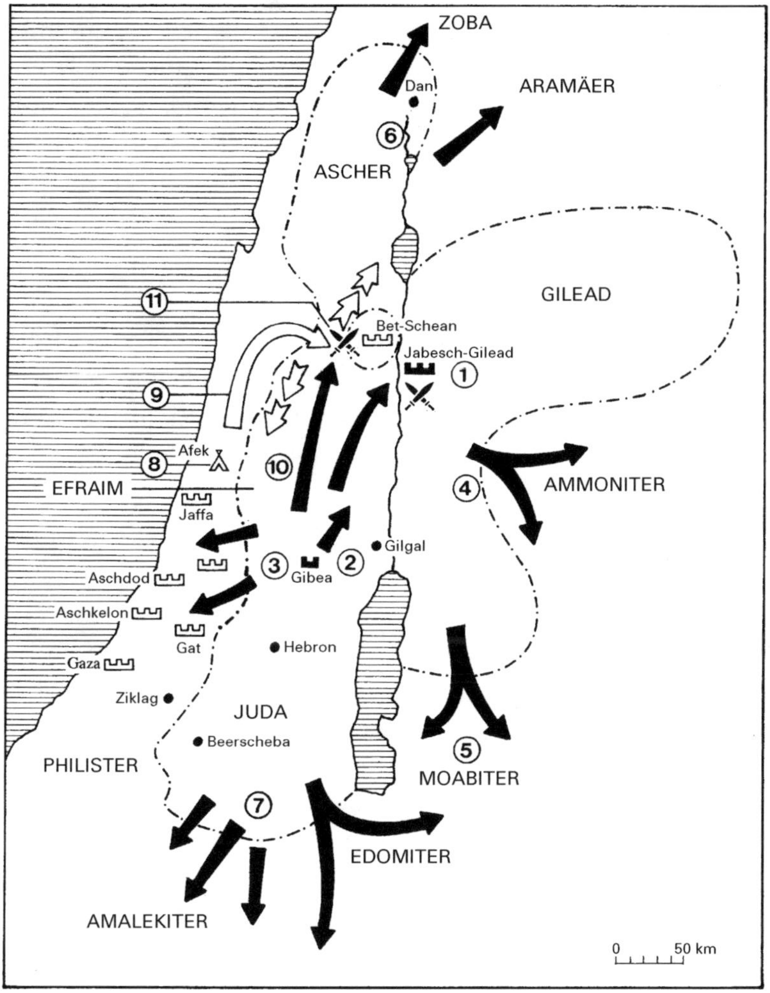

Abb. 22: Sauls Kriege

1 Sauls erster Feldzug zur Befreiung des belagerten Jabesch-Gilead.
2 Der Michmasch-Feldzug.
3 Die Kriege gegen die Philister.
4 + 5 Kriege gegen die östlichen Nachbarn.
6 Auseinandersetzungen mit den Aramäern.
7 Operationen zur Sicherung der Südgrenzen.
8 Philistinische Truppenkonzentration für den Gilboa-Feldzug.
9 Philistinische Invasion in Esdrelon.
10 Sauls letzte Schlacht – er marschiert zum Berg Gilboa.
11 Saul fällt in der Schlacht am Berg Gilboa.

daß die Divisonen die ihnen zugeteilten Aufgaben erfüllen können, und ebenso wichtig sind die Bereitschaft und das Können, eine gemeinsam festgelegte Taktik zu verfolgen. Solange die Einheiten nicht zur selben Zeit operieren, bewahrt sich ein Befehlshaber die Möglichkeit, eine Schlacht zu beeinflussen oder vielleicht sogar zu entscheiden. Um dies zu erreichen, bildet er eine Reserve, die bedrohte Sektoren stärken, die entscheidende Überlegenheit im rechten Augenblick und am richtigen Ort herstellen und den totalen Sieg herbeiführen kann. Die Streitkraft in Einheiten aufzuteilen, die nicht gleichzeitig in den Kampf eingreifen mußten, war ein bedeutsamer Schritt in diese Richtung und bot dem Befehlshaber eine beträchtliche taktische Flexibilität. Doch trotz all dieser Erwägungen hat man oft die Teilung der Truppen in taktisch unabhängige Kampfeinheiten als zu gefährlich angesehen. Die römische Schlacht bei Cannae (216 v. Chr.), bei der ein einziger großer Kampfverband von 85 000 Legionären kämpfte, ist vielleicht ein extremes Beispiel für diese Einstellung. Und dennoch waren die Militärs noch im 18. Jahrhundert in diesem Punkt unsicher, und kein Geringerer als Friedrich II. von Preußen, einer der größten Kriegsherren aller Zeiten, befürwortete die Theorie einer einzigen, konzentrierten Schlachtformation.[5] Er versuchte, das Beste aus den unzuverlässigen Soldaten des 18. Jahrhunderts zu machen, die meist gegen ihren Willen zum Militär gezwungen wurden. Offensichtlich quälte sich Saul nicht mit ähnlichen Überlegungen.

Die Aufstellung einer Kernarmee

Die Befreiung von Jabesch-Gilead kam gerade zum richtigen Zeitpunkt. Dieser Feldzug zeigte deutlich, daß das israelitische Volk eine ständig bewaffnete Streitkraft brauchte, die jederzeit zur Tat schreiten konnte, dem König direkt zur Ver-

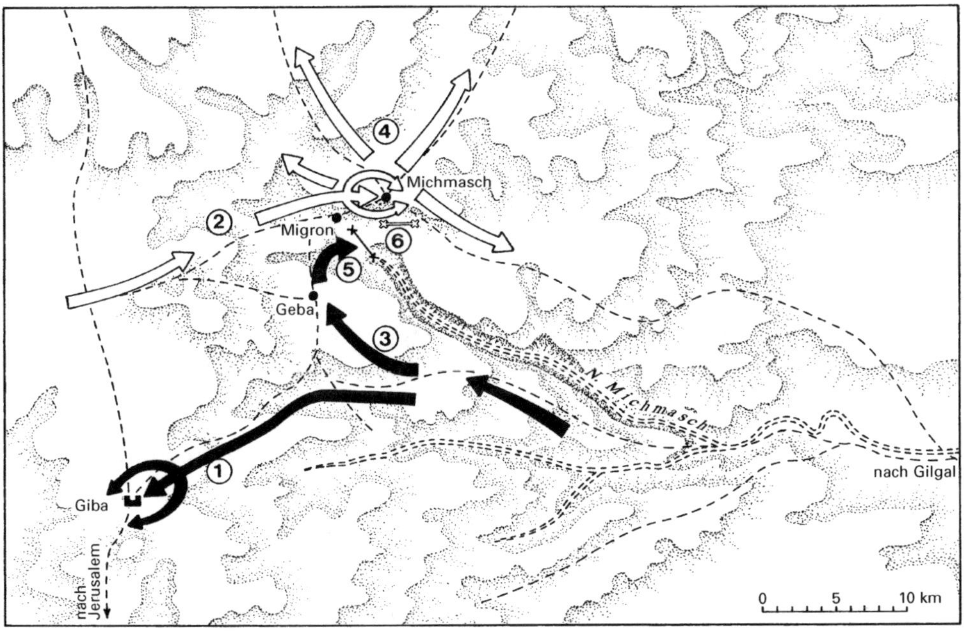

Abb. 23: Die Vertreibung der Philister (bis zur Schlacht von Michmasch)
1 Jonatan nimmt Gibea ein und tötet den philistinischen Statthalter.
2 Die Philister stürmen los, um Michmasch zu besetzen.
3 Saul marschiert von seinem Lager Gilgal nach Geba.
4 Die Philister schicken Truppen aus, die das Land verwüsten sollen.
5 Die Israeliten nähern sich an und stellen eine Blockade in Migron auf.
6 Die Philister stellen eine Blockadetruppe vor Michmasch auf.

fügung stand und, wenn nötig, von den Truppen der Stämme nach einer raschen Mobilmachung verstärkt wurde. Saul schuf den ersten Grundstock eines stehenden Heeres, indem er 3000 Männer auswählte, die ständig in seinen Diensten standen. Diese Streitkraft wurde in zwei Einheiten aufgeteilt; die kleinere von 1000 Mann wurde von Sauls ältestem Sohn Jonatan befehligt, dessen erste größere Aufgabe die Eroberung von Geba (oder Gibea) und der dortigen Philister-Garnison darstellte (1. Samuel 13,3). Beide waren von strategischer Bedeutung. Geba war die Hauptstadt von Benjamin und eine starke Festung, die einige Zeit von den Philistern gehalten wurde.

Jonatans Feldzug war eine große Bedrohung für die Philister im Herzland von Juda. Deshalb schickten sie eine große Expeditionsstreitmacht mit Streitwagen und vermutlich auch einem Kavallerie-Korps los, um ihre Autorität zurückzugewinnen und den Versuch der Israeliten, ein unabhängiges Königreich zu etablieren, im Keim zu ersticken. Sie kamen durch den Bet-Horon-Paß und richteten eine befestigte Basis in Michmasch ein. Es war ausgesprochen gewagt, aber wohldurchdacht, diesen Ort für eine Garnison zu wählen. Indem sie zur Ostseite des Plateaus von Juda vorstießen, hatten die Philister die Hänge der benjaminitischen Berge auf der Wüstenseite unter Kontrolle, und dies war traditionell das Gebiet, in dem sich die israelitischen Truppen sammelten. Michmasch befand sich an einem östlichen Zweig der Wasserscheide, der Hauptverkehrsader der cis-jordanischen Berge in nord-südlicher Richtung, und flankierte auch den westlichen Teil. Demnach waren die Philister imstande, diesen wichtigen Handelsweg abzusperren. Zudem war ihre Anwesenheit gera-

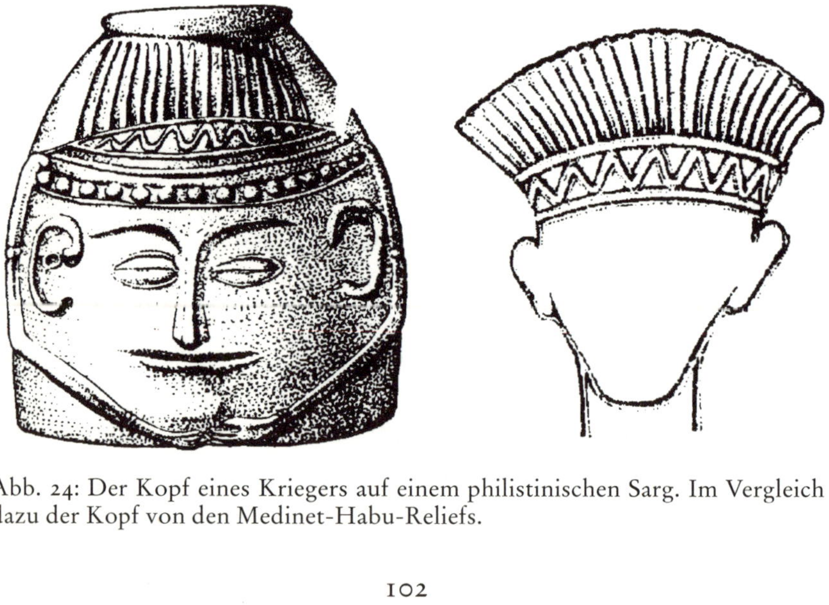

Abb. 24: Der Kopf eines Kriegers auf einem philistinischen Sarg. Im Vergleich dazu der Kopf von den Medinet-Habu-Reliefs.

de im Lande Benjamin eine offene Herausforderung an Saul und stellte seine Autorität und Kompetenz in Frage.

Das neugewonnene Selbstvertrauen der Israeliten wurde durch diese prompte Reaktion erschüttert, und obwohl Saul klugerweise die für Uneingeweihte schwer zu durchquerende judäische Wüste als Sammelpunkt für seine Truppen gewählt hatte, löste sich die israelitische Armee noch vor der ersten Feindberührung zu großen Teilen auf. Laut dem ersten Buch Samuel, Kapitel 13 und 14, bezog Saul gegenüber von Michmasch, in Geba, mit nur 600 Mann Stellung, nachdem die Stadt von Jonatan und seinem »Berufsheer« gesichert worden war. Die Philister müssen verläßliche Nachrichten über den Streit zwischen König und Priester (Saul und Samuel) und die vielen Desertationen und die Flucht eines Teils der Bevölkerung ins Trans-Jordanland gehabt haben. Aus diesem Grund beschlossen sie, die Vernichtung des eben erst entstandenen Königreiches voranzutreiben, und schickten drei schnelle Soldatenkolonnen los, die das Land auf dem Zentralplateau verheeren sollten. Um die Schwäche ihrer Streitmacht auszugleichen, hielten sie »den engen Weg von Michmasch« abgeriegelt, den Sattel, der Michmasch mit Geba und, über Geba, mit dem westlichen Zweig der Wasserscheidenstraße verband. Wenn man sich die Landkarte mit Rücksicht auf die im Bibeltext gegebenen Hinweise ansieht, kommt nur die Stelle zwischen der Schlucht des Wadi Suweinit und dem Fuß des Berges Michmasch in Frage.

Saul wagte nicht einmal, das nur schwach bemannte Lager der Philister anzugreifen, aber in der Hoffnung, das Ausmaß der Verheerung im israelitischen Hinterland mildern zu können, führte er seine Truppen aus Geba hinaus und ließ sie gegenüber von Michmasch in Migron (Tell Miriam) Aufstellung nehmen. Obwohl die anschließende Untätigkeit Sauls der ursprünglichen Bedrohlichkeit des israelitischen Aufmarsches die Spitze nahm, hatten die Philister in Michmasch und besonders die Soldaten, die den Durchgang abriegelten, bestimmt immer ein wachsames Auge auf die Hebräer und suchten nach Anzeichen eines Aufbruchs.

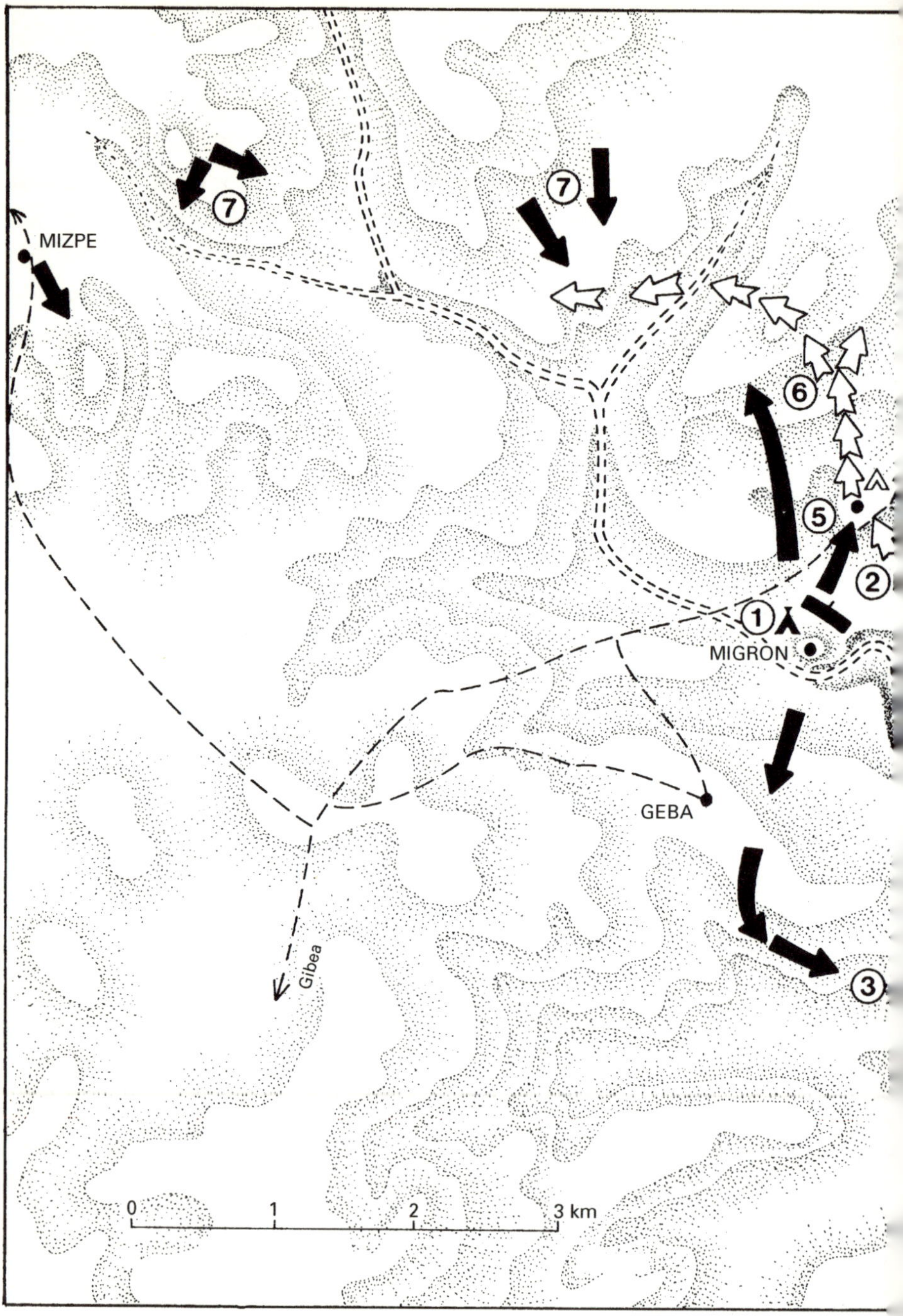

7
7
MIZPE
6
5
2
1
MIGRON
GEBA
Gibea
3
0
1
2
3 km

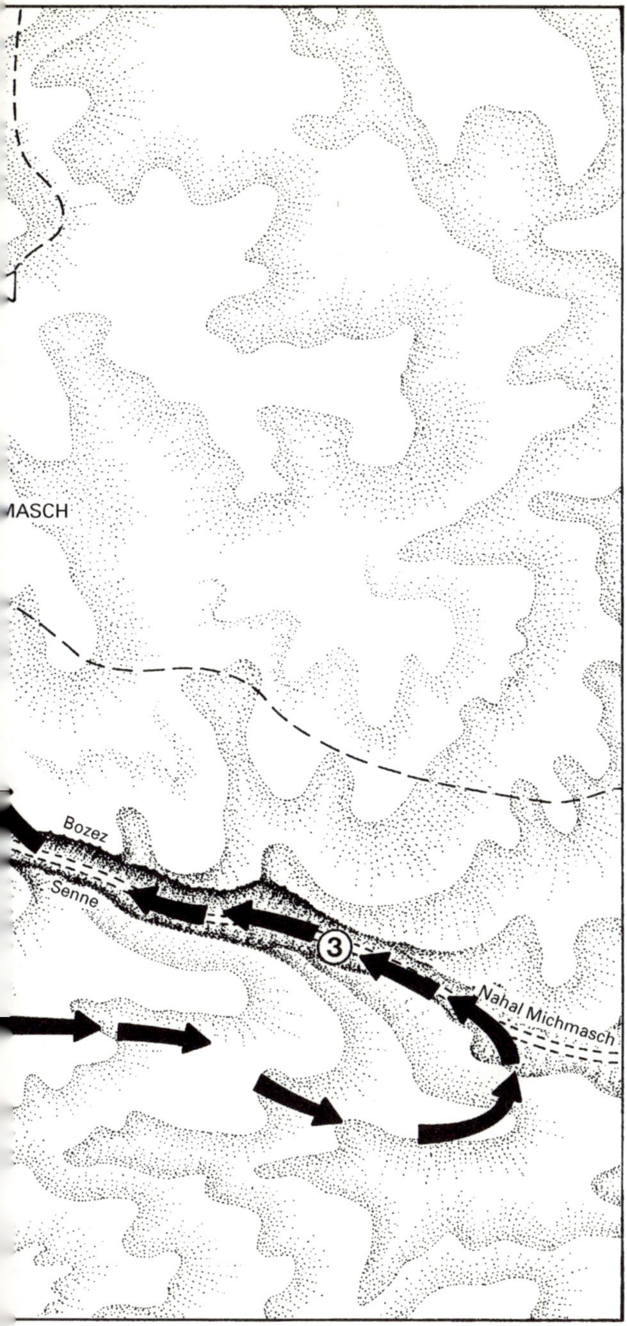

Abb. 25: Die Schlacht bei Michmasch
1 Sauls Position in Migron.
2 Der philistinische Vorposten.
3 Jonatan und sein Waffenträger steigen in die Nahal-Michmasch-Schlucht zwischen den Felsen »Bozez und Senne« (1. Samuel 14, 4).
4 Jonatan und sein Waffenträger schlagen bei einem Überraschungsangriff den Außenposten der Philister.
5 Saul greift an und nimmt Michmasch ein.
6 + 7 Hastiger Rückzug der Philister, Saul nimmt die Verfolgung auf, und Dorfbewohner greifen die Philister auf dem Weg an.

Jonatan nutzte diese Lage für eine tollkühne Strategie, die schon allein durch ihre Waghalsigkeit Erfolg versprach. Nur von seinem Waffenträger begleitet, machte er einen weiten Bogen nach Süden, so daß sie sich der Blockadetruppe aus einer völlig anderen Richtung näherten. Für die philistinischen Wachen sahen sie aus wie zwei Männer, die nichts mit den israelitischen Soldaten zu tun hatten, sondern einfach aus ihrem Schlupfloch gekrochen waren, um sich privaten Angelegenheiten zu widmen. Die etwa zwanzig (?) Wachsoldaten am Durchgang riefen ihnen Beleidigungen zu (1. Samuel 14, 11) und widmeten ihre Aufmerksamkeit wieder der israelitischen Armee auf der anderen Seite. Jonatan und sein Waffenträger verschwanden in der tiefen Schlucht des Wadi Suweinit und kamen zu den Felsen unterhalb der Stellung der Philister. »Jonatan kletterte mit Händen und Füßen hinauf und sein Waffenträger ihm nach« (1. Samuel 14, 13). Sie fielen von hinten über die Philister her und konnten eine beträchtliche Anzahl der erschrockenen Feinde dahinmetzeln, der Rest ergriff die Flucht. Das wiederum scheuchte die Garnison in Michmasch auf, und sie hielten die Flüchtenden versehentlich für israelitische Angreifer – totale Verwirrung und Panik waren die Folge. Saul nutzte die Konfusion für einen Generalangriff auf Michmasch. Der Widerstand des Feindes scheint sofort gebrochen zu sein.[6] Da ihnen der direkte Rückzugsweg abgeschnitten war, flohen die Philister zunächst in Richtung Norden nach Bet-El und wandten sich erst dort nach Westen. Auf ihrem Weg kamen die israelitischen Bauern aus ihren Verstecken, in denen sie sich vor den marodierenden Feinden in Sicherheit gebracht hatten, und griffen die Flüchtenden an. Fast wie bei den Franzosen in Spanien 1808-1814 oder den Briten in Afghanistan 1842 fielen auch hier bei dem Rückzug mehr Soldaten als in der Schlacht.

Seit Josuas Tagen hatten die israelitischen Feldherren die Notwendigkeit eingesehen, den Feind nach einem Sieg völlig zu vernichten. Sie wußten, daß sich die zusätzlichen Strapazen lohnten, wenn sie dadurch den Feind davon abhalten konnten, weitere

Angriffe zu wagen und noch mehr Blut zu vergießen. Saul verbot seinen Truppen bei Todesstrafe, Rast zu machen, um zu essen oder sich zu erfrischen. Jonatan, der von dieser Anweisung nichts wußte, labte sich während der Verfolgungsjagd mit Honig aus einem Bienenstock im Wald. Nur die Angst vor einer allgemeinen Revolte brachte Saul davon ab, kurzen Prozeß mit seinem ungehorsamen Sohn zu machen und ihn zu exekutieren – ungeachtet dessen, daß dieser von dem Verbot nicht gewußt hatte.

Möglicherweise reagierte Saul nicht nur so streng, weil er dem Allmächtigen ein feierliches Gelübde abgelegt hatte; denkbar wäre auch, daß er Jonatan den Angriff auf den Außenposten der Philister übelnahm, weil er ihn ohne vorherige Absprache und daher auch ohne Erlaubnis des Königs durchgeführt hatte. Saul stand demnach vor dem häufig auftretenden Problem, wie er Disziplinlosigkeit und Ungehorsam begegnen sollte, auch wenn ihm Jonatans eigenmächtiges Handeln zu einem triumphalen Sieg verholfen hatte. Das römische Kriegsrecht war in diesem Punkt unerbittlich: Ungehorsam wurde mit dem Tode bestraft, auch wenn er einen Sieg zur Folge hatte.

Ein ähnlicher Fall war der des Prinzen von Homburg, der 1675 in Fehrbellin den Brandenburgern den Sieg brachte, indem er die Initiative ergriff und den Feind attackierte. Sein Onkel, der Große Kurfürst, verurteilte ihn wegen Zuwiderhandelns von Befehlen zum Tode. Erst als alle Offiziere mit Streik drohten, ließ er Gnade walten.

Das Problem, vor dem Saul seinerzeit stand, ist bis heute noch nicht gelöst, obwohl es unzählige Fälle gibt, in denen bedingungsloser Gehorsam zu katastrophalen Ergebnissen geführt hat. Berühmt geworden ist die Handlungsweise von Marschall Grouchy, der 1815 eisern die Marschroute einhielt, die Napoleon ihm vorgeschrieben hatte, statt die Richtung zu ändern und nach Waterloo zu marschieren – Grouchys Gehorsam führte höchstwahrscheinlich zur Niederlage der Franzosen und zu Napoleons Untergang.[7]

Abgesehen davon ist die Tat, die Jonatan und sein Diener vollbracht haben, ein hervorragendes Beispiel dafür, daß der Verlauf einer kriegerischen Auseinandersetzung unter den richtigen Umständen durch die Aktionen einer Handvoll Kämpfer verändert werden kann.

Im Rückblick besteht kein Zweifel, daß die Schlacht von Michmasch eine der entscheidendsten in der israelitischen Geschichte war. Jonatans »Zwei-Mann-Operation« ebnete den Weg für den Sieg, der Saul den gefährlichsten Feind vom Hals schaffte, so daß er die nötige Zeit hatte, um die Gebiete zu beiden Seiten des Jordan zu einem Königreich zu vereinen. »Als Saul die Königsherrschaft über Israel erlangt hatte, kämpfte er gegen alle seine Feinde ringsumher: gegen die Moabiter, die Ammoniter, die Edomiter, gegen die Könige Zobas und gegen die Philister. Und wo er sich hinwandte, da gewann er den Sieg« (1. Samuel 14, 47).

Saul sicherte zudem die Grenzen zur Wüste, an denen später ein enggewobenes Netz von soliden Verteidigungsanlagen entstand, das die Zeit von Salomo bis zum Mittelalter überdauerte.

Über Sauls Krieg mit den amalekitischen Nomaden in der Negev sind keine Details bekannt, und auch seine häufigen Feldzüge gegen die Philister, die sich nie ganz ergaben, bleiben im dunkeln. Kriegsschauplatz war vermutlich die Schefela, und dort hauptsächlich die Zugänge zu den Tälern, die von den Bergbastionen in die Ebene führten, zum Beispiel bei der Schlacht im Tal Ela. Das israelitische Heer war mittlerweile dazu übergegangen, gut organisierte, mehr oder weniger dauerhafte und wahrscheinlich befestigte Lager als Ausgangsbasis für längere Kampagnen einzurichten. Indem sie ihre Lager im Tal aufschlugen, verwehrten sie den Philistern den Zugang zu den Bergen. Die Aufteilung des Lagers war wohldurchdacht – es gab spezielle Zonen für Waffenübungen, für das Feldzeug und die Verpflegung, die von Sondertruppen überwacht wurden. Trotz dieser Verbesserungen war das israelitische Heer den Philistern, was die Bewaffnung betraf, nach wie vor unterlegen, und noch immer verfügten sie nicht über

Abb. 26: Oben: Philistinischer, von Ochsen gezogener Wagen. Der Krieger ist mit Breitschwert und rundem Schild bewaffnet. Er hat seine Familie bei sich. Unten: Philistinischer Streitwagen; die Krieger kämpfen nach beiden Seiten.

Streitwagen. Demzufolge wartete Saul auf den richtigen Zeitpunkt und drang nie auf die offene Ebene vor.

Dies war der Hintergrund für das berühmte Duell zwischen David und Goliat, dem riesenhaften Kämpen der Philister mit ehernem Helm und Rüstung, der die Israeliten täglich von neuem herausforderte, einen unter ihnen auszuwählen, der mit ihm kämpfte. Ähnlich wie Jonatan seinerzeit in Michmasch, stellte sich David allein dem Feind, und die Philister waren bestürzt, als sie sahen, daß er den Riesen mit einer Schleuder und Steinen überwältigte. Und wieder nutzte Saul diesen kritischen Moment, um einen Generalangriff zu starten und den Feind in die Flucht zu schlagen. Die Philister waren wieder besiegt, aber nicht vernichtet. (Entgegen der üblich gewordenen Bibelauslegung, die alle zweifelhaften Berichte in den Bereich der Mythen verbannt, haben endokrinologische Forschungen überzeugend nachgewiesen, daß das Sehvermögen bei großen, starken Menschen oft eingeschränkt ist. Dieses Handicap könnte Goliats Fähigkeit, angemessen auf Davids schnell herbeifliegende Steine zu reagieren, stark beeinträchtigt haben.[8]) In den folgenden Jahren, als die Rivalitäten zwischen den einzelnen Stämmen wiederauflebten, führten Streitigkeiten zwischen Saul und Samuel und der Bruch zwischen Saul und David zur Schwächung der erst kürzlich vereinten Nation, und die Philister sammelten Kräfte und sannen auf Rache.

Der Berg Gilboa: Sauls letzte Schlacht

Die Stunde der Philister kam nach Samuels Tod.[9] Das Heer der Philister sammelte sich in Afek in der Schefela, aber ihr Plan war, sich dem Feind auf ganz neue Art zu nähern. Nach vielen gescheiterten Versuchen, von Westen bis ins zentrale Bergmassiv vorzudringen, entschieden sie sich diesmal, nordwärts an der Scharon-Ebene (der Küstenebene) entlang und über einen der Pässe im Karmel-Gebirge ins Jesreel-Tal zu marschieren, um das Zentralmassiv bei Ir-Ganim (dem heutigen Jenin) zu besteigen und über das Plateau nach Süden zu ziehen. Bei dem Zug durchs Jesreel-Tal konnten sie auf Unterstützung durch die Bewohner der kanaanitischen Städte hoffen, die noch nicht von den Israeliten eingenommen worden waren. Wahrscheinlich hatten sich freundschaftliche Bande aus der Zeit erhalten, als die Philister im Auftrag der Pharaonen diese Städte bewachten und verteidigten (Bet-Schean ist das bekannteste Beispiel), und einige philistinische Siedler hatten sich für immer im Tal niedergelassen.[10]

Saul hingegen hatte die Kontrolle über die Routen im Landesinneren. Er wartete ab, um zu sehen, in welche Richtung sich die Philister wenden würden. Nachdem er sich von ihren Absichten überzeugt hatte, marschierte er mit seinen Streitkräften auf dem Plateau parallel zum Weg der Philister und nahm am Aufstieg nach Ir-Ganim in den Vorbergen des Gilboa Aufstellung.

Warum unternahm er keinen Versuch, die engen, schwer zugänglichen Pässe im Karmel-Gebirge abzuriegeln? Er zog wahrscheinlich seine Schlußfolgerungen aus der Entscheidung der Philister, das Heer in Afek zu sammeln. Die feindliche Armee in Afek stellte eine direkte Bedrohung für Judas Berge dar, und das hat Saul vermutlich dazu veranlaßt, Beobachter auszusenden, die die westlichen Zugänge bewachten. In der Bibel wird nicht erwähnt, daß die Philister Ablenkungsmanöver im Sinn hatten, auch wenn nach modernen Gesichtspunkten ein derartiger Schritt der nächstliegende wäre. Aber es gibt einen Bericht über eine vom Hauptheer unabhängige und spätere Truppenbewegung, die – wenn auch unbeabsichtigt – die israelitischen Beobachter getäuscht haben muß. Im 1. Buch Samuel, Kapitel 29, wird erzählt, daß David und sein Korps, mit dem er nach Afek gekommen war, um sich seinem Lehensherrn Achisch von Gat anzuschließen, von den »Tyrannen«[11] als nicht vertrauenswürdig eingeschätzt wurde. Es wurde nach Ziklag zurückgeschickt, das David von Achisch als Lehensland bekommen hatte, nachdem er Saul entkommen war.

Auf dem Rückmarsch nach Ziklag kam David an für eine Invasion geeigneten Zugängen nach Juda, wie den Tälern Ela und Sorek, vorbei. Sauls Wachmänner wurden sicher auf ihn aufmerksam. Erst nachdem sich Saul vergewissert hatte, daß ihm niemand in den Rücken fallen würde, konnte er aufbrechen, um sich der Bedrohung aus dem Norden entgegenzustellen. Das ließ dem Heer der Philister genügend Zeit, ungehindert die Schluchten des Karmel-Gebirges zu passieren.

Die Schlacht wurde durch die Streitwagen der Philister entschieden. Saul war gezwungen, sich auf den Berg Gilboa zurückzuziehen, aber auch dort gelang es ihm nicht, seine Stellungen zu halten. Die philistinischen Bogenschützen auf den Streitwagen blieben ihnen bei dem problemlos zu bewältigenden westlichen Anstieg dicht auf den Fersen und nahmen sie auf dem Plateau unter »Dauerbeschuß«. Sobald Saul begriffen hatte, daß alles verloren war, beschloß er, sich in sein Schwert zu stürzen, um nicht in die Gefangenschaft des Feindes zu geraten.

Eine Zeitlang erschien es so, als hätten die Philister endlich ihr Ziel erreicht und als würde das israelitische Reich wieder in einzelne Stammesverbände zerfallen. Aber der Triumph währte nicht lange. Die Jahre unter Sauls Regentschaft hatten die israelitischen Stämme gelehrt, daß sie nur vereint stark waren und als Ganzes wirtschaftliche Vorteile hatten. Obwohl zunächst offenbar große Bestürzung in ganz Israel geherrscht hatte, nutzte David, der rasch Mittelpunkt der allgemeinen Aufmerksamkeit wurde, die Geschichte von Saul und vom Tod seines Sohnes, um die Moral wieder aufzurichten. Sein Trauerlied über Saul und Jonatan (2. Samuel 1, 17-27), das den Kampfgeist der »Kinder von Juda« neu entfachen sollte, damit sie den Kampf um ihre Freiheit wiederaufnahmen, ist uns als eine der bewegendsten und anrührendsten Elegien der Weltliteratur erhalten geblieben. Davids Worte trugen entscheidend dazu bei, Israels Stärke und Hoffnung neu aufleben zu lassen, obwohl die Philister während der ersten Zeit seiner Regentschaft eine Art Vormachtstellung in Palästina hatten.

KAPITEL 5

Das vereinte Königreich

König David

König Davids Regierungszeit wird in der jüdischen Tradition als das erste goldene Zeitalter des jüdischen Volkes betrachtet. David gründete das israelitische Reich, das vom »Zugang zu Hamat bis zum Bach Ägyptens« (Wadi El Arisch) reichte oder, in einer anderen Version »Vom Bach Ägyptens bis zum großen Fluß Euphrat«. Obwohl dieses Reich etwa achtzig Jahre nach seiner Gründung zerfiel und in den Tagen des Usija von Juda und des Jerobeam II. von Israel (um 785–750 v. Chr.) wiedererstand, um sich nur dreißig Jahre später erneut zu spalten, gelang es David, die israelitischen Stämme zu einer nationalen Einheit mit einem solchen Zusammenhalt zu verschmelzen, daß sich das jüdische Volk, selbst als es in zwei Königreiche gespalten war, für mehr als tausend Jahre – mit kurzen Unterbrechungen – als dominanter Faktor auf der palästinensischen Landbrücke etablieren konnte.

Die Bibel versorgt uns mit so vielen Einzelheiten, daß wir uns von der faszinierende Persönlichkeit des Königs ein Bild machen können. Moderne Europäer sehen in seinem Wesen vielleicht Robin Hood, Parzival, Artus, Richard Löwenherz und König Lear vereint. Mittelalterliche Ritter haben David unter *les neuf-preux* als größtes Vorbild gewählt.[1] Die jüdische Sage hat ihm den Beinamen »Ahuvya« (»Der von Gott Geliebte« oder »Liebling

Abb. 27: Davids Kriege
1 Unterwerfung der Negev-Stämme.
2 Die Eroberung Jerusalems.
3 Die Philister versuchen, David aus dem Refaïm-Tal zu vertreiben.
4 Unterwerfung der Philister.
5 Eroberung der Scharon-Ebene und des Jesreel-Tales.
6 Der Krieg gegen Moab.
7 Unterwerfung von Edom.
8 Handel mit der Euphrat-Region.
9 Der Krieg gegen die Aramäer und Ammoniter.
10 Die Niederlage der Aramäer im Edrei-Durchbruch.
11 Unterwerfung von Damaskus.
12 Ausdehnung des Reiches bis zu den Grenzen von Hamat und zum Euphrat.
13 Israelitische Souveränität in West-Galiläa bis zur phönizischen Grenze.

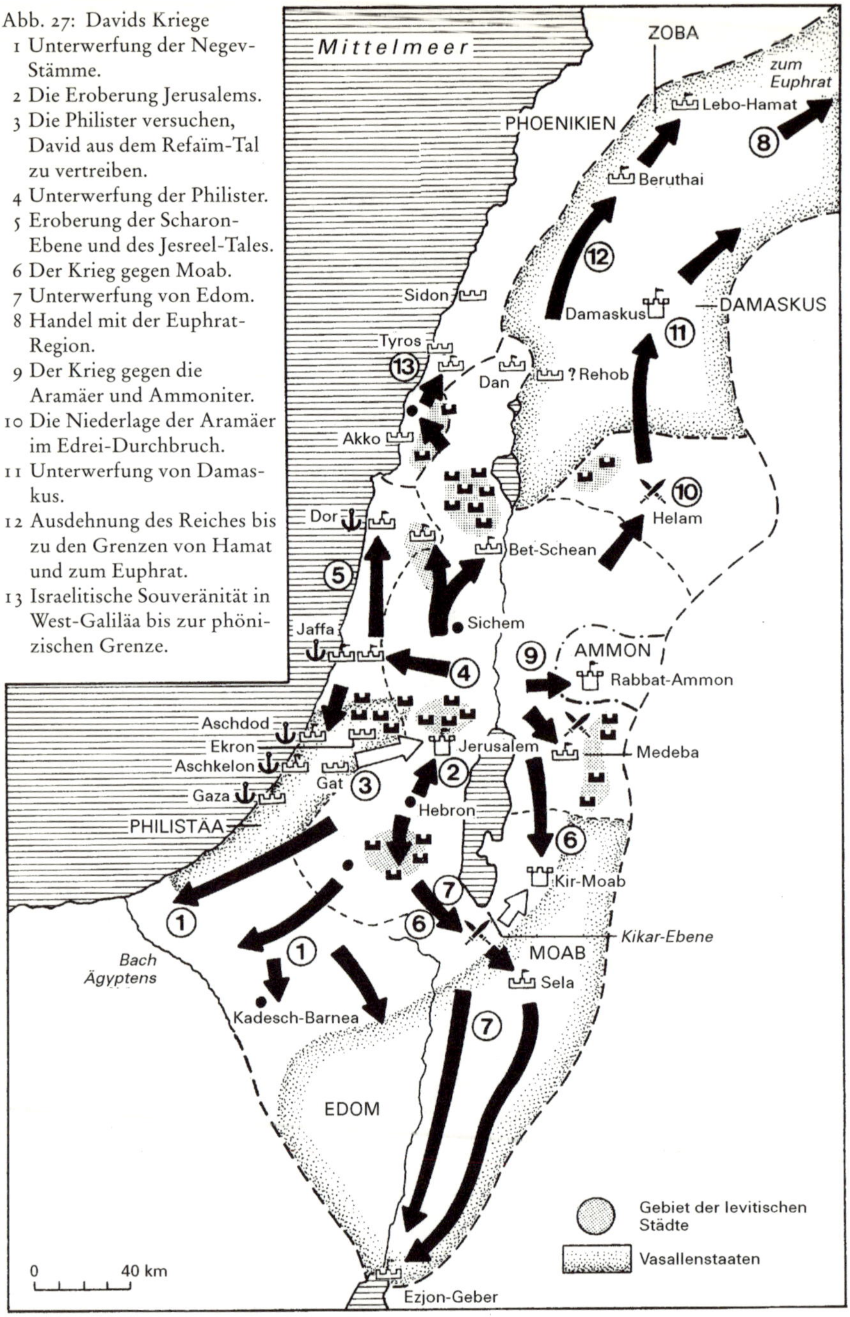

Gottes«) verliehen. Doch wenn wir den Versuch unternehmen, Davids militärische Operationen nachzuvollziehen, finden wir enttäuschend wenige Informationen und schon gar keine Einzelheiten.

Über Davids persönliche Leistungen erst im Dienste von Saul, dann als Anführer einer Bande Gesetzloser und noch später als Vasall des Königs Achisch von Gat zu schreiben, würde den Rahmen dieses Buches sprengen. Es muß aber betont werden, daß die Geschichten über ihn sehr viel mehr über seine Lehrjahre erzählen als über jeden anderen biblischen Anführer. In der damaligen Zeit wurden Militärführer sehr wenig, wenn überhaupt, geschult; er mußte seine Begabungen also ohne Beistand weiterentwickeln und konnte sich sein Wissen nur durch persönliche Erfahrungen in seinen Jugendjahren aneignen.

Die Bibel verrät uns zumindest, daß sich David seine Fertigkeiten als Kämpfer und Befehlshaber erwarb, während er in Sauls Armee diente. Später gewann er, als Jäger und Gejagter gleichermaßen, zusätzliche Kenntnisse in Guerilla-Taktiken; während seiner Zeit als unabhängiger Anführer einer Söldnertruppe mußte er alle Kriegslisten und Tricks anwenden, um die plündernden Nomaden mit ihren eigenen Waffen schlagen zu können, und er lernte, Blitzangriffe zu führen. Auf diese Weise vorbereitet wurde David nach Sauls Tod zum König des Stammes Juda auserwählt, während Sauls getreuer General Abner Sauls ältesten Sohn Is-Boset zum König über das restliche Israel machte.

Davids erste Sorge galt der Absicherung Judas gegen die ständigen Übergriffe der Nomaden aus der Wüste Negev. Er gab das Beispiel für kommende Generationen, indem er die Männer aus seinem alten Regiment mit ihren Familien im Hebron-Gebirge ansiedelte. Damit verfolgte er drei Absichten: Seine hervorragend ausgebildeten Kämpfer sollten zum Hauptbestandteil eines weit gespannten Netzes des Widerstandes werden und die Grenztruppen gegen die feindlichen Angreifer anführen, die versuchten, zum Hebron-Gebirge vorzudringen; indem er seinen Männern eine

Heimat bei den Hebronitern gab, die den plündernden Horden aus der Wüste am meisten ausgesetzt waren, sicherte David dem Gebiet den bestmöglichen Schutz; schließlich entledigte er sich der Last, die Männer bezahlen zu müssen, indem er ihnen Land gab.

Die Eroberung Jerusalems

Da David die Bedürfnisse eines vereinten Königreiches kannte, das über die gesamte palästinensische Landbrücke östlich und westlich des Jordan reichen würde, machte er sich als nächstes an die Eroberung von Jerusalem, das er zu seiner Hauptstadt zu machen wollte. Die Lage der Stadt inmitten der Berge im Cis-Jordanland war ideal; das Meer und der natürliche Hafen von Jaffa waren bequem zu erreichen. Außerdem kontrollierte sie die Kreuzung der Straße von Jaffa nach Rabbat-Bene-Ammon, die im Landesinneren die Hauptverkehrsader zwischen Mittelmeer und dem Transjordanland war, mit der von Norden nach Süden verlaufenden Wasserscheidenstraße auf dem Bergmassiv. Die Verteidigungsposition war gut, da die Stadt auf einem Bergrücken erbaut und an allen vier Seiten von Tälern umgeben war. In Jerusalem herrschte ein angenehmes Klima, und in den Wintermonaten regnete es so viel, daß das Wasser in den Zisternen und Sammelbecken den Bedarf für ein ganzes Jahr deckte. 1948, als der jüdische Sektor von Jerusalem bei der Belagerung von allen Quellen, die sich außerhalb befanden, abgeschnitten war, konnte die Bevölkerung darauf zurückgreifen. Am Fuß des Berges gab es eine Quelle, die das ganze Jahr Wasser führte. Über geheime Schächte hatten die Stadtbewohner auch in Zeiten einer Belagerung Zugang zu dieser Quelle. Eine wichtige politische Überlegung war, daß keiner der israelitischen Stämme Anspruch auf Jerusalem hatte und sich niemand zurückgesetzt fühlen würde, wenn

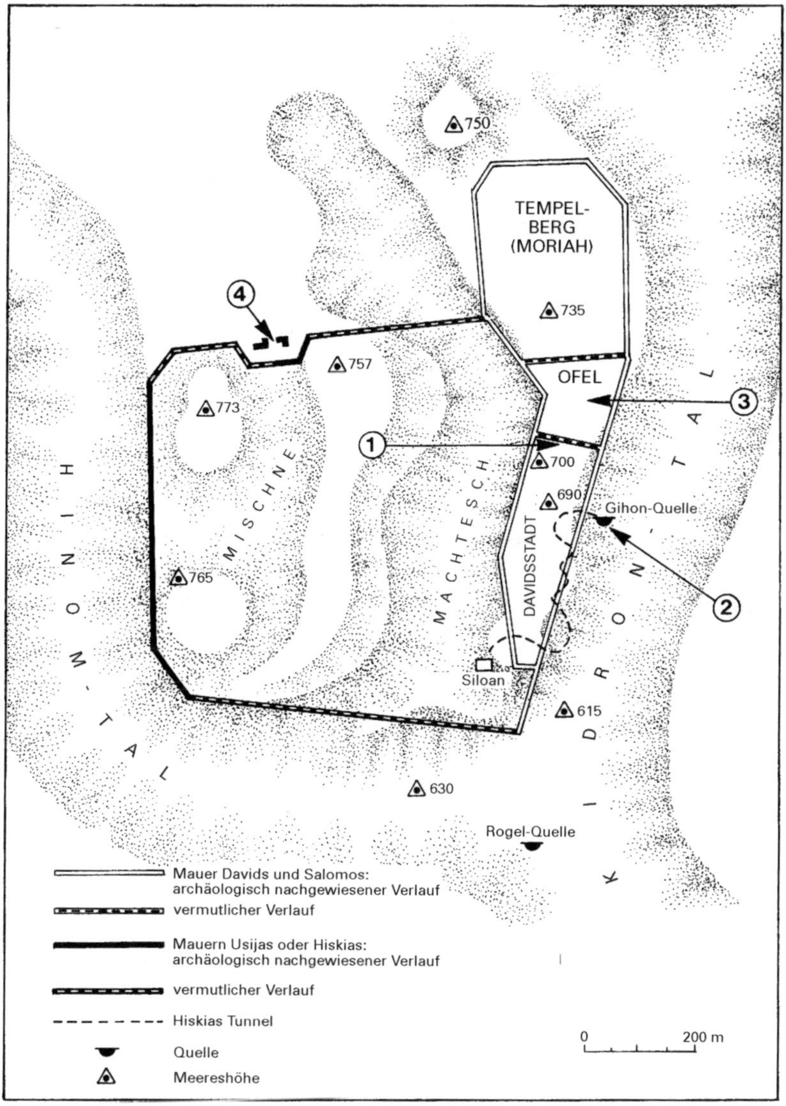

Abb. 28: Jerusalem: Die Mauern von David bis Zedekia, schematische Skizze der Mauern von Usija oder Hiskia nach Avi Gad (*The Upper City of Jerusalem*, Abb. 36).
1 ebusitische Stadtburg, erster Stützpunkt Davids.
2 Wasserschacht, durch den sich Joab Zugang zur Stadt verschafft.
3 Millo.
4 Nordtor.

David es zu seiner Hauptstadt machte. Zudem war Jerusalem zu Davids Zeit im Besitz der Jebusiter – einer kleinen ethnischen Gemeinschaft, die mit den alteingesessenen Kanaanitern keine freundschaftlichen Beziehungen unterhielt und auch bei den Nachbarvölkern keine besonderen Sympathien genoß.[2]

Die Eroberung der solide befestigten Stadt kostete die israelitischen Streitkräfte dennoch große Anstrengungen. David gelang es, die Stadtburg im Norden des langgestreckten, schmalen Bergkammes einzunehmen. Dies war der höchste Punkt der Region, und ein flacher Bergsattel verband die Burg mit dem Stadtsektor, der später als Tempelberg bekannt wurde.[3]

Zur Interpretation der Ereignisse folgen wir dem Bibeltext ohne zusätzliche Anmerkungen: »Und der König zog mit seinen Männern vor Jerusalem gegen die Jebusiter ... Sie aber sprachen zu David: Du wirst nicht hier hereinkommen, sondern Blinde und Lahme werden dich abwehren ... David aber eroberte die Burg Zion« (2. Samuel 5, 6f.). David verschaffte sich also möglicherweise durch einen *coup de main* Zugang zur Zitadelle, doch die eigentliche Stadt blieb ihm verschlossen. Die Erwähnung der »Blinden und Lahmen«, die die Stadt verteidigten, wurde nicht als Spott angesehen, sondern als ein Zauberspruch, der von den Israeliten sehr wohl verstanden und gefürchtet wurde.[4]

David suchte daraufhin nach einer anderen Möglichkeit, in die Stadt zu gelangen, und entdeckte den *tzinor*, den aus dem Felsen gehauenen, unterirdischen Gang, der unter der Stadtmauer den Osthang hinunter zur Quelle Gihon führte. »Da sprach David an diesem Tag: Wer die Jebusiter schlägt und durch den Schacht hinaufsteigt und die Lahmen und Blinden erschlägt, die David verhaßt sind [der soll Hauptmann und Oberster sein]« (2. Samuel 5, 8; die in eckige Klammern gesetzte Ergänzung ist dem Paralleltext 1. Chronik 11, 6 entnommen, da die deutsche Übersetzung im Buch Samuel unvollständig geblieben ist). Nachdem David auf den *tzinor* gestoßen war, entschloß er sich, ihn für einen Überraschungsangriff zu nutzen, solange die Aufmerksamkeit der Stadtbewohner auf den nördlichen Sektor gerichtet war. Um die Angst vor dem Zauberbann zu überwinden, bot er dem Anführer des Stoßtrupps eine gehobene Stellung an. Joab stellte sich der Herausforderung: »Da stieg Joab, der Sohn der Zeruja, zuerst hinauf und wurde Hauptmann« (1. Chronik 11, 6).[5] Wie so oft bei Belagerungen waren die geheimen Zugänge zu dem Ort, der verteidigt wurde, nur unzureichend bewacht. Sie sind die Achillesferse einer scheinbar uneinnehmbaren Stadt. Wahrscheinlich waren die Jebusiter vollkommen überrascht, als Joab mit seinen Männern aus dem *tzinor* auftauchte. Joab nutzte diesen Moment, um Sicherungsposten im Bereich des Zugangs aufzustellen, damit noch mehr israelitische Kämpfer in die Stadt vordringen konnten.

Es wird allgemein angenommen, daß mit *tzinor* »Warrens Schacht« gemeint ist (benannt nach General Sir Charles Warren, der ihn als erster erforschte). Kathleen Kenyon, eine bekannte Wissenschaftlerin, die ebenfalls das alte Jerusalem erkundete und weitere Stücke des *tzinor* freilegte, wies wiederholt darauf hin, wie schwierig der Zugang über diesen Weg gewesen sein muß. Joabs Leistungen können nicht hoch genug eingeschätzt werden, denn nach den Erkenntnissen der Forscher mußten er und seine Männer diesen etwa fünfzehn Meter langen, senkrechten Schacht zwischen dem aus dem Stein gehauenen Tunnel, der von der Stadt herunterführte, und dem Kanal, der das Quellwasser zu dem Becken am Fuß des *tzinor* leitete, überwinden. Das Wasser wurde mit Eimern durch den Schacht in die Stadt hinaufgezogen, aber, wie es scheint, sollte diese Konstruktion noch einen anderen Zweck erfüllen: Die Erbauer wollten genau das verhindern, was Joab vollbracht hat, nämlich, daß ungebetene Eindringlinge über die Wasserkanäle in die Stadt kommen konnten. Y. Shiloh hat allerdings nach Ausgrabungen und umfassenden Forschungsarbeiten in der Stadt Davids Zweifel an der oben angeführten Theorie und der Datierung angemeldet – seiner Ansicht nach wurde »Warrens Schacht« nicht in der vor-israelitischen Epoche, sondern eher in der salomonischen Ära oder noch später ausgehoben. Falls sich

Shilohs Meinung als zutreffend erweisen sollte, dann war der *tzinor* aus der Bibel eine der Felsspalten, die beim Bau des Schachtes genutzt wurden, vorher jedoch demselben Zweck – der Beförderung von Wasser – gedient hatten. Jedenfalls hatten sich die Bewohner Jerusalems offenbar nicht die Mühe gemacht, die Felsspalte (oder den Schacht?) ausreichend zu tarnen. Doch Shilohs Erkenntnisse sind für die Geschichte, wie die israelitischen Soldaten in die Stadt eindrangen, ohne Belang, und die körperliche Leistung dieser Männer war auf alle Fälle bewundernswert. Möglicherweise erforderte der Zugang durch die Felsspalte ein noch größeres Ablenkungsmanöver von David, der in der besetzten Zitadelle geblieben war.[6]

Die Schlachten im Tal von Refaïm

Die Eroberung Jerusalems hatte den ersten von etlichen Übergriffen der Philister zur Folge; nach der letzten dieser Auseinandersetzungen waren die Philister geschlagen, und ein jüdischer Statthalter wurde in Gat eingesetzt. Die ersten beiden philistinischen Interventionen scheinen kurz hintereinander stattgefunden zu haben (2. Samuel 5, 17-25). Beide Male fielen sie durch das Ela-Tal ein. Entweder unterschätzten sie den Feind nach der Schlacht von Gilboa, oder sie fühlten sich über ihren ehemaligen Vasallen David erhaben – jedenfalls mißachteten sie die Gefahren, die ihnen in der steilen, engen Schlucht drohten, obwohl sie den Israeliten, die sich die Topographie zunutze gemacht hatten, schon öfter in diesem Tal unterlegen gewesen waren.

Mit dem Ziel, ihnen eine entscheidende Niederlage beizubringen, wartete David jedesmal ab, bis die Philister tief in die Berge zum Tal Refaïm (das bis zum heutigen Bahnhof von Jerusalem reicht) vorgedrungen waren. Davids Armee stellte sich unentdeckt westlich von den Philistern auf und fiel ihnen in den Rücken.

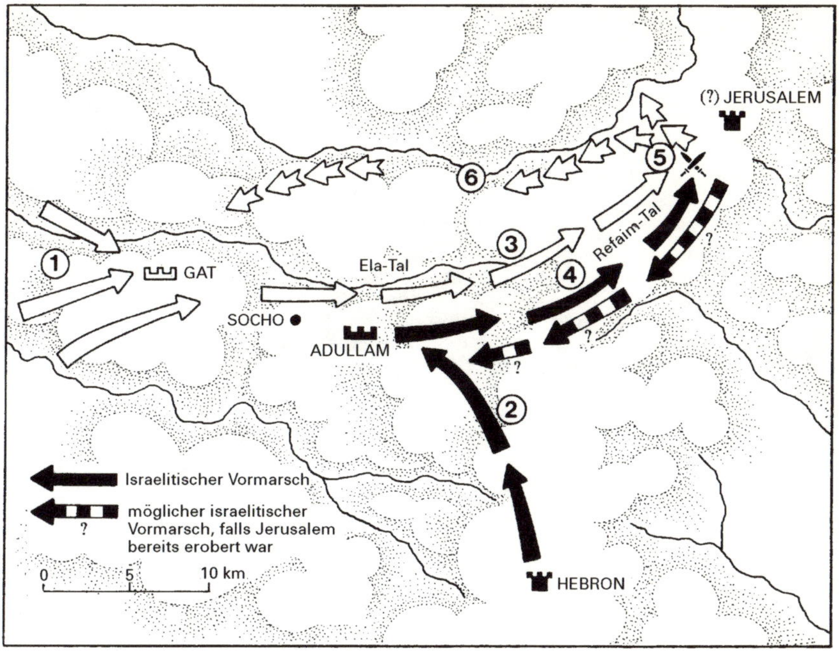

Abb. 29: Die erste Schlacht im Tal Refaïm (Phase eins, Übersicht)
1 Die Philister ziehen ihre Truppen im Ela-Tal zusammen.
2 David marschiert nach Adullam.
3 Die Philister dringen durch das Ela-Tal in die judäischen Berge ein.
4 David rückt ungesehen parallel zum Feind an der Bergkette Sansan-Gilo vor.
5 David überrumpelt die Philister in Baal Peraazim.
6 Flucht der Philister.
Anmerkung: Die Bibel gibt nicht an, ob diese Kampagne vor oder nach der Eroberung Jerusalems stattfand. Im ersten Fall wäre »die Burg« (2. Samuel 5, 7) Adullam.

Die Tatsache, daß die Philister bei der überstürzten Flucht all ihre Götzenbilder in dem verlassenen Lager zurückließen, deutet auf das Ausmaß ihrer Niederlage hin.

Auch bei der zweiten Schlacht im Tal Refaïm brachte ein Überraschungsangriff den Israeliten den Sieg über die philistinischen Truppen. Diesmal schlichen sich die Israeliten durch den Wald von hinten oder von der Seite an. Kämpfe im Wald werden von Militärexperten als zweischneidiges Schwert angesehen. Obwohl ein

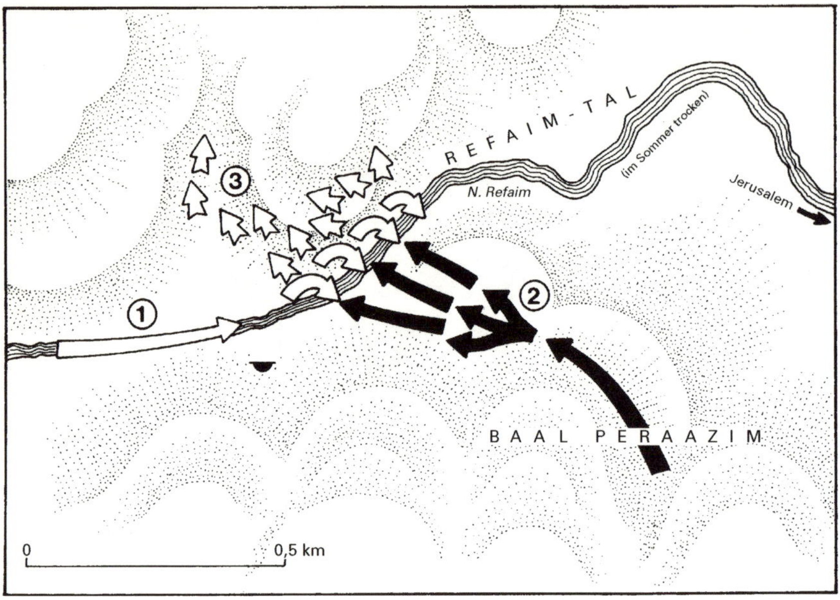

Abb. 30: Die erste Schlacht im Tal Refaïm (Phase zwei, Detailansicht)
1 Die Philister marschieren durch das Tal.
2 David greift die Flanke der philistinischen Marschkolonne an.
3 Niederlage und Fluchtweg der Philister.
(Siehe Anmerkung zu Karte 14)

Wald gute Deckung bietet, ist die Kommunikation nur eingeschränkt möglich – Befehle können nicht weitergegeben werden, und eine Kontrolle über den Schlachtverlauf ist ganz und gar unmöglich. Der Einsatz von schweren Waffen ist begrenzt, und die klaustrophobische Atmosphäre beeinträchtigt oft die Kampfmoral der Truppen. Dieses beklemmende Gefühl hat die Griechen dazu gebracht, den Begriff »Panik« nach dem Gott des Waldes Pan zu prägen.

Die philistinischen Truppen mieden daher den »Maulbeerbaum«-Wald (die exakte botanische Bestimmung der Bäume ist unsicher) und kehrten ihm wahrscheinlich die Flanke oder den Rücken zu. Die schnellen und leichtbewaffneten israelitischen Soldaten nutzten hingegen die Deckung des Waldes und die takti-

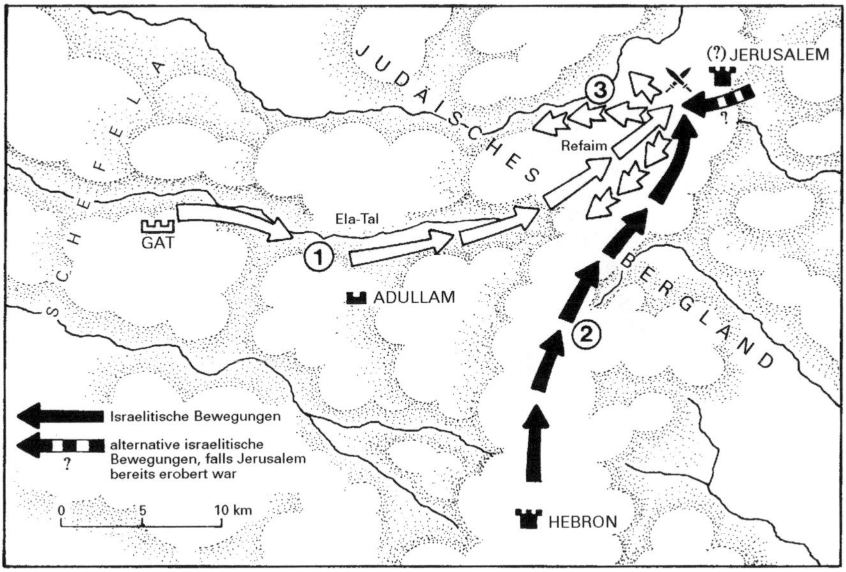

Abb. 31: Die zweite Kampagne im Tal Refaïm (Phase eins, Übersicht)
1 Philistinische Truppen marschieren durchs Ela-Tal.
2 David rückt durch den Wald Bechaim vor, um einen Überraschungsangriff zu starten.
3 Flucht der Philister.
(Siehe Anmerkung zu Karte 14)

schen Vorteile. Zudem machte sich David die klimatischen Bedingungen zum Verbündeten. Er wußte, daß täglich eine Brise vom Meer aufkam, die Jerusalem gegen Mittag erreichte, und er setzte seinen Angriff für diese Stunde fest. Das Rascheln und Rauschen in den Bäumen übertönte die Schritte der ständig näher kommenden Israeliten. Wieder wurden die Philister überrumpelt, und David versäumte nicht, auch die letzte Phase seines Schlachtplanes durchzuführen: die völlige Vernichtung der feindlichen Truppen. Dieses Mal hatte er das Ela-Tal abgeriegelt, um den Rückzug der Philister aufzuhalten: »und [er] schlug die Philister von Geba an, bis man kommt gen Geser« (2. Samuel 5, 25).

Nach der zweiten Schlacht im Tal Refaïm ergriff David die Initiative, um die Philister ein für allemal zu bezwingen. Sobald er

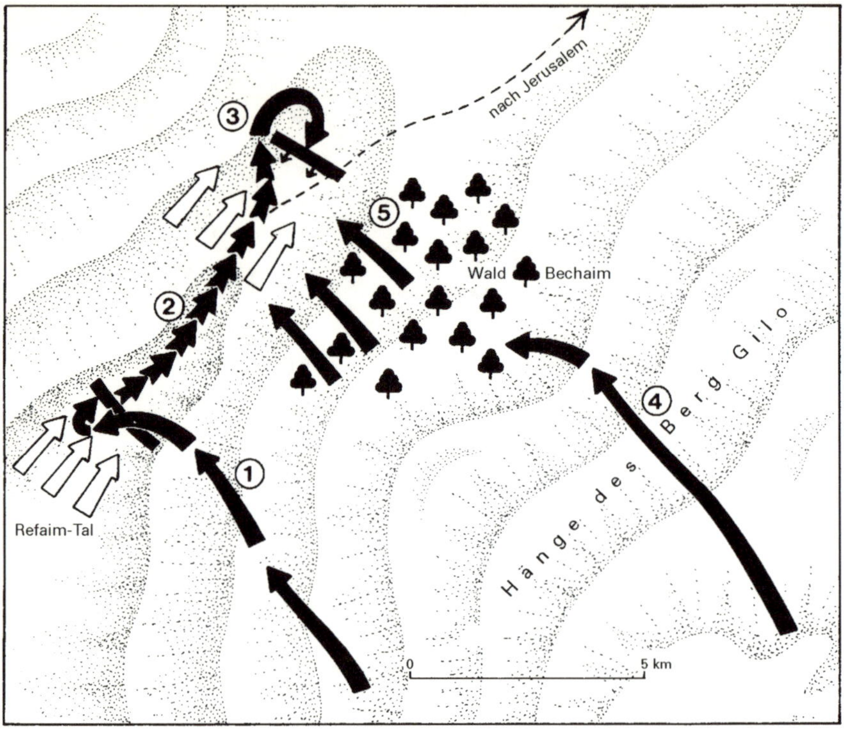

Abb. 32: Die zweite Kampagne im Tal Refaïm (Phase zwei, Detailansicht)
1 Israelitische Truppen, die als Lockvögel dienen, stellen sich den Philistern im Tal entgegen.
2 Die Truppen ziehen sich zurück und locken so die Philister ins Tal.
3 Unterhalb des Waldes machen die Truppen kehrt.
4 Davids Hauptheer rückt gleichzeitig im Wald vor.
5 David greift an und besiegt die Philister.
(Siehe Anmerkung zu Karte 14)

die Schlacht von Metheg-Amma – ein Ort auf der philistinischen Ebene – für sich entschieden hatte, weitete er seine Herrschaft auf die Küstenregion zwischen der Mündung des Jarkon und dem Sorek-Tal aus. Zumindest vorübergehend konnte er Gat und die dazugehörigen Gebiete seinem Reich einverleiben, während Jaffa zur Vasallenstadt wurde. (David gab sich mit dem Status von Jaffa als Vasallenstadt aus Gründen zufrieden, die wir im folgenden noch ansprechen werden.) Die Philister gaben trotz allem nicht auf, und wann immer sich während der Ersten Tempelperiode eine Gelegenheit bot, nahmen sie die Kampfhandlungen wieder auf. Zumindest ein wenn auch fruchtloser Versuch in der späten Regierungszeit Davids wird schriftlich erwähnt.

Davids nächster Schritt war die Eroberung der Scharon-Ebene und des Jesreel-Tals sowie die Einnahme oder die Unterwerfung aller noch existierenden kanaanitischen Enklaven, wie systematische archäologische Ausgrabungen in den Ebenen beweisen.[7]

Danach zog David ins Trans-Jordanland, unterwarf sich das Königreich Moab und machte die Bewohner zu seinen Vasallen (2. Samuel 8, 2; 1. Chronik 18, 2). Anschließend wandte er sich Edom zu – besser gesagt, er schickte seine Generäle Joab und dessen Bruder Abischai, die Söhne Zerujas, nach Edom. Die größte kriegerische Auseinandersetzung fand im Salztal (Kikar-Ebene) südlich des Toten Meeres statt. Die Edomiter erlitten eine schwere Niederlage, aber Joab brauchte weitere sechs Monate, um das Land zu erobern. Das Herrschergeschlecht wurde beseitigt und Edom in Regierungsbezirke aufgeteilt, die königliche Hochkommissare verwalteten.[8] Das nächste Ziel war die Unterwerfung von Ammon. David hatte gehofft, die freundschaftliche Beziehung, die in den Tagen von Nahasch entstanden war, erhalten zu können, aber Nahaschs Sohn, König Hanun, war verständlicherweise argwöhnisch und wies Davids Friedensangebot zurück. Statt dessen rief er die Aramäer aus dem Südosten Syriens zu Hilfe.

Der Konflikt mit den Aramäern

Dem israelitischen Königreich stand die erste entscheidende Kraftprobe bevor. Die östlichen Nachbargebiete Edom, Moab und Ammon waren wenige Generationen zuvor eigenständige Königreiche geworden. Insbesondere die Edomiter lebten noch zum Teil als Halbnomaden, und ihre Verteidigungsanlagen sollten derselben Bedrohung standhalten wie die Grenzbefestigungen der Israeliten, nämlich den Einfällen der Stämme, die die Randregionen der Wüste bewohnten. Die Israeliten sammelten zwar noch Erfahrung, was Belagerungstechnik und die Eroberung von befestigten Städten anging, aber ihre sonstige Ausrüstung war der ihrer Nachbarn im Osten ebenbürtig, so daß ihr überragendes militärisches Geschick zum entscheidenden Faktor bei den Konflikten mit ihnen wurde.

Anders war es allerdings bei den Auseinandersetzungen mit den Aramäern, einem reichen Volk, dessen technisches und strategisches Know-how sich mit dem der Philister messen konnte. Das große Volk der Aramäer bewohnte die Region, die heute Golanhöhen genannt wird, und kontrollierte die Zugänge zum israelitischen Königreich – genau wie die Israeliten die Zugänge zu Philistäa. Selbst wenn wir voraussetzen, daß die Zahlenangaben in der Bibel weit übertrieben sind, war das große Heer der Aramäer mit seinen Streitwagen und der Infanterie furchteinflößend.[9]

Nach der biblischen Chronologie fand die erste Begegnung der Israeliten mit den Aramäern schon nach Davids Eroberung von Moab statt – »als er auszog, seine Macht aufzurichten am Euphratstrom« (1. Chronik 18, 3). Die einzige plausible Interpretation dieser ansonsten unerklärlichen Angabe ist, daß David Handelsbeziehungen zu den Regionen am Euphrat vom nordöstlichen Gilead aus aufnehmen wollte, da die Moabiter zu diesem Zeitpunkt keine Gefahr mehr darstellten. Möglicherweise hatte David etwas ähnliches im Sinn wie nach ihm Salomo, der den Handelsposten in Tadmor (Palmyra) einrichtete.

Wie auch immer die ersten Auseinandersetzungen ausgingen, Davids Eroberungen und seine Bemühungen, den Handel der Israeliten auszuweiten, versetzten die Aramäer in Unruhe, und sie boten den Ammonitern ihre Hilfe an, weil sie hofften, die Israeliten so daran hindern zu können, ihre Herrschaft noch mehr auszudehnen. Übrigens ist dies ein Beispiel für die Regel, daß »der

Nachbar des Nachbarn« oft ein nützlicher Verbündeter ist.[10] Zugunsten der Israeliten sprach, daß das aramäische Volk in viele kleine Königreiche zersplittert war, die untereinander oft zerstritten waren. Doch als die Herrscher von Zoba, Bet-Rehob, Maacha und Tob der Bitte der Ammoniter entsprachen und ihre Armeen aussandten, um sie David entgegenzustellen, muß die vereinte Streitmacht etwa 25 000 Mann oder mehr umfaßt haben (2. Samuel 10, 6 – beim Kontingent von Tob lies 1200 statt 12 000).

Die aramäischen Alliierten lockten das israelitische Heer, das unter Joabs Befehl stand, in eine Falle, während es mit den Ammonitern um das starke Fort von Medeba kämpfte. Doch ihr Plan, Medeba sozusagen als Amboß zu benutzen, gegen den sie die israelitische Armee mit einem Angriff von hinten drängen konnten, ging nicht auf. Glücklicherweise hatte Joab Vorsichtsmaßnahmen getroffen und Schutztruppen abgestellt, die ihm in breiter Front den Rücken decken sollten. Als die Nachricht von den anrückenden Aramäern bei ihm eintraf, behielt Joab einen kühlen Kopf und traf in Windeseile folgende Entscheidungen: 1. er teilte seine Armee in zwei Hälften, die Rücken an Rücken Aufstellung nahmen; 2. er übergab seinem Bruder Abischai den Befehl über die kleinere Division, die die Ammoniter im Zaum halten sollte; 3. er griff die anrückenden Aramäer mit den besten Männern an, die ihm zur Verfügung standen. Joabs Anweisung an seinen Bruder war knapp und prägnant: »Werden mir die Aramäer überlegen sein, so komm mir zu Hilfe; werden aber die Kinder Ammon dir überlegen sein, so will ich dir zu Hilfe kommen« (2. Samuel 10, 11).

Der Schachzug war erfolgreich, und die Feinde an beiden Fronten wurden geschlagen. Obwohl kein entscheidender Sieg errungen wurde, wird jeder Soldat mit Kampferfahrung bestätigen, daß es eine beachtliche Leistung ist, in einer Zwei-Fronten-Schlacht zu bestehen und den Feind zurückzuschlagen. Eines der berühmten britischen Regimenter, das 28. (die Gloucesters), hat das Privileg, zwei Ehrenabzeichen für eine ähnliche Leistung zu tragen, die es 1801 während des Ägypten-Feldzuges vollbrachte. Die Gloucesters erwiesen sich ihrer Auszeichnung würdig, als sie eine solche Heldentat im Zweiten Weltkrieg wiederholten.[11]

Obwohl die Aramäer nur zurückgeschlagen, aber nicht endgültig bezwungen worden waren, spürten sie, daß ihr Ruf auf dem Spiel stand und daß sie ihre Vormachtstellung im südlichen Syrien verlieren könnten, wenn es ihnen nicht gelang, diese Schlappe durch einen raschen, entscheidenden Sieg auszubügeln. Hadad-Eser, König von Zoba und der herausragendste aramäische Herrscher, ließ Männer aus dem ganzen Land, sogar aus Mesopotamien, einziehen. Seinem Heer gehörten tausend Streitwagen an, und vermutlich verfügte er auch über Kavallerie.

Die Unterwerfung der Aramäer

David schickte dem Feind seine Armee zum Edrei-Durchbruch entgegen, dem etwa 20 Kilometer breiten Landstreifen zwischen der tiefen Schlucht des Jarmuk und der natürlichen Sperre Trachona (das arabische Ledja), einem riesigen Gebiet voller Felsblöcke aus Lavagestein. Hier widerstanden zwischen 334 und 336 n. Chr. die Byzantiner der muslimischen Armee, und über dieses Gelände zogen die Briten 1941 den Vichy-Franzosen entgegen.[12] Die Armeen stießen in Helam (dem heutigen Aalma im Süden Syriens) aufeinander. Die Israeliten siegten auf der ganzen Linie, und alle aramäischen Königreiche akzeptierten Israels Vorherrschaft. Selbst der König von Hamat beeilte sich, David mit einer beträchtlichen Tributzahlung zu besänftigen (2. Samuel 10, 15-19; 1. Chronik 19, 16-19). Nach dieser Entscheidung konnte David Ammon ungehindert unterwerfen und die Landnahme mit der Eroberung von Rabbat-Bene-Ammon vervollkommnen, nachdem Joab alle Zugänge von der Stadt zu den Wasservorräten abgeriegelt hatte.

Davids strategisches Konzept läßt den Schluß zu, daß er der erste Machthaber auf der palästinensischen Landbrücke war, der erkannt hatte, daß ein Volk dieses Gebiet nur dann vollkommen beherrschen und absichern kann, wenn es alle drei Hauptrouten, die Ägypten mit Kleinasien und Mesopotamien verbinden, kontrolliert: die Via Maris, die Wasserscheidenstraße und die Königsstraße. Zweitrangige Wege wie der durch das Jordantal führten natürlich ebenso durch Davids Herrschaftsgebiet wie, was noch wichtiger war, einige Abschnitte der Wüstenrandstraße, die an dem von seßhaften Sippen bewohnten Teil des Trans-Jordanplateaus entlangführte. Davids Reich erstreckte sich vom Mittelmeer im Westen bis zur Wüste im Osten, und er hatte alle Freiheiten, seine Truppen über die drei oben erwähnten Parallelstraßen marschieren zu lassen, um Bedrohungen aus dem Süden oder Norden abzuwehren.[13]

Was die mediterrane Seite betrifft, so kann Davids Verteidigungspolitik nur verstanden werden, wenn man seine Zurückhaltung, die dort ansässigen Tyrer und Philister zu unterwerfen, richtig deutet. Obwohl David das Land bis zur Küste, das Fort gegenüber der Halbinsel Tyros und das phönizische Hinterland bis zum im Norden gelegenen Sidon erobert hatte, unternahm er nie den Versuch, die Küstenstädte der Tyrer und ihr Landeigentum anzugreifen. Dieselbe eigenartige Zurückhaltung legte er bei seinen Verhandlungen mit den Philistern an den Tag, obwohl sich diese in der Vergangenheit oft als unzuverlässig erwiesen hatten. Die Erklärung liegt in der Tatsache, daß die Israeliten zur damaligen Zeit ein Volk von »Landratten« waren, so gut wie gar keine Erfahrung in der Seefahrt hatten und die Küste weder verteidigen noch zu Handelszwecken nutzen konnten. Um von dem Handel der seefahrenden Völker mit den östlich von Israel gelegenen Gebieten zu profitieren, ließ David den Küstenbewohnern am Mittelmeer weitgehend ihre Freiheit. Auf diese Weise steigerte er die Einkünfte des Landes, die er brauchte, um Administration und Armee zu unterhalten.[14]

An der Ostseite seines Königreiches mußte David die Befestigungen am Wüstenrand besetzen oder sogar verstärken, um die

Nomaden von unkontrollierten Grenzüberschreitungen in das Agrarland abzuhalten (siehe S. 115 f.). In den letzten Jahrzehnten wurden immer mehr Überreste von Forts und Befestigungsanlagen in Ammon, Moab und Edom entdeckt. Noch konnte nicht bestimmt werden, wann genau diese Bollwerke erbaut wurden. Manche stammen wohl aus der Zeit vor David, andere aus der Zeit nach ihm. Die Verteidigungsanlagen müssen in jedem Fall bemannt gewesen sein, solange Israel und Juda diese Landstriche unter ihrer Herrschaft hatten. Im landwirtschaftlich nutzbaren Land war keine sichere Existenz möglich, solange die Zugänge aus der Wüste nicht ausreichend bewacht wurden. In den Tagen von Gideon (siehe S. 83–90) und in den späten Jahren von Sauls Regentschaft (1. Samuel 30) kam es zu verheerenden Überfällen, weil die Grenzen nicht wirksam genug geschützt waren.[15]

Aufbau der Streitkräfte

Die israelitische Armee machte während Davids Regentschaft große Veränderungen und eine bemerkenswerte Entwicklung durch. Einer der wichtigsten Fortschritte während seiner frühen Herrscherzeit war die Bildung einer gut funktionierenden Militärmaschinerie, die den Ressourcen des Volkes angepaßt war und David in die Lage versetzte, seine militärischen Operationen erfolgreich durchzuführen. Zusammen mit den salomonischen Armeereformen diente das neue Modell als Basis für die Streitkräfte im geteilten Königreich, und spätere Abweichungen in der Organisation müssen häufig dem Mangel an adäquaten Ressourcen zugeschrieben werden und nicht einer Änderung der Grundsätze. Die erste Regel aus der Zeit der Stämme, daß jeder kriegstaugliche erwachsene Mann zum Militärdienst verpflichtet ist, wurde in die königliche Charta, deren Urheberschaft die Bibel Samuel zuschreibt (oder sie wurde von Samuel bei

Sauls Regierungsübernahme genehmigt), übernommen: »Das wird des Königs Recht sein, der über euch herrschen wird: Eure Söhne wird er nehmen für seinen Wagen und seine Gespanne, und daß sie vor seinem Wagen herlaufen ... und eure Knechte und Mägde ... wird er nehmen und in seinen Dienst stellen« (1. Samuel 8, 11-16).

Die Bibel bezeichnet das Heer, die Männer in Waffen, kurz als »das Volk«. Aus taktischen Gründen wurde die Armee in Divisionen von tausend, diese wiederum in Einheiten von hundert und in Untereinheiten von zehn Mann geteilt – letztere waren die kleinsten Kampfeinheiten, die einen Befehlshaber, den »Hauptmann der Zehn« (Unteroffizier im heutigen Sprachgebrauch) hatten. Ob die »Tausend«, »Hundert« und so fort tatsächlich immer aus der vollen Anzahl Soldaten (wie die Namen es nahelegen) bestanden, ist unklar. Bei den Römern umfaßte eine *centuria* (hundert) jedenfalls in der Regel nur sechzig bis achtzig Mann.

Dieses Pflichtheer bestand, wie die meisten der davidischen Truppen, ausschließlich aus Infanteristen. Es verfügte jedoch über unterschiedliche Waffengattungen, so daß die Streitkräfte aus Truppenteilen mit einer auf die jeweiligen Bedingungen und Ziele einer Mission abgestimmten Ausrüstung zusammengestellt werden konnten. In der Antike wurden die in den einzelnen Stämmen traditionell vorherrschenden Vorlieben für bestimmte Waffentypen und deren Verwendung gefördert. Ägyptische Wandmalereien, das von Arianus erstellte Verzeichnis der persischen Schlachtordnung im Krieg gegen Alexander den Großen und die Aufteilung der römischen Armee in Legionen und nach Herkunft der Soldaten zusammengesetzte Hilfstruppen dienen als Beweis für diese Praktik.[16]

Die Bibel hat einige Einzelheiten über die stammesspezifischen militärischen Fertigkeiten überliefert, die David dazu befähigten, eine vielseitige Armee zu bilden. Die Benjamiter waren »mit Bogen gerüstet, geschickt mit beiden Händen, Steine zu schleudern und Pfeile zu schießen« (1. Chronik 12, 2). Die Gaditer waren »starke Helden und Kriegsleute, die Schild und Spieß führten ...

und sie waren schnell wie Rehe auf den Bergen« (1. Chronik 12, 8). Die »Männer von Juda, die Schild und Spieß trugen« (1. Chronik 12, 25). Die Leute von Sebulon hatten sich »zum Kampf gerüstet mit allerlei Waffen zum Streit, David einmütig zu helfen« (1. Chronik 12, 34). Von Naftali kamen »tausend Hauptleute und mit ihnen siebenunddreißigtausend mit Schild und Spieß« (1. Chronik 12, 35). Ähnlich gewandt und vielseitig ausgerüstet waren die Stämme, die im Osten des Jordan beheimatet waren. Der Stamm Issachar scheint sich auf nachrichtendienstliche Missionen spezialisiert zu haben, da die Männer aus Issachar »erkannten und rieten, was Israel zu jeder Zeit tun sollte« (1. Chronik 12, 32).

Kurz gesagt, David verfügte über Bogen- und Steinschleuderschützen, Speerwerfer und Kämpfer mit Spießen und Lanzen – also über Soldaten, die auf schwierigem Gelände aus der Entfernung angreifen konnten, und über Nahkämpfer, die sich dem Feind in dichten Reihen entgegenstellten. Speerwerfer unterstützten die Truppen und schleuderten ihre Speere auf die feindlichen Reihen, ehe sie mit gezogenen Schwertern vorwärts stürmten. Andere Stämme, die weniger spezialisiert auf bestimmte Waffentypen waren, wurden trainiert, in Reih und Glied zu kämpfen. Die Männer aus Issachar hatten offenbar, wie bereits erwähnt, eine besondere Begabung als Kundschafter und Späher.

Eine Streitmacht auf Stammesmonopole zu gründen barg die große Gefahr, daß erst kürzlich überwundene Rivalitäten erneut aufbrechen und den Einigungsbestrebungen des Königs entgegenwirken könnten. Um dieses Problem im Keim zu ersticken, führte David ein doppeltes Verwaltungssystem ein. Die Stammesführer trainierten weiterhin die jungen Männer im Gebrauch und der Pflege der stammesüblichen Waffen. Außerdem waren sie verpflichtet, das Kontingent junger Männer bereitzustellen und auszurüsten, das von ihrem Stamm angefordert wurde.

Zusätzlich zu dieser Streitkraft wurden monatlich Divisionen zusammengestellt, die aus Soldaten verschiedener Stämme und Gebiete bestanden:

»Dies sind die Männer Israels nach ihrer Zahl, die Häupter der Sippen und die Obersten über tausend und über hundert und die Amtleute, die dem König dienten. Von allen Ordnungen, die ab- und zuzogen, jeden Monat eine, in allen Monaten des Jahres, hatte jede vierundzwanzigtausend« (1. Chronik 27, 1).

Demnach bildeten die Stammestruppen, die zu taktischen Formationen zusammengezogen und in Einheiten von tausend, hundert und so fort geteilt wurden, die große, ständig einsatzbereite Armee von Soldaten, die alljährlich einen Monat aktiven Militärdienst leisteten. Die Kader waren, wie der oben zitierten Bibelstelle zu entnehmen ist, immer gleich groß und wurden vermutlich von Berufsoffizieren befehligt. Bei Bedarf konnten die anderen elf Divisionen in kürzester Zeit einberufen und mobil gemacht werden.[17] Rasche Mobilmachung war stets wichtig für ein Volk, das sich seine Souveränität und Unabhängigkeit auf der palästinensischen Landbrücke sichern wollte, da die Stärke des Heeres wegen der geopolitischen Bedingungen begrenzt war. Andererseits war das Gebiet von so entscheidender strategischer Bedeutung, daß das Volk, das es bewohnte, ständigem Druck von den unmittelbaren Nachbarn und den jeweiligen Großmächten der Zeit ausgesetzt war. David hat mit seiner Militärorganisation eine permanente Streitmacht unter seinen Befehl gebracht und die Möglichkeit geschaffen, in Krisenzeiten das gesamte Heer rasch mobil zu machen, ohne die positiven Traditionen der einzelnen Stämme zu übergehen.

Der Oberbefehlshaber der Reservetruppen war Amasa ben Jeter. Seine Auseinandersetzungen mit Joab, dem Anführer des stehenden Heeres, und die zweifellos unzureichend definierten Machtbefugnisse dieser beiden höchsten Offiziere sind ein gutes Beispiel für die Schwierigkeiten, die die Kooperation und Beziehungen zwischen Berufs- und Reservearmee bis heute behindern.

Die Schattenseite einer allgemeinen nationalen Mobilmachung war natürlich der negative Einfluß auf die Wirtschaft. Derselbe

Bauer, der zur Armee eingezogen wurde, wurde auch bei der Produktion der zusätzlichen Erträge gebraucht, die durch die Kriegsbemühungen nötig wurden. Je länger er Militärdienst leisten mußte, um so mehr vergrößerte sich die Gefahr seines privaten wirtschaftlichen Ruins und damit eines schädlichen Einflusses auf die wirtschaftliche Situation des gesamten Volkes. Alle Gesellschafts- und Regierungsformen haben mit diesem Problem zu kämpfen. Die Herrscher des 18. Jahrhunderts pflegten Bürger ihrer Nachbarländer zu kidnappen, um nicht ihre eigenen Untertanen zum Militärdienst aufrufen zu müssen. Man kann nicht behaupten, daß diese Frage bis heute zufriedenstellend gelöst worden wäre.

Zur Zeit Davids war ein Mittel, mit dessen Hilfe die Wirtschaft entlastet wurde, Kriege so zu planen, daß die Kampagnen in der Jahreszeit stattfanden, in der die Arbeit in der Landwirtschaft nicht allzu belastend war, also im Frühsommer. Tatsächlich bezeichnet die Bibel diese Jahreszeit als »die Zeit, in der die Könige in den Krieg zogen«. Allerdings war der Feind nicht immer so freundlich, sich in den entsprechenden Monaten einer Schlacht zu stellen oder sich rechtzeitig zu ergeben; zudem reichte der Reservedienst nicht aus, um die Truppen in die allerbeste Form zu bringen. Daher folgte David der allgemein üblichen Praxis und etablierte eine stehende Armee von Berufssoldaten, die einen längeren Militärdienst leisteten und im Frieden intensiv ausgebildet werden konnten.

Davids Berufsheer hatte zwei Korps, die *gibborim* (in manchen Übersetzungen: die »mächtigen Männer«) und die fremden Söldner. Die *gibborim* setzte sich aus zwei Regimentern zusammen, die um die ersten und zweiten »Dreißig« gebildet wurden. Die ersten »Dreißig« waren die Gruppe loyaler Gefolgsleute, die sich David in seinem Exil angeschlossen hatten; jeder einzelne von ihnen hatte bereits Kampfbereitschaft und Mut bewiesen und Leistungen vollbracht, die zum Thema vieler israelitischer Legenden und Balladen wurden. Die zweiten »Dreißig« waren eine ähnliche Truppe, die sich formierte, als David König von Juda wurde. Sie wurden aus dem Trans-Jordanland rekrutiert, wahrscheinlich noch bevor David vom Rest des Volkes gewählt wurde.[18]

Diese beiden Gruppen waren dem König durch gemeinsame Taten verbunden und teilten mit ihm die Erfahrung, daß unorthodoxe Kriegführung oft ein geeignetes Mittel ist, die bessere Bewaffnung und das überlegene technische Können der gegnerischen Armeen zu neutralisieren. Indem David die »Dreißig« zum Grundstock seiner Berufsarmee und zur Speerspitze seiner Feldzüge machte, beseelte er sein Heer mit dem Geist und den Traditionen aus diesen frühen Tagen. Die »Dreißig« bildeten auch die Leibgarde des Königs, und viele der zivilen und militärischen Würdenträger wurden aus ihren Reihen ausgewählt. Wir können sie daher mit den *hetairoi* Alexanders des Großen oder der Schar Karls des Großen vergleichen, die ähnliche Aufgaben zu erfüllen hatten.

Das zweite Korps in Davids Heer bestand aus Söldnern. Während die Hauptarmee unter Joabs Kommando stand, befehligte Benaia ben Jehoiada die Söldner. Der ranghöchste Offizier aus einem anderen Land war Ittai, der Gittiter, der aus der philistinischen Stadt Gat kam. Die anderen Truppen, die »Kereter und Peleter«, waren ebenfalls zum Teil Philister. (»Kereter« könnte auch auf eine Herkunft aus Kreta, die ursprüngliche Heimat vieler Seevölker, hindeuten.) Die Söldner waren unbestritten gute Kämpfer. Ihre Kriegsausrüstung war schwerer als die der meisten Israeliten, und einige von ihnen kämpften möglicherweise auch zu Pferde. Ihre Loyalität dem König gegenüber erwies sich als über jeden Zweifel erhaben, als sie sich in der größten Krise während Davids Regentschaft (die Auswirkung von Absaloms Revolte) weigerten, ihren königlichen Herrn im Stich zu lassen, obwohl er sie von ihrem Treueid entband. Manches deutet darauf hin, daß der Kern der Söldnertruppe und die *gibborim* schon Davids Korps bildeten, als er selbst noch Söldnerdienste für

Achisch, den König von Gat, verrichtete. Sie könnten durchaus auch eine Einheit von speziellen (schwer gepanzerten?) Bogenschützen gestellt haben.[19]

Noch eine von David eingeführte Neuerung verdient Erwähnung. Die Siedlungen der Leviter, die im Buch Josua, Kapitel 21, und in der 1. Chronik, Kapitel 6, aufgeführt sind, lagen alle in Gebieten, deren Sicherheit ständig bedroht war: in Grenzregionen, in neu erobertem Land mit großer strategischer Bedeutung wie dem Karmel-Gebirge (der natürlichen Barriere der Via Maris) oder in Gebieten, in denen sich andere Fremde angesiedelt hatten (wie im Südosten von Galiläa oder in der Region Dan, die von den Philistern bedroht war). Die tief religiösen Leviter waren mit ihrer moralischen Stärke und ihrem Kampfesmut eine wirksame, schlagkräftige Wache gegen ungewollte geistige Einflüsse und Eindringlinge von angrenzenden Ländern. In unruhigen Zeiten bildeten sie eine besonders zuverlässige Bürgerwehr in gefährdeten Bezirken.[20]

Über die taktische Einteilung der israelitischen Armee zu Davids und in späteren Zeiten ist so gut wie nichts überliefert. Tatsächlich waren dem Bestreben, so viele Soldaten wie möglich unter Befehl zu nehmen, stets Grenzen gesetzt, da die Mittel, die Truppen zu erhalten und in Marsch zu setzen, begrenzt waren. Es erscheint kaum denkbar, daß die israelitischen Königreiche jemals in der Lage waren, mehr als 50 000 Mann (20 Prozent der männlichen Bevölkerung) in die Armee aufzunehmen – die Bürgerwehren, die in den Forts und den befestigten Grenzstädten stationiert waren, nicht mitgerechnet. Nach dem 2. Buch Samuel, Kapitel 10, Vers 6, schickte David den Ammonitern und Aramäern sein Berufsheer entgegen. Wenn es ungefähr so groß war wie die gegnerische Armee, war es zusammen mit den Söldnern mindestens 25 000 Mann stark. Um Joabs Sieg mit diesen Kräften vollkommen zu machen, mobilisierte David zusätzlich Reservetruppen – »das Volk« (2. Samuel 10, 27).

Die Aufstellung der Streitkräfte in Schlachtformationen war

einerseits ein Mittel, den Feind mit dem Aufmarsch von massierten Truppen zu schockieren, andererseits wollte man maximale Flexibilität und Beweglichkeit erreichen. Zwischen diesen beiden Absichten mußte ein Kompromiß gefunden werden, und die Art dieses Kompromisses war eines der charakteristischen Merkmale, in denen sich die aufmarschierenden Armeen voneinander unterschieden. David konnte die verschiedenen Fertigkeiten, die sich in den einzelnen israelitischen Stämmen entwickelt hatten, ausnutzen und so den Kompromiß ausarbeiten, der den Erfordernissen seiner Zeit am meisten entsprach. Während die Bogenschützen, die Männer mit den Steinschleudern und die Speerwerfer als leichtbewaffnete Kämpfer mobil und auch in schwierigem Gelände wendig waren, bildeten die Pikeniere mit ihren schweren Rüstungen den großen Stoßtrupp.

Auf diese Weise ist erklärbar, wie David die geschlossenen Schlachtreihen der Kanaaniter und Aramäer, die nach dem viel älteren mesopotamischen und ägyptischen Muster operierten, und die Phalanx der Streitwagen zurückschlagen konnte.[21] Zwei Strategien sind uns überliefert, mit denen letzteres bewerkstelligt werden konnte. Bei der ersten nehmen die leichtbewaffneten Truppen die feindlichen Streitwagen unter Beschuß, um ihre Geschwindigkeit zu verringern, die schwere Infanterie rückt in dicht geschlossenen Reihen vor und bringt die feindlichen Truppen zum Stehen, so daß sie von den leichtbewaffneten Schützen vollends vernichtet werden können. Die andere Strategie sieht das Öffnen der Schlachtformation vor, als wollte man dem Feind einen Durchbruch auf offenes Gelände gestatten, und wenn die gegnerischen Truppen umschwenkten, um sich für eine neue Attacke zu formieren, erfolgte der gezielte Angriff. Die Römer hielten sich in Zama bei der Schlacht gegen Hannibal (202 v. Chr.) an die zweite Strategie, genau wie Gustav Adolf 1631 gegen den Reichsgrafen Tilly in Breitenfeld.

Das israelitische Heer scheint in drei oder vier Formationen aufgeteilt gewesen zu sein, wie der in verschiedenen Abschnitten

der Bibel angegebenen Anzahl der Truppen zu entnehmen ist.[22] Beide Systeme haben sich bis heute erhalten. Relativ unbedarfte Streitkräfte wie die Griechen vor dem Trojakrieg und die Schweizer im Mittelalter haben ihr Heer in drei Divisionen aufgeteilt, um einen etappenweisen und von mehreren Seiten abgesicherten Angriff zu gewährleisten und den Feind entscheidend zu schlagen oder um eine Niederlage abzuwenden, indem sie Truppen verlagerten oder sogar einen Teil der Streitkräfte für einen zweiten Angriff zurückhielten.

Wir wissen von einem israelitischen Feldzug, bei dem unter anderen Bedingungen erst eine Teilung in vier, dann in drei Formationen vorgenommen wurde. »Abimelech machte sich auf bei Nacht und alles Volk, das bei ihm war, und sie legten einen Hinterhalt gegen Sichem mit vier Heerhaufen« (Richter 9, 34). Doch

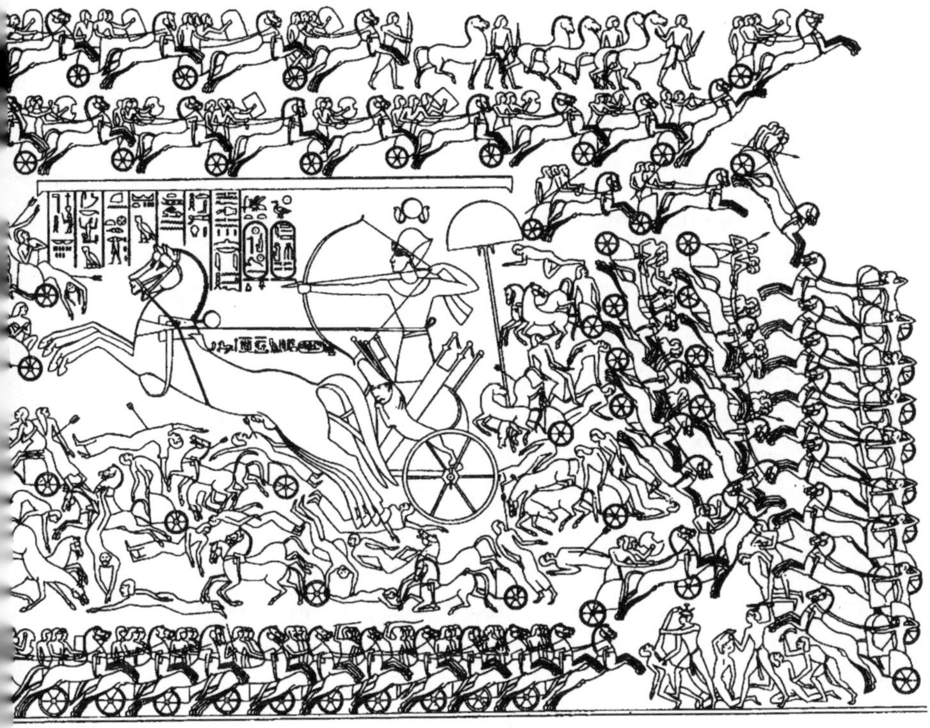

Abb. 33: Schlacht am Fuß der syrischen Festung Kadesch am Orontes (typische Schlachtaufstellung in biblischer Zeit). Ramses II. ist an der Spitze seiner Streitwagen, auf denen Bogenschützen kämpfen, mitten im Kampfgetümmel zu sehen. Er versucht zu verhindern, daß die Hetiter die Falle schließen, in die er geraten ist. Die Angreifer erleiden große Verluste. Die Hetiter und ihre kanaanitischen Verbündeten sind an ihren wie eine Violine geformten Schilden und ihren meist langen Gewändern zu erkennen. Sie umzingeln Ramses und seine Männer in solider Formation. Die Vorhut der ägyptischen Verstärkungstruppen ist unten rechts abgebildet.

kurz darauf »nahm er das Kriegsvolk und teilte es in drei Heerhaufen« (Richter 9, 43). Gideon formierte sein Heer in drei Einheiten genau wie David beim entscheidenden Kampf gegen seinen rebellischen Sohn Absalom (2. Samuel 18, 1). Im Buch Numeri/4. Buch Moses, Kapitel 2, Verse 10-15, wird beschrieben, daß die zwölf Stämme Israels in vier großen Divisionen, die wiederum in drei Einheiten unterteilt waren, lagerten und marschierten. Wahrscheinlich ist wohl, daß die verschiedenen Staffeln unterschiedlich zusammengesetzt waren und daß die Schlachtformationen je nach Bedarf gebildet wurden. Standard war jedoch die Aufteilung in drei oder vier Divisionen.

Es wurde angenommen, daß die in der Bibel immer wiederkehrende Zahl 600 auf die Stärke der üblichen israelitischen Kampftruppen hindeutet.[23] Das ist durchaus möglich. Aus einer Streitkraft mit 600 Männern können sowohl drei Einheiten mit 200 als auch vier Einheiten mit 150 Mann gebildet werden. Diese »Bataillone« wurden in die traditionellen »Hundert«, »Fünfzig« und »Zehn« geteilt. Die Untereinheiten der 600 wurden demnach aus zweimal »Hundert« gebildet oder mit einer durch Untereinheiten verstärkten »Hundert«.

Die »Tausend« mögen als größerer Verband existiert haben, besonders beim »Kriegsvolk«, also bei den Reservetruppen, oder sie dienten wie die alten britischen Regimenter als Urformation, von der für den Kampf Bataillone losgelöst wurden.

Salomos Befestigungsanlagen

Nachdem David das israelitische Königreich an den wichtigen Handelswegen und strategisch bedeutsamsten Straßen östlich des Mittelmeeres begründet hatte, während die damaligen Großmächte vorübergehend geschwächt waren, fiel Salomo die Aufgabe zu, sein Reich abzusichern und vor den Ägyptern und den Völkern im Norden zu schützen, die über kurz oder lang versuchen würden, die palästinensische Landbrücke unter ihren Einfluß zu bringen.

Die Regionen sollten aus zwei Gründen dauerhaft befestigt werden: Erstens sollte der Status quo erhalten bleiben, nachdem das ersehnte Gebiet erobert und wirtschaftliche Sicherheit erlangt worden war; zweitens mußte man sich gegen die drohende Gefahr der Aggressionen von außerhalb (die gewöhnlich in Zeiten relativer Schwäche erfolgen) schützen. König Salomos Bemühungen, das Land zu befestigen, entsprangen dem Wunsch der Erhaltung (im Gegensatz zu denen des Königs Rehabeam von Juda, die in Kapitel 9 behandelt werden).[24]

Im 1. Buch der Könige wird allerdings berichtet, daß sich Salomo erst im vierundzwanzigsten Jahr seiner Regentschaft mit dem Bau von Verteidigungsanlagen befaßte. Falls dieses Datum zuverlässig ist, müssen zu diesem Zeitpunkt bereits erste Anzeichen von äußeren Bedrohungen sichtbar gewesen sein. In Ägypten war Schischak I. dem Pharao Pesibkenno II. nachgefolgt, der sich nicht nur mit der Existenz des israelitischen Reiches abgefunden hatte, sondern auch noch seine letzte Festung in Palästina, das Fort von Geser, an Israel abtrat, als eine seiner Töchter mit Salomo vermählt wurde. Die Haltung des neuen Pharao wurde offensichtlich, als er politisch Verbannten Asyl gewährte und sie unterstützte – wie etwa Hadan, einen Sproß des entmachteten Königshauses von Edom, und Rehabeam, der versucht hatte, die nördlichen Stämme zu einer Revolte gegen Salomo aufzustacheln, als dieser den Tempel, das zentrale Volksheiligtum, auf judäischem Gebiet erbauen ließ.

In einem Fall war Salomo gezwungen, Hiram, dem König von Tyros, den an der Grenze zu Tyros gelegenen Bezirk von Kabul zurückzugeben. Dies war ein weitsichtiger politischer Schachzug, der das gegenseitige Einvernehmen und die guten Beziehungen verstärken sollte, aber er zeigte auch, daß die israelitische Landmacht mittlerweile politische Lösungen, besonders die Bildung von Bündnissen, kriegerischen Auseinandersetzungen vorzog.[25] Schlimmer war, daß Damaskus, das seit der Eroberung durch David von einem israelitischen Statthalter verwaltet wurde, rebellierte und Salomo nicht in der Lage war, den neuen Herrscher Reson wieder abzusetzen. Nur eine Strafexpedition gegen Aram, Hamat und Zoba (was beweist, daß die anderen aramäischen

Gebiete dem Beispiel von Damaskus folgten) wendete den drohenden Verlust der nördlichen Ländereien ab.

Vor diesem Hintergrund zitieren wir das 1. Buch der Könige 9, 15-19:

> »Und so verhielt sich's mit den Fronleuten, die der König Salomo aushob, um zu bauen des Herrn Haus ... und Hazor und Megiddo und Geser ... und das untere Bet-Horon und Baalat und Tamar in der Wüste im Lande Juda und alle Städte mit Kornspeichern, die Salomo hatte, und alle Städte der Wagen und die Städte der Gespanne ...«

Wenn wir diese Städte auf der Landkarte lokalisieren, wird ersichtlich, daß die wenigen, die mit Namen genannt sind, keiner fortlaufenden Verteidigungslinie folgen und noch weniger eine breite abgesicherte Grenzzone bilden. Allerdings ist zu erkennen, daß die Stützpunkte ein wohldurchdachtes Netz bildeten, das gleichzeitig zur Verteidigung und zum Angriff diente. All das macht Sinn, wenn wir uns in Erinnerung rufen, daß König Salomo bei seiner großen Militärreform ein Korps von Streitwagen einführte: »Und Salomo brachte Wagen und Gespanne [lies: Wagenlenker] zusammen, so daß er tausendvierhundert Wagen und zwölftausend Gespanne hatte, und er legte sie in die Wagenstädte und zum König nach Jerusalem« (1. Könige 10, 26).[26]

Salomos Streitwagen

Der Ursprung des Streitwagens – Vorgänger unserer modernen motorisierten Streitkräfte im allgemeinen und der Panzer im besonderen – kann bis zu den Sumerern im dritten vorchristlichen Jahrtausend zurückverfolgt werden.[27] Die Sumerer hatten bereits einen schweren vierrädrigen und einen leichten zweirädrigen Kampfwagen entwickelt. Seit dieser Zeit beeinflußten vier Faktoren – Sicherheit, Feuerkraft, Geschwindigkeit (auch Beweglichkeit) und Geländegängigkeit – die Weiterentwicklung der Kampffahrzeuge in der Geschichte, in früheren Zeiten, als ein Pferd den Wagen zog, nicht weniger als heute. Die kanaanitischen Streitwagen wurden bereits erwähnt. In Kanaan wurde der Streitwagen während der Hyksos-Periode (18. Jahrhundert v. Chr.) bekannt, als große Teile Palästinas unter die Herrschaft der Hyksos kamen, die im Besitz von Streitwagen waren. Auch die Ägypter dürften die Streitwagen durch die Hyksos kennengelernt, in ihren Kriegen in Kanaan (16.–14. Jahrhundert v. Chr.) verbessert und gegen die Hetiter in Kleinasien und andere nördliche Nachbarn eingesetzt haben.

Betrachten wir die erhaltenen Wandmalereien und die Plastiken in den betreffenden Ländern sowie die schriftlichen Berichte, können wir zwischen einem nördlichen (Anatolien-Mesopotamien) und einem südlichen (Ägypten) Streitwagentypus unterscheiden.

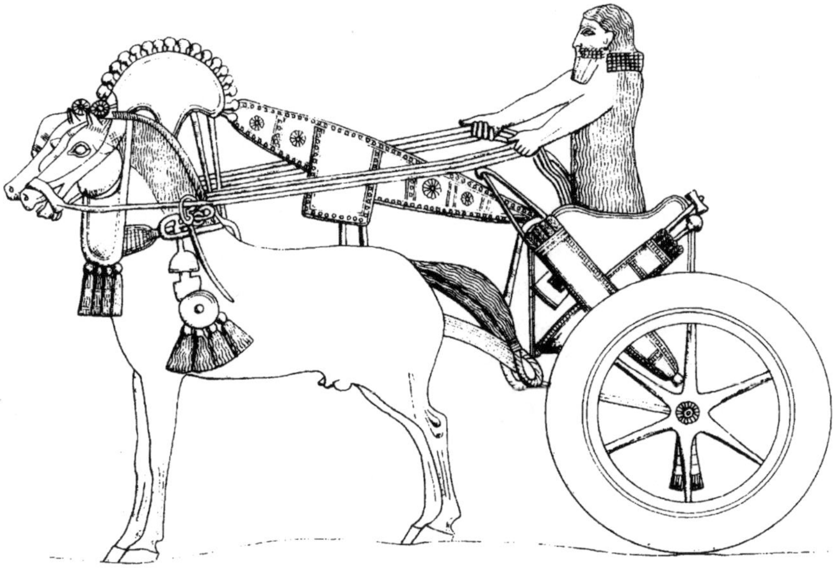

Abb. 34: Sanheribs Streitwagen (aus dem Palast in Ninive).

Die nördlichen Völker tendierten dazu, schwerere Fahrzeuge mit wahrscheinlich besseren Bedingungen für die Schützen und größerer Stoßkraft zu bauen. Die südliche Tradition brachte leichtere Typen mit maximaler Mobilität und Wendigkeit hervor. Auf der palästinensischen Landbrücke trafen beide Traditionen zusammen, deshalb können wir dem salomonischen Korps keinen speziellen Streitwagentypus zuordnen.[28]

Die Zahl von 12 000 Wagenlenkern erlaubt die Schlußfolgerung, daß sich nicht nur je zwei ausgebildete Teams pro Fahrzeug gegenseitig entlasten konnten, sondern daß zumindest für einige Wagen drei Soldaten vorgesehen waren: der Wagenlenker, ein Bogenschütze und ein dritter Mann mit Schild und Lanze oder Speer. Die leichteren Streitwagen waren mit zwei Soldaten bemannt (dem Lenker und einem Kämpfer mit Bogen oder Speer), während eine Lanze (der Tradition aus dem Norden folgend) als zusätzliche Bewaffnung in einigen oder allen Wagen mitgeführt wurde. Die Bibel bezeichnet die Streitwagen der Kanaaniter als »eiserne Wagen«. Mit Eisen verkleidete Streitwagen sind auf einem Relief in Karkemisch in Syrien zu sehen, aber ob Salomo eine derartige Panzerung übernommen hat, ist nicht bekannt.[29]

Die Anzahl von 1 400 Streitwagen deutet auf eine beträchtliche Heeresmacht in dieser Zeitspanne hin, besonders wenn man sie mit den 2500 Wagen der Hetiter zu ihrer Blütezeit, den 924 der Syrer und Kanaaniter bei ihrem gemeinsamen Feldzug gegen Thutmosis III. oder den 720 Streitwagen vergleicht, die Amenhotep II. aus ganz Kanaan 1431 v. Chr. abzog.[30] Betrachtet man diese Neuerung und die Lage seiner Hauptstützpunkte, dann scheint es, als hätte Salomo sich nach dem Prinzip gerichtet, daß die beste Verteidigungsstrategie nicht darin lag, den größten Teil der eigenen Streitkräfte in einer starren oder fortlaufenden Linie von Befestigungen und Absperrungen zu binden. Vielmehr bot sich die Bildung einer starken, flexiblen und beweglichen Offensivarmee an, die jeden Eindringling von einer oder mehreren strategisch gelegenen Befestigungsanlagen aus angreifen konnte. Eine solche

Anlage diente demnach den Soldaten als Basis, in der auch administrative und logistische Aufgaben erledigt wurden. Die strategisch wichtigste Truppe der salomonischen Verteidigungsarmee bildeten die Wagenlenker. Sowohl die Bibel als auch andere Zeugnisse der Zeit weisen darauf hin, daß diese Truppe geschult wurde, mit der Infanterie zu kooperieren. Weiter gab es ausgewählte Fußsoldaten, die biblischen »Läufer«, die den Streitwagen zugeordnet waren, um sie zu unterstützen und, wenn nötig, die Aufgaben von Infanteristen zu übernehmen. So gesehen ähnelten sie der heutigen motorisierten Infanterie.

Salomos Weitblick und Scharfsinn wird offenbar, wenn wir uns ins Gedächtnis rufen, daß die offizielle französische Militärdoktrin noch vor wenigen Jahrzehnten – gegen die Ansicht von ein paar »Visionären« wie Charles de Gaulle – an einem rein passiven Einsatz von Verteidigungstruppen an der Maginot-Linie festhielt. Was die alten Israeliten angeht, war es ein großer Fortschritt, daß Salomo innerhalb einer Generation die Infrastruktur schaffen konnte, die für die Erhaltung einer Verteidigungsarmee mit Streitwagen notwendig war.

Es ist möglich, daß schon David die ersten Streitwagen einführte. Ein Bibelabschnitt weist auf bescheidene Anfänge hin: »Und David nahm von ihnen gefangen tausendsiebenhundert Gespanne und zwanzigtausend Mann Fußvolk und lähmte alle Pferde und behielt hundert übrig« (2. Samuel 8, 4). Salomo bildete daraus eine große Armee, die gründlich ausgebildet werden mußte. Dafür brauchte er Werkstätten, Lagerplatz, Trainingseinrichtungen, Kasernen, Scheunen für Vorräte, Ställe, Pferdeknechte und andere Hilfseinrichtungen, ohne die die Armee nicht operieren konnte. All das wird in der Bibel mit den schlichten Worten »Städte mit Kornspeichern« und »Wagenstädte« bezeichnet.

Das Netz der Befestigungsanlagen

Der auf strategischer wie auf taktischer Ebene offensive und zugleich defensive Charakter der meisten zur Zeit Salomos erbauten Befestigungsanlagen wird ersichtlich, wenn man ihre Standorte betrachtet.[31] Hazor bewachte die Hauptstraße von Israel nach Syrien, die Via Maris, in der Nähe einer Gabelung. Der eine Weg führte am Jordantal entlang über Ijon und Hamat nach Damaskus, der andere verlief über das syrische Plateau (die Golanhöhen) direkt nach Damaskus.

Megiddo kontrollierte die wichtigste West-Ost-Achse von Palästina, nämlich den Abschnitt der Via Maris, der von der Küstenlinie abzweigte und durch das Jesreel-Tal entweder nach Hazor oder Bet-Schean und Gilead führte. Dort mündet die Straße in den Königsweg. Von Megiddo aus konnte auch der Iyron-Paß, der Hauptübergang über das Karmel-Gebirge, abgeriegelt werden.

Tamar, als Haseva (arabisch: Ain Husub) identifiziert, beherrschte den südlichen Zugang zum Bereich des Araba-Tals.

Geser lag im Zentrum des Vorgebirges, das die erste natürliche Barriere für jedermann darstellte, der versuchte, in das Bergland und nach Jerusalem vorzudringen. Die Soldaten in Geser bewachten alle Zugänge zur Hauptstadt aus dem Dreieck Jabne-Jaffa-Lod.[32]

Baalat (Mughar oder ein anderes Tell in der Nähe des modernen Gedera) befand sich in der Ebene im Südwesten des Hochlandes von Juda auf der direkten Verbindung zu den meisten ägyptischen und philistinischen Küstenstädten. Es wachte über das untere Sorek-Tal, das zu den Tälern Ela und Refaïm führte und zu allen Zeiten bei Invasionen aus Ägypten als Marschroute benutzt wurde – Beispiele dafür sind die Heere von Schischak (924 v.Chr), von Necho (605 v. Chr.), die ptolemäischen Streitkräfte im 4. und 3. vorchristlichen Jahrhundert, die Fatimiden und Mamelucken und Allenbys Kolonne nach dem Durchbruch in Beerscheba 1917.

»Das untere Bet-Horon« blockierte den Bet-Horon-Paß, einen der wichtigsten Aufgänge zum zentralen Bergplateau. Als Hauptader in Kriegszeiten ist er uns von Josuas Schlachten bis zum Sechs-Tage-Krieg bekannt.

All die genannten Festungen hatten folgende taktische Eigenschaften: Wegen ihrer Lage – oft auf einem steilen Hügel – konnten sie leicht verteidigt werden, es gab genügend Wasser, und das Gelände erlaubte den Einsatz von Streitwagen – das erklärt auch, wieso dem unteren Bet-Horon gegenüber dem oberen Bet-Horon weiter im Landesinneren der Vorzug gegeben wurde, das zwar günstiger lag, aber für den Einsatz von Streitwagen ungeeignet war. Zudem waren all diese Festungen eher seitlich der Durchgänge postiert und blockierten sie nicht. Das versetzte sowohl die dort stationierten als auch anrückende Truppen in die Lage, Eindringlinge, die keine Bedrohung von der Seite erwarteten, anzugreifen. Feinde, die sich dieser Gefahr bewußt waren und die Festungen belagerten, wurden von den Verteidigern in Kämpfe verwickelt, bis Verstärkung von außerhalb kam und den gegnerischen Truppen in den Rücken fiel.

In zweiten Buch der Chronik, 8. Kapitel, wird zusätzlich zu den oben genannten Befestigungsanlagen noch eine weitere erwähnt: Tadmor, das gewöhnlich als Palmyra identifiziert wird. Falls das zutrifft, ist dieses Fort in eine andere Kategorie einzuordnen. Tadmor liegt an der Schlüsselstelle der großen, vielbenutzten Handelsroute, die die syrische Wüste von Damaskus nach Mesopotamien durchquert. Von Tadmor aus hatten die Israeliten die Wüste im Auge, und die Karawanen machten hier halt, um sich mit Werkzeugen, Ausrüstung und Lebensmitteln auszustatten. Als es Reson gegen Ende von Salomos Regentschaft gelang, in Damaskus die Macht an sich zu reißen, hatte er die Möglichkeit, die Verbindung zwischen Tadmor und israelitischem Gebiet zu blockieren und so den Handel zu behindern.[33]

Die allgemeinen Reserven für Salomos Armee befanden sich in Jerusalem. Die Bibel erwähnt ausdrücklich, daß dies die Streitwagen-Reserve miteinschloß. Das deutet auf das Vorhandensein von gut bewachten Straßen hin, auf denen die Streitwagen schnell vorankamen, und auf die Ausnutzung von Verbindungslinien, die außerhalb des befestigten Gürtels lagen. Diese Wege wurden für offensive Operationen und zur Unterstützung der Streitkräfte benutzt, die rund um die Verteidigungsanlagen in Kämpfe verwickelt waren. Die Wege waren noch nicht gepflastert (erst zu Herodes' Zeiten wurde Straßenpflaster in dieser Region bekannt), doch die Hauptstraßen hatte man sicher gut eingeebnet und mit Wegweisern versehen, um rollenden Verkehr zu ermöglichen. Die häufig befahrenen Straßen und die Wege in den Wadis und den Bergregionen mußten regelmäßig ausgebessert werden. Eine derartige Dienstleistung hatte der Prophet Jesaja im Sinn, als er schrieb: »In der Wüste bereitet dem Herrn den Weg, macht in der Steppe eine ebene Bahn unserm Gott!« (Jesaja 40. 3), oder: »Gehet ein, gehet ein durch die Tore! Bereitet dem Volk den Weg! Machet Bahn, machet Bahn, räumt die Steine hinweg! Richtet ein Zeichen auf für die Völker« (Jesaja 6, 20).

Natürlich muß es auch eine Menge Straßenposten und Vorratslager gegeben haben, die, wenn möglich, in der Nähe von Ansiedlungen errichtet wurden. Die befestigten Städte im israelitischen Königreich bildeten zusätzlich zu den erwähnten Verteidigungsanlagen ein Netz von strategischen Stützpunkten.

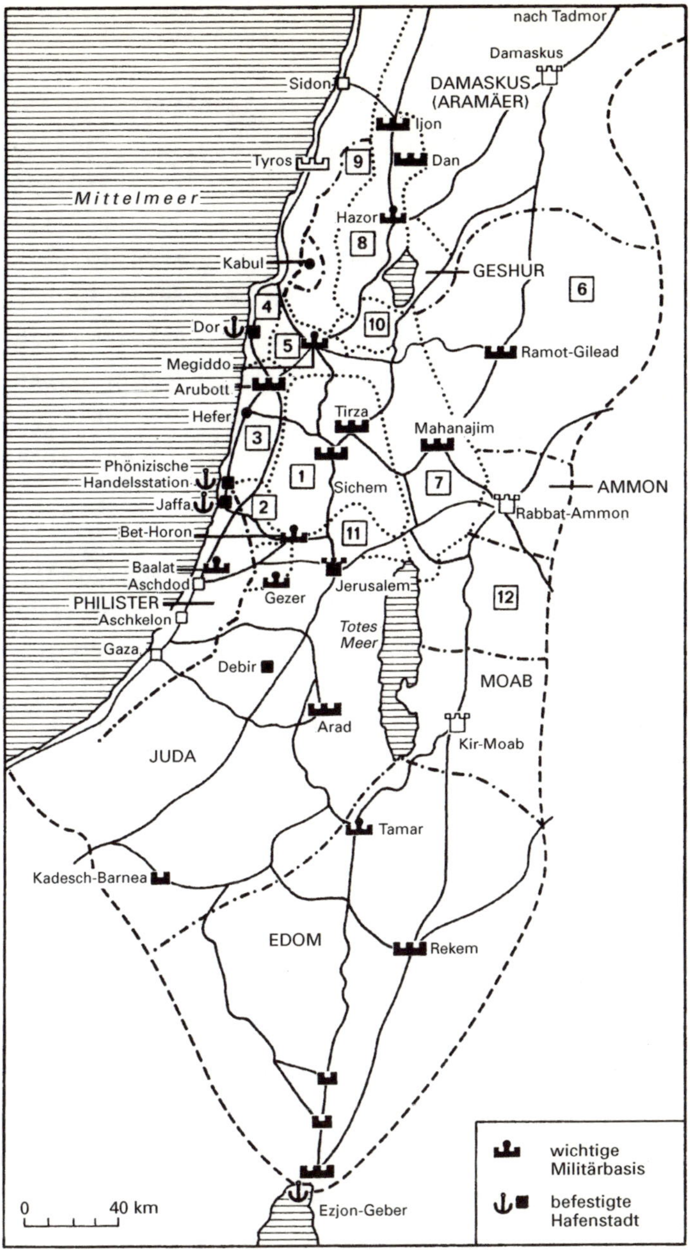

Abb. 35: Die Infrastruktur im salomonischen Reich
(die Ziffern kennzeichnen die Distrikte)

Die Versorgung des Königs und der Administration sowie der Armee wurde nach einem Plan abgewickelt, der sehr gut auf die Zeit Davids zurückgehen könnte:

> »Und Salomo hatte zwölf Amtleute über ganz Israel, die den König und sein Haus versorgten, und zwar ein jeder im Jahr einen Monat lang ... Und die Amtleute versorgten den König Salomo und alles, was zum Tisch des Königs gehörte, jeder in seinem Monat, und ließen es an nichts fehlen. Auch Gerste und Stroh für die Pferde [und Kamele] brachten sie an den Ort, wo diese waren, jeder nach seiner Ordnung« (1. Könige 4, 7; 5, 7f.)

Der Zusatz in eckigen Klammern fehlt in der hier zitierten deutschen Bibelübersetzung, wird jedoch in älteren Luther-Übersetzungen mit »Renner« wiedergegeben. Wir bevorzugen statt *rehesh* (oft als »Kamele« interpretiert) die Lesart *rehev*, was laut der griechischen Übersetzung, der *Septuaginta*, eine Deutung des Wortes ist, das eigentlich mit »Streitwagen« übersetzt wird. Die Formulierung »an den Ort, wo diese waren« ist ebenso fragwürdig und müßte bei einer genaueren Übersetzung heißen: »an den ihnen zugewiesenen Ort«.

Nach diesen Hinweisen wird die logistische Organisation von Salomos Streitmacht deutlich.[34] Jeder Bezirksverwalter, der sowohl zivile als auch militärische Belange regelte, war einen Monat im Jahr verpflichtet, die Armee zu unterhalten. Die königlichen »Lagerstädte« oder »Kornstädte« wurden demnach von der Bevölkerung mit den nötigen Lebensmitteln versorgt. Die in Juda stationierten regulären und Reservetruppen wurden von dem dreizehnten Verwalter versorgt, der speziell für Juda zuständig war. Die besondere Bedeutung zweier Bezirke wird durch die Tatsache hervorgehoben, daß sie von Schwiegersöhnen des Königs verwaltet wurden: Der Bezirk von Dor, der israelitische Hauptstützpunkt am Mittelmeer, und der Bezirk von Naftali, dem die Golanhöhen angehören und der für die Sicherheit des Cis-Jordanlandes und die Grenze zum später feindlichen Damaskus entscheidend war.

Vergleicht man die sorgsam ausgeklügelte Versorgungsstruktur von Salomos Armee mit den Bedingungen zu Sauls Zeit, wird klar, welch erstaunliche Fortschritte die Israeliten in nur zwei Generationen gemacht haben. Als Saul im Tal von Ela gegen die Philister kämpfte, wurde David von seinem Vater losgeschickt, um Proviantnachschub für seine Brüder in der Armee zu beschaffen – der Vater ahnte natürlich nicht, daß dieser Auftrag zu der denkwürdigen Begegnung von David und Goliat führen würde. In Sauls Tagen mußte also jeder einzelne selbst für seine Verpflegung und seine Ausrüstung sorgen. Das salomonische System ähnelte dem anderer Reiche im Osten. Wie fortschrittlich diese Ordnung war, wird noch deutlicher, wenn man daran denkt, daß Karl der Große im karolingischen Reich beinahe zweitausend Jahre später jeden Monat mit seinem Hofstaat und der Armee in eine andere Provinz reiste, um sich mit den nötigen Lebensmitteln zu versorgen.

Zwei weitere Unternehmungen König Salomos erforderten besondere und umfassende Sicherheitsmaßnahmen: die Besiedlung des Hochlandes in der Negev und der Beginn des Handels am Roten Meer (Ofir) mit dem Golf von Elat als Ausgangsbasis. Beides hing miteinander zusammen und wird bei der Betrachtung der Wüste Negev (S. 243–252) noch genauer behandelt.

KAPITEL 6

Die ersten Tage Israels

Rehabeams Thronfolge

König Salomos Regierungszeit wird immer als die großartigste und strahlendste Epoche in der jüdischen Geschichte betrachtet, und das mit Recht. Zugleich wurden außergewöhnliche wirtschaftliche Anstrengungen vom Volk verlangt. Es war eine große finanzielle Bürde, die königliche Armee, ihre Verwaltung und die nötige Infrastruktur zu gründen und zu erhalten; dazu kamen noch die anderen Entwicklungen und Bautätigkeiten – vor allem die Errichtung des Großen Tempels in Jerusalem –, die Salomo in Gang gesetzt hat.

Um den beinahe erdrückenden Verpflichtungen nachkommen zu können, hatte König Salomo vorausschauend und rigoros den Handel und das Gewerbe vorangetrieben und sich die strategische Lage seines Reiches als Brücke zwischen Asien und Afrika sowie zwischen dem Mittelmeer und dem Indischen Ozean zunutze gemacht. Er knüpfte Verbindungen zur Königin von Saba (Jemen) und richtete die Garnison in Tadmor (Palmyra) sowie den Seestützpunkt in Ezjon-Geber (in der Nähe von Elat) ein. Außerdem schloß er ein Bündnis mit Hiram von Tyros und hielt Frieden mit den Philistern, um Handelspartner mit Erfahrung in der Seefahrt zu haben – all diese Maßnahmen dienten dazu, die wirtschaftlichen Bedingungen zu verbessern. Durch die Kontakte mit Saba kamen die Balsambäume nach Israel (Josephus, *Antiquitates*

Judaicae, VIII). Zwar fehlen Hinweise darauf aus der Zeit vor der Zweiten Tempel-Periode, aber es ist anzunehmen, daß die Balsamplantagen in En-Gedi rasch zu einer Haupteinnahmequelle wurden (aus Balsamholz wurde ein Heilmittel gewonnen, das bei einer ganzen Anzahl von Leiden und Krankheiten Anwendung fand). Vermutlich wurden schon in der Ersten Tempel-Periode große Mengen Balsam exportiert; das würde auch erklären, wie das kleine Juda nach dem Zerfall des salomonischen Reiches die enormen Kosten für die Verteidigung des Landes aufbringen konnte. Doch keine dieser Neuerungen löste Israels Problem, daß der Armee zu wenige Soldaten zur Verfügung standen. Im Gegenteil – der wirtschaftliche Aufschwung zog noch mehr Männer von den kurz- oder langfristigen Verwaltungsaufgaben und dem Militärdienst in private Unternehmungen ab.

Dies war der Hintergrund für die Forderung des Volkes, das Joch, das ihm auferlegt war, leichter zu machen. Ausgesprochen wurde diese Forderung, als das Volk nach Salomos Tod nach Sichem kam, um Rehabeam, seinen Sohn, als König zu bestätigen. »Dein Vater hat unser Joch zu hart gemacht. Mache du nun den

Abb. 36: Phönizisches Kriegsschiff mit Doppeldeck, Segeln und 16 Rudern. Das obere Deck, von Schilden geschützt, diente im Krieg als Gefechtsbasis und wurde im Frieden von Passagieren benutzt. Der hohe Bug machte das Schiff schneller und sorgte für das Gleichgewicht. Der spitze Rammsporn war so angebracht, daß er feindliche Schiffe unterhalb der Wasserlinie traf.

harten Dienst und das schwere Joch leichter, das er uns aufgelegt hat, so wollen wir dir untertan sein« (1. Könige 12, 4). Dieser Anspruch wurde im denkbar unpassendsten Moment erhoben, da der Druck von außen immer stärker wurde und die Damaszener und Ägypter alle Anstrengungen unternahmen, das Handelsmonopol, das Salomo am Roten Meer und an den Zugängen zur syrischen Wüste aufgebaut hatte, zu durchbrechen.

Die Berater seines Vaters empfahlen Rehabeam, das Volk mit falschen Versprechungen abzuspeisen, aber er entschied sich, die Wahrheit zu sagen und den Leuten klarzumachen, daß sie keine Erleichterungen erwarten konnten. Wenn wir den biblischen Chronisten glauben können, wurde er von seinen eigenen Gefolgsmännern (»und hielt einen Rat mit den Jüngeren«) dazu gedrängt, seine Erwiderung in harschem Ton vorzubringen, um ein für allemal seine königliche Autorität durchzusetzen:

> »... da gab der König dem Volk eine harte Antwort und kehrte sich nicht an den Rat, den ihm die Ältesten gegeben hatten, und redete mit ihnen nach dem Rat der Jüngeren und sprach: Mein Vater hat euer Joch schwer gemacht, ich aber will's euch noch schwerer machen. Mein Vater hat euch mit Peitschen gezüchtigt, ich aber will euch mit Skorpionen züchtigen« (1. Könige 12, 13f.).

Die Teilung des Königreiches

Diese Haltung machte alle Stämme bis auf Juda zur leichten Beute für jeden Agitator, der Partikularismus predigte und sich nicht damit abfinden konnte, daß sich sein Stamm dem König, der in Juda residierte, beugen sollte:

> »Als aber ganz Israel sah, daß der König sie nicht hören wollte, gab das Volk dem König Antwort und sprach: Was haben wir für

Teil an David oder Erbe am Sohn Isais? Auf zu deinen Hütten, Israel! So sorge nun du für dein Haus, David! Da ging Israel heim« (1. Könige 12, 16).

So wurde das jüdische Königreich in zwei Teile geteilt: der Norden, »Israel« (im engsten Sinne des Wortes), und der Süden, »Juda«, das die Gebiete der Stämme Juda, Benjamin, die Negev und zeitweise Edom als abhängige Region umfaßte.

Einer der größten Anstifter zur Loslösung der nördlichen Stämme vom Hause Davids war Pharao Schischak I. von Ägypten. Da Schischak selbst zu schwach war, das vereinte Königreich offen anzugreifen, versuchte er es durch subversive Aktionen von innen zu zersetzen. Aus diesem Grunde hatte er dem flüchtigen Jerobeam Asyl gewährt und ihn noch vor Rehabeams Amtseinführung nach Israel zurückgeschickt. Mit der heimlichen Hilfe seiner in Israel wirkenden Agenten förderte er Jerobeam als Kandidaten für die Krone Israels, die ihm dann auch zugebilligt wurde.

Schischak wartete ab, bis sich Juda und Israel bekämpften und gegenseitig schwächten, und setzte im Jahr 924 v. Chr. all seine Truppen in Marsch. Der Pharao hatte nicht vor, die palästinensische Landbrücke zurückzugewinnen – offenbar glaubte er, daß ein solches Unterfangen noch jenseits seiner Möglichkeiten lag. Sein

Abb. 37: Ägyptische Infanterie unter Amenhotep II. mit ausländischen Söldnern als Bogenschützen beim Angriff. Die Söldner, ob zuverlässig oder nicht, hatten ihre Positionen zwischen den eigenen Soldaten.

Ziel war, den (vom ägyptischen Standpunkt) gefährlichen Nachbarn zu schwächen. Ein starkes und einiges Israel war ein Hindernis für Ägyptens neu erwachte Sehnsucht nach politischer und wirtschaftlicher Expansion nach Norden. Schlimmer noch war, daß die Allianz zwischen Tyros und Israel, die das Land der Pharaonen als alleinige Seemacht erfolgreich herausforderte und den Handel am Roten Meer beeinträchtigte, der wirtschaftlichen Unabhängigkeit Ägyptens einen ernsthaften Schlag versetzt hatte.

Um die Not von seinem Land abzuwenden, plante Schischak eine Invasion und führte sie mit 1 200 Streitwagen und seiner libyschen und nubischen Infanterie aus, die bis in die Neuzeit oft als Vorkämpfer des ägyptischen Heeres in eine Schlacht geschickt worden war. Die Namen der Orte, die Schischak bei seinem Feldzug einnahm, sind am Südeingang des Amon-Heiligtums in Karnak eingemeißelt. Professor Benjamin Mazar entzifferte die Inschrift, und aus seiner Übersetzung schließen wir, daß Ägypten mit zwei Truppenverbänden operierte oder möglicherweise die Invasion mit einer vereinten Armee in zwei Phasen durchführte.[1]

Der eine Truppenverband – oder der erste von zwei Feldzügen – hatte das Ziel, das verzweigte Netz von Handelsposten in der Negev zwischen Ezjon-Geber am Golf von Elat und Zentral-Juda (oder der Mittelmeerküste) zu zerstören. Archäologische Beweise für die Zerstörung der Festung in Ezjon-Geber wurden bei Nelson Gluecks Ausgrabungen entdeckt.[2] Im Rückblick kann man sagen, daß die Ägypter immer aufs schärfste zurückschlugen, wenn ein Land versuchte, »ihr privates Meer«, das sie als ihre Schwachstelle betrachteten, zu beherrschen. Saladins heftige Reaktion, als die Kreuzritter das Rote Meer bedrohten, die zum fränkischen Debakel bei Hattin (1187 n. Chr.) führte, oder die britische Antwort auf die türkische Besetzung von Aqaba im Jahr 1903, die beinahe einen großen Krieg ausgelöst hätte, sind zwei weitere Beispiele dafür, daß dieses Gebiet ein neuralgischer Punkt ist. Der Konflikt zwischen Ägypten und Israel nach 1948 muß sicherlich auch zum Teil unter demselben geopolitischen Aspekt betrachtet werden. Schischak richtete sein Hauptaugenmerk auf den Golf von Elat und die Zugänge zu dieser Region.

Die zweite Streitkraft (oder die zweite Angriffswelle des vereinten ägyptischen Heeres) hatte die Aufgabe, im israelitischen Königreich soviel wie möglich mit Feuer und Schwert zu zerstören, um den Nachbarn dauerhaft zu schwächen. Wir können diese Mission mit einer modernen Bombardierung strategischer Ziele vergleichen, die nicht in erster Linie einer Eroberung dient, sondern den Feind in die Knie zwingen und ihm die Möglichkeit nehmen soll, wirksam zurückzuschlagen.

Da das Hochland von Juda schwer zu durchqueren, aber leicht zu verteidigen war, gab sich Schischak mit einer großen Tributzahlung von Rehabeam, dem König von Juda, zufrieden und richtete seinen Hauptangriff auf seinen früheren Protegé Jerobeam. In der Hoffnung, Israels Vormachtstellung auch im Trans-Jordanland zu zerschlagen, wagte Schischak die Überquerung des Jordan und verwüstete die Region um Sukkot, durch die die Hauptverkehrswege zwischen Gilead und den Bergen von Samaria führten.

Die Ägypter zogen sich so schnell wieder zurück, wie sie über das Land hergefallen waren, und hinterließen ein stark geschwächtes Israel. Doch Zerstörung kann ohne anschließende Besetzung den Willen eines tatkräftigen Volkes nicht auf lange Sicht brechen. Das Fundament, das von Saul und David gelegt und durch Salomo verstärkt worden war, erwies sich als so solide, daß sich das Volk rasch erholte. Unglücklicherweise dauerten die Kämpfe zwischen Juda und Israel weiter an und kosteten beide Seiten enorme Kräfte. Erst allmählich (und auch dann nicht auf Dauer) begriffen die Herrscher beider Reiche, daß sie nur durch eine enge Allianz stark genug waren, um Frieden, Sicherheit und Wohlstand auf der palästinensischen Landbrücke zu sichern.

Aram, das Trans-Jordanland und die Philister

Der größte Feind und Herausforderer für Israel und seine Vormachtstellung im südlichen Syrien wurde das aramäische Königreich von Damaskus.[3] Doch zunächst hielten es die Aramäer für opportun, mit den Israeliten zu verhandeln und sich mit ihnen zu verbünden, um die eigene Herrschaft in Syrien zu konsolidieren. Nach Schischaks Invasion und den Kriegen mit Juda war Israel kraftlos, und Jerobeam konnte nicht verhindern, daß das Königreich in den Golanhöhen einige Dörfer und Städte an die Damaszener verlor. Ebenso mußte er die völlige oder teilweise Rebellion in Ammon und Moab erdulden. Diese beiden Reiche sollten später wieder Ziele israelitischer Militäraktionen werden. Das Ausmaß ihrer Unterwerfung stand immer in direkter Relation zu Israels militärischer Stärke, die wiederum meistens entscheidend von den Kraftproben zwischen Israel und Damaskus beeinflußt wurde.

Zu einem geringeren Grad und besonders in den ersten Jahrzehnten von Israels Bestehen war Philistäa der dritte Brennpunkt militärischer Aktivitäten. Nadab, Jerobeams Sohn, und Ela (um 906 bzw. 882 v. Chr.) richteten die ersten schriftlich dokumentierten israelischen Militäroffensiven (von den Kämpfen gegen Juda abgesehen) gegen die Philister. Ihre vorrangigen Ziele waren die Eroberung von Gibbeton (das die Aufgänge zu den Bergen von Samaria von der philistinischen Ebene aus kontrollierte) und die Abriegelung von Jaffas Rückseite.[4] Gibbeton hatte einst zum israelitischen Königreich gehört, und die Tatsache, daß es zu einem wichtigen Bollwerk der Philister wurde, zeigt, daß auch dieses Volk von Israels allgemeiner Schwäche nach der Teilung des Königreiches und der Invasion der Ägypter profitierte. Beide Kampagnen wurden jedoch abgebrochen, bevor das gesetzte Ziel erreicht war. Nadab kam ums Leben, als er den Eroberungsangriff selbst durchführte; Ela wurde im königlichen Palast von Tirza ermordet, während sein Oberbefehlshaber Omri die Operation leitete.

Den Königen von Israel fehlte das Charisma der Nachkömmlinge des von Gott gesegneten Hauses Davids und das Prestige, Wächter des großen und ehrfurchtgebietenden Tempels von Jerusalem zu sein. Außerdem kamen sie im Gegensatz zu den Königen von Juda auch nicht in den Genuß der wertvollen und rückhaltlosen Unterstützung des Priester-Stammes Levi. Deshalb waren sie angreifbar und bekamen die Unzufriedenheit des Volkes bei vielen Gelegenheiten (ob immer gerechtfertigt oder nicht, sei dahingestellt) zu spüren. Dieser Umstand war ein weiterer Grund für die Schwäche des nördlichen Königreiches, die sich bei den Aufständen während der beiden Feldzüge gegen die Philister zeigte. Es ist bewundernswert, daß die Könige von Israel trotz dieser ungünstigen Bedingungen Großes zu leisten imstande waren.

Die israelitische Armee

Die knappe Schilderung der Feldzüge gegen die Philister (1. Könige 15,27; 16,8-17) gibt auch wertvolle Hinweise auf den Aufbau des israelitischen Heeres. Omri war Oberbefehlshaber der Volkstruppen, die einberufen wurden, wann immer es nötig war. Simri, Elas Mörder, war »der Oberste über die Hälfte der Kriegswagen« und zusammen mit seinem Korps (das die strategische Reserve darstellte) in der Festung von Tirza, der Hauptstadt, in der sich der König aufhielt, stationiert.[5] Tirza war über verschiedene Straßen aus allen Richtungen leicht zu erreichen und lag am oberen Ende der Schlucht von Tirza (Wadi Farah), seit altersher die Hauptverbindung zwischen Samaria, dem Jordantal und Gilead. Der Rest der Streitwagen stand wahrscheinlich in strategisch günstig gelegenen »Wagenstädten«, die über das Königreich verteilt waren. Es erscheint plausibel, daß zumindest ein Teil dieser Truppen auf der Ebene um Gibbeton Aufstellung genommen hatte, um die Belagerer vor feindlichen Einmischungen zu schützen und die Besetzung der Stadt nach gelungener Operation zu vollenden.

Die israelitische Armee scheint also an den salomonischen Traditionen festgehalten zu haben, und es ist anzunehmen, daß sie, was die Logistik betrifft, ebenso Salomos Modell übernommen hat. Die Wagenlenker waren Berufssoldaten, und es ist anzunehmen, daß es zu kleinen Rivalitäten und Reibereien zwischen den

Einheiten, besonders zwischen den in der Hauptstadt stationierten Garden und den Volkstruppen, kam. Vermutlich ist der Streit zwischen den Befehlshabern, der der Ermordung Elas folgte, der explosiven Beziehung zwischen Berufssoldaten und Reservisten zuzuschreiben.

Abb. 38: Ramses II. stürmt eine Festung (möglicherweise Debir in Palästina). Vier Rampen ermöglichen den Angreifern, an die Mauern zu gelangen und Sturmleitern anzulegen.

Israelitische Befestigungsanlagen

Die israelitischen Könige mußten an einem Aspekt des salomonischen Modells Änderungen vornehmen: die Befestigungsanlagen hatten jetzt innerhalb des gesamten Verteidigungssystems eine andere Funktion. Obwohl uns aus dieser Zeit keine Liste der Festungen zur Verfügung steht, können wir aus der Aufzählung der Forts, die von Ben-Hadad I. von Damaskus 885 v. Chr. angegriffen wurden, die Schlußfolgerung ziehen, daß es eine Linie – die »Naftali-Linie« – von dicht nebeneinander plazierten Festungen gab, die vier Zwecken dienten: 1. als Blockade der Abstiege vom syrischen Plateau (den Golanhöhen), 2. als Sicherung der östlichen Zugänge zu Galiläa, 3. als Verteidigung gegen feindliche Truppen, die sich durch das obere Jordantal annäherten, 4. als Stützpunkte für offensive Operationen in den Golanhöhen und im Biqa (dem großen Tal zwischen dem Hermon- und dem Libanon-Massiv, das in der Zweiten Tempel-Periode Coele-Syria hieß).

Der Bibelabschnitt, der über Ben-Hadads Eroberungen berichtet, erwähnt »Ijon und Dan und Abel-Bet-Maacha, das ganze Kinneret samt dem ganzen Lande Naftali« (1. Könige 15, 20). Eine ähnliche Aufzählung finden wir aus der Zeit der assyrischen Invasion von Tiglat-Pileser III. (2. Könige 15, 19), die etwa 150 Jahre später stattgefunden hat – als zusätzliche Forts der »Naftali-Linie« sind hier noch erwähnt: Kedesch und Hazor. Da die Zerstörung Hazors nach Salomo und der Wiederaufbau unter Omri oder Ahab durch Professor Yigael Yadins Ausgrabungen[6] bestätigt wurden, kann seine Zerstörung der Eroberung durch Ben-Hadad I. zugeschrieben werden; zudem können wir davon ausgehen, daß bei der Auflistung im 1. Buch der Könige Hazor in der Umschreibung »samt dem ganzen Lande Naftali« inbegriffen ist. Aus militärischen Erwägungen ist man versucht, analog zu Hazor auch Kedesch zu den in der Bibel nicht namentlich genannten Festungen hinzuzufügen. Funde an der Oberfläche der betref-

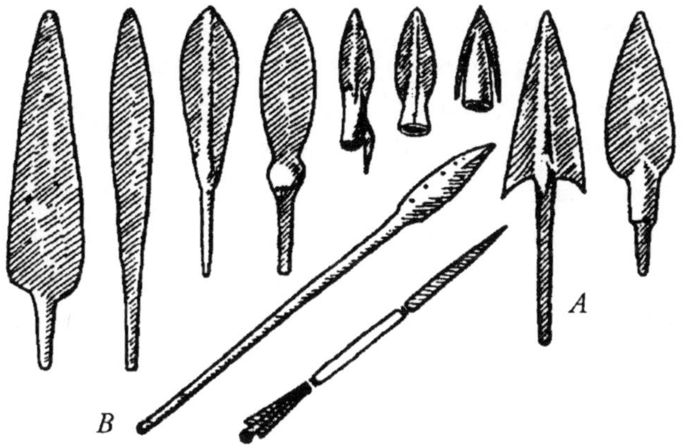

Abb. 39: Pfeilspitzen aus Bronze und Eisen. *A* stammt aus der hellenistisch-hasmonäischen Periode. *B*, mit Steckhülse und Löchern in der Spitze, gehörte vermutlich zu einem Feuerpfeil.

fenden Stelle, an der noch keine Ausgrabungen durchgeführt wurden, stützen diese These.[7]

Die Festung von Kinneret bewachte die Via Maris und die Straße, die rund um den See Genezareth führte; sie lag am obersten Punkt eines steilen Übergangs nördlich des Genossar-Tales in einem schmalen Engpaß zwischen dem Burgberg und dem See.

Hazors strategische Rolle ist auf Seite 146 beschrieben.

Kedesch kontrollierte den einzigen Abstieg vom zentralen Hochland von Naftali zum oberen Jordantal gegenüber dem See Hule. Die Briten bauten hier 1938 aus strategischen Gründen eine Asphaltstraße bei ihrem Kampf gegen arabische Plünderer. Sie wurde von der Polizeistation von Nebi Yusha bewacht, die vermutlich dieselben Aufgaben wie das biblische Kedesch hatte. Gemäß ihrer strategischen Bedeutung und taktischen Eigenschaften spielte diese Festung bei den schweren Kämpfen um Galiläa in Israels Unabhängigkeitskrieg 1947–1948 eine große Rolle.

Abel-Bet-Maacha liegt im Zentrum, nicht weit vom Anfang des Jordantals entfernt; dort gabelt sich die Straße vom Biqa und führt östlich und westlich vom Berg Metula ins Hule-Tal.

Dan nahm eine Blockadeposition an den untersten Ausläufern des Hermon-Gebirges ein und lag an der Straße, auf der man über Banias (das klassische Paneas bzw. Caesarea Philippi) auf das syrische Plateau gelangt. Im Laufe der Zeit haben Kreuzritter, Sarazenen, Türken, Briten, Araber und Israelis um diese Region gekämpft. Der Kibbuz Dan wurde bezeichnenderweise in der Nähe des alten Stadthügels gebaut und diente als Blockade gegen die syrischen Versuche, das Jordantal einzunehmen, sowie als Operationsgebiet für die Eroberung des nördlichen Golan während des Sechs-Tage-Krieges.

Ijon (Tell el-Dibbin) war die nördlichste Befestigungsanlage. Ihre Lage im Herzen des Biqa erinnert an die salomonischen Festungen. Wenn sie nicht von einer ganzen Reihe zweitrangiger Forts versorgt wurde, muß sie über die Erträge aus dem fruchtbaren Tal verfügt und die internationale Straße mit Streitwagen-Truppen kontrolliert haben.[8]

Doch auch der stärkste Befestigungsgürtel ist abhängig von der Wachsamkeit der Verteidiger. Als Bascha, König von Israel, zunächst erfolgreich seine Grenzen auf das zentrale Bergplateau bis zu einem nur etwa acht Kilometer von Jerusalem entfernten Punkt ausdehnte und begann, die Festung Rama als ständige Bedrohung für die Hauptstadt von Juda zu bauen, fällte Asa, der König von Juda, die verhängnisvolle Entscheidung, ein Bündnis mit Ben-Hadad einzugehen, das sich gegen Israel richtete. Dies war die Gelegenheit, auf die Ben-Hadad gewartet hatte, doch seine Streitkraft war noch nicht so gut gerüstet, daß er einen Eroberungsfeldzug durchführen konnte. So ließ er sich auf eine Kampagne mit ähnlichen Methoden wie seinerzeit Schischak ein. Da Bascha seine Aufmerksamkeit hauptsächlich auf Juda richtete (weil er glaubte, sein Rücken sei durch die Allianz mit Damaskus gedeckt), kamen die Aramäer zügig voran, und Ben-Hadad »schlug das ganze Kinneret samt dem ganzen Lande Naftali«.

Bascha war gezwungen, den Bau von Rama abzubrechen, und Asa nutzte die Ruhepause, um das Blatt zu wenden:

> »Der König Asa aber bot ganz Juda auf, niemand ausgenommen, und sie nahmen die Steine und das Holz von Rama weg, womit Bascha gebaut hatte; und der König Asa baute damit Geba in Benjamin und Mizpe [als Grenzfestung gegen weitere Überfälle aus Israel]« (1. Könige 15, 22).

Juda war abgesichert, aber ein gefährlicher Präzendenzfall war geschaffen: Juda hatte sich mit einer fremden Macht gegen das Schwesterkönigreich verbündet und so zukünftigen Aggressoren einen Weg gewiesen.

KAPITEL 7

Israel unter Omri und Ahab

König Omri

Omri war der König, dem es gelang, Israel durch ein enges Bündnis mit Juda wieder zur größten Macht im Süden Syriens und in Palästina zu machen. Überraschenderweise sind seine Taten in der Bibel jedoch nicht dokumentiert. Als jüdischer König, der sich der Krone Davids nicht beugte und die Einzigartigkeit des Tempels von Jerusalem nicht anerkannte – wie alle anderen Könige des nördlichen Reiches auch –, wurde er von den biblischen Chronisten nur dann erwähnt, wenn die Geschichte Judas von seinem Wirken betroffen war.

Die Inschrift auf der Stele des Königs Mescha von Moab informiert uns, daß Omri Moab zurückeroberte. Daraus können wir schließen, daß er auch Ammon unter seine Herrschaft gebracht haben muß.[1] In der Bibel ist nur flüchtig die Rede von der Gründung Samarias, Omris neuer Hauptstadt, die künftig dem gesamten Nordreich den Namen Königreich von Samaria gab. Bei Ausgrabungen wurden große Teile der israelitischen Hauptstadt freigelegt: eine solide, komplizierte Befestigungsanlage, ein prächtiges Palastviertel, Lagerhäuser und verschiedene administrative Einrichtungen. Das alles vermittelt den Eindruck von Macht und Wohlstand.[2]

Eine der Hauptquellen für Omris wirtschaftlichen Erfolg war die Intensivierung der traditionell guten Beziehungen zu den

Phöniziern. Wie eng diese Allianz war, wird aus der Hochzeit von Ahab, Omris Thronerben, mit Jesebel, der Tochter des Königs von Tyros, ersichtlich. Die Verbindung mit Tyros an sich ist ein Zeichen für militärische und politische Stärke. Das politische und ökonomische Überleben der phönizischen Küstenstaaten hing entscheidend von der Absicherung des Lebensmittel liefernden Hinterlandes und der Handelsrouten zur Küste und dem seefahrenden Volk ab. Im allgemeinen schlossen die Phönizier aus diesem Grund Bündnisse mit den entsprechenden (gewöhnlich den mächtigsten) Nachbarn.

Abb. 40: Mann mit Steinschleuder (aus Tell Halaf).

Die Invasion Ben-Hadads II.

Das Wiedererstarken Israels wurde von den Damaszenern mit großer Sorge betrachtet, und in der Regierungszeit Ahabs, der Omri etwa 870 v. Chr. nachfolgte, beschloß Ben-Hadad II., einen Präventivkrieg zu führen, bevor Israel zu mächtig wurde und möglicherweise daran dachte, die ehemaligen salomonischen Gebiete auf den Golanhöhen und weiter nördlich und östlich zurückzuerobern: »Und Ben-Hadad, der König von Aram, versammelte seine ganze Streitmacht, und es waren zweiunddreißig Könige mit ihm und Roß und Wagen. Und er zog herauf und belagerte Samaria und kämpfte gegen die Stadt« (1. Könige 20, 1).

Ben-Hadad führte also eine Koalition aller aramäischen Herrscher an, die durch Israels wiedergewonnene Stärke alarmiert waren. Zu Beginn seiner Kampagne gelang es ihm, den israelitischen König auszumanövrieren. Ahab besprach noch mit den »Ältesten« und den »Landvögten« in Samaria, welche Strategie er verfolgen sollte, als Ben-Hadad vor der Stadt erschien und sie belagerte.[3] Abgeschnitten vom Hauptteil seiner Armee, der sich noch in den Garnisonen aufhielt oder von Ben-Hadad auf seinem Marsch geschickt umgangen worden war, hatte Ahab nur die Offiziere und Befehlshaber der Reservetruppen (zur Beratung) bei sich. Die Reservearmee (das Volk) war offensichtlich noch nicht zu den Waffen gerufen worden. Die Situation der israelitischen Streitkräfte kann mit der der britischen Truppen in Nordafrika in der Anfangsphase des deutschen Überraschungsangriffs am 31. März 1941 verglichen werden, als die britischen Kommandeure, die Generäle O'Connor und Neame, und ihre Begleiter einer deutschen Patrouille in die Arme liefen und gefangengenommen wurden.

Ahabs Lage schien hoffnungslos – zumindest dachte Ben-Hadad das. Um Zeit zu gewinnen und das Schlimmste abzuwenden, erklärte sich Ahab bereit, Ben-Hadads Bedingungen zu akzeptieren, auch wenn sie noch so demütigend waren. Aber Ben-Hadad, der glaubte, Ahabs Widerstand sei gebrochen, erhöhte seine Forderungen, um die totale Unterwerfung und Erniedrigung zu erzwingen. Es scheint, als hätte Ahab genau diese Entwicklung erwartet, denn er nutzte die schändlichen Forderungen der Damaszener, um die Entrüstung seiner Ratgeber und den Kampfeswillen der Ältesten zu entfachen. Mit ihrer Unterstützung wies er das entwürdigende Angebot der Aramäer zurück.

Für Ben-Hadad war Ahabs Weigerung kein großes Unglück. Er hielt Samarias Untergang für besiegelt, denn er hatte seine Belagerungstruppen in Stellung gebracht, so daß die Stadt hermetisch abgeschlossen war, und seine Streitwagen schirmten die aramäischen Soldaten vor jeder möglichen Einmischung von außen ab. Er war überzeugt von seiner Überlegenheit und zeigte sich siegesgewiß. Die Bibel gibt an, daß Ahabs Armee, die sich in Sama-

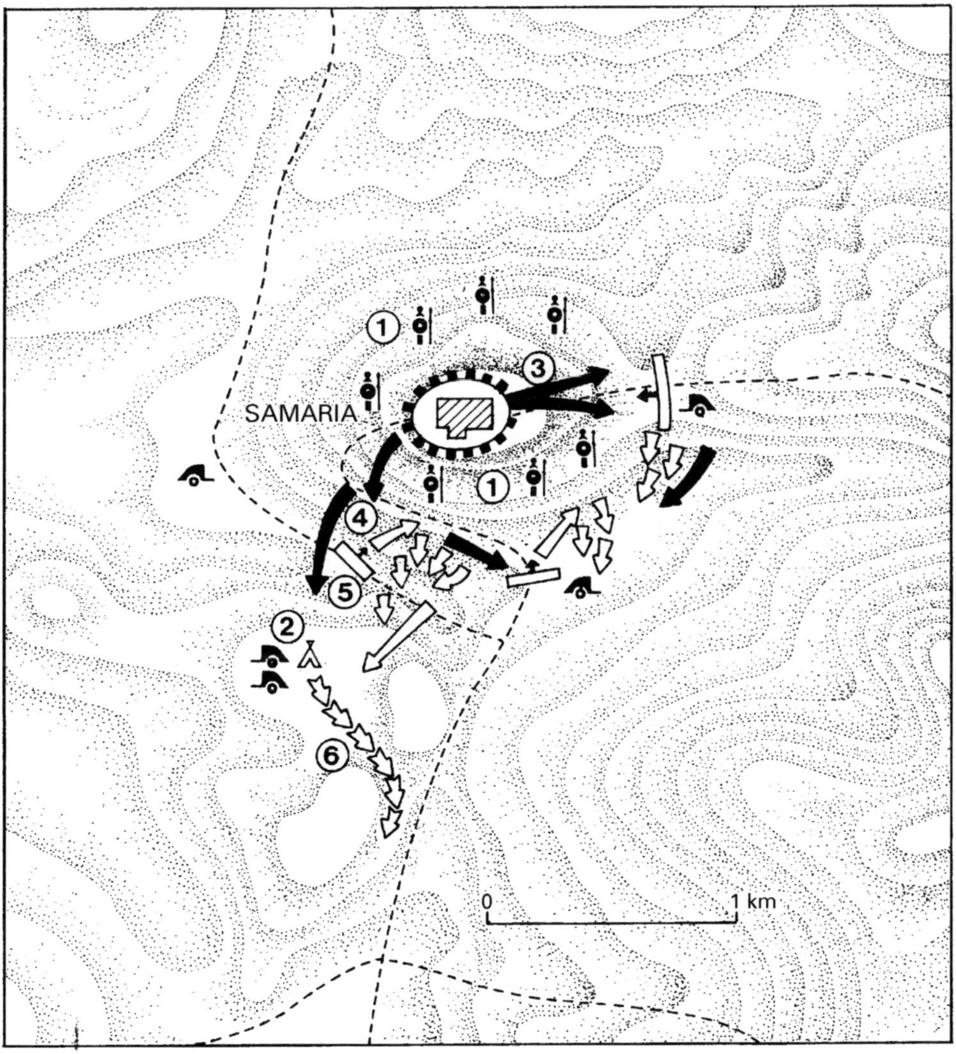

Abb. 41: Ben-Hadads Belagerung von Samaria
1 Belagerungsgürtel.
2 Ben-Hadads Hauptquartier und Basislager.
3 Die Abteilung der *ne'arim* lenkt die Belagerer ab.
4 Das israelitische Hauptheer greift überraschend an und schlägt Breschen in die feindlichen Reihen.
5 Die Israeliten greifen das aramäische Basislager an und überwältigen den betrunkenen Ben-Hadad.
6 Ben-Hadad flieht an der Spitze seiner Truppen.

ria aufhielt, nur 8000 Mann umfaßte. Ben-Hadads Zuversicht kann aus seiner Reaktion auf Ahabs Weigerung, sich zu unterwerfen, ersehen werden: »Die Götter sollen mir dies und das tun, wenn der Staub Samarias genug sein sollte, die Hände der Leute zu füllen, die mit mir ziehen« (1. Könige 20, 10). Ahabs sprichwörtliche Antwort hat sich bis heute im Hebräischen erhalten: »Sagt ihm: Wer den Harnisch anlegt, soll sich nicht rühmen wie der, der ihn abgelegt hat« (1. Könige 20, 11). Daraufhin gab Ben-Hadad den Befehl, Vorbereitungen zur Stürmung der Stadt zu treffen. Doch Ahab kam ihm zuvor.

Die israelitische Streitkraft bildete zwei Abteilungen. Die erste, eine kleine Truppe von 232 Männern, bestand aus den *ne'arim,* ausgesuchten Soldaten, die die Leibgarde der »Landvögte« stellten und ihre Herren zu dem Konzil in Samaria begleitet hatten.[4] Ben-Hadad zechte mit seinen Verbündeten in den Hütten, die er vor den Mauern der Stadt hatte errichten lassen, als er von der geringen Anzahl der Gegner erfuhr. Er war nicht sicher, was sie bezweckten. In weinseliger Stimmung nahm er die Bedrohung scherzhaft auf. »Er sprach: Greift sie lebendig, ob sie nun zum Frieden oder zum Kampf ausgezogen sind!« (1. Könige 20, 18) Das hebräische Original basiert auf einem Wortspiel und könnte folgendermaßen wiedergegeben werden: »Wenn sie um des Friedens willen kommen, ergreift sie lebend; und wenn sie kommen, um Krieg zu machen, will ich, daß ihr sie lebendig ergreift.«

Was folgte, kann nur vermutet werden, denn die Bibel berichtet lakonisch:

»Als aber die Leute der Landvögte aus der Stadt herausgezogen waren und das Heer ihnen nach, erschlug jeder den, der vor ihn kam. Und die Aramäer flohen, und Israel jagte ihnen nach. Und Ben-Hadad, der König von Aram, entrann auf seinem Roß, und Gespanne mit ihm. Und der König von Israel zog aus und schlug Roß und Wagen. So schlug er die Aramäer in einer großen Schlacht« (1. Könige 20, 19-21).

Abb. 42: Assyrische Bogenschützen zu Pferde.

Allem Anschein nach betrachteten die Aramäer die kleine jüdische Streitmacht, die am frühen Nachmittag die Stadt verließ und unter den Augen der Feinde den Hügel von Samaria heruntermarschierte, als leichte Beute, die man lebend gefangennehmen und dem Anführer vorführen konnte, um ihn bei Laune zu halten. Aber die *ne'arim* dienten nur als Lockvögel. Während sich die allgemeine Aufmerksamkeit auf sie richtete, stürmten die anderen israelitischen Truppen aus der Stadt und überrannten mehrere aramäische Regimenter. Die Israeliten hatten offenbar die in Samaria stationierten Streitwagen und andere Elite-Einheiten der königlichen Garde in diesen Angriff integriert. Die überrumpelten Aramäer wußten nicht, was sie tun sollten, und da ihre Anführer nicht bei den Truppen waren, sondern in Ben-Hadads Gesellschaft tranken, brachen ihre Reihen auseinander. Sie flohen Hals über Kopf, und Ben-Hadad und seine Saufkumpane taten es ihnen gleich. Ben-Hadads Flucht war so überstürzt, daß sein königlicher Streitwagen nicht angespannt werden konnte, und er mußte auf ein Pferd springen, um mit einem Reitertrupp zu fliehen. Durch diese beiläufige Bemerkung erfahren wir von dem Debüt der Kavallerie auf palästinensischen Schlachtfeldern.

Auf ihrem Rückzug kamen die Aramäer an einem oder mehreren israelitischen Armeestützpunkten wie Sichem, Tirza, Pnuël, Megiddo oder sogar Hazor vorbei. Ein beträchtlicher Teil ihrer Flucht führte sie durch gebirgiges Gelände und Engpässe wie die Tebez-Besek- oder die Wadi-Tirza-Straße, die noch im Jahr 1918 Todesfallen für auf dem Rückzug befindliche Truppen darstellten.[5] Die alarmierten israelitischen Garnisonseinheiten und die Reservisten, die spontan zu den Waffen griffen, brachten den Fliehenden wahrscheinlich mehr Verluste bei, als sie bei der eigentlichen Schlacht zu beklagen hatten.

Das Debakel in Samaria wurde von Ben-Hadad und seinen Gehilfen im nachhinein analysiert:

> »Aber die Großen des Königs von Aram sprachen zu ihm: Ihre Götter sind Berggötter, darum haben sie uns überwunden. Aber wenn wir mit ihnen in der Ebene kämpfen könnten – was gilt's, wir wollten sie überwinden! Tu nun das: Setze die Könige alle ab und setzte Statthalter an ihre Stelle und schaffe dir ein Heer, wie das Heer war, das du verloren hast, und ebenso viele Rosse und Wagen, wie jene waren, und laß uns gegen sie kämpfen in der Ebene – was gilt's, wir werden sie überwinden! Er gehorchte ihrer Stimme und tat das« (1. Könige 20, 23-25).

Übersetzen wir die Ursachen, die die Damaszener Ratsversammlung für den *dies acer* in Samaria gefunden hat, in modernen Militärjargon, ist folgendes anzuführen: 1. Die Aramäer wurden auf für ihre Ausrüstung und die Streitwagen- und Reitertruppen ungünstigem Gelände in Scharmützel verwickelt. 2. Die Befehlshaber der verschiedenen Divisionen wurden zersprengt, und damit kamen all die Nachteile zutage, die einer Koalition mit vielen Partnern zu eigen sind. Das Rezept, das vorgeschlagen und akzeptiert wurde, lautete: 1. Die Israeliten sollten durch geeignete Manöver zu Kämpfen in Gebieten gezwungen werden, die den Möglichkeiten der aramäischen Soldaten entgegenkamen. 2. Vor den militärischen Aktionen sollte »das Haus der Aramäer« in Ordnung gebracht werden, indem aus der feudalen Konföderation ein einziger, zentralistischer Staat der Damaszener gebildet wurde. 3. Neuaufbau und Aufrüstung der aramäischen Armee, bis sie dieselbe Stärke und Schlagkraft hatte wie vor der Niederlage in Samaria.

Die Verwirklichung des Programms, besonders die der Punkte 2 und 3, kostete die Damaszener viel Zeit. Das gab Ahab ein paar Jahre des Friedens mit den nordöstlichen Nachbarn, aber er beobachtete wachsam die Truppenbewegungen und Anstrengungen der Aramäer. Er war demnach vorgewarnt, als Ben-Hadads Vorbereitungen abgeschlossen waren und eine zweite Invasion bevorstand.[6]

Ahab in den Golanhöhen

Diesmal war Ahab auf den Angriff gefaßt, und er beschloß, Ben-Hadad daran zu hindern, eine Offensive zu starten und in israelitisches Territorium einzudringen. Die israelitische Armee griff zuerst an, doch obwohl sie das Golanplateau eroberte, ehe die Aramäer sie aufhalten konnten, war Ben-Hadad rechtzeitig zur Stelle, um den schmalen, steilen Paß zwischen zwei Flußschluchten abzuriegeln, der nach Afek (Ben-Hadads Rückzugsbasis) führte. Professor Yadin hat die Schlacht rekonstruiert,[7] und nach seinen Angaben können wir uns vorstellen, wie sich die beiden Heere auf dem Kamm acht Tage lang gegenüberstanden. Dann griff Ahab an und verjagte den Feind. Die Bibel gibt keine Hinweise darauf, wie die Israeliten diesen Sieg errangen. Der Afek-Kamm ist nicht breiter als 100 Meter und etwa 130 Meter lang, und ein Frontalangriff auf einen entschlossenen Gegner wäre wohl kaum erfolgreich gewesen. Es gibt jedoch zwei seitliche Zugänge, also war es möglich, die aramäische Armee im Osten des

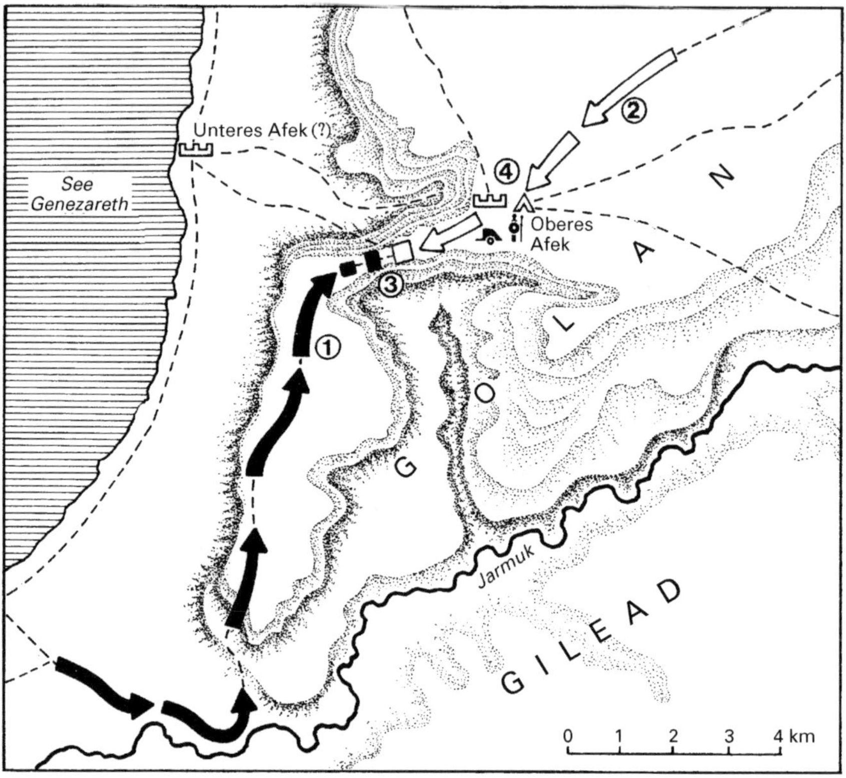

Abb. 43: Ahabs Griff nach den Golanhöhen (Phase eins)
1 Ahab führt seine Truppen an, um die syrische Invasion zu verhindern.
2 Die syrische Armee nähert sich aus Damaskus.
3 Ben-Hadad hält den israelitischen Vormarsch auf.
4 Das aramäische Basislager in Afek.

Kammes in einem weiten Bogen zu umgehen und anschließend aus südlicher und aus nördlicher Richtung vorzurücken. Der Zugang aus Norden führt über den Susita-Kamm (Hippos), der aus Süden (eigentlich sind es mehrere) besteht aus drei oder vier Fußwegen, die über den nördlichen Hang der Wadi-Barbara-Schlucht verlaufen.[8]

Einige Wissenschaftler sind der Ansicht, das antike Afek sei nicht mit dem arabischen Dorf gleichen Namens hinter dem Kamm identisch, sondern mit En Gev in der Nähe des Sees Genezareth. In diesem Fall müssen die Israeliten die Flanke des aramäischen Heeres über die Abhänge des Golan umgangen haben. Andere schlagen vor, Afek mit einem nicht identifizierten »unteren Afek« gleichzusetzen. Demnach hätten die Aramäer im »oberen Afek« Aufstellung genommen und sich in die untere, sechseinhalb Kilometer entfernte Stadt geflüchtet. Wir halten uns an die erste Theorie, können jedoch die beiden anderen nicht ausschließen.[9]

Acht Tage standen sich die beiden Armeen gegenüber. Das ließ Ahab genügend Zeit, die Wege auszukundschaften und Truppenteile zusammenzustellen, die die Damaszener umgehen sollten. Es ist durchaus möglich, daß Ahab seine Pläne schon früher ausgearbeitet, aber eine volle Woche mit der Ausführung gewartet hat, um die feindlichen Soldaten psychologisch unter Druck zu setzen. Die Aramäer rechneten mit einem Frontalangriff auf dem Bergkamm und beobachteten angespannt jede Bewegung auf der gegnerischen Seite – am Ende der Woche muß die Nervenanspannung enorm gewesen sein, oder die Wachsamkeit hatte beträchtlich nachgelassen. Als die Israeliten in ihrem Rücken auftauchten und höchstwahrscheinlich gleichzeitig von beiden Seiten losstürmten, brach die aramäische Front auseinander, und die Soldaten flohen in das nahe gelegene Afek, dessen Verteidigung buchstäblich unter dem Ansturm der Zufluchtsuchenden zusammenbrach. Berühmte Schlachten in der neueren Geschichte wie die bei Blenheim (in der der Herzog von Marlborough 1704 kämpfte) oder die von Leuthen (Friedrich II. von Preußen 1757) haben bewiesen, daß eine Stadt, die als Rückzugsort verteidigt werden soll, selbst bei einem geordneteren Heer kaum verteidigt werden kann. Die Menschenmassen, die sich auf engstem Raum zusammendrängen, machen taktische Manöver unmöglich.[10]

Ben-Hadad erkannte das. Er beschloß, sich zu ergeben, sich Ahab zu Füßen zu werfen und um Gnade zu flehen. Zur Entrüstung vieler Israeliten ließ Ahab Milde walten und nahm Abstand davon, den bezwungenen Feind weiter zu verfolgen. Im Gegen-

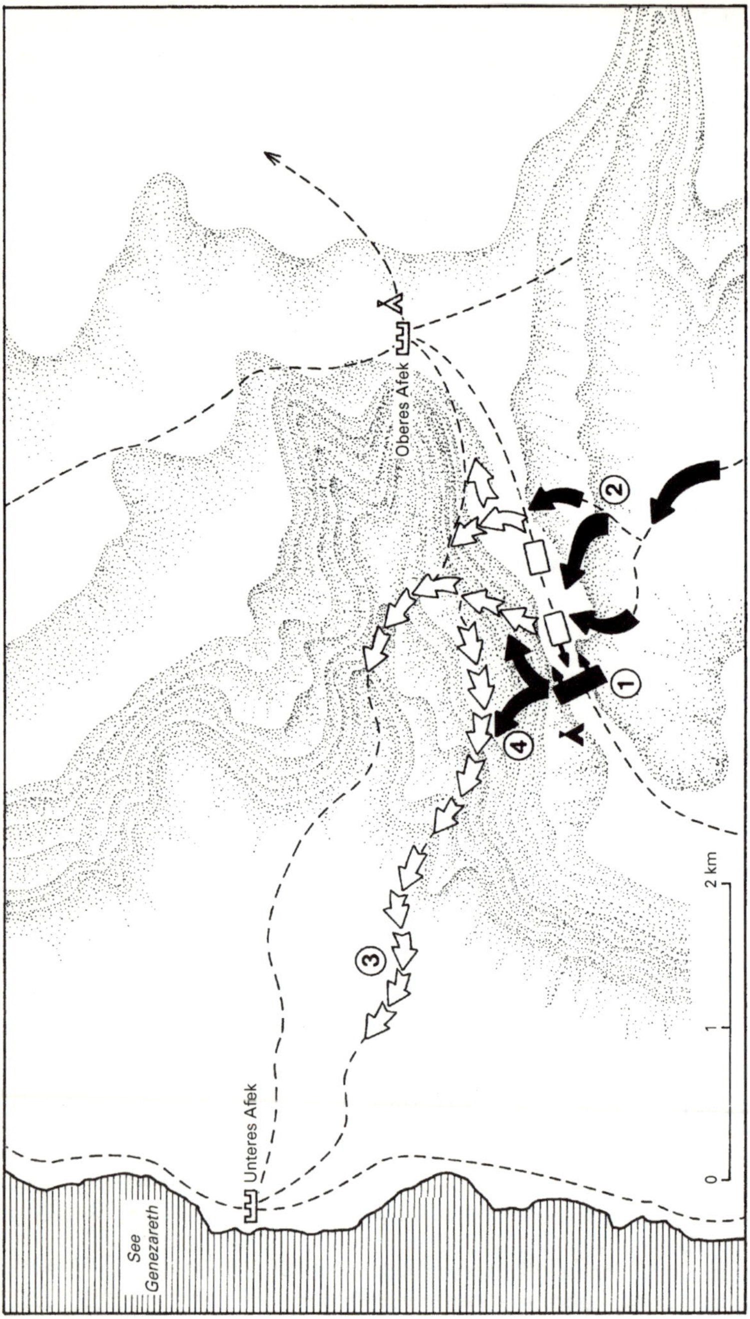

Abb. 44: Ahabs Griff nach den Golanhöhen (Phase zwei)
1 Das israelitische Heer greift die Aramäer auf dem Kamm an. 2 Die Sondereinheit klettert auf den Bergkamm und fällt den Aramäern in die Flanke. 3 Die geschlagenen Aramäer fliehen ins untere Afek. 4 Ahab verfolgt die Aramäer.

zug verlangte er von Ben-Hadad, seine Ansprüche auf ehemals israelitische Städte, die er unter seine Gewalt gebracht hatte, aufzugeben und zuzustimmen, daß Israel Handelsposten in Damaskus einrichtete; dann ließ er ihn ziehen.

Ahabs Geste war mehr als nur edelmütig, obwohl sie seinem ritterlichen Naturell entsprach. Er war ein weitblickender Herrscher und hoffte, mit Güte den Teufelskreis von Feindschaft und Krieg zu durchbrechen. Daher stellte er keine allzu krassen Bedingungen und versuchte, die Niederlage der Aramäer nicht in eine absolute Demütigung ausarten zu lassen. Er wußte, daß er nicht stark genug war, um sie auf lange Sicht in Schach zu halten, und daß eine für beide Seiten annehmbare Regelung gefunden werden mußte. Zudem war sich Ahab höchstwahrscheinlich darüber im klaren, daß Assyrien wiedererstarkte und Expansionsbestrebungen hegte. Um gemeinsam gegen diese neue Bedrohung bestehen zu können, mußten alle verfügbaren Ressourcen und Streitkräfte von Syrien und Palästina erhalten bleiben.

Die assyrische Bedrohung

Tatsächlich dauerte es nur zwei Jahre, bis sich die Lage zuspitzte und eine assyrische Invasion bevorstand.[11] Im sechsten Jahr seiner Regentschaft begann Salmanassar III. (858–824 v. Chr.) seine großen Eroberungsfeldzüge. Er bezwang zuerst die Gebiete östlich des Euphrat, um sich dann den Ländern westlich des Stroms zuzuwenden. Wie stark die assyrische Streitmacht war, kann nur vermutet werden, aber sie war zweifellos die am besten gerüstete und vielschichtigste Armee, die die Welt bis dahin gekannt hatte. Das wird deutlich, wenn man die Reliefs an den Bronzetoren des antiken Balawat im Irak studiert, auf denen einige von Salmanassars Feldzügen dargestellt sind.[12] Sie zeigen unterschiedlich bewaffnete Infanteriekorps, die neben den mit

Abb. 45: Assyrisches Heer bei der Belagerung einer Stadt. Die Soldaten versuchen die Stadt über Gebäude zu stürmen, die sich an die Mauer lehnen. Teams aus je einem Bogenschützen und einem Lanzenstecher unterstützen die Sturmtruppen. Die Lanzenstecher tragen einen mannsgroßen Schild, um sich selbst und den Bogenschützen abzuschirmen. Die Verteidiger kämpfen von hölzernen Galerien aus.

drei Soldaten bemannten Streitwagen und der mit Lanzen, Speeren oder Bogen bewehrten Kavallerie kämpfen. Einige Truppen sind mit schweren Rüstungen geschützt, andere scheinen gar nicht geschützt zu sein. Der Belagerungstroß führt neben den bereits bekannten Geräten und Sturmleitern mobile vier- und sechsrädrige, mit Eisen und/oder Tierhäuten ummantelte Rammböcke mit sich. Die Boote, Flöße und aufgeblasenen Tierhäute dienen der Vorhut als Mittel für Flußüberquerungen, und die schematisch aufgebauten, befestigten Lager bieten den Truppen während des Marsches Schutz.

Der assyrischen Armee scheint zu dieser Zeit bereits ein gut ausgebildetes, komplettes Kavalleriekorps angehört zu haben, das oft mit der Infanterie oder unterschiedlich bewaffneten Reitern gemischte Einheiten bildete. Bei kleineren taktischen Manövern wurden Experimente mit Kampfgruppen von zwei Kavalleristen gemacht – einem Bogenschützen und einem Soldaten, der eine andere Waffe trug und den Bogenschützen abschirmte, wenn er die Pfeile abschoß – ähnlich den Fußsoldaten mit Bogen, die von einem Schildträger geschützt wurden.

Auch die israelitische Armee hatte bis zu einem gewissen Grad berittene Truppen in ihr Heer integriert, doch die Reiter spielten in der Geschichte des nördlichen Königreiches nie eine so entscheidende Rolle wie die Wagenlenker. Die unabhängige Kavallerie mag sich hier wie andernorts aus den Reitern, die die Streitwagen begleiteten, entwickelt haben. Auf einigen assyrischen Reliefs bilden Reiter zusammen mit den Streitwagen Kampfeinheiten. Das Zitat von Jehus Worten an seinen Hauptmann Bidkar – »wenn ich und du hinter Ahab reiten« – kann als Beweis dafür gewertet werden, daß in Israel ursprünglich auch zwei berittene Soldaten einen Streitwagen begleiteten und den Wagenlenker im Kampf unterstützten.[13]

Das assyrische Heer erreichte das obere Orontes-Tal, aber als es in Richtung Süden zog, versperrte ihm die Streitmacht der syrischen und palästinensischen Verbündeten, die am Grenzgebiet von Qarqar Schlachtaufstellung genommen hatte, den Weg (853 v. Chr.). Salmanassars Annalen überliefern die Schlachtordnung der alliierten Arme, die sich ihm entgegenstellte:

»Hadadeser [Ben-Hadad II.] von Damaskus: 1 200 Streitwagen, 1200 Kavalleristen, 10 000 Fußsoldaten; Irhuleni von Hamat: 700 Streitwagen, 700 Kavalleristen, 10 000 Fußsoldaten; Ahab aus Israel: 2000 Streitwagen, 10 000 Fußsoldaten; Que: 500 Fußsoldaten; 1000 Soldaten aus Musri [entweder ein syrisches oder ein ägyptisches Reich]; Arqad: 10 Streitwagen, 10 000 Soldaten; Arvad: 200

> Soldaten; Usanata [Usnu]: 200 Soldaten; Schian: 30 Streitwagen, 10 000 Fußsoldaten; 1000 (?) Soldaten aus Ammon; Gindibu der Araber: 1000 Kamelreiter.«

Insgesamt verfügten die Alliierten also über 3940 Streitwagen, 1900 Reiter, 1000 Kamelreiter und 52 900 Fußsoldaten.[14]

Diese Auflistung ist eins der aufschlußreichsten militärhistorischen Dokumente aus dieser Periode. Der assyrische Chronist kann nicht im Verdacht stehen, die feindliche Truppenstärke absichtlich kleiner dargestellt zu haben, als sie tatsächlich war. Daher muß seine Einschätzung der einzelnen, relativ bescheidenen Streitkräfte, die die Verbündeten für die Armee der Koalition bereitstellten, als glaubwürdig angesehen werden. Selbstverständlich sagen diese Angaben nichts über die Gesamtstärke der einzelnen Volksheere aus. Aber sie vermitteln eine Vorstellung vom Umfang der Truppenverbände, die an großen Schlachten beteiligt waren. Zufällig entspricht diese Größenordnung in etwa der Armeestärke auf europäischen Schlachtfeldern. Erst im 19. Jahrhundert waren die Armeen in der Lage, größere Heere in eine Schlacht zu schicken. Die Kontingente im Mittelalter waren alle kleiner.

Interessant ist, daß phönizische Mittelmeerstädte wie Arvad nur einen mageren Beitrag geleistet haben und daß viele andere wie etwa Tyros überhaupt nicht in dieser Aufzählung erwähnt sind. Da sie hauptsächlich über Seestreitkräfte verfügten, müssen sie ihre Flotte mobil gemacht haben, um die Alliierten zu unterstützen. Ihr Beitrag bei Landkriegen beschränkte sich – wie der von Marinestreitmächten auch in späteren Epochen (z. B. Venedig oder Großbritannien im größten Teil der Geschichte) – auf finanzielle Mittel und Ersatztruppen.

Ahab erscheint erst als dritter auf der Liste (der Chronist war offenbar mit Assyriens unmittelbaren Nachbarn vertrauter), doch er muß eine der treibenden Kräfte der Koalition, wenn nicht gar die Zentralfigur, gewesen sein. Ben-Hadad hat diese Position so

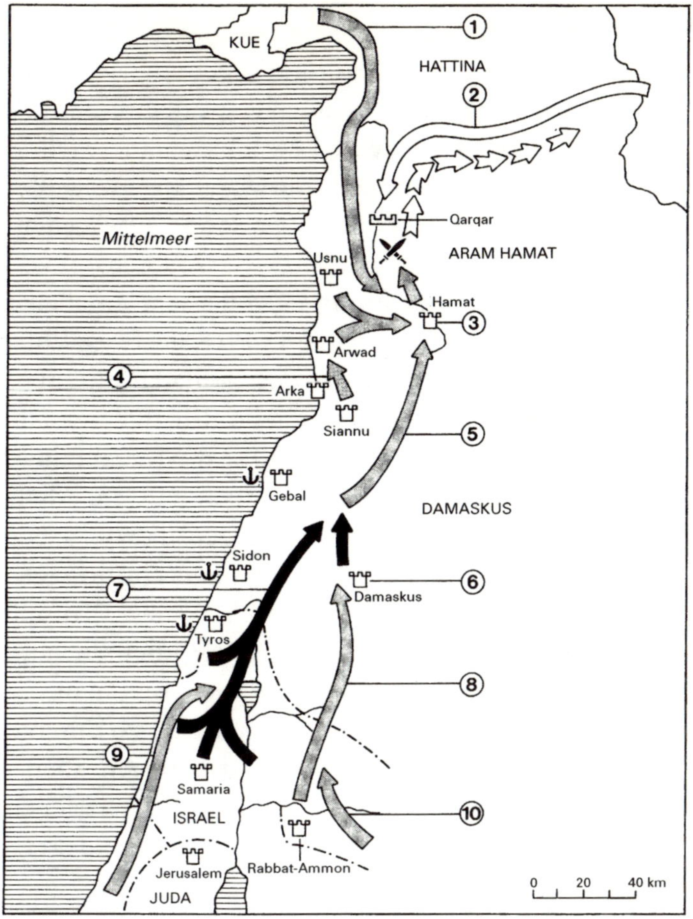

Abb. 46: Der Marsch gegen die Assyrer in Qarqar

1 Aus Kue: 500 Fußsoldaten.
2 Die große assyrische Armee.
3 Die Emesianiter aus Hamat: 700 Streitwagen, 700 Kavalleristen, 10 000 Fußsoldaten.
4 Die Phönizier (aus Arwad, Arka, Siannu und Usnu): 40 Streitwagen, 20 200 Fußsoldaten.
5 Die Truppen der südlichen Verbündeten.
6 Die Damaszener: 1200 Streitwagen, 1200 Kavalleristen, 10 000 Fußsoldaten.
7 Die Israeliten: 2000 Streitwagen, 10 000 Fußsoldaten.
8 Die Ammoniter: 1000 Fußsoldaten.
9 Die Ägypter (aus Musri): 1000 Fußsoldaten.
10 Die Araber: 1000 Kamele.

kurz nach der vernichtenden Niederlage und der Unterwerfung vor dem israelitischen König bestimmt nicht eingenommen. Obschon Ahabs Kavallerie – falls er überhaupt über eine verfügte – so unbedeutend war, daß sie keine Erwähnung fand, stellte er das bei weitem größte Kontingent an Streitwagen und Wagenlenkern. Interessanterweise hatte Ahab auch etwa 800 Streitwagen mehr als seinerzeit Salomo, der immerhin auf die Ressourcen des vereinten Königreiches zurückgreifen konnte. Außerdem ergaben Schätzungen, daß die Ställe in Megiddo 492 Pferden Platz boten (das entspricht einem Korps von etwa 2000 Soldaten, die die Besatzung der Streitwagen bildeten). Das hieße also, daß den Israeliten insgesamt zwölf derartige Stützpunkte für die Kavallerie und die Streitwagen zur Verfügung gestanden haben müssen. Ahabs Vereinbarung mit Tyros mag dazu beigetragen haben, daß er den Unterhalt für diese kostspieligen Einrichtungen aufbringen konnte. Möglich wäre allerdings auch, daß ein Teil dieser Truppen und Pferde aus Juda kam, denn zu dieser Zeit verpflichtete ein Bündnis zwischen Juda und Israel beide Seiten, sich sowohl im Falle der Verteidigung als auch bei Offensiven gegenseitig zu unterstützen. Schließlich besteht noch die Möglichkeit, daß die Angaben auf der Liste des assyrischen Chronisten beträchtlich übertrieben sind, doch die Relation der einzelnen Kontingente zueinander erscheint glaubhaft.[15]

Die relativ geringe Anzahl von israelitischen Fußsoldaten kann leicht erklärt werden: Ahab wollte nicht alle Streitkräfte aus Israel abziehen, um auch im eigenen Land kampfbereit zu sein, falls sich die Expedition ins nördliche Syrien als Fehlschlag erwies. Zudem mußte er eine Streitmacht zurücklassen, die groß genug war, um Moab in Schach zu halten, die Grenzen zu den Philistern im Westen zu bewachen und mögliche feindliche Einfälle im Osten abzuwehren. Abgesehen davon stellte Ahab höchstwahrscheinlich für diesen voraussichtlich umfangreichen und komplizierten Feldzug nur Berufssoldaten ab.

Die logistischen Anstrengungen, die unternommen werden

mußten, um eine Armee von mindestens 10 000 (und vermutlich noch viel mehr) Männern in Marsch zu setzen, zu verpflegen und auf ihrem etwa 480 Kilometer langen Marsch zu erhalten, waren enorm. Aufzeichnungen aus dem Burenkrieg beweisen, daß ein Marsch dieser Größenordnung im frühen 20. Jahrhundert etwa 30 Tage gedauert hat.[16] Allerdings schließt diese Angabe weder Truppenteile mit Ochsenkarren noch Kamelkarawanen mit ein, die etwa drei Kilometer in der Stunde zurücklegen und die Marschkolonnen erheblich aufhalten. Die bloße Länge des israelitischen Trosses kann auf etwa zehn Kilometer geschätzt werden, was ein großes Maß an Disziplin bei nur beschränkten Mitteln der Kommunikation (visuell, mündlich, Läufer und Reiter) von allen erforderte. Jedes Pferd mußte mindestens vier Pfund Futter pro Tag bekommen, wenn keine Weiden zur Verfügung standen, Ochsen brauchten drei Pfund Futter pro zwanzig Pfund Körpergewicht. Der tägliche Frischwasserbedarf der gesamten israelitischen Armee dürfte durchschnittlich 5000 Hektoliter betragen haben. Obwohl der Marsch im großen und ganzen durch freundlich gesinnte Regionen führte und die Verpflegung von in der Nähe der Route gelegenen Stützpunkten bereitgestellt wurde, mußte ein genauer Plan eingehalten werden, um den nötigen Nachschub zur rechten Zeit von den richtigen Stellen, Depots und Stützpunkten sicherzustellen. Und diese Aufgabe gestaltete sich vermutlich noch schwieriger, da eine multinationale und mehrsprachige Armee versorgt werden mußte.

Trotz all dieser Schwierigkeiten erreichten die alliierten Truppen wohlbehalten Qarqar. Es gelang ihnen, so rückständig die Bewaffnung und Ausrüstung auch gewesen sein mochten, die assyrische Armee nicht nur zu besiegen, sondern sie so vernichtend zu schlagen, daß Salmanassar in der Folgezeit keine Kriegspläne gegen Syrien und Palästina schmiedete. In der Bibel findet sich keine Schilderung der Schlacht von Qarqar, und es ist archäologischen Ausgrabungen zu verdanken, daß die assyrischen in

Abb. 47: Assyrische Steinschleuderer und Bogenschützen beim Angriff auf Lachisch (aus Sanheribs Palast in Ninive).

Stein gehauenen Annalen, die von diesen Ereignissen berichten, ans Licht gekommen sind.

Daß die Möglichkeiten der damaligen Zeit begrenzt waren, ist treffend auf alten ägyptischen und assyrischen Darstellungen von logistischen Einrichtungen wiedergegeben. Übrigens unterschieden sich die Mittel, die Ahab und seinen Verbündeten zu Verfügung standen, kaum von denen der römischen Truppen, die aus dem ganzen Römischen Reich zusammenströmten, um 67–71 n. Chr. und 122/3–125 n Chr. gegen die Juden zu kämpfen. Noch in späteren Epochen brachten Feldzüge wie die in den italienischen Kriegen, die seit Karl dem Großen bis zum sechzehnten Jahrhundert geführt wurden, Truppenbewegungen ähnlichen Ausmaßes mit sich, die sogar die Überquerung der Alpen nötig machten, und die Logistik war nicht mehr (eher weniger) ausgeklügelt.

Die Bibel greift, aus welchen Gründen auch immer, den Faden der Geschichte erst einige Zeit nach Ahabs Rückkehr nach Israel wieder auf, als er höchste Macht und Ansehen genoß:

»Im dritten Jahr aber zog Joschafat, der König von Juda, hinab zum König von Israel. Und der König von Israel sprach zu seinen Großen: Wisset ihr nicht, daß Ramot in Gilead unser ist, und wir sitzen still und nehmen es nicht dem König von Aram ab? Und er sprach zu Joschafat: Willst du mit mir ziehen in den Kampf gegen Ramot in Gilead? Joschafat sprach zum König von Israel: Ich will sein wie du, und mein Volk wie dein Volk, und meine Rosse wie deine Rosse.« (1. Könige 22, 2-4)

Der historische Schauplatz und die Umstände sind klar. Joschafat kam zu einer Beratung der königlichen Partner nach Samaria. Diese Konsultationen fanden seit dem Bündnisschluß der beiden Königreiche während der Regentschaft von Omri (?) in regelmäßigen Zeitabständen statt. Da Ben-Hadad sein nach der Niederlage bei Afek gegebenes Versprechen, alle ehemals israelitischen Städte zurückzugeben, nicht eingehalten hatte und nach wie vor den nördlichen Rand von Gilead unter seiner Herrschaft hielt, schlug Ahab seinem Verbündeten vor, sich gemeinsam das zurückzuholen, was rechtmäßig ihm gehörte. Joschafats unverzügliche und rückhaltlose Zusicherung seiner Mithilfe wurde von drei Überlegungen bestimmt: 1. Er vertraute auf Ahabs militärische Führung. 2. Er wußte, wie wichtig es war, den Fluß Jarmuk und den Edrei-Durchbruch zurückzuerobern, da nur so die Grenzen beider Königreiche abgesichert werden konnten. 3. Er kannte die strategischen und wirtschaftlichen Vorteile von Ramot-Gilead, durch das der Königsweg führte und das als Kornkammer westlich der Harun-Berge galt, und wußte, daß die jüdischen Siedler an den Weideflächen unterhalb von Ramot dem ständigen Druck aller möglichen Stämme und Völker ausgesetzt waren.[17]

Am Vorabend der entscheidenden Begegnung in Ramot-Gilead, das von den Damaszenern besetzt war, hatte Ben-Hadad einige bange Stunden, in denen er an die Niederlage dachte, die ihm Ahab Jahre zuvor bereitet hatte. Bei einer Besprechung mit seinen Offizieren offenbarte er seine Furcht vor Ahabs überlegener militäri-

Abb. 48: »Ein Mann aber spannte den Bogen ... und schoß den König von Israel zwischen Panzer und Wehrgehänge« (1. Könige 22, 34). Darstellung eines ähnlichen Ereignisses auf einem ägyptischen Relief aus etwa der gleichen Zeit.

scher Führung, denn er schätzte ihn gefährlicher ein als seine Truppen: »Aber der König von Aram gebot den Obersten über seine Wagen – es waren zweiunddreißig – und sprach: Ihr sollt nicht streiten gegen Geringe und Hohe, sondern allein gegen den König von Israel« (1. Könige 22, 31).

Als die Armeen am folgenden Tag aufeinandertrafen, griffen ausgesuchte Streitwagentruppen an, die nur das Ziel hatten, Ahab zu finden und zu töten. Als eine dieser Einheiten versehentlich über Joschafat herfiel, stellte sie augenblicklich die Kampfhandlungen ein, sobald sie den König von Juda erkannte. Ahab hatte von Anfang an in der ersten Schlachtreihe gekämpft und war durch Zufall der Aufmerksamkeit der Wagenlenker, die ihn gefangennehmen sollten, entgangen. Doch während die Schlacht tobte, durchdrang ein Pfeil eine Schwachstelle seiner Rüstung und bohrte sich tief in seinen Körper. Er war so schwer verletzt, daß er den Angriff nicht mehr selbst anführen konnte. Gleichzeitig leisteten die Aramäer so erbittert und entschlossen Widerstand, daß er sich scheute, das Schlachtfeld zu verlassen. Er gönnte sich nicht einmal die Zeit, seine Wunde zu versorgen, weil er fürchtete, die israelitischen Soldaten könnten dies mißverstehen und den Rückzug antreten. »Aber der Kampf nahm immer mehr zu an jenem Tage, und der König von Israel blieb in seinem Wagen stehen gegenüber den Aramäern bis zum Abend; und er starb, als die Sonne unterging« (2. Chronik 18, 34).

Ahab verbarg seine tödliche Verwundung bis zum Abend den Blicken seiner Soldaten und verblutete – erst als die Sonne unterging, brach er erschöpft zusammen und starb. Durch diese letzte Heldentat hatte Ahab die drohende Niederlage abgewendet. Doch noch ehe sich die Truppen am nächsten Morgen erneut zum Kampf rüsteten, verbreitete sich die Nachricht von Ahabs Tod unter den Soldaten. Keiner der Offiziere und Anführer erwies sich als so klug, diese Schreckensbotschaft zu nutzen, um den Zorn und den Rachedurst der Soldaten anzustacheln. Die Bestürzung war groß, und die entmutigten Israeliten und Judäer traten den Rückzug an, »jeder ... in seine Stadt und in sein Land«.

KAPITEL 8

ISRAEL NACH AHAB

DER FELDZUG GEGEN MESCHA

Der Konflikt mit den Aramäern war auch nach Ahabs Feldzug ungelöst, und nach dem Tod des Königs auf dem Schlachtfeld von Ramot-Gilead machte sich in ganz Israel und Juda Bestürzung breit. Mescha, der König von Moab, nutzte diese Situation aus und zettelte eine Revolte an, um sein Land von der Hegemonie Israels zu befreien. Seine Heldentaten sind detailliert auf der berühmten Stele beschrieben, die er nach seinem endgültigen Sieg errichten ließ (sie wurde vor einem guten Jahrhundert in der Nähe des alten Dibon in Moab entdeckt).[1] Dieser Quelle, die die Schilderungen der Bibel bestätigt, entnehmen wir, daß Mescha nicht an den Grenzen seines Reiches haltmachte, sondern den Fluß Arnon im Norden und den Fluß Zered im Süden überquerte, Städte und Dörfer in Misor (dem Hügelland von Gilead) eroberte und in geringerem Ausmaß auch im Norden von Edom Boden gutmachte.[2]

König Ahasja war nach einem Sturz aus einem Palastfenster in Samaria ein kranker Mann, und erst als ihm sein Bruder Joram nach zwei Jahren auf den Thron nachfolgte (um 850 v. Chr.), erholte sich Israel von den Ereignissen und plante die Rückeroberung von Moab.

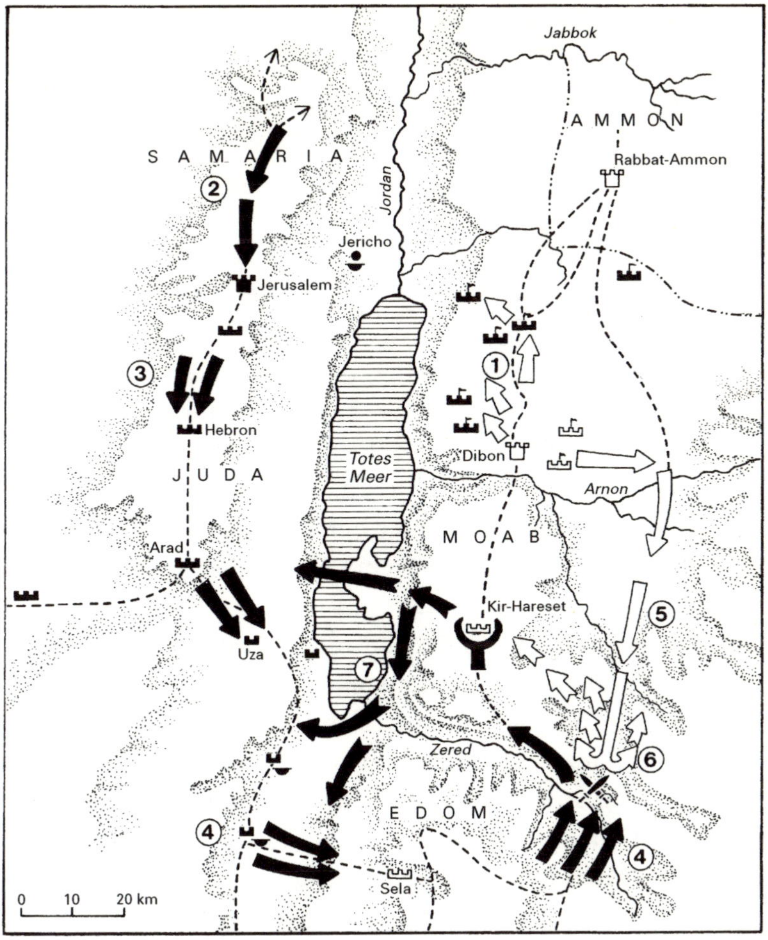

Abb. 49: Der Krieg gegen Mescha

1 Mescha, König von Moab, rebelliert und erobert israelitische Garnisonsstädte und Siedlungen.

2 Joram rückt mit seinen Verbündeten aus Juda und Edom (Vasall von Juda) aus südlicher Richtung in Moab ein.

3 Truppen aus Juda unter Joschafat schließen sich Joram an.

4 Die Edomiter schließen sich den Israeliten und Judäern an.

5 Mescha marschiert nach Süden, um den Alliierten gegenüberzutreten.

6 Mescha wird besiegt und zieht sich nach Kir-Hareset zurück, das von den Verbündeten belagert wird.

7 Die Belagerung wird unter mysteriösen Umständen abgebrochen; die Verbündeten treten den Rückzug an, möglicherweise durch die Furt im Toten Meer.

»... und [Joram] sandte hin zu Joschafat, dem König von Juda, und ließ ihm sagen: Der König der Moabiter ist von mir abgefallen; komm mit mir, um gegen die Moabiter zu kämpfen! Er sprach: Ich will kommen; ich bin wie du, und mein Volk wie dein Volk, und meine Rosse wie deine Rosse. Und Joram sprach: Welchen Weg wollen wir hinaufziehen? Joschafat sprach: Den Weg durch die Wüste Edom. So zogen hin der König von Israel, der König von Juda und der König von Edom ...« (2. Könige 3, 7-9).

Die israelitisch-judäische Allianz war demnach noch intakt. Wir wissen von Meschas Stele, daß der König von Juda nicht nur seine durch das Bündnis festgelegte Pflicht erfüllte, sondern selbst Interesse an diesem Feldzug hatte, da Mescha Teile von Edom besetzt hielt, die ursprünglich unter der Vorherrschaft Judas gestanden hatten und von einem judäischen Statthalter verwaltet worden waren.

Die Expeditionsstreitkräfte bestanden aus Fußsoldaten und Streitwagen, und den Oberbefehl hatte Joram, trotz seiner Jugend. Seine Planung bewies Einfallsreichtum und Wagemut. Seine Absichten wären zu offensichtlich gewesen, hätte er den direkten Weg über den Jordan bei Adam (oder durch eine andere Furt) genommen. Deshalb entschied er sich für eine indirekte Annäherung, um die Moabiter von Süden aus anzugreifen. Das Jordangebiet war schon immer Schauplatz von Grenzüberfällen und Konflikten gewesen. Nach der Besetzung hatte Meschas erste Sorge dem Wiederaufbau der Befestigungsanlagen in dieser Region gegolten, und seine Soldaten am Jordan waren vermutlich in höchster Alarmbereitschaft. Um diese Linie abzusichern, hatte Mescha allerdings seine südlichen Grenzen vernachlässigt, an denen, wie er wußte, die schwierigen topographischen und klimatischen Bedingungen den Zugang erheblich erschwerten.

Joram hatte vor, die Versäumnisse an Meschas Südgrenzen auszunutzen, besonders da er wußte, daß die nördlichen Zugänge nach Moab kaum leichter zu passieren waren. Der Verlauf der

Vorstöße gegen Amman und Es-Salt im Ersten Weltkrieg, bei denen ausgezeichnet geschulte britische Streitkräfte von den türkischen Verteidigern vernichtend geschlagen wurden, macht deutlich, welche Schwierigkeiten die Kämpfe in diesem Gelände mit sich bringen. Zudem war zu Jorams Zeit der einzige größere Übergang über den Fluß Arnon (Wadi Mujib) durch die neu befestigte Stadt Aroer größeren Truppenbewegungen wirksam versperrt.

Daher nahm Joram das kalkulierte Risiko eines Wüstenmarsches auf sich, obwohl er sich der Gefahr aussetzte, von Wüstenstämmen überfallen zu werden, und es schwierig sein würde, die Wasserversorgung für Mensch und Tier zu sichern. Wir kennen die genaue Stärke der alliierten Expeditionstruppen nicht, aber eine vernünftige Schätzung wäre die Annahme von 35 000 Soldaten und 400 Pferden. Im Januar/Februar 1915 trugen 5000 Kamele beim türkischen Angriff am Suezkanal die Wasservorräte, die eine 20 000 Mann starke Streitkraft in vierzehn Tagen benötigte, und weitere 2500 Kamele waren mit dem Rest des Proviants und des Versorgungsmaterials bepackt.[3] Die Alliierten um das Jahr 849 v. Chr. hatten bestimmt nicht weniger als die Hälfte der Kamele bei sich, die 1915 den Türken zur Verfügung standen. Doch die Kamele brauchten auch Wasser, genau wie das Vieh, das hinter der Armee hergetrieben wurde und den Soldaten während des Wüstenmarsches Frischfleisch lieferte.

Das Ausmaß der Umgehungsbewegung und der Punkt, an dem die Truppen nach Norden schwenkten und in das von den Moabitern besetzte Land eindrangen, kann mit Hilfe zweier Bibelpassagen grob lokalisiert werden: Die erste (2. Könige 3, 9) gibt an, daß der Marsch sieben Tage gedauert hat. Die zweite (2. Könige 3, 16-20) berichtet, daß die Truppen am siebten Tag in eine ernste Notlage gerieten, weil sie keine Wasservorräte mehr hatten, jedoch gerettet wurden, da ein naher Wadi plötzlich Wasser führte. Niederschläge in den Bergen von Edom, die so weit weg waren, daß weder eine Wolke noch sonst ein Hinweis auf Regen zu sehen oder zu spüren war, hatten die Rettung gebracht. Die Region, deren topographische und klimatische Voraussetzungen ein solches Phänomen am ehesten zulassen, liegt in den südöstlichen Ausläufern des Edom-Plateaus. Wenn wir annehmen, daß die Truppen – samt Herden, Lebensmittel- und Wasservorräten für Pferde, Lasttiere und Schlachtvieh – an einem Tag durchschnittlich fünfundzwanzig Kilometer vorankamen (Ausgangspunkt: Samaria), müssen sie nach sieben Tagen das Gebiet erreicht haben, in dem die Wüstenrandstraße den Fluß Zered (Wadi el-Hesa) kreuzt. Im Mittelalter wurde hier Qalat el-Hasa zum Schutz des Übergangs erbaut. Dennoch erscheint es unlogisch, daß Joram all die Risiken eines Wüstenmarsches auf sich nahm, nur um das natürliche Hindernis des Flusses und die Städte an seinem Ufer und im Hinterland vor sich zu haben. Daher ist anzunehmen, daß er statt dessen einen weiten Bogen schlug, zumal die Edomiter das Land gut kannten und wußten, wo die Wasserquellen zu finden waren.

Was immer auch die Ursache für den Wassermangel gewesen sein mochte, ein »wundersamer« Wolkenbruch rettete die Angreifer, und nachdem sie die Moabiter besiegt hatten, schlossen sie Mescha in der Burg von Kir-Hareset ein, die auch Kir-Mab genannt wurde (das heutige Kerak). Die ausgesprochen günstige Lage machte Kerak in der Zeit der Kreuzzüge und später in den Tagen der Mamelucken zu einem der stärksten Forts dieser Region, und es wurde berühmt, weil es langen Belagerungen und erbitterten Eroberungsversuchen standhielt. Obwohl die alliierten Truppen von vielen Schwierigkeiten heimgesucht wurden, gelang die Belagerung. Als die Entscheidung näherrückte, versuchte Mescha einen massiven Ausbruch an der Spitze von 700 ausgewählten Soldaten. Er suchte sich die Stelle aus, die er für die schwächste in der Front der Belagerer hielt: den Sektor, an dem der König von Edom mit seinen Soldaten Aufstellung genommen hatte. Aber selbst dort wurde Mescha zurückgeschlagen, und in dieser Stunde des Unheils und der Hoffnungslosigkeit »nahm er seinen erstgeborenen Sohn, der an seiner Statt König werden soll-

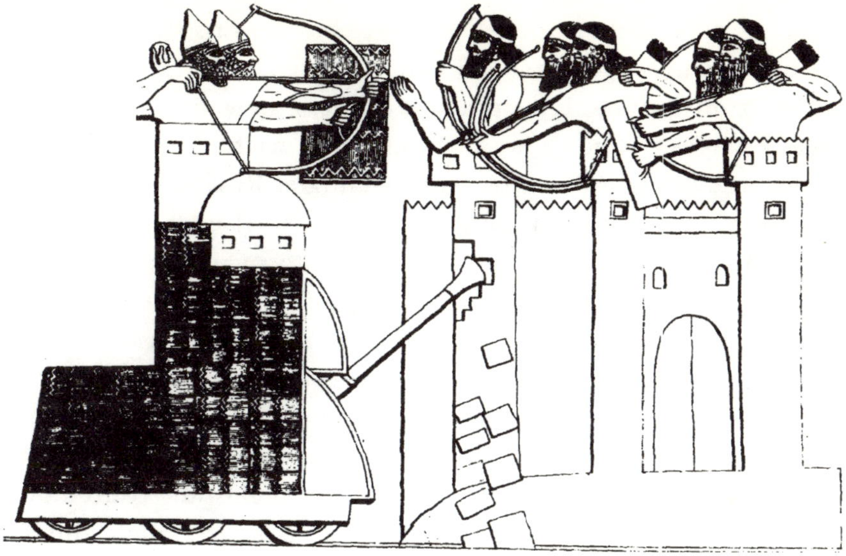

Abb. 50: Mobiler assyrischer Rammbock mit Turm bei einer Belagerung.

te, und opferte ihn zum Brandopfer auf der Mauer« (2. Könige 3, 27). Daraufhin brachen die Israeliten, laut Bibel, die Belagerung ab und beendeten die Kampagne.

Es gibt keine sachliche Erklärung dafür, daß der so kostspielige und akribisch vorbereitete Feldzug kurz vor dem endgültigen Erfolg abrupt abgebrochen wurde. Kinderopfer als *in extremis* vollzogener Akt waren nichts Ungewöhnliches im alten Orient, wenn eine Seuche drohte. Einige Wissenschaftler mutmaßen, daß die Pest im belagerten Kerak ausgebrochen war und daß Mescha hoffte, durch diese Verzweiflungstat die bösen Geister zu vertreiben und eine Epidemie zu verhindern. Die Verbündeten, die eine Ansteckung fürchteten, hielten es für das klügste, so schnell wie möglich das Weite zu suchen. Eine andere Erklärung könnte sein, daß Mescha an Kinderopfer als letztes Mittel, den Zorn der Götter zu besänftigen, glaubte und mit diesem Opfer unwissentlich den Eindruck erweckte, daß eine Seuche ausgebrochen sei.[4]

Der plötzliche Abzug aus Moab machte die Eroberungen, die die Truppen unter Joram in der ersten Phase des Krieges gemacht hatten, zum großen Teil zunichte. Mescha bewahrte sich seine Unabhängigkeit und gewann nach und nach die Festungen zurück, die er verloren hatte. Auch wenn der Rückzug aus Moab an sich der militärischen Stärke des alten Israel oder den politischen Bündnissen zwischen den Schwesterreichen und Tyros keinen Schaden zufügte, war er eine Demütigung. Daher ist man versucht, nach weiteren Gründen für den überhasteten Aufbruch der Truppen zu suchen. Ein großangelegter Krieg an mehreren Fronten wurde, wenn möglich, vermieden, sogar von den Großmächten im alten Osten. Es wäre denkbar, daß der Abbruch des Eroberungsfeldzuges in Moab nicht – oder nicht nur – durch die drohende Seuche herbeigeführt wurde, sondern auch durch Kriegsvorbereitungen der Aramäer.

Die Bibel spricht zum Beispiel von Überfällen der Damaszener. Ein solcher Stoßtrupp nahm ein kleines Mädchen gefangen, das Dienerin im Hause Naamans wurde, des »Feldhauptmann des Königs von Aram«. Israels natürlicher strategischer Vorteil waren die Verteidigungslinien im Landesinneren. Durch den Rückzug aus Moab wurde die Front gegen Damaskus gestärkt. Die Syrer hatten die Jahre, in denen sie keinen israelitischen Attacken ausgesetzt gewesen waren, gut genutzt, und griffen an. Hungersnöte und Tod behinderten die Versorgung der israelitischen Truppen, und die syrische Angriffswelle brachte die Damaszener bis vor die Tore Samarias, wurde jedoch durch Jorams geschickte politische Manöver zum Rückzug getrieben.

Da er am eigenen Leib erfahren hatte, was für eine Bedrohung ein feindlicher Überfall im Rücken der eigenen Truppen bedeute-te, versuchte Joram mit den Nachbarn seiner Feinde, »den Königen der Hetiter«, zu einer Einigung zu kommen und war erfolgreich. Jetzt wendete sich das Blatt für die Damaszener, und genau, wie sie den Krieg der Israeliten in Moab für sich ausgenutzt hatten, nutzte Joram jetzt die Unstimmigkeiten, die sie mit ihren nördlichen Nachbarn hatten, um die Nachhut der syrischen Truppen zu bedrohen.[5] Die Könige von Israel und Juda nahmen Ahabs Kampf um den Nordosten von Gilead, das Gebiet von Ramot, wieder auf. Daß sie Aram-Damaskus den Vorzug vor Moab gaben, hatte gute strategische Gründe. Damaskus war ein stärkerer und weitaus gefährlicherer Feind. Sobald die Aramäer geschlagen und die Grenze von Gilead am Fluß Jarmuk gesichert war, war die Bahn frei für einen Angriff auf Moab. Die Annahme, daß sich die Moabiter unter diesen Umständen unterwerfen würden, war durchaus begründet. Ein zusätzliches Motiv, zunächst die Ramot-Region zurückzuerobern, war wohl die bereits erwähnte wirtschaftliche Bedeutung dieses Landstrichs.

Zumindest nach außen hin war der zweite gemeinsame Feldzug in Ramot-Gilead ein Zeichen dafür, daß die Schlagkraft der Schwesterreiche nicht geschwächt und ihre Moral keineswegs erlahmt war. Aber als Joram eine Verletzung davontrug (nicht weit von der Stelle entfernt, an der sein Vater tödlich verwundet wurde) und sich vom Schlachtfeld in seinen Palast in Jesreel zurückziehen mußte, um sich zu erholen, brach eine Revolte im Lager der Verbündeten aus. Der Prophet Elisa nutzte die Abwesenheit des Königs von Juda (der seinen verwundeten Vetter besuchte), um die schon lange schwärende Unzufriedenheit der Soldaten mit den autokratischen Tendenzen im Land und den von außen kommenden kulturellen und religiösen Praktiken zu einer offenen Rebellion auszuweiten. Einflüsse von außen waren die beinahe unvermeidlichen Begleiterscheinungen der internationalen Verpflichtungen und Beziehungen Israels, doch dem Volk, das nach einem traditionell schlichten Sittenkodex lebte, blieben sie fremd. Der Widerstand konzentrierte sich natürlich auf den König. Für Elisa war die Allianz mit den Phöniziern und die Kultur und Religion, die sich durch die ehelichen Verbindungen der königlichen Häuser von Israel und Tyros im Land verbreiteten, ein Fluch. Auch Juda blieb wegen der engen Beziehungen zwischen den beiden Königreichen nicht von diesen Einflüssen verschont – um so weniger, da Joram von Juda (der Vater des regierenden Königs Ahasja) mit Prinzessin Athalia, Ahabs Tochter, verheiratet war. Der Prophet Elisa erwählte daher Jehu, den Hauptmann der königlichen Garde, und salbte ihn im Soldatenlager in Ramot-Gilead zum König von Israel.

Der Aufstieg von Aram

Jehus Morde an Joram und Ahasja können als Beginn des 35 Jahre währenden Niedergangs beider jüdischer Königreiche angesehen werden.[6] Mit dieser Tat brach Jehu die traditionellen Bündnisse mit Tyros und Juda. Da er zu schwach war, um dem wachsenden Druck der Syrer standzuhalten, erbat er Hilfe von Salmanassar von Assyrien. Doch dieser Schritt verstärkte Jehus Isolation nur noch mehr, da, wie assyrischen Annalen zu entnehmen ist, die Koalition der syrischen Herrscher gegen Salmanassar auch noch nach dem Kampf in Qarqar Bestand hatte und ihm noch dreimal – in den Jahren 849, 848 und 845 v. Chr. – Niederlagen beibrachte. Obwohl Israel an diesen Kriegen nicht aktiv teilnahm, zumindest nicht mit erwähnenswerten Truppenkontingenten, war schon die neutrale Haltung des israelitischen Königs bei diesen Konflikten ein Beitrag zur Verwirklichung gemeinsamer Interessen. Die Syrer konnten deswegen alle verfügbaren Streitkräfte auf Assyrien konzentrieren und mußten nicht damit rechnen, daß ihnen jemand in den Rücken fiel. Wenn sein Reich einer direkten Bedrohung ausgesetzt würde, war Jehu ein bedeutender potentieller Partner. Doch er verspielte all seine Vorteile, als er sich offen und aus freiem Willen für Assyrien aussprach. Sobald die Assyrer zurückgeschlagen waren, setzte Hasaël, der Herrscher von Damaskus, alles daran, um Israel zu bezwingen, bevor sich die Assyrer erholt hatten und zu einem neuen Angriff aufbrechen konnten.

Hasaël war jetzt die zentrale Figur unter den syrischen Anführern, während die Macht der jüdischen Schwesterreiche – gemäß dem Sprichwort »gemeinsam sind wir stark, getrennt dem Untergang geweiht« – einen Tiefpunkt erreicht hatte. Bei einer ganzen Reihe von Schlachten wurde Israel vernichtend geschlagen, Teile seiner Gebiete fielen an das Reich der Damaszener; der Rest des Landes war ebenso wie Juda gezwungen, Hasaël Tribut zu zahlen. Nur der Widerwille der Aramäer, Kämpfe in gebirgigem Gelände auszufechten, bewahrte die beiden Königreiche vor der totalen Eroberung.

Um seinen großen Sieg zu feiern, ließ Hasaël in Dan, einer der eroberten Festungen, eine Siegessäule errichten, deren Fragmente inzwischen freigelegt wurden. Die Inschrift erklärt *inter alia*:

> »Ich brach aus den sieben Bezirken (?) meines Königreiches auf und schlug siebzig (?) Könige mit Tausenden von Streitwagen und Tausenden von Pferden (?) Ich tötete Joram, Sohn von Ahab und König von Israel und ... Ahasjahu, Sohn von Joram und König aus dem Hause Davids... «[7]

Wieder einmal konnten die Juden auf ihr natürliches Bollwerk, die Berge von Juda und Efraim (Samaria) vertrauen und abwarten, bis Assyrien alle Vorbereitungen für die Eroberung der östlichen Mittelmeergebiete vom Taurus-Gebirge bis zum Nil abgeschlossen hatte. Bei einer ersten Expedition im Jahr 806 v. Chr. schlug der assyrische König Adadnirari III. Damaskus so vernichtend, daß die Syrer die jüdischen Schwesterreiche nicht mehr daran hindern konnten, ihre Zufluchtsstätte in den Bergen zu verlassen und rasch vorzurücken, um die verlorenen Gebiete zurückzuerobern.

Die Epoche der Niederlagen und der bedrohten Existenz sogar als Vasallen der mächtigen Nachbarn hatte in beiden jüdischen Staaten zu einer spirituellen und moralischen Erneuerung geführt, die einer Gewissensprüfung bei Priestern und Laien folgte. Während der leidenschaftliche Elisa im Norden versuchte, den

König und das ganze Land mit religiösem Eifer und jüdischem Bewußtsein zu beseelen, bewirkten die Hohenpriester in Juda eine kulturelle Revolution, die von Joas, der 38 Jahre (836–798 v. Chr.) regierte, weitergeführt wurde. Die gesellschaftlichen Neuerungen, die in Judas sicherer topographischer Lage rascher voranschritten, boten Amazja, Joas' Sohn, die Möglichkeit, Israel zuvorzukommen und die Initiative zu ergreifen. Er führte Krieg gegen die Edomiter und machte sie erneut zu seinen Vasallen. Zudem nutzte er wieder die Handelsrouten von Elat und Sela (später Petra) durch die Wüste Negev zur Mittelmeerküste.

Dieser anfängliche Aufstieg war der Hintergrund für ein Kräftemessen zwischen Amazja und Joas, und schließlich gewann Israel seine Vormachtstellung zurück. Mit dem Segen des sterbenden Elisa brach Joas um 790 v. Chr. auf, um die Gebiete zurückzuerobern, die Israel an Damaskus verloren hatte. In drei Feldzügen wurde die Macht der Aramäer gebrochen. Die Entscheidungsschlacht fand bei Afek statt. Von dort aus zogen die Israeliten jenseits der traditionellen Wege nach Damaskus. Die übliche Route hätte durch die Berge geführt, die bis zum Jom-Kippur-Krieg 1973 als natürliche Verteidigungslinie Syriens dienten. Die Israeliten stießen statt dessen nach Osten vor und näherten sich am Rand der Wüste entlang der Hauptstadt der Feinde.[8]

Die Hauptbasis für diese Kampagne war die Stadt Karnajim. Ihre Eroberung war die notwendige Voraussetzung für den Weg über den Osten. Der Prophet Amos hat uns überliefert, wie bewußt sich seine Generation über die entscheidende Bedeutung dieser Errungenschaft für die weiteren Entwicklungen war. Er nennt Lo-Dabar als zweite wichtige Station, die von den Israeliten eingenommen wurde. Seine Lage am Fuß der Berge im nordwestlichen Gilead zeigt, daß der Sieg hier der erste Schritt für die Rückeroberung der Region Ramot und das restliche Gilead war, und man darf mit Fug und Recht annehmen, daß er den Weg für erfolgreiche Feldzüge in Ammon und Moab ebnete.

Wie viele der oben genannten Landgewinne Joas nach dem Sieg bei Afek zuzuschreiben sind oder zu den Verdiensten Jerobeams II. gerechnet werden müssen, ist strittig. Die Zeit unter den Königen Jerobeam und Usija von Juda muß als das zweite Goldene Zeitalter des biblischen Israel angesehen werden. Jerobeam besetzte Damaskus und sicherte die Grenze bei Lebo-Hamat am Orontes. In den beinahe 45 Jahren seiner Regentschaft gewöhnten sich die Israeliten an den Gedanken, die größte Macht in Syrien zu sein, und auch die Nachbarvölker fanden sich damit ab. Das Ausmaß des Einflusses und Gewichts der israelitisch-judäischen Koalition kann an der Tatsache gemessen werden, daß ein Israelit oder Judäer im Süden Syriens, im Königreich Hamat, regierte – oder ein ortsansässiger Herrscher hatte es für angebracht gehalten, den hebräischen Namen Onadja (Jaubiidi in Aramäisch) anzunehmen.[9]

Entweder Joas oder Jerobeam II. eroberten neben anderen Festungen die solide befestigte Stadt Dan am Fuß des Berges Hermon zurück. Sie oder ihre Männer zertrümmerten die Siegessäule, die Hasaël von Damaskus 75 Jahre zuvor errichtet hatte. Diese Tat kann als instinktive Zerstörung eines Symbols, das die Übermacht des verhaßten Feindes darstellte, angesehen werden – von einem unbekannten Soldaten während der Kämpfe oder kurz danach vollbracht –, oder als feierlichen Akt, der im Beisein des siegreichen Königs oder seines Stellvertreters vollzogen wurde. Die Bruchstücke der Säule wurden als Bausteine für Mauern und Straßenpflaster verwendet.[10]

Als Secharja, der Sohn Jerobeams II., unter (uns) unbekannten Umständen ermordet wurde, erschien es nur natürlich, daß Usija von Juda seine Stelle einnahm und der führende Herrscher in Syrien wurde. Die Könige begruben ihre Streitigkeiten und taten sich zusammen, um den erneuten Kampfvorbereitungen der Assyrer zu begegnen.

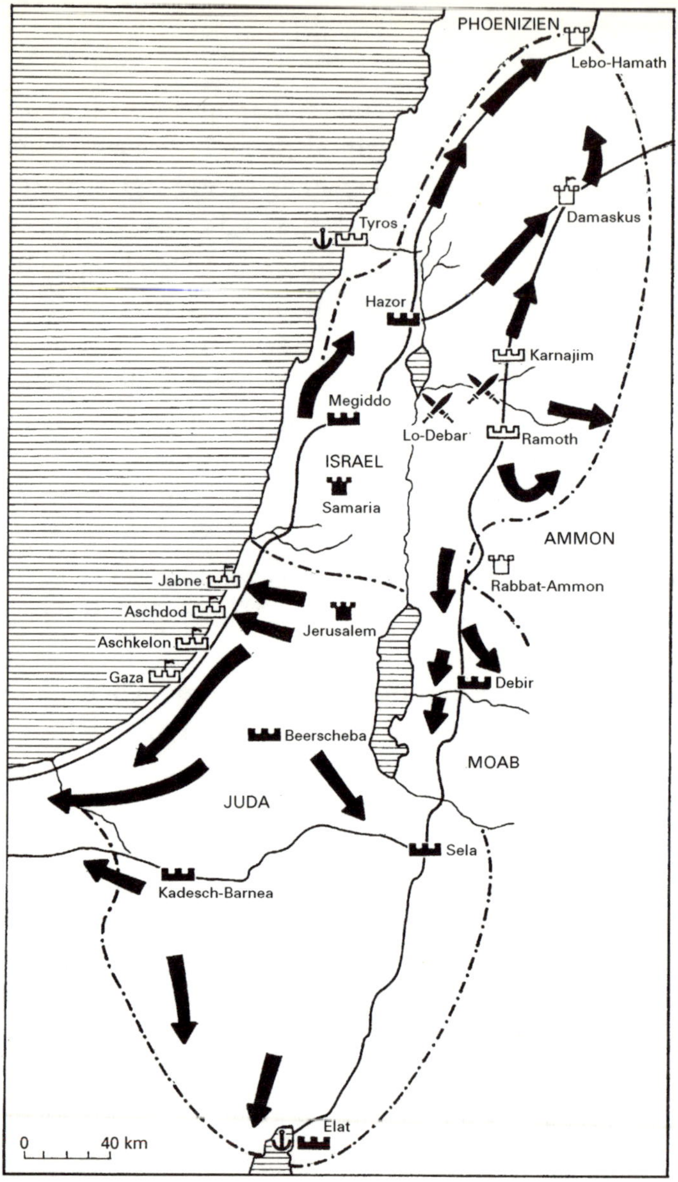

Abb. 51: Die Ausdehnung Israels und Judas unter Jerobeam II. und Usija
Das Königreich von Josia umfaßte fast dieselben Gebiete, außer den philistinischen Städten und den Gebieten nördlich der Linie Tyros-Karnajim.

Der Prophet Amos war während Jerobeams Lebenszeit tätig, als Israel seine Blütezeit erlebte. Seine Predigten machen die Ursachen für Israels anschließenden Untergang deutlich. Der plötzliche Umschwung von Not und Schwäche zur höchsten Macht schuf eine falsche Selbstsicherheit. Die dunklen Wolken der militärischen Bedrohung zogen unbeachtet am Horizont auf, während die soziale Kluft zwischen den Besitzenden und den Armen immer breiter wurde und den gemeinschaftlichen Geist verschlang, der so viel dazu beigetragen hatte, daß die israelitischen Heerscharen denen der Gegner überlegen waren. Als Secharja von Schallum ermordet wurde, kam es zu einer Reihe von Palastrevolutionen. Die rasch aufeinanderfolgenden Regierungswechsel zerstörten Kontinuität und Stabilität in Strategie und Politik. Der Prophet Hosea beschrieb die Situation, indem er Israel »eine törichte Taube« nannte, »die sich leicht locken läßt. Jetzt rufen sie Ägypten an, dann laufen sie nach Assur [Assyrien]« (Hosea 7, 11).

Es ist möglich, daß diese politische Unentschlossenheit der Grund dafür war, daß sich Israel nicht der Koalition anschloß, die unter der Führung von Usija von Juda gebildet wurde. Da die Bibel über dieses Thema schweigt, stehen uns nur schwer beschädigte assyrische Inschriften zur Verfügung, die in Kalach am Euphrat gefunden wurden. Der Ausgang der Schlacht, die im nördlichen Syrien tobte, war bestenfalls unentschieden (wie später geschildert wird). Nach einem oder zwei Jahren – 738 v. Chr. – war Tiglat-Pileser (der in der Bibel Pul genannt wird) in der Lage, in Syrien einzumarschieren und sogar von Israel und Juda hohe Tribute einzufordern. Israel duldete die assyrische Vorherrschaft, und diese Haltung führte zu der Revolte, die Pekach ben Remalja, ein Offizier, gegen den regierenden Monarchen Pekachja anzettelte. Pekach war Gileaditer, und es kam nicht von ungefähr, daß er einen so großen Einfluß hatte – Gilead hatte für das Königreich Israel immer mehr an Bedeutung gewonnen. Pekach appellierte an das Selbstwertgefühl seiner Landsleute, die sich ihrer historischen

Abb. 52: Assyrischer Streitwagen, bemannt mit dem Wagenlenker und zwei Soldaten in Kettenhemden.

Vormachtstellung im Cis-Jordanland und ihrer wirtschaftlichen sowie militärischen Bedeutung sehr wohl bewußt waren. Zusammen mit einer Schar von Gileaditern überwältigte und tötete er den König. Um seine Macht über Israel zu stärken, muß Pekach zusätzliche Einheiten nach Gilead geführt und dort dauerhaft stationiert haben. Auf diese Weise öffnete er jedoch die israelitischen Grenzen für Angriffe aus Damaskus (das sich erst kurze Zeit zuvor aus der israelitischen Hegemonie befreit hatte).

Israels Niedergang

Rezin, der König von Damaskus, nutzte ohne Zögern die günstige Gelegenheit, und seine Truppen drangen bis nach Elat vor. Israels schlechte Lage gestattete den Damaszenern zum erstenmal in der biblischen Geschichte, die gesamte Königsstraße zu kontrollieren. Das hatte beträchtliche negative Folgen für die Wirtschaft Israels. Außerdem konnten die Aramäer ungehindert ihre Truppen an den Ostgrenzen von Israel und Juda aufmarschieren lassen und einsetzen. Während Israel wohl oder übel den Status als Damaszener Satellitenstaat akzeptierte, sträubte sich Juda gegen die erzwungene Allianz mit Rezin und Pekach gegen Assyrien. Ahas von Juda unterwarf sich in seiner Verzweiflung Tiglat-Pileser, als Rezin und Pekach erste Schritte unternahmen, um ihn abzusetzen. Der assyrische König hatte seinerseits die Gelegenheit ergriffen, die Israels Zerfall ihm bot, um eine Offensive an der syro-palästinensischen Küste bis zur Grenze Ägyptens (bis zum heutigen El-Arisch) zu starten.

Ahas' Bitte bot Tiglat-Pileser einen guten Vorwand, und er kam seinem unterdrückten Vasallen gern zu Hilfe. In einer ganzen Reihe von Feldzügen zwischen 734 und 732 eroberte er ganz Syrien und Palästina. Reliefdarstellungen zeigen, daß die assyrischen Armeen noch besser und vielseitiger gerüstet waren als früher. Sie kämpften sowohl im Feld als auch bei Belagerungen mit neuartigen Waffen und Geräten.[11] Die feindlichen Truppen waren ihnen auf der ganzen Linie unterlegen, und die reichhaltigen assyrischen Ressourcen ließen große Kriegsunternehmungen zu. Deshalb beschloß Tiglat-Pileser, alle eroberten Gebiete zu Provinzen seines Reiches zu machen. Die syrischen Gebiete östlich der tributpflichtigen phönizischen Küste (Damaskus eingeschlossen), die Scharon-Küste, Galiläa und Gilead wurden in Provinzen aufgeteilt und dem assyrischen Imperium eingegliedert. Israel wurde zum Vasallenstaat in den Bergen von Samaria. Juda erlitt ein ähnliches Schicksal, und die ehemaligen Schutzgebiete beider Königreiche wurden zu assyrischen Provinzen. Um Israel noch mehr zu schwächen, schickte Tiglat-Pileser 13 500 Israeliten, deren Fertigkeiten ihm bei seinen Kriegsunternehmungen von Nutzen sein konnten, nach Assyrien ins Exil.[12]

Pekach überlebte dieses Debakel nicht. Er wurde von Hoschea ben Ela abgesetzt, der als assyrischer Vasall den Thron bestieg. Aber weder der König noch das Land ertrugen klaglos das Joch, das ihnen die fremde Macht auferlegt hatte. Der Drang nach Unabhängigkeit – das Vermächtnis aus der Zeit der Stämme, das

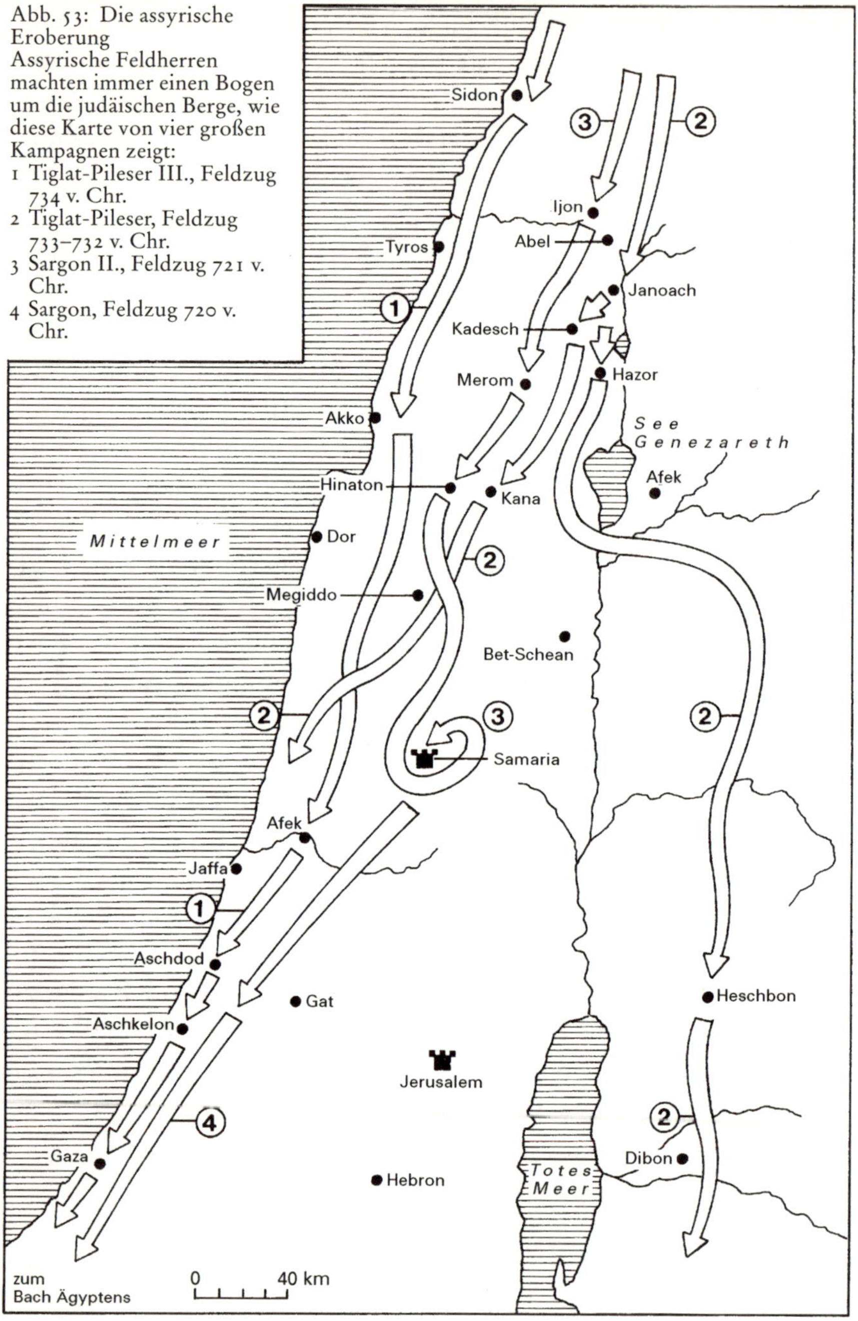

Abb. 53: Die assyrische Eroberung
Assyrische Feldherren machten immer einen Bogen um die judäischen Berge, wie diese Karte von vier großen Kampagnen zeigt:
1 Tiglat-Pileser III., Feldzug 734 v. Chr.
2 Tiglat-Pileser, Feldzug 733–732 v. Chr.
3 Sargon II., Feldzug 721 v. Chr.
4 Sargon, Feldzug 720 v. Chr.

niemals, nicht einmal unter dem autokratischsten Monarchen, ganz erloschen war – erwachte von neuem; das jetzt winzige Israel besann sich auf sein einst so hohes politisches Prestige und verschwor sich heimlich gegen Assyrien: »Als aber der König von Assyrien innewurde, daß Hoschea eine Verschwörung gemacht und Boten gesandt hatte zu So, dem König von Ägypten, und keine Abgaben dem König von Assyrien brachte wie alle Jahre, nahm er ihn fest und legte ihn ins Gefängnis« (2. Könige 17, 4). Die biblische Erzählung ist entweder nicht vollständig oder nicht korrekt. Falls sich Hoschea unklugerweise dafür entschied, Salmanassar V. – Tiglat-Pilesers Nachfolger – ganz allein die Stirn zu bieten, ergab er sich bestimmt nicht kampflos den assyrischen Autoritäten. Eine plausible Erklärung für seine Festnahme wäre Verrat – ein Verrat ohne ausreichende Beweise, denn sonst wäre Hoschea unverzüglich hingerichtet worden. Eine andere Möglichkeit wäre, daß sich Hoschea in der Hoffnung, sein Land vor der Rache der Assyrer zu bewahren, selbst opferte und aufgab.[13]

Aus welchen Gründen auch immer Hoschea in die Gewalt der Assyrer geriet, Samaria war jedenfalls in seiner letzten Stunde führerlos. »Und der König von Assyrien zog durch das ganze Land und gegen Samaria und belagerte es drei Jahre lang« (2. Könige 17, 5). Die Heldentaten, die Beharrlichkeit und all das Leid, die die drei Jahre währende Belagerung mit sich gebracht haben muß, bleiben unerwähnt (oder die Berichte sind der Nachwelt nicht erhalten). Die lange Belagerungszeit von Samaria und die Standhaftigkeit der Bewohner der Stadt, die sich der Übermacht der Feinde nicht beugten, gingen in die Geschichte ein. Die Verteidiger von Ninive, der Hauptstadt von Assyrien, waren ähnlich beharrlich, als sie Nabopolassar knappe zwei Jahre Widerstand leisteten; Karthago fiel nach drei Jahren in die Hände der Römer; Alexander der Große eroberte Tyros nach sieben Monaten; und der römische Feldherr Marcellus unterwarf sich Syracus nach zwei Jahren. In modernen Zeiten waren die längsten Belagerungen die von Sebastopol 1854–1855 mit elf Monaten und die von Paris

Abb. 54: Assyrische Belagerungstaktik: Mit Sturmleitern werden die Mauern einer Stadt gestürmt. Sturmleitern wurden nicht oft verwendet, weil sie die Brustwehren überragen mußten, damit die Angreifer auf die Mauern kamen; die Verteidiger konnten sie deshalb leicht umstoßen.

1870–1871, die 132 Tage dauerte. Die eigentliche Eroberung von Samaria wird Sargon II. zugeschrieben, der 722–721 v. Chr. in die Stadt eindrang. Große Teile der Bevölkerung von den »zehn Stämmen« wurden verbannt und durch nichtjüdische Siedler aus Syrien und Mesopotamien ersetzt. 720 v. Chr. schloß sich Israel dem verzweifelten Befreiungsversuch einer von Ägypten ausgehenden Revolte gegen Assyrien an. Das Resultat war verheerend, die Bestrafung, die zu weiteren Deportationen führten, drakonisch.[14] Auf diese Weise wurde Israel schließlich bezwungen und erlangte nie wieder seine einstige Größe.

KAPITEL 9

Judas Befestigungen unter Rehabeam

König Rehabeam war der Architekt der Sicherheitsanlagen und des Verteidigungssystems in Juda, das die Teilung des vereinten Königreiches um Generationen überdauerte.[1] Die folgende Kriegsgeschichte des südlichen Königreiches muß als Ergebnis und Entwicklung der strategischen Möglichkeiten gesehen werden, für die Rehabeam durch die Schaffung der militärischen Infrastruktur von Juda den Grundstein gelegt hat. Wie in Israel würde auch in Juda kurz nach der Teilung des vereinten Königreiches deutlich, daß sich das Kräfteverhältnis durch die Invasion Pharao Schischaks verändert hatte. Erstaunlicherweise hatte Juda nach Schischaks Feldzug noch genügend Ressourcen, so daß Rehabeam ein Verteidigungssystem um das ganze Land herum errichten konnte:

> »Rehabeam aber wohnte in Jerusalem und baute Städte in Juda zu Festungen aus, nämlich: Bethlehem, Etam, Tekoa, Bet-Zur, Socho, Adullam, Gat, Marescha, Sif, Adorajim, Lachisch, Aseka, Zora, Ajalon und Hebron. Das waren die festen Städte in Juda und Benjamin« (2. Chronik 11, 5-10).

Denkbar ist, daß gerade Schischaks Invasion den Judäern vor Augen geführt hat, wie wichtig es war, weitere Opfer zu bringen und sich gegen zukünftige Eindringlinge zu wappnen. Es scheint,

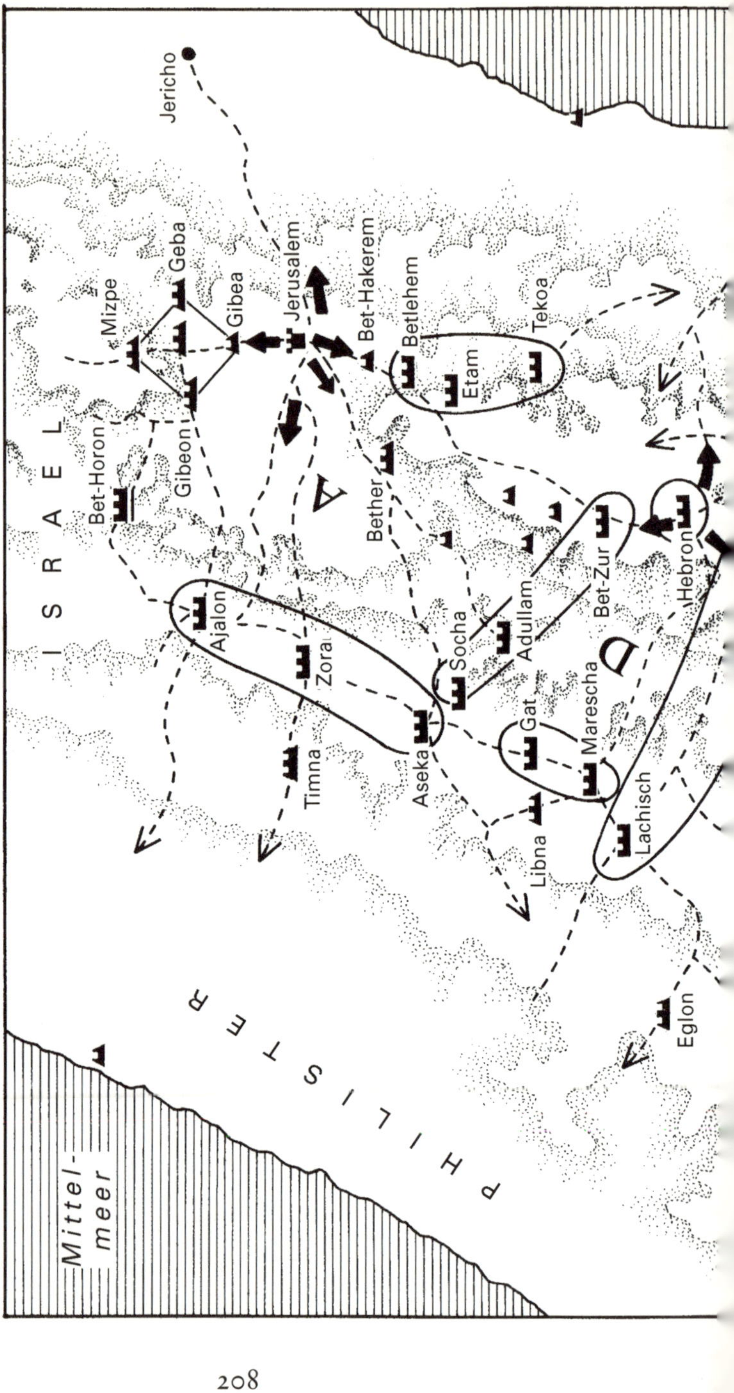
Jericho
Mizpe
Geba
Gibea
Jerusalem
Bet-Hakerem
Betlehem
Etam
Tekoa
Gibeon
Bet-Horon
ISRAEL
Bether
A
Ajalon
Zora
Timna
Aseka
Socha
Adullam
Bet-Zur
D
Hebron
Gat
Marescha
Libna
Lachisch
Eglon
PHILISTER
Mittel-
meer

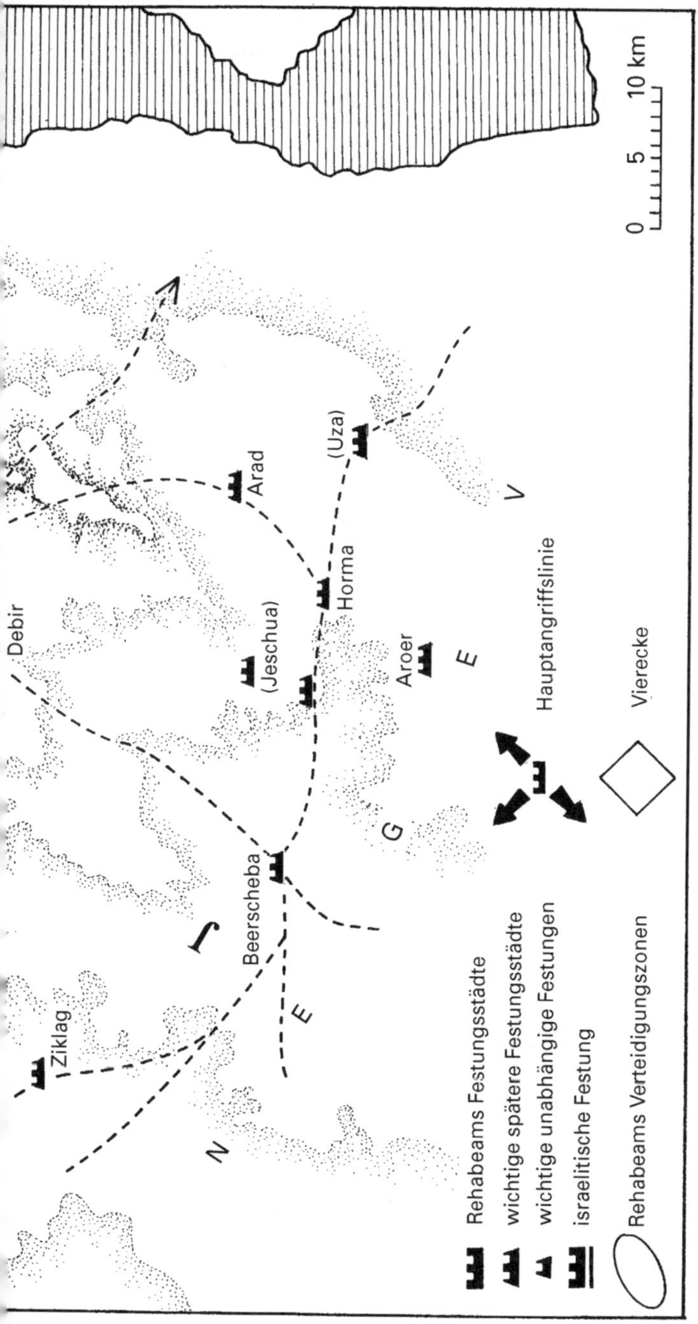

Abb. 55: Die Verteidigungsanlagen von Juda (außer der Wüste Negev)

als hätten Schischaks grausame Überfälle, die eigentlich das Land schwächen und den Widerstand brechen sollten – wie so oft in der Geschichte –, den gegenteiligen Effekt gehabt. Im ganzen Land erwachte neuer Kampfgeist.

Rehabeams Befestigungsanlagen folgten einem Konzept, das dem von Salomo diametral entgegengesetzt ist. Da ihm nur begrenzt Ressourcen zur Verfügung standen, konzentrierte sich Rehabeam auf die Anlagen, die für die Verteidigung von Judas Unabhängigkeit wichtig waren. Sein Plan war, mit den Festungen die Zugänge zu seinem Reich zu blockieren und sie so zu plazieren, daß der Feind gezwungen war, mehrere von ihnen zu erobern, ehe er ins Kernland Judas vorstoßen konnte. Gleichzeitig dienten die Anlagen als Stützpunkte für Truppen, die Gegenangriffe starteten, sobald der Gegner seine Ressourcen erschöpft hatte oder der Zeitpunkt für eine Konterattacke aus anderen Gründen günstig erschien. Folglich gab Rehabeam die Verteidigung aller Territorien außerhalb der Berge von Juda auf, die die Wiege, das Herzland und das natürliche Bollwerk der südlichen Stämme waren.

Die Lage von Rehabeams Befestigungsanlagen

Rehabeams Verteidigungssystem wird klar erkennbar, wenn man die Positionen der oben genannten Forts auf der Landkarte bestimmt. Ajalon, Zora, Socho, Marescha und Lachisch riegeln jeweils einen der westlichen Zugänge zum judäischen Bergmassiv ab: Ajalon bewacht den Aufstieg nach Bet-Horon und die Straße, die über einige gibeonitische Städte zum Plateau nördlich von Jerusalem führt, Zora die Sh'ar-Hagai-Straße (die moderne Schnellstraße Latrun–Jerusalem), Socho das Ela-Tal, Marescha die Straße Marescha-Hebron und Lachisch die Straße von Lachisch nach Hebron.

Jede dieser Festungen bewachte einen Zugang zu den Bergen, wo die Straßen zum zentralen Wasserscheidenplateau hinaufführten. Diese Linie wird von einem Tal markiert, das in seinem nördlichen Verlauf als Tal von Ajalon bekannt ist (von ihm war die Rede, als Josuas Verfolgung der Amoriter beschrieben wurde). An dieser natürlichen Grenze zwischen der Ebene und den steilen Berghängen treffen die Nord-Süd-Straßen auf die Ost-West-Wege. All die oben genannten Orte lagen entweder direkt oberhalb dieser Wegkreuzungen oder ganz in ihrer Nähe. Dadurch waren eine rasche Kommunikation und Truppenbewegungen zwischen den Forts gewährleistet, und feindliche Belagerer mußten ständig mit einem Angriff von hinten rechnen.

Um dieser Linie mehr Zusammenhalt und eine breitere Operationsbasis zu verleihen, wurden ein oder zwei Forts auf den Hügeln vor dem Gebirge errichtet: Aseka und Gat (Tell Tsaphit?). Im Tal von Ela zweigt nach einigen Meilen eine wichtige Seitenstraße zu dem Plateau nördlich von Hebron ab. Die Festung Adullam blockierte diese Umgehung.

Im Süden herrschen ganz andere topographische Bedingungen. Das zentrale Bergmassiv teilt sich in zwei Gebirgszüge. Vom westlichen führen relativ sanfte Hänge zur philistinischen Ebene und zum Beerscheba-Tal, während der östliche steil zum Beerscheba-Tal und zur judäischen Wüste abfällt. Die Absicherung der fächerartigen Zugänge zu den unteren Hängen des westlichen Zuges hätte den Bau und die Erhaltung von etwa einem halben Dutzend Forts nötig gemacht. Aus wirtschaftlichen Erwägungen ließ Rehabeam jedoch nur eine Anlage errichten, und zwar an der Stelle, an der sich die Wege gabeln. Adorajim, das dem westlichen Bergzug seinen Namen gab, war daher die zentrale Verteidigungsanlage, die die südwestlichen Wege ins judäische Herzland kontrollierte

Wie Adorajim im Westen hat die Stadt Sif dem östlichen Gebirgszug den Namen gegeben, und sie erfüllte dort denselben Zweck wie Adorajim. Mehrere Wege von der Negev und dem Toten Meer laufen in Sif zusammen. Da nicht all diese Wege ständig bewacht werden konnten, war Sif der strategisch günstigste Punkt für eine Verteidigungsanlage. Die spärlichen Niederschläge und der Wassermangel in den niedrig gelegenen Regionen waren ein weiterer Grund, keine fortlaufende Verteidigungslinie in diesem Gebiet einzurichten.

An der östlichen Grenze der judäischen Berge herrschten ähnliche, eher härtere Bedingungen. Die beiden Befestigungsanlagen Tekoa und Etam wurden – wie Sif – als Bollwerke gegen die östlichen Nachbarn und die Nomaden gebaut. Auch sie befanden sich nicht an den Zugängen, sondern am Rand des Wasserscheidenplateaus.

Wenn man die Bibelverse etwas anders einteilt, erhält man Hinweise auf die taktisch wichtigen Verteidigungszonen, die von den einzelnen Festungen abgedeckt werden. Ihre geographische Lage und die der Straßen, die in Abb. 55 eingezeichnet sind, sowie die oben dargelegten Überlegungen machen deutlich, welche Einsatzgebiete den Befestigungsanlagen zugeordnet waren.

Das Rückgrat des gesamten Verteidigungssystems bildete die Wasserscheidenstraße. Die in Jerusalem stationierten Reservetruppen konnten über diese Straße rasch in die bedrohten Gebiete vordringen und die Mannschaften in den Festungen verstärken, sobald sich ein Feind näherte oder ein Präventivschlag, Simultanangriff oder Gegenschlag nötig wurde. Diese entscheidende Verbindung wurde von den Forts Bethlehem, Bet-Zur und Hebron abgesichert, die jeweils an einer Wegkreuzung an der Wasserscheidenstraße lagen. Durch seine Lage bildete Hebron das südliche Gegengewicht zu Jerusalem. Deshalb wurde es zum Stützpunkt für einen Teil der Reservetruppen, die ständig bereit waren, im Süden einzugreifen.

Es wurden bereits existierende Städte als Standorte für die königlichen Festungen ausgewählt, weil im alten Orient alle Ortschaften in Gebieten mit natürlichen Verteidigungsqualitäten lagen. Zudem standen den bewohnten Städten Wasservorräte zur Verfügung, und sie waren mit dem großen Straßennetz verbunden.

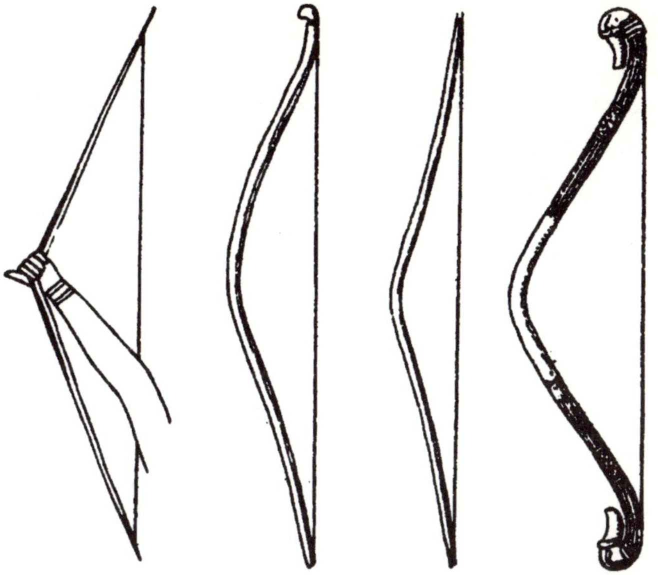

Abb. 56: Kompositbögen sind an ihren gebogenen Enden zu erkennen. Die Bögen haben einen mit Sehnen und Horn ummantelten Holzkern; dadurch erhalten die Pfeile eine enorme Reichweite und Durchschlagkraft.

Nach alter Gewohnheit wurde der Schutt von zerstörten Städten nie vollständig weggeräumt, sondern nur planiert, so daß die Straßen höher und höher und die neuen Häuser buchstäblich auf der alten Stadt erbaut wurden. Diese künstliche Erhöhung der ohnehin auf natürlichen Erhebungen errichteten Städte bildete die Tells (die künstlichen Stadthügel) mit ihren typischen steilen Hängen, die einen zusätzlichen Schutz gegen Eindringlinge boten. Beim Bau der neuen Festungen wurden bereits vorhandene Anlagen mit einbezogen oder das Baumaterial alter Mauern verwendet.

Ein weiterer, nicht unwesentlicher Vorteil war, daß die Stadtbewohner eine ständige Reserve für die Garnisonssoldaten bildeten, deren Truppenstärke notwendigerweise begrenzt bleiben mußte. Wann immer die Soldaten ausgerückt oder in Kämpfe mit Belagerern verwickelt waren, füllte die Zivilbevölkerung die Lücken in den Schlachtreihen oder nahm die Verteidigungspositionen auf den Mauern ein. Das Prinzip, Zivilisten in die Verteidigung befestigter Siedlungen mit einzubeziehen, wurde zum grundlegenden Modell früher zionistischer Planungen und in die gesamte Verteidigungsstrategie und Organisation des modernen Israel übernommen.

Die Lücken in den Grenzbefestigungen

Wenden wir uns noch einmal unserer Karte zu, dann entdecken wir trotz der stattlichen Anzahl von Festungen einige unzureichend geschützte Abschnitte. Am auffallendsten ist die Lücke im Norden, dort, wo die Grenze nur zwölf Kilometer von der Hauptstadt Jerusalem entfernt war und das Gelände leicht zugänglich ist. Die Erklärung für diese rätselhafte Lücke liegt in der Politik. Rehabeam wollte die Teilung des Landes nicht dadurch faktisch anerkennen, daß er eine feste Grenze zu Israel etablierte. Aus diesem Grund behalf sich Rehabeam mit den bereits bestehenden Anlagen und den Möglichkeiten, die die Grenzstädte zu bieten hatten.

Schwieriger ist jedoch die fehlende Blockade im Sorek-Tal zu erklären, durch das die Philister des öfteren nach Juda und sogar bis nach Jerusalem vorgedrungen waren. Stellt man moderne militärische Überlegungen an, wird man – bei allen gebotenen Vorbehalten, was die Umstände betrifft – an das Prinzip des »killing ground« und an das »Schlachtfeld eigener Wahl« erinnert. Über Jahrhunderte hinweg waren Militärexperten der Ansicht, daß ein entschlossener Feind in jedem Fall angreift, gleichgültig, wie solide und stark die Verteidigungslinien auch sein mögen. Aber er wird seinen Angriff an einer Stelle ausführen, die ihm die größten Vorteile bietet. Ist er mit einem System von soliden Befestigungen konfrontiert, deren Einnahme schwierig, zeit-

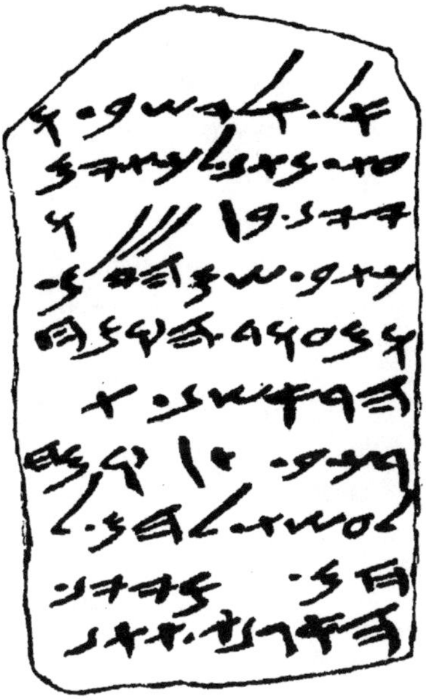

Abb. 57: Anforderung von Versorgungsgütern für eine Einheit von »Kittim« (Söldner von der östlichen Mittelmeerküste), die Patrouillendienst taten oder andere Soldaten eskortierten. (Aus dem Archiv einer Garnison des 7. Jh. v. Chr. in Arad). Der Text lautet: »An Eliasiv: Für die Kittim Lieferung von drei Scheffeln [Öl] und Tag verzeichnen [im Hauptbuch]. Vom ersten Mehl [Mehlsorte] bereitstellen [eine bestimmte Menge?] von Mehl, um Brot für sie zu backen. Vom Wein des Fasses ...« (eine ähnliche Tonscherbe mit einer Anforderung aus Arad gibt eine Fünf-Tagesration Wein an).

aufwendig und kostspielig zu werden verspricht, wird er versuchen, ein schwaches Glied zu finden. Diesem Verhalten wurde noch im Zweiten Weltkrieg Rechnung getragen. Man ließ beträchtliche Lücken in Minenfeldern und Hindernissen, um den Feind dazu zu verleiten, in die leicht zugänglichen Gebiete vorzudringen. In diesen Abschnitten wurden Vorbereitungen getroffen, um den Angriff zurückzuschlagen. Auf diese Weise wurde 1942 die Offensive der Deutschen vor Alam al-Halfa zum Scheitern gebracht, und Rommel verlor endgültig die Initiative in Nordafrika.[2]

Es ist also nicht abwegig, anzunehmen, daß das Sorek-Tal nicht abgesichert wurde, weil man zukünftige Invasoren in die schmale Senke locken wollte, die für den Angreifer zur tödlichen Falle werden konnte. Daß Bet-Schemesch nicht zur Festung ausgebaut wurde, scheint die Vermutung zu bestätigen. Die Position von Bet-Schemesch, der Stadt zwischen Zora und Aseka, wäre ideal gewesen, um das Sorek-Tal abzuriegeln. Die Lage der Festungen Socho und Aseka (im Süden) sowie Zora (im Norden) verstärken den Eindruck, daß nach Jerusalem vorrückende Truppen in ein vorbestimmtes Gebiet gelenkt werden sollten. Jede Armee, die Scharmützel mit den in den Festungen stationierten Soldaten vermeiden wollte, mußte zwangsläufig die Route durch das Sorek-Tal einschlagen.

Die innere Organisation von Rehabeams Verteidigungssystem beschreiben die Chronisten folgendermaßen:

> »Und er machte die Festungen stark und setzte Hauptleute über sie und legte Vorrat von Speise, Öl und Wein sowie Schilde und Spieße in alle Städte; so machte er sie sehr stark. Und Juda und Benjamin waren ihm untertan« (2. Chronik 11, 11f.).

Rehabeams Rezept, sich die Loyalität seiner Männer zu sichern und für einen reibungslosen Ablauf in seinen Festungen zu sorgen, war ungewöhnlich. Seine 18 Frauen und 60 Konkubinen hatten ihm 28 Söhne geboren. Einen von ihnen machte er zum Oberbefehlshaber des stehenden Heeres, andere zu Statthaltern für die Städte: »Und er handelte klug und verteilte alle seine Söhne in die Gebiete von Juda und Benjamin, in alle festen Städte, und er gab ihnen Nahrung in Menge und verschaffte ihnen viele Frauen« (2. Chronik 11, 23).

Kein Befestigungsgürtel besteht nur aus großen Bollwerken. Vorgelagerte Siedlungen, Nebenstraßen und Wasserquellen mußten von unterschiedlichen Einrichtungen wie festen Gebäuden, Blockhäusern und Türmen bewacht werden, die mit den Hauptgliedern des Verteidigungsgürtels in Verbindung standen und ihn nach innen und außen verstärkten. Ein Netz von Beobachtungs- und Meldestationen – meistens in Form von Türmen – bildete einen wichtigen Zusatz zu den judäischen Befestigungsanlagen. Wie jede andere Verteidigungskette war auch diese nur wirksam, solange ihre Augen und Ohren intakt waren. Mit anderen Worten: Ständige Wachen waren ebenso wichtig wie die Mittel, Alarm zu schlagen und Nachrichten weiterzuleiten. Gewöhnlich wurden

Rauch- oder Feuersignale gegeben, wenn eine andere Einrichtung in Sichtweite war.[3] Die Bibel beschreibt die Komplexität des Netzes so: »Vom Turm der Wachleute [Beobachtungsposten, kleinstes Glied der Kette] zur befestigten Stadt [wichtigstes Glied].« Systematische Forschungen der Archaeological Survey of Israel – eine Organisation, die sich zum Ziel gesetzt hat, alle erhaltenen Fundstücke aus dem alten Israel zu katalogisieren – haben Überreste der kleineren Befestigungsanlagen ans Licht gebracht, die zwischen den großen Bollwerken ein wirksames Verteidigungsnetz bildeten.[4]

Natürlich mußten dort, wo keine geeigneten Städte vorhanden waren, Festungen als reine militärische Abwehreinrichtungen gebaut werden. Dies war insbesondere in der Wüste Negev der Fall; dort wurde die salomonische Infrastruktur von Armeestützpunkten, die auf Dörfern und Festungen basierte (siehe S. 247 ff.), während Schischaks Feldzug zerstört. Die Festungen von Horwat Usa und Kadesch-Barnea sind gute Beispiele dafür.[5] Leider ist es nicht möglich, die bisher registrierten Ruinen Rehabeam oder einem seiner Nachfolger zweifelsfrei zuzuordnen. Wir wissen aber, daß Rehabeams Erben bis zum Niedergang Judas an den Befestigungsanlagen arbeiteten. Wahrscheinlich errichteten sie noch viele große Festungen, aber wie weit das Königreich seine Grenzen auch ausdehnte, der ursprüngliche Befestigungsgürtel, den Rehabeam geschaffen hatte, war immer das Rückgrat der nationalen Verteidigung. Der beste Beweis für seine Funktionalität war, daß Juda selbst unter dem größten Ansturm standhalten konnte und 135 Jahre länger als Samaria Bestand hatte. Rehabeams Grenzbefestigungen (und die Erweiterungen durch seine Nachfolger) waren natürlich nicht der einzige Grund dafür, aber sie leisteten ohne jeden Zweifel einen wichtigen Beitrag für die Erhaltung des Staates.

Aus all den Ereignissen, von denen die Bibel berichtet, wählen wir drei aus, um zu zeigen, wie Judas Verteidigungssystem Eindringlinge aufhalten konnte. Das erste Beispiel ist die Invasion von Serach: »Es zog aber gegen sie Serach, der Kuschiter, mit einer Heeresmacht von tausendmal tausend, dazu dreihundert Wagen, und sie kamen bis nach Marescha« (2. Chronik 14, 8). Dieser Vorstoß fand zu Lebzeiten von Asa, Rehabeams Enkel, statt. »Serach, der Kuschiter« war aller Wahrscheinlichkeit nach ein kuschitischer Stammesführer, der die Unterstützung des Pharaos genoß und möglicherweise sogar im Rahmen der ägyptischen Bemühungen, nach Schischaks Feldzug im Süden der palästinensischen Landbrücke Fuß zu fassen, eine offizielle Mission erfüllte.[6] Serach residierte in Gerar, das er offenbar vorübergehend an Juda verloren hatte. Denkbar ist, daß ihm die Philister Beistand leisteten, die im gleichen Maße ihre frühere Macht zurückgewannen, in dem Juda schwächer wurde. Obwohl die Angabe, die Heerschar habe »tausendmal tausend« Männer gezählt, weit übertrieben ist, erscheint die Anzahl der Streitwagen glaubhaft, und selbst wenn dies nur ägyptische Hilfstruppen waren, stellten sie eine enorme Bedrohung dar.

Der Verlauf der kuschitischen Invasion bietet ein gutes Beispiel für die Effektivität der judäischen Verteidigungseinrichtungen und ihre geschickte Nutzung – genaugenommen für die Wirksamkeit aller ähnlich konstruierten Systeme. In der ersten Phase wurde der Aggressor aufgehalten und gezwungen, eine der Festungen zu belagern, in diesem Fall Marescha. Während Serach Zeit, Vorräte und Soldaten bei den Kämpfen um die Festung verlor und seine Truppen vor Angriffen aus den flankierenden Befestigungsanlagen abschirmen mußte, konnte Asa seine Streitkräfte an der Hauptachse, der Wasserscheidenstraße, hinter den Befestigungsanlagen aufstellen. In der nächsten Phase ergriff Asa die Initiative und startete den Gegenangriff, der den Feind in die

Flucht schlug. Asa verfolgte die Fliehenden, und es gelang ihm, viele gegnerische Festungen zu zerstören. Das ebnete seinem Sohn Joschafat den Weg zur Rückeroberung der verlorenen Gebiete im südlichen Flachland.

Das zweite Beispiel dafür, wie der Verteidigungsgürtel von Juda die Angriffswelle eines Heeres abfing, ist so von Mysterien umgeben, daß eine rationale Einschätzung nicht möglich ist. Auf jeden Fall wurde eine Invasion der Ammoniter, Moabiter und Midianiter, die ein großes Kontingent leichtbewaffneter Nomadenkrieger dabei hatten, aufgehalten und im Gebiet von Tekoa in die Maschen des Verteidigungsnetzes getrieben (2. Chronik 20, 1-28).

Der dritte feindliche Angriff, dem das judäische Verteidigungssystem standhalten konnte, fand unter erschwerten Bedingungen statt. 701 v. Chr. marschierte Sanherib, der große assyrische Kriegskönig, in die palästinensische Landbrücke ein, wo eine von König Hiskia von Juda und König Sidka von Aschkelon angeführte Koalition (mit Ägyptens Unterstützung) gegen die assyrische Vorherrschaft revoltierte. Reliefs in Ninive und die Aufzeichnungen in den königlichen assyrischen Annalen bieten ein lebhaftes Bild von dem verzweifelten Kampf. Nachdem die ägyptischen Expeditionsstreitkräfte in der Schlacht von Elteke geschlagen worden waren, wandte sich Sanherib nach Osten, um Juda von Westen her anzugreifen. Gleichzeitig marschierte eine zweite Armee unter dem assyrischen Feldmarschall und königlichen Mundschenk Tartan über die Wasserscheide von der assyrischen Provinz Samaria nach Jerusalem. Sanherib wollte den jüdischen König mit dem größten Teil seiner Truppen in Jerusalem festhalten und ihn so daran hindern, den Oberbefehl über die Verteidigungsmaßnahmen durchzuführen.

Der assyrische Plan ging bis zu einem gewissen Punkt auf. Jerusalem wurde belagert, und König Hiskia saß in seiner Hauptstadt fest. Sanherib konnte die Befestigungsanlagen einnehmen, ohne mit Angriffen der restlichen judäischen Truppen rechnen zu müssen. Sanheribs erfolgreiche Belagerung der Hauptstadt schwächte

Abb. 58: Rekonstruktion der assyrischen Belagerung von Lachisch. Die Soldaten stürmen über eine von ihnen errichtete Rampe und unterstützen die Sturmtrupps mit den Rammböcken, die in diesem Fall die Mauern einreißen sollen. Die untere Reihe der Verteidiger steht in den Schießständen, die nicht in die Außenwände eingelassen sind.

das judäische Verteidigungssystem beträchtlich, da die Soldaten in den Festungen auf die Unterstützung der Reservetruppen angewiesen waren, die von Jerusalem aus in die Kampfgebiete geschickt wurden – eine Taktik, die bei Serachs Angriff ausgesprochen wirkungsvoll gewesen war. Zum Glück für die Judäer erwiesen sich die massiven Befestigungsanlagen als sehr zuverlässig. Die Bauten waren von Anfang an solide gewesen, und eine ganze Reihe judäischer Könige hatten sie zusätzlich verstärkt, um das Herzland von Juda noch besser zu schützen.

Sanheribs erstes großes Angriffsziel war Lachisch. Aus assyrischen Darstellungen und archäologischen Funden können wir schließen, daß sich die judäischen Soldaten erbittert verteidigten, obwohl Hiskia nicht persönlich vor Ort war. Lachisch fiel schließlich, aber die Assyrer hatten beträchtliche Verluste erlitten. Doch auch nach diesem Sieg konnte Sanherib seine Streitkräfte noch nicht zusammenführen, sondern war gezwungen, sich mit den Verteidigern des nächsten Bollwerks, der Festung von Libna, auseinanderzusetzen. Bis zu diesem Zeitpunkt hatte Sanherib, assyrischen Quellen zufolge, 46 befestigte judäische Orte eingenommen.[7]

Hiskia machte Sanherib das Angebot, sich zu ergeben und hohen Tribut zu zahlen, um den noch immer furchterregenden Feind zu besänftigen. Doch Sanherib ahnte, daß seine Herrschaft über Syrien und Palästina nicht gefestigt war, solange die Juden auf der wichtigen Landbrücke unabhängig blieben und er einen Aufstand nicht mit der völligen Zerstörung der Rebellen und ihres Landes bestrafte. Demzufolge verdoppelte er seine Anstrengungen, Juda vollends zu bezwingen, erlitt aber weitere Verluste, die er nicht schnell genug ausgleichen konnte. Der ägyptische Pharao Tirhaka schöpfte neue Hoffnung, als er erfuhr, daß Sanheribs Streitkräfte in Juda aufgerieben wurden. Eine bessere Gelegenheit, dem geschwächten assyrischen Heer in den Rücken zu fallen und Sanherib eine vernichtende Niederlage beizubringen, hätte er sich nicht wünschen können.

Als sich Sanherib der drohenden Gefahr eines ägyptischen Angriffs bewußt wurde, blieb ihm keine andere Wahl, als sofort jede Berührung mit dem Feind abzubrechen und bei Nacht und Nebel den Rückzug anzutreten. Die Flucht erfolgte so unvermittelt, daß seine Zeitgenossen diese Wendung als Wunder betrachteten. Moderne Militärkritiker fühlen sich an das »Wunder« von Verdun (1916) erinnert, bei dem die Deutschen durch hartnäckige Kämpfe enorme Verluste erlitten und sich wegen purer Erschöpfung zurückziehen mußten. Napoleons Rückzug aus dem Gebiet um Akko erfolgte aus ähnlichen Gründen, als die türkisch-britische Streitkraft seine ägyptische Nachhut bedrohte. Die hohe Kampfmoral machte es den Verteidigern möglich, Sanherib so lange die Stirn zu bieten. Wir wollen nicht leugnen, daß der Glaube an göttlichen Beistand und Rat die Judäer bei ihrem verzweifelten Kampf ums Überleben stärkte, aber gleichzeitig müssen wir darauf hinweisen, daß hauptsächlich Rehabeams solide Befestigungsanlagen das Wunder des assyrischen Rückzugs bewirkt hatten. Sanheribs Offensivkraft war ernstlich geschwächt, und seine Nachfolger vermieden es, in einen Krieg im judäischen Herzland verwickelt zu werden. Juda überlebte weitere 115 Jahre bis zu Nebukadnezars Eroberung im Jahre 587 v. Chr.[8]

Rehabeams Verteidigungsanlagen und ihre späteren Erweiterungen sind als der entscheidende materielle Faktor anzusehen, der Judas Fortbestehen nach der Teilung des vereinten Königreichs sicherte und das Land so stärkte, daß es auch offensive Strategien verfolgen konnte. Juda war wie ein großer Igel, der seine Stacheln in alle Richtungen austreckte, wenn er bedroht wurde. Deshalb vermieden feindliche Mächte, die sich auf der palästinensischen Landbrücke ausbreiten wollten, Konflikte mit den Bewohnern der judäischen Berge, es sei denn, sie verfolgten ganz klar umrissene Ziele, die eine Auseinandersetzung zwingend machten.

Salmanassar III. (841 v. Chr.) und Tiglat-Pileser III. (734–732 v. Chr.) hielten sich ebenso wie Sargon II. und Esarhaddon von den

Abb. 59: Sanheribs Angriff auf das Tor von Lachisch. Der mobile Rammbock wird von Infanteriemannschaften, bestehend aus je einem Bogenschützen und Schildträger in Rüstung, unterstützt. Pikeniere greifen über eine andere Rampe an. Nur die hölzernen Galerien, die die obere Verteidigungslinie bilden und durch Schilde geschützt werden, sind in dieser Abbildung angedeutet. Die wichtigsten Waffen sind Bogen, Steinschleudern, Lanzen und Feuergeschosse; die Rammböcke müssen ständig mit Wasser bespritzt werden, damit sie nicht Feuer fangen. (Aus dem Palast in Ninive)

judäischen Bergen fern, die ihren Vorstoß bremsten und ihre hochentwickelten, schlagkräftigen Waffen und Geräte nutzlos erscheinen ließen. Nur unter diesem Aspekt ist verständlich, warum Sargon in seinem Krieg von 712 v. Chr. keinen energischen Angriff auf Juda durchführen wollte, obwohl eine vom König von Aschdod und Hiskia von Juda angeführte Koalition, die von Schabako – dem ersten tatkräftigen Pharao der 25. (äthiopischen) Dynastie – aktiv unterstützt wurde, seine Hegemonie bedrohte. Obwohl Aseka nach langem Belagerungskampf unter dem Befehl des höchsten Kriegsherren selbst eingenommen wurde, waren die Kämpfe um das Fort – das, wie es die Assyrer beschrieben haben, »auf dem Bergrücken saß und so scharf wie eine Schwertklinge« war – so aufreibend, daß Sargon davon Abstand nahm, weiter ins Bergland vorzudringen.[9]

Ähnliche Bedenken wurden von Pharao Necho 609 v. Chr. geäußert, als er König Josia von Juda dazu zu überreden versuchte, nicht einzugreifen, wenn er über die Via Maris marschierte, um gegen die Assyrer zu kämpfen: »Aber Necho sandte Boten zu ihm und ließ ihm sagen: Was hab ich mit dir zu tun, König von Juda? Ich komme jetzt nicht gegen dich, sondern gegen das Königreich, mit dem ich Krieg habe … Vergreif dich nicht an Gott, der mit mir ist …« (2. Chronik 35, 21). Tatsächlich griffen die Großmächte das judäische Bollwerk nur an, wenn sich die Judäer in die Angelegenheiten auf der Küstenebene einmischten.

Kein Wunder, daß Angreifer auch in späteren Epochen davor zurückschreckten, in den Bergen zu kämpfen, wenn sich entschlossene Verteidiger dort verschanzten. Der große Napoleon dachte genauso. Als ihn seine Generäle und Berater dazu drängten, sich nach der Eroberung von Gaza im Jahr 1799 nach Osten zu wenden, erwiderte er: »O nein! Jerusalem liegt nicht auf meiner Marschroute. Ich möchte nicht auf unwegsamem Gelände von Gebirgsbewohnern überfallen werden … Ich will nicht dasselbe Schicksal wie Cestius erleiden.«[10] 1917 wandte sich Allenby den Bergen erst zu, nachdem er die Ebene von Jaffa, den Fluß Jarkon und das Gebiet dahinter erobert hatte. Sobald er die Linie Beerscheba-Gaza bezwungen hatte, brauchten seine Truppen nur zwölf Tage, um die 85 Kilometer bis zum Jarkon zurückzulegen. Der Marsch von dort bis in das 35 Kilometer entfernte Jerusalem war ein beschwerliches, verlustreiches Unterfangen, das 21 Tage in Anspruch nahm.

KAPITEL 10

JUDA BIS ZUR REGIERUNGSZEIT VON USIJA

KÖNIG ASA

Die ersten Kriege des Königreichs Juda nach der Spaltung von Israel und Schischaks Invasion waren lediglich sinnlose Kraftproben mit Israel. Im 2. Buch der Chronik, Kapitel 13, wird von einer Schlacht zwischen Abija von Juda und Jerobeam von Israel erzählt, die in unwegsamem Gelände am Berg Zemarajim westlich von Bet-El ausgefochten wurde. Abija behielt die Oberhand, obwohl seine Truppen von hinten angegriffen wurden, und konnte einige Gebiete in Benjamin besetzen. Immer mehr Wissenschaftler bezweifeln, daß dieser Kampf tatsächlich stattgefunden hat. Jedenfalls fielen die eroberten Regionen eine Generation später wieder in die Hände Israels. Daß König Asa in seiner Verzweiflung Ben-Hadad I. von Damaskus um Hilfe bat, wurde bereits erwähnt. Trotz der bekannten weitreichenden Folgen brachte diese Politik Asa rasch die ersehnte Entlastung. Als er die Festungen Geba und Mizpe erbaute, fand er sich zumindest vorerst mit dem Status quo und der Teilung des Königreiches ab. Während König Bascha von Israel Scharmützel mit den Damaszenern ausfocht, konnte Asa die Grenze zu Israel an den tiefen Schluchten der Wadis Bet-Hanina und Suweinit festsetzen, die im Westen bzw. Osten vom Plateau der Wasserscheide herunterführen. Um den Zugang zu Jerusalem auf diesem schmalen Plateaustreifen abzuriegeln, erneuerte Asa (oder einer seiner Nachfolger) die Befestigungen in Sauls Gibea, das sich fünf Kilometer nördlich der Hauptstadt befand. Damit wurde Jerusalem im Norden von den Festungen Geba, Mizpe, Gibeon und Gibea, die ein Viereck bildeten, geschützt.[1]

Archäologische Funde zeigen, daß im 8. vorchristlichen Jahrhundert das Fort Ramat Rahel (das biblische Bet-Hakerem) erbaut wurde, das zusammen mit Etam, Bether und Bethlehem ebenfalls ein Viereck bildete und die südlichen Zugänge zu Jerusalem bewachte.[2]

Umgeben von großen Mächten, Vasallenstaaten und Nomadenstämmen, die von der Wüste her einfielen, mußte Juda ständig seine Verteidigungsanlagen verbessern. Sobald Asa die drängendste Aufgabe bewältigt und die Nordgrenze abgesichert hatte, machte er sich daran, die Lücken in Rehabeams Befestigungsgürtel zu füllen.

> »Und er baute feste Städte in Juda, weil das Land Ruhe hatte und in diesen Jahren kein Krieg gegen ihn war ... Und er sprach zu Juda: Laßt uns diese Städte ausbauen und um sie Mauern herumführen mit Türmen, Toren und Riegeln, solange das Land noch unser ist; denn wir haben den Herrn, unsern Gott, gesucht, und er hat uns Ruhe gegeben ringsumher. – Also bauten sie, und es ging glücklich vonstatten« (2. Chronik 14, 5f.).

Noch können wir nicht mit Sicherheit sagen, welcher Nachfolger von Rehabeam die einzelnen Ergänzungen zu seinen Befestigungsanlagen bauen ließ, aber die folgende (unvollständige) Liste zeigt uns das Ausmaß des Verteidigungsnetzes: En-Gedi, Arad, Tell Jesua, Ira, Tell Kluweilfe (Ziklag?),[3] Bet-Schemesch und Gibeon – alle im Umfeld des Berglandes. Der zitierte Bibelabschnitt legt die Vermutung nahe, daß die gesamte Bevölkerung daran beteiligt war, Asas Befestigungen zu vollenden. Die Bewohner der betreffenden Städte arbeiteten wahrscheinlich mit oder leisteten – je nach Einschätzung des königlichen »Steueramtes« – materielle

Beiträge, nachdem sie sich bereit erklärt hatten, die Bürde auf sich zu nehmen. Der oben zitierte Bibelabschnitt zeigt, daß dieses Unternehmen ein Erfolg war.

Von weiteren umfangreichen Bautätigkeiten wird aus der Zeit Joschafats berichtet. »So wurde Joschafat immer mächtiger. Und er baute in Juda Burgen und Städte mit Kornspeichern« (2. Chronik 17, 12). Im Gegensatz zu seinem Vater Asa konzentrierte sich Joschafat auf zwei Aufgaben: die Lücken zwischen den Hauptverteidigungspunkten – den befestigten Städten – mit befestigten Garnisonen und kleineren Posten zu schließen und die logistische Infrastruktur zu verbessern. Er richtete Versorgungsstützpunkte, die »Städte mit Kornspeichern«, ein und folgte damit den Richtlinien, die schon im vereinten Königreich Gültigkeit hatten. Außerdem achtete er besonders darauf, daß die großen Städte unabhängig waren, was die Wartung und Herstellung von Waffen und Streitwagen betraf.

Horvat Rascham, das zwischen Lachisch und Aseka lag, ist ein gutes Beispiel für ein Fort, das ein Verbindungsglied zweier größerer Festungen war.[4] In Gebieten ohne Städte, wie die Zone zwischen Jericho und Zoar (mit der Oase En-Gedi als einzige größere und ständig bewohnte Ansiedlung), wurde eine Reihe von Forts wie Ein el-Turabe und Mugheir gefunden, und immer mehr Überreste von Wach- und Signaltürmen werden entdeckt. Einige von ihnen könnten zu Joschafats großem Unternehmen gehört haben.[5]

Befestigungen und Belagerung

Die übliche judäische oder israelitische Festung war quadratisch oder abgerundet mit quadratischen, vorspringenden Türmen und zinnenbewehrten Mauern. Besondere Sorgfalt wurde den Toren gewidmet. In befestigten Städten, in denen die Mauern den Konturen des Stadthügels angepaßt waren, hatte der

Zugang gewöhnlich die Form eines soliden Turms mit schmalem Torweg, der mit zwei hintereinanderliegenden Toren und schweren Riegeln versperrt wurde. Der Torweg war zur zusätzlichen Absicherung in kleine Kammern unterteilt. Die Bibel beschreibt eine von Salomos Befestigungen: »Er baute ... feste Städte ... mit zweifachen Mauern [so im hebräischen Text], Toren und Riegeln.«[6]

Ausgrabungen, vereinzelte Bibelstellen, eine ganze Reihe von Wandgemälden sowie Reliefe aus Ägypten und Assyrien und andere Darstellungen und Quellen bestätigen diese Angaben und lassen eine Rekonstruktion israelitischer Festungen zu. Von Dan an der aramäischen Grenze bis nach Kadesch-Barnea am Rand des Sinai hat sich eine spezielle Bauweise entwickelt, die deutlich macht, daß man mehr oder weniger dieselben Techniken anwandte und sich an den bewährten Grundriß hielt. Häufig war die Außenmauer eine sogenannte Kasemattenwand: Sie bestand aus einer Doppelwand, die mit Trennwänden verbunden war, so daß quadratische Kammern innerhalb der Mauer entstanden, die »Kasematten«. Diese Kasematten wurden bei drohender Belagerung oft mit Schottersteinen, Erde oder ähnlichem gefüllt. Dadurch wurden die Außenmauern verstärkt und die Wucht der Sturmgeräte gedämpft. Auch die stark verbesserten Rammböcke, die die Assyrer eingeführt hatten, konnten so unwirksam gemacht werden – die schweren Geräte blieben entweder in den aufgefüllten Kammern stecken oder schoben den Schutt und die Trümmer der äußeren Mauer zu einem noch undurchdringlicheren Hindernis zusammen. Die flachen Dächer der Kasematten bildeten eine geräumigere Brustwehr als eine einzelne Befestigungsmauer. Die auf diese Weise verbreiterten Mauern schufen zudem eine Sicherheitszone, die Handlungsfreiheit im Inneren der Stadt zuließ, da es kaum von feindlichen Wurfgeschossen erreicht werden konnte.[7]

Allerdings waren nicht alle israelitischen Befestigungsmauern im Kasematten-Stil erbaut. Viele der massiven Festungsmauern wurden mit Einzelabschnitten konstruiert und dem Gelände mit abwechselnden Vorsprüngen oder Nischen angepaßt. Diese Bauweise stellte sicher, daß die Rammböcke nicht die gesamte Mauer einrissen, wenn sie eine Bresche schlugen. Waren die Brustwehren mit hölzernen Galerien gesäumt, wie es auf assyrischen Reliefen von Lachisch dargestellt ist, konnten die Verteidiger die Vorsprünge und Nischen nutzen, um die Flanken der Belagerer anzugreifen. Die Bogenschützen auf den Galerien standen praktisch parallel zum anstürmenden Heer und konnten den Beschuß der Verteidiger, die auf den Türmen postiert waren, wirksam unterstützen. Die älteste Mauer in Arad (sie stammt aus dem 10. Jahrhundert v. Chr.) war mit Kasematten verstärkt, in späterer Zeit wehrte eine solide Mauer die Angriffe ab, und im 6. Jahrhundert richtete man erneut Kasematten ein. Beerschebas Mauern aus dem 10. Jahrhundert waren massiv und wurden erst hundert Jahre später durch Kasematten ergänzt. Kadesch-Barnea, das im 9. oder 8. vorchristlichen Jahrhundert errichtet wurde, hatte immer eine Kasematten-Konstruktion. Augenscheinlich herrschte keine einhellige Ansicht über die Zuverlässigkeit von massiven Befestigungsmauern einerseits und Kasemattenwänden andererseits. Zu verschiedenen Zeiten befand man einmal das eine, dann wieder das andere für sinnvoller. Festungen mit Kasematten wurden in Palästina bis zum Ende der byzantinischen Zeit gebaut. In der Endzeit des Römischen Imperiums verbreiteten sie sich über das gesamte Reich, und die Befestigungen im römischen Britannien und Germanien ähnelten sehr den israelitischen, die tausend Jahre zuvor entstanden waren.

Der größte Nachteil jeder Festung war die geringe Bewegungsfreiheit – auf offenem Schlachtfeld waren die Truppen weitaus flexibler. Eine Festung war von weitem zu sehen, und ein Angriff auf sie ließ sich gut planen. Um diese Nachteile zumindest zum Teil auszugleichen, wurden folgende Einrichtungen angebracht (eine oder mehrere zusammen): eine doppelte Mauer wie in Lachisch, Ausfalltore und Durchgänge wie in Ramat Rahel (Bet-Hakerem), ein Glacis am Fuß der Mauer und ein Burggraben. Glacis und

Burggraben, die in Lachisch und Mizpe gefunden wurden, hielten den feindlichen Ansturm kurz vor der Mauer, in Schußweite der mit Bogen und Steinschleudern bewaffneten Verteidiger, auf, und verhinderten, daß die Mauer unterhöhlt oder eingerissen werden konnte.

Zu den wichtigsten Bestandteilen aller großen Festungen gehörten die Türme, die Mauern und Brustwehr überragten und auch nach vorne aus ihnen hervorstanden. Die Türme dienten mehreren Zwecken. Wenn es den Verteidigern auf der Brustwehr nicht gelang, die Belagerer von der Mauer fernzuhalten, ohne sich ihren Geschossen auszusetzen, feuerten die in den relativ sicheren Türmen postierten Schützen ihre Geschosse parallel zur Mauer ab und nahmen die Angreifer in ihrer unmittelbaren Umgebung unter Beschuß. Noch heute wird beim Bau von Feldbefestigungen darauf geachtet, daß der Feind nicht nur frontal getroffen werden kann. In der Regel stand jeder Turm in Bogenschußweite eines anderen, so daß Flankenfeuer von beiden Seiten gewährleistet war.

Nicht weniger wichtig war die Höhe der Türme, durch die das Sichtfeld erweitert und eine größere Schußreichweite erzielt wurde. Zudem bekamen Geschosse, die aus großer Höhe auf ein nahes Ziel »abgefeuert« wurden, mehr Wucht, und die Verteidiger konnten die Feinde abwehren, die auf die Mauer gelangten. Die Türme unterteilten die Befestigungsmauern in separate Abschnitte. Selbst wenn die Belagerer eine Bresche in einen dieser Abschnitte schlugen oder die Mauer erstürmten, hatten die auf den benachbarten Türmen postierten Schützen die Möglichkeit, sie zurückzuschlagen und gegebenenfalls einen Gegenangriff einzuleiten. Solange die flankierenden Türme nicht bezwungen waren, war es Belagerern kaum möglich, sich auf der Brustwehr zu verteilen. Um sicherzustellen, daß die Türme auch von der Brustwehr aus nur schwer gestürmt werden konnten, wurden sie seit der klassischen Antike mit leicht zu entfernenden Holzbrücken oder Leitern verbunden. Diese Einrichtung könnte sogar auf die Erste Tempel-Periode zurückgehen.[8]

Besondere Sorgfalt wurde auf die Tore, die schwächsten Teile einer jeden Festung, verwendet. In Megiddo, Samaria und Lachisch wurden die Zugänge von zwei Tortürmen bewacht. Falls es einem Angreifer gelang, das äußere Tor zu passieren, befand er sich in einer schmalen Passage zwischen den Toren. Von den seitlichen Mauern aus konnten die Verteidiger Eindringlinge aus zwei, drei oder vier Richtungen ins Kreuzfeuer nehmen. Auch ein einzelner Torturm war gewöhnlich sehr solide gebaut und verfügte über Wachräume und Schießscharten in der oberen Etage, so daß auch Angreifer, denen der Durchbruch durch das Tor geglückt war, wirksam unter Beschuß genommen werden konnten. In Tortürmen befanden sich zwei Tore, eines an der Außenmauer, das andere innen. Der Gang dazwischen konnte von den angrenzenden Kammern aus noch zusätzlich blockiert werden.

Größere Städte hatten Zitadellen, in denen sich die Verteidiger verschanzen konnten. Sie boten den regulären, in den jeweiligen Städten stationierten Truppen Quartier und dienten gleichzeitig als Arsenal für Waffen, mit denen sich die Zivilbevölkerung in Krisenzeiten rüsten konnte. Die erhöhte Lage der Zitadelle und die Türme machten es möglich, das Oberkommando für alle Verteidigungsmaßnahmen von einer sicheren Position aus zu führen (Beispiele dafür sind Hazor, Megiddo und Lachisch).

Ausreichende Wasserversorgung war bei langandauernden Belagerungen entscheidend. Die Baumeister zapften tief unter der Erde liegende Wasserdepots an oder bauten versteckte Gänge zu außerhalb der Stadt befindlichen Quellen wie in Hazor, Megiddo, Gibeon und Aseka. Manchmal wurden bereits existierende Schächte genutzt und ausgebaut wie in Jerusalem.[9]

Die Straßen zu den Stadttoren waren so angelegt, daß angreifende Truppen vor der Stadt eine Kehrtwendung machen mußten. So verloren sie an Geschwindigkeit und stellten ihre rechte Flanke bloß (die vom Schild ungeschützte und daher doppelt angreifbare Seite). Die Benjamiter, die mit beiden Händen gleich geschickt waren, hatten in derlei Situationen keine Schwierigkeiten – sie setzten mit der linken Hand die Steinschleuder ein und hielten mit der rechten einen kleinen Schild, um sich zu schützen.

Kommen wir zu den Techniken der Belagerung und Eroberung. Für Militärexperten steht außer Frage, daß sich die Kunst des Verteidigens und die Kunst der Eroberung gegenseitig ergänzen. Es ist schwierig zu entscheiden, ob Vauban (1633–1707 n. Chr.), wahrscheinlich der größte Festungsbauer in der Geschichte, und der Niederländer Coehorn (1641–1704 n. Chr.), der ihm nur um weniges nachstand, als Erbauer von Befestigungsanlagen oder als Erfinder von Mitteln und Wegen, sie zu zerstören, mehr Berühmtheit erlangt haben. Ebenso erlernten die Israeliten seit den Tagen des vereinten Königreiches nicht nur die Kunst, Festungen zu errichten, sondern entwickelten gleichzeitig Eroberungsstrategien.

Ezechiel/Hesekiel, der vor dem Schicksal warnte, das Jerusalem erwartete, beschreibt präzise den Verlauf einer Belagerung: »... und mache eine Belagerung: baue ein Bollwerk um sie und schütte einen Wall gegen sie auf und schlag ein Heerlager auf und stelle Sturmböcke rings um sie her« (Ezechiel/Hesekiel 4, 2). Als er den Niedergang von Tyros durch Nebukadnezars Hand prophezeite, sagte er: »... aber gegen dich wird er Bollwerke errichten und einen Wall gegen dich aufschütten und ein Schilddach gegen dich stellen. Er wird mit Sturmböcken deine Mauern umstoßen und deine Türme mit seinen Werkzeugen umreißen« (Ezechiel/Hesekiel 26, 8f.).

Jeremia stellte sich die Eroberung Jerusalems folgendermaßen vor: »Fället Bäume und werft einen Wall auf gegen Jerusalem; denn es ist eine Stadt, die heimgesucht werden soll« (Jeremia 6, 6). Der Wall aus Erde und Steinen wurde entweder durch ein Holzgerüst oder durch Balken gestärkt. Diese Technik behielt man bis zum Mittelalter bei. Die Rampen wurden eingesetzt, um Hindernisse wie Burggräben zu überwinden; dadurch gewann man Höhe und konnte Sturmleitern anlegen oder Rammböcke in Stellung brin-

gen. Es war nicht immer die beste Methode, Steine aus den unteren Abschnitten der Mauern auszubrechen, um Zugang zu einer belagerten Festung zu bekommen. Konnten die Rammböcke höher angesetzt werden, riß die einstürzende Mauer Teile der Brustwehr und die dort postierten Verteidiger mit. Zudem bildete der herunterfallende Schutt eine Verlängerung der Rampe, über die man in die Lücke gelangen konnte.

Die Bibel überliefert uns fast keine Berichte über Israeliten, die sich als Sappeure betätigten. Aber ein Vers, in dem von Joabs Eroberung der Stadt Abel-Bet-Maacha erzählt wird, macht deutlich, daß die Israeliten die oben erwähnten Verfahrensweisen schon zu Davids Zeiten anwandten: »... kamen und belagerten ihn [den Rebellen Scheba, den Sohn Bichris] zu Abel-Bet-Maacha und schütteten einen Wall gegen die Stadt auf, daß er bis an die Vormauer reichte, und stürmten und wollten die Mauer niederwerfen« (2. Samuel 20, 15).

Abb. 60: Eine assyrische Angriffstruppe stürmt eine Stadt: Bogenschützen unterstützen einen Rammbock mit Turmaufbau, während Sappeure einen Tunnel graben oder einen unterirdischen Gang auskundschaften. Andere reißen die Mauer mit Brecheisen ein. Die Verteidiger versuchen, die Spitze des Rammbocks mit an Ketten befestigten Haken zu fassen.

Der Rammbock wurde natürlich schon seit frühester Zeit benutzt, wir wissen jedoch nicht, wann genau er bei Belagerungsschlachten zum erstenmal zum Einsatz kam. Die früheste Darstellung eines Rammbocks findet sich auf einem ägyptischen Relief aus der 12. Dynastie (im 20. vorchristlichen Jahrhundert). Durchaus denkbar ist, daß man bis zur Davidischen Epoche ein Gerät mit gehärtetem, zumeist mit Metall verstärktem Kopf (in der Form eines Widderkopfes) entwickelt hatte. Es wurde entweder in einem an einer Art Gerüst befestigten Gurt geschwungen oder von Männern gegen die Hindernisse gerammt. Die Beni-Hasan-Ramme könnte ein anderer Typ gewesen sein – mit scharfen Kanten, mit denen Fugen gelockert und lose Steine ausgebrochen werden konnten. Diese Geräte hat Ezechiel/Hesekiel angesprochen, als er von »Sturmböcken« und »Werkzeugen« sprach. Inwieweit die jüdischen Königreiche imstande waren, den Assyrern nachzueifern, was die komplizierteren, wirksameren

Rammböcke, die auf »gepanzerten« Wagen und Türmen installiert waren, anging, entzieht sich unserer Kenntnis.[10]

Belagerungskriege, an denen notwendigerweise die Zvilbevölkerung der betroffenen Stadt beteiligt war, wurden von einer strengen Regel beherrscht: Vor jeder feindseligen Aktion boten die Angreifer der belagerten Stadt »Frieden« an und verlangten dafür ihre Unterwerfung. Wurde dieses Angebot abgelehnt, waren die erwachsenen Männer nach der Eroberung des Todes, und alle Güter und der Besitz wurden konfisziert. Dieser Brauch war bis zum 19. Jahrhundert n. Chr. gültig, als beispielsweise Jaffa, das sich im März 1799 weigerte, sich Napoleon zu ergeben, den siegreichen französischen Soldaten zur Plünderung überlassen wurde.

Ein anderes alttestamentarisches Gesetz muß in diesem Zusammenhang angesprochen werden:

> »Wenn du vor einer Stadt lange Zeit liegen mußt, gegen die du kämpfst, um sie zu erobern, so sollst du ihre Bäume nicht verderben und mit Äxten umhauen; denn du kannst davon essen; darum sollst du sie nicht fällen. Die Bäume auf dem Felde sind doch nicht Menschen, daß du sie belagern müßtest« (Deuteronomium/5. Moses 20, 19).

In dieser Bibelübersetzung liegen dem Verbot ethische und, wie wir es heute nennen würden, »ökologische« Überlegungen zugrunde (»Die Bäume ... sind doch nicht Menschen, die du belagern müßtest«), aber auch der wirtschaftliche Aspekt (»denn du kannst davon essen«) wird berücksichtigt: Die Ressourcen der Stadt mußten erhalten bleiben, denn welchen Wert hätte das eroberte Gebiet für den Sieger, wenn die Felder und Plantagen zerstört waren?

In den Festungen und Festungstürmen befanden sich große Lebensmittellager sowie Waffen- und Rüstungsarsenale. Die langgezogenen Lagerhäuser, die in Beerscheba in einer Reihe nebeneinanderstanden, nahmen einen Platz von etwa 600 Quadratmetern ein. Ähnliche Einrichtungen wurden in Megiddo, Hazor, Tell el-Hesa und Tell Qasileh gefunden. Andernorts dienten die Kasematten als Depots und Magazine.[11]

Auch Nahrung für den Geist wurde geboten. Ausgrabungen in Arad, Lachisch und Beerscheba haben gezeigt, daß sich sogar die zentralistisch gesinnten Priester aus Jerusalem dem Wunsch der jüdischen Soldaten beugten und ihnen erlaubten, »Feldkapellen« zu bauen. Der Autor ist geneigt, in diesen Einrichtungen die Vorläufer dessen zu sehen, was zum Prototyp aller nachfolgenden monotheistischen Gotteshäuser wurde – der jüdischen Synagoge.[12]

Eine andere Funktion dieser Andachtsstätten in den Garnisonen war vermutlich das, was wir heute »militärische Ausbildungsstätten« nennen würden. Vielleicht wurde auch Missionarsarbeit bei der Bevölkerung und den Stämmen an den Grenzen geleistet. Politischen und militärischen Aktivitäten in den eroberten Gebieten folgten wahrscheinlich schon damals kulturelle und religiöse Unterweisungen. Wie bei den Levitern im vereinten Königreich dürften die heiligen Stätten an den Grenzen sowohl intern als auch extern als Orte der Begegnung gedient haben, an denen die alttestamentarische Religion, die Gesetze und die Kultur verbreitet und gelehrt wurden. Es ist allgemein bekannt, daß während der Zeit der Könige nicht alle Israeliten Verständnis für den wahren Monotheismus aufbrachten oder in vollem Umfang begriffen, worum es dabei ging. Außerdem schufen politische und kommerzielle Kontakte, die Toleranz für andere Glaubensrichtungen und Religionen erforderlich machten, Verwirrung.

Zu gewissen Zeiten wurden auch die militärischen Andachtsstätten für nicht-jüdische Rituale mißbraucht. Dies war zum Beispiel in Kuntillet Ajrud (siehe S. 250 f.) der Fall, wo die religiösen Praktiken eine verwirrende Verschmelzung von judäischen, israelitischen und phönizischen Elementen erkennen ließen.[13]

Die Zusammensetzung der judäischen Armee

Die Armee, die im weitreichenden Verteidigungssystem eingesetzt wurde, bestand wie im vereinten und im nördlichen Königreich aus einem Kern von regulären Soldaten und Reservetruppen – dem sogenannten »Kriegsvolk«. Dem Berufsheer gehörten die königliche Garde, die Elite der Infanterie (in der Bibel als »Läufer« bezeichnet) und natürlich die Wagenlenker an. Vermutlich waren die »Läufer« dazu ausgebildet, im Team mit den Besatzungen der Streitwagen zu kämpfen und sie zu unterstützen. Fremde Händler aus den Seevölkern (wie die »Kereter und Peleter«) stellten nach wie vor dem Hause Davids ihre Dienste zur Verfügung. Ausgrabungen am Fort Arad förderten *ostraca* (Tonscherben) zutage, die dem Quartiermeister gehörten. Sie enthalten Befehle, griechischen (?) Söldnern bestimmte Nahrungsmittel zu liefern. Ihr Entdecker, Yohanan Aharoni, datiert diese Tonscherben auf die Zeit Zedekias, des letzten Königs von Juda.[14]

Die Größe der regulären Armee variierte vermutlich und richtete sich nach der wirtschaftlichen Situation des Landes. Truppen wurden in die Festungen abkommandiert – zum Teil als Garnisonssoldaten, zum Teil als mobile Streitkräfte für Patrouillen, Manöver und Kämpfe in offenem Gelände. Das größte Kontingent mobiler Feldtruppen war in Jerusalem, also in der Residenz des Königs, stationiert. Die Truppen wurden in die bereits bekannten Divisionen der »Tausend«, »Hundert, »Fünfzig« und »Zehn« unterteilt.

Der bedeutendste Unterschied zwischen Juda und Israel war, daß die judäische Armee hauptsächlich aus Infanteristen bestand. Zur Verteidigung der judäischen Berge waren Fußsoldaten zwingend notwendig, während in den breiten Tälern und Ebenen im Norden Streitwagen gebraucht wurden. Dennoch zeigen Joschafats Worte, als er sich unter Ahabs Kommando begab – »Ich

Abb. 61: Judäischer Streitwagen, der als Beute aus Lachisch mitgenommen wurde. (Aus dem Palast in Ninive)

will sein wie du ... und meine Rosse wie deine Rosse« (denselben Satz äußerte er am Vorabend des gemeinsamen Moabiter Feldzuges Joram, Ahabs Sohn, gegenüber) –, sowie andere biblische Andeutungen, daß es in Juda Streitwagen und Wagenlenker gab. Der Streitwagen war das königliche Kriegsfahrzeug, von dem aus der König von Juda genau wie die Könige von Ägypten, Assyrien, Babylon und später Persien die Truppen befehligte. Ein einzelner Streitwagen konnte nicht in die Schlacht ziehen; daher muß es eine Einheit von Wagenlenkern gegeben haben, wie klein sie auch gewesen sein mag. Und die Erwähnung des Hauptmanns der Wagenlenker und Streitwagen unter König Joram beweist, daß diese Einheit mehr als nur eine kleine »Scheintruppe« war. Schließlich brauchten die Judäer mobile Streitwagen, wenn sie ihre Herrschaft über die Negev hinaus bis nach Edom und auf die mediterrane Küstenebene ausdehnten.

Was die Bedeutung der Infanterie in der Armee von Juda betrifft, so besitzen wir nur einen leider sehr schlecht erhaltenen Bericht über den Krieg der von Usija, dem König von Juda, angeführten syrischen Koalition gegen Tiglat-Pileser. Der assyrische Chronist schreibt den Sieg seines Herrn der Großtat zu, die judäische Infanterie vernichtet zu haben.[15] Zu diesen Truppen zählten gewiß auch Reservisten aus der Volksarmee, über die uns einige Informationen überliefert sind: »Und Asa hatte eine Heeresmacht, aus Juda dreihunderttausend, die große Schilde und Spieße trugen, und aus Benjamin zweihundertachtzigtausend, die Schilde trugen und mit dem Bogen schießen konnten; und diese alle waren starke Kriegsleute« (2. Chronik 14, 7).

Den traditionellen Kriegsfertigkeiten der verschiedenen Stämme wurde offensichtlich noch Rechnung getragen. Der Stamm von Juda stellte die Phalanx der Pikeniere, während die Benjamiter nach wie vor ihre Tradition als Bogenschützen pflegten. Die Stärke der Truppen ist allerdings weit übertrieben. Bei einer Gesamtbevölkerung von einer halben Million ist es fraglich, ob auch nur ein Viertel der männlichen Einwohner gleichzeitig zum Kriegsdienst eingezogen werden konnte.

Eine Armeeliste aus Joschafats Zeit zählt fünf Divisionen des Volksheeres und ihre Befehlshaber auf: Adna von Juda, Oberster über 300 000 Männer; Johanan von Juda, Oberster über 280 000 Männer; Amasja von Juda, Oberster über 200 000 Männer; Eljada von Benjamin, Oberster über 200 000 Bogenschützen; Josabad, Oberster über 180 000 Bogenschützen. »Diese alle dienten dem König außer denen, die der König in die festen Städte von ganz Juda gelegt hatte« (2. Chronik 17, 14-19). Die Volksarmee war demnach in fünf Divisionen unterteilt, die möglicherweise wie die zwölf Divisionen im vereinten Königreich nach einem festgelegten Zeitplan als »Reservisten im Dienst« alljährlich eine gewisse Zeitspanne im Einsatz waren. Wenn wir eine Null bei jeder der angegebenen Zahlen streichen, umfaßte das ganze »Kriegsvolk« 116 000 Soldaten (etwa 50 Prozent der gesamten männlichen

Bevölkerung), die theoretisch in Zeiten der größten Not eingezogen werden konnten.[16]

Die fünf Divisionen scheinen Kampfeinheiten gewesen zu sein, die aus den zwölf administrativen Bezirken des Königreiches rekrutiert wurden. Joschafat gelang es, die salomonische Infrastruktur zu rekonstruieren: Es gab zwölf Bezirke, von denen jeder einen Monat im Jahr für die Versorgung der Administration und der Armee zuständig war. Die Einwohnerzahl in den jeweiligen Bezirken war nicht groß genug für zwölf Divisionen; daher mußten Soldaten aus zwei oder mehr Bezirken zu einer zusammengefaßt werden. So entstanden fünf Divisionen, die entweder elf Wochen am Stück oder zweimal im Jahr für etwa einen Monat Dienst in der Armee taten.[17]

Die Verteidigung der Wüste Negev

Die gemeinsam geführten Kriege von Israel und Juda während der Regierungszeiten von Ahab und Joram von Israel sowie Joschafat von Juda wurden in Kapitel 7 geschildert. Die Sicherung und Verteidigung der Wüste Negev im Süden des judäischen Königreiches fielen grundsätzlich in den Zuständigkeitsbereich Judas, auch wenn sich das nördliche Schwesterreich wegen gemeinsamer Handelsinteressen in diesem Bereich kooperativ zeigte. Um die damit zusammenhängenden Probleme verständlich zu machen, betrachten wir Israels Beziehungen zur Wüste Negev seit der Zeit Salomos. Negev bedeutet »trockenes Land«. Das Gebiet umfaßt etwa 12 300 Quadratkilometer zwischen Beerscheba und Ezjon-Geber. Mit durchschnittlichen Niederschlägen von 15 Zentimetern jährlich konnte die Negev nur ein Nomadenvolk ernähren. Da diese Wüste eine klimatische Randzone ist, sind selbst die geringen Regenfälle nicht gesichert, und die unterirdischen Quellen, die die Brunnen speisen, führen in trockenen Zeiten kaum oder gar kein Wasser. In Dürreperioden konnten sich die Nomaden nur retten, indem sie sich – friedlich oder mit Gewalt – Zugang zu fruchtbarem Land verschafften, in dem es Wasser und Weideflächen gab und die Bauern Getreide, Obst und Gemüse angebaut hatten. Die Invasion der Midianiter, gegen die Gideon 150 Jahre vor der Gründung des Königreiches vorging, war ein solcher Fall.

Nach der Gründung des Königreiches gehörte es zu den Pflichten der Könige, für Ordnung und Sicherheit im Land zu sorgen, indem sie die südlichen Grenzen aufmerksam bewachen ließen. Verteidigungsanlagen, die speziell dafür eingerichtet waren, Plünderer aus der Negev und entfernteren Gebieten abzuwehren, waren entscheidend für die Erhaltung des Friedens in Juda. Die natürliche Grenzlinie ist die steile, tiefe Schlucht der Flüsse Besor, Beerscheba und Malkata. Das Tal dieser drei Flüsse konnte, wenn es mit zweckdienlichen Befestigungsanlagen abgesichert und gut bewacht wurde, zu einer effektiven Verteidigungslinie ausgebaut werden.[18]

Tatsächlich sind eine Reihe von Grenzfestungen an dieser Linie auszumachen – einschließlich Beerscheba, Tell Masos (Horma?), Ira, Arad und Malkata.[19] Doch um eine wirksame Abwehr zu schaffen, mußten auch Vorkehrungen im Hinterland getroffen werden, denn den schnellen, beweglichen Angreifern aus der Wüste fiel es nicht schwer, eine befestigte Linie zu durchbrechen. Mittlerweile wurde zwischen den Hauptstützpunkten am Wadi und denen an den oberen Hängen der Hebron-Berge eine ganze Anzahl von Sicherheitsposten entdeckt, die die erste Verteidigungslinie verstärkten. Wir müssen uns also vorstellen, daß die räuberischen Banden aus der Wüste in ein Netzwerk von sich gegenseitig unterstützenden Sicherheitsposten gerieten. Falls es den Plünderern dennoch gelang, den Befestigungsgürtel zu durchbrechen, liefen sie Gefahr, auf dem Rückweg abgefangen zu werden, wenn sie ihre Beute mit sich schleppten und/oder gutgenährte Viehherden in die Wüste trieben. Daß es selbst ohne gut eingerichtete Grenzposten möglich war, sie aufzuhalten, zeigt Davids Verfolgung der Gruppe, die Ziklag überfallen hatte, als er selbst noch Söldner in den Diensten der Gittiter war (1. Samuel 30). Um wieviel effektiver waren dann Aktionen, die von einer routinierten Grenzwache durchgeführt wurden!

Die Wüste Negev war ein wichtiges Verbindungsglied zwischen den Land- und Seehändlern in den Zentren am Roten Meer, in Edom und auf der philistinischen Ebene. Passenderweise bemerkt Strabo, als er tausend Jahre nach Salomo Gaza beschreibt: »Man sagt, es gebe dort einen Übergang von 1260 Stadien zu der Stadt Aila [Elat], die am hintersten Zipfel des arabischen Golfs liegt ... Man reist auf Kamelen durch eine Wüste und sandiges Land« (*Geographica* XVI,II). Und an anderer Stelle: »Aelana [Aila/Elat] ist eine Stadt ... gegenüber von Gaza« (ebd. XVI, IV). Plinius der Ältere erwähnt um das Jahr 75 n. Chr. das andere große Handelszentrum, mit dem Gaza und die philistinische Küste Kontakt hatten: »Die nächsten sind die Nabateaner, die eine Stadt namens Petra bewohnen [das biblische Sela, die Hauptstadt von Edom]. In Petra treffen zwei Straßen aufeinander, eine führt von Syrien nach Palmyra, und die andere kommt von Gaza« (*Naturalis historia* VI, II).

Edom, die Negev und die philistinische Küste waren immer schon durch gemeinsame wirtschaftliche Interessen verbunden. Sowohl die Edomiter als auch die Philister waren bemüht, ihre guten Beziehungen zu den Nomaden in der Negev, die bereits arabische Stämme mit einschlossen, aufrechtzuerhalten, um ihre Waren sicher und unbehelligt von einem Handelszentrum zum anderen transportieren zu können. Nach der Gründung des israelitischen Königreiches kam eine vierte Partei hinzu, die am Handel interessiert war. Die Vorherrschaft über die gesamte Negev machte es den Israeliten möglich, passiven Nutzen aus den bestehenden Beziehungen zu ziehen und einen Teil des Profits von den Handeltreibenden einzufordern. Sie konnten auch aktiv eingreifen und neue Handelsrouten einrichten, die durch

Abb. 62: Ägyptisches Schiff.

israelitische Gebiete führten. Beide Möglichkeiten wurden genutzt. Einen Teil der in nord-südlicher Richtung verlaufenden Handelswege lenkte man in östliche Richtung um und brach das ägyptische Handelsmonopol am Roten Meer durch den Ausbau Ezjon-Gebers oder eines anderen Handelszentrums in der Nähe von Elat.

Alle anderen Interessengruppen vereinte der Wunsch, die neuen israelitischen Konkurrenten nicht zum Zug kommen zu lassen. Daher waren die Israeliten gezwungen, die Straßen, Handelsstationen und großen Wasserquellen in der Negev streng zu bewachen. Das erste System von befestigten Wüstenwegen stammt eindeutig aus der Zeit Salomos, und Pharao Schischaks Feldzug von 924 v. Chr. richtete sich insbesondere auch gegen die dortigen Befestigungsanlagen.[20] Ob es sein eigener Einfall oder der seiner Ratgeber war oder ob die Phönizier einen entsprechenden Vorschlag machten, ist ungewiß – Salomo hatte jedenfalls die Weitsicht, sich die geopolitischen Realitäten seines Reiches zunutze zu machen. Mit Hilfe der Tyrer sagte er dem alten Seefahrts- und Handelsmonopol der Ägypter am Roten Meer den Kampf an und etablierte eine alternative Route zwischen Mittelmeer und Rotem Meer. Die »früh-israelitischen« Forts in Haseva, Yotveta und Tell el-Kheleife deuten darauf hin, daß die Arava-Handelsroute benutzt wurde. Die erste Festung in Kadesch-Barnea wachte über die Oase, die Knotenpunkt und Verkehrszentrum am östlichen Rand der Negev war.[21]

Die Negev zu kontrollieren und ihre Straßen instand zu halten hieß, ein weitreichendes System von Forts, befestigten Garnisonen, Wachtürmen, Signalposten, Kontrollstationen und Schutzeinrichtungen für Wasserquellen zu unterhalten.[22] Tausende von Männern mußten abkommandiert werden, um all diese Einrichtungen funktionsfähig zu halten. Daraus ergaben sich unzählige Probleme. Selbst Salomo war kaum in der Lage, genügend Truppen aus der regulären Armee oder Reservisten, die nach einem bestimmten Zeitschema einberufen wurden, nur für diese Aufgabe abzustellen, ohne andere, genauso wichtige Pflichten zu vernachlässigen. Auch heute noch bereitet es logistische Schwierigkeiten, militärische Präsenz in der Negev zu gewährleisten – wieviel beschwerlicher muß es dann zur damaligen Zeit gewesen sein? Natürlich können wir die Bedürfnisse einer Armee aus dem 20. Jahrhundert nicht mit denen, die Soldaten vor 3000 Jahren gehabt haben mögen, vergleichen. Damals war es äußerst mühsam, die Versorgung über Beerscheba aufrechtzuerhalten. Waffen, andere Ausrüstungsgegenstände und Dinge des täglichen Lebens – vom Bogen bis zur Wagenachse, von den Schuhen bis zum Helm –, alles wurde in der besiedelten Zone nördlich von Beerscheba hergestellt.

Zudem war da noch die menschliche Seite zu berücksichtigen. Auch wenn die israelitischen Soldaten biblischer Zeit weit genügsamer waren als die Armeeangehörigen von heute – die durch die Feldküche, Konzerte und Shows, Radio und Fernsehen genauso bei Laune gehalten werden wie durch eine rasche und ständige Postverbindung mit der Heimat –, mußten damals Mittel und Wege gefunden werden, daß die in der Wüste stationierten Truppen zumindest hin und wieder ihre Familien in den besiedelten Teilen des Landes besuchen konnten.

Die Lösung all dieser Probleme war damals dieselbe wie in späteren Zeiten: die Negev permanent zu besiedeln und die Siedler mit der Bewachung und Verteidigung des Gebietes zu betrauen.[23] Der Reisende begegnet in der Negev an vielen Orten einer typischen Anlage: einem Fort oder einer Festung an einer strategisch günstigen Stelle – gewöhnlich auf einem Hügel mit gutem Ausblick nach allen Seiten –, mit einem Dorf unterhalb der Festungsmauer und großen Wasserreservoirs und Lagerhäusern am Fuß des Hügels. Die Siedler versorgten die Garnison mit Lebensmitteln und allem anderen, was sie täglich brauchten, und im Gegenzug boten die Soldaten Schutz für die landwirtschaftlich genutzten Flächen und die Wasserbecken und Brunnen. Gerade hier, in der Nähe der plündernden Nomadenstämme, war ein zivilisiertes Leben nur möglich, wenn Wachen ständig patrouillierten und Festungen existierten, die zur Abschreckung dienten und den Siedlern in Notzeiten Zuflucht boten. Die gegenseitige Unterstützung im Kampf ums Überleben schweißte die Soldaten und Siedler zu einer engen Gemeinschaft zusammen. Und wenn nicht schon von vornherein entsprechende Regelungen getroffen wurden, dann hat man sicherlich bald nach der Besiedlung die Garnisonssoldaten aus der in der Negev ansässigen Bevölkerung rekrutiert.

Wir wissen, daß die Negev-Siedler in der Zweiten Tempel-Periode eine Bürgerwehr an der Grenze bildeten und daß ihnen das Land, das sie bearbeiteten, von der Regierung zur Verfügung gestellt wurde. Als Gegenleistung für die Landschenkung oder das Nutzungsrecht gewisser Parzellen und für andere Vergünstigungen waren sie verpflichtet, die Grenze zu bewachen. Diese Pflicht ging vom Vater auf den Sohn über. In der Ersten Tempel-Periode dürften ähnliche Vereinbarungen gegolten haben. Jedenfalls vermitteln der Bibeltext im Kapitel 26 des 2. Buches der Chronik und archäologische Funde diesen Eindruck. All diese Einrichtungen scheinen nach einem einzigen Plan entstanden zu sein, und sie wurden offenbar zur selben Zeit aufgebaut. Die beträchtlichen Auffangbecken für Wasser, die Lagerhäuser und Bewässerungsanlagen, die selbst heute noch Bewunderung hervorrufen, können nicht von Privatleuten gebaut und erhalten worden sein. Überall wird offenkundig, daß die zentrale Regierung die Verantwortung für die Bauten und ihre Instandhaltung trug.

Genaugenommen war das Besiedlungsgebiet durch die topographischen Bedingungen auf das zentrale Hochland der Negev zwischen den Sanddünen im Norden und den hohen Bergen im Süden begrenzt. Und auch dort mußten die landwirtschaftlichen Kenntnisse und Methoden, die die Bauern am Wüstenrand anwandten, weiterentwickelt werden, damit das Überleben gesichert war.

Nicht jedes der mehr als 30 Forts, die bis heute entdeckt wurden, diente in erster Linie zur Verteidigung der Landbewohner. Einige bewachten die Handelsrouten und sorgten dafür, daß der Verkehr dort ohne Bedrohung von außen vonstatten gehen konnte. Andere waren vermutlich auch Karawansereien oder Verwaltungszentren. Darauf deutet die Bauweise aller Festungen in der Negev hin – eine Bauweise, die im übrigen Israel ebenfalls bevorzugt wurde: mit offenem Innenhof und den »Kasemattenmauern« (siehe S. 231). Da alle Einrichtungen – Wohnquartiere, Lagerräume, Ställe etc. – in den Kasematten untergebracht waren, könnten die Innenhöfe als Herberge für Reisende und Schutzraum für die Tiere und Waren gedient haben, falls die Kasematten nicht genügend Raum boten.[24]

Die Handlungsreisenden durch die Wüste Negev profitierten nicht nur von den Schutz- und Versorgungsmöglichkeiten der israelitischen Festungen. Die Dörfer stellten Proviant und Futter für die Karawanen zur Verfügung, und die ortsansässigen Handwerker boten ihre Dienste für Mensch und Tier an.

Wir dürfen annehmen, daß die Bevölkerung in Israel unter den günstigen Bedingungen, die im vereinten Königreich herrschten, sprunghaft angestiegen ist und daß die Siedler zur Kolonisierung der Zentral-Negev aus diesem Bevölkerungsüberschuß rekrutiert wurden.

Die salomonische Erschließung und Nutzung der Negev war ein kompliziertes und vielschichtiges Unternehmen. Wie bereits erwähnt, wurde Salomos großes Werk völlig zerstört, als sich Schischak aufmachte, um die Israeliten aus der Negev zu vertreiben.[25]

Es war Joschafats Verdienst, daß die südliche Negev (bis zur natürlichen Grenze zum Sinai, dem Bach Ägyptens?) wieder besetzt werden konnte: »... einige von den Philistern brachten Joschafat Geschenke und Silber als Abgabe; auch die Araber brachten ihm siebtausendundsiebenhundert Widder und siebentausendundsiebenhundert Böcke« (2. Chronik 17, 11) [die Übersetzungen: »einige von den Philistern« ist unkorrekt, es müßte heißen: »die Philister«.[26]] Es fällt auf, daß die Tribute der Philister und der Araber in einem Atemzug genannt werden. Nicht nur militärische Gewalt hatte sie gefügig gemacht, sondern wirtschaftliche Zwänge ließen ihnen keine andere Wahl, als die judäische Oberherrschaft in der Wüste Negev hinzunehmen.

Edom, das ebenfalls am Handel in der Negev interessiert war, gehörte mittlerweile zu Joschafats Reich. Die Bibel erwähnt fast beiläufig: »Und es war kein König in Edom; ein Statthalter war im Lande« (1. Könige 22, 48).

Unter diesen Bedingungen stand der Weg, den Handel mit den Zentren am Roten Meer wiederaufzunehmen, offen.

> »Und Joschafat hatte Tarsisschiffe machen lassen, die nach Ofir fahren sollten, um Gold zu holen. Aber sie fuhren nicht; denn sie zerschellten bei Ezjon-Geber. Damals sprach Ahasja, der Sohn Ahabs, zu Joschafat: Laß meine Leute mit deinen Leuten auf den Schiffen fahren! Joschafat aber wollte nicht« (1. Könige 22, 49,50).

Joschafat schlug das Angebot der Israeliten aus, obwohl sie mittlerweile wertvolle Erfahrung in der Seefahrt gewonnen hatten, weil er die Beteiligung des nördlichen Königreichs an dem Handel durch die Negev so gering wie möglich halten wollte.

Von besonderem Interesse ist Kuntillet Ajrud, die befestigte Andachtsstätte und Handelsstation aus dem 9. oder 8. vorchristlichen Jahrhundert, die auf einem Hügel auf halbem Wege zwischen El Arisch und Elat an der Südwest-Grenze des Reiches erbaut wurde. Die Wasserquellen am Fuß des Hügels gehören zu den wenigen, die in dieser trockenen Landschaft das ganze Jahr über Wasser führen. Die Bewohner von Kuntillet Ajrud hatten demnach die Kontrolle über diese Quellen. Funde und Kultgegenstände aus der Antike haben die Archäologen davon überzeugt, daß dieser Ort sowohl in wirtschaftlicher als auch in militärischer Hinsicht ein bedeutsames Verbindungsglied zwischen den Israeliten beider Königreiche und den Phöniziern war und als Schutz der kürzesten Route vom Roten Meer zum Mittelmeer erbaut wurde. Der Besitzanspruch auf diese Straße muß den Widerstand der Ägypter und all jener Völker und Stämme hervorgerufen haben, die ihre eigenen lukrativen Handelsbeziehungen bedroht sahen.[27]

Obwohl die Bibel keine Hinweise darauf gibt, muß entweder Joschafat oder Usija Salomos Seefahrtsunternehmungen im Roten Meer wiederbelebt haben. Die Wissenschaftler sind sich einig, daß die Winde, die in Ezjon-Geber sehr oft landeinwärts bliesen, für die Zerstörung der judäischen Flotte verantwortlich waren, und sie sind der Ansicht, daß Elat erbaut wurde, weil man den Seestützpunkt an einen sichereren Ort verlagern wollte. Bestimmt hätte sich niemand diese Mühe gemacht, wenn keine Schiffe zu Wasser gelassen worden wären.

Die Ausgrabungen von Tell el-Kheleife (das biblische Ezjon-Geber) haben bewiesen, daß Befestigungen aus der Zeit Joschafats existieren. An zwei anderen Orten, in Kadesch-Barnea an der Grenze zum Sinai und in Arad im Hinterland der Wadi-Linie (Wadi Besor-Beerscheba-Malkata), wurden Bebauungsschichten freigelegt, die eindeutig darauf hinweisen, daß auch dort während der Regentschaft von Joschafat gebaut wurde. Die archäologischen Funde bestätigen wieder einmal die Angaben der Bibel.[28] Qureiye, das etwa 48 Kilometer südlich von Kadesch-Barnea liegt, wurde als der Standort der Festung Kuntillet Ajrud identifiziert. Seine strategische Position legt die Vermutung nahe, daß Judas südliche Grenze zur Blütezeit des Reiches an Schluchten und Wadibetten entlangführte, die parallel zur alten Straße von Elat nach El Arisch bzw. Gaza verliefen. Wir dürfen also annehmen, daß die ägyptischen Patrouillenfahrzeuge bis 1967 an dieser Grenzstraße denselben Staub aufwirbelten wie 2800 Jahre zuvor die judäischen Streitwagen.

Jorams Feldzug gegen Edom

Jehus Revolte und die darauffolgende Schwächung Israels hatte direkte Auswirkungen auf den Süden.

> »Zu seiner [Jorams; d. i. der Sohn Joschafats] Zeit fielen die Edomiter von Juda ab und setzten einen König über sich. Da zog Joram nach Zaïr und alle Wagen mit ihm, und er machte sich des Nachts auf und schlug die Edomiter, die ihn umringt hatten, dazu die Obersten über die Wagen, so daß das Volk in seine Wohnungen floh« (2. Könige 8, 20f.).

Beim ersten Lesen scheint diese Bibelstelle keinerlei Sinn zu ergeben, und die vorliegende Übersetzung macht nicht deutlich, daß es die Judäer selbst waren, die die Flucht ergriffen. Warum aber flüchtetet das Volk (gemeint ist das »Kriegsvolk«) vom Schlachtfeld, wenn der eigene König und Anführer siegreich war? Bei genauerer Betrachtung kann man folgende Vermutungen anstellen:

Nach einem beschwerlichen und ermüdenden Marsch, bei dem die Streitwagen von Menschen gezogen und möglicherweise sogar zerlegt werden mußten, weil sie an den steilen Hängen und in den engen Schluchten nicht manövrierbar waren,[29] formierte sich die judäische Armee auf der Ebene südlich des Toten Meeres (das biblische Kikar) neu. Das weiterhin unwegsame Gelände erschwer-

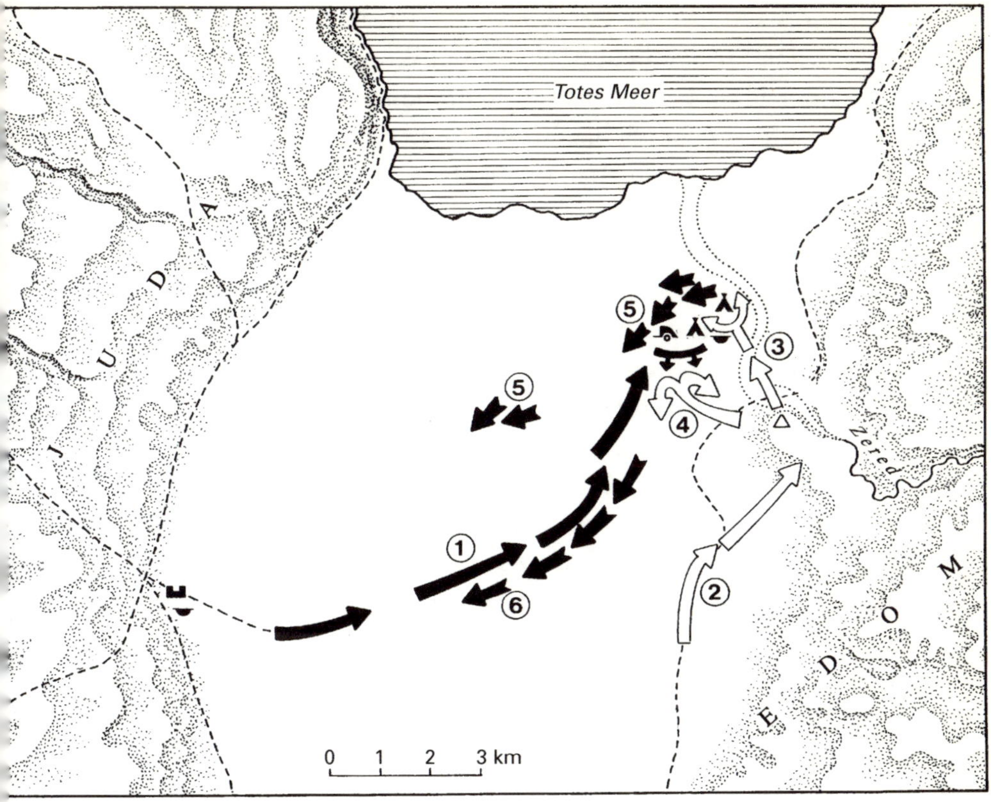

Abb. 63: Jorams Feldzug gegen Edom
Die Marschroute der Judäer.
Edomiter aus Sela.
Die Edomiter überfallen das judäische Lager bei Nacht.
Joram schlägte die Edomiter zurück, die seinen Sektor des Lagers angreifen.
Ein Teil der judäischen Armee flieht – die Soldaten wissen nicht, daß Joram siegreich ist.
König Joram und sein Korps treten einen geordneten Rückzug an.

te das Fortkommen für Streitwagen, Infanterie, den Troß und die Hilfstruppen. Über Nacht schlugen die Truppen ihr Lager in der Nähe der Oase von Zoar auf. Wegen der allgemeinen Erschöpfung waren die Soldaten vielleicht nicht so wachsam wie sonst, und die Aufmerksamkeit der Wächter, die ein Drittel der Nacht auf ihrem Posten sein sollten, hatte vermutlich auch nachgelassen.

Den aufständischen Edomitern waren die anrückenden Truppen mit den Streitwagen höchst unwillkommen. Sie wußten, daß ihre in der Hauptsache aus unerfahrenen Kämpfern bestehenden Horden auf offenem Schlachtfeld keine Chance gegen die Wagen hatten. Joram ging ein Risiko ein, als er Streitwagen in gebirgiges Gelände mitnahm, aber die judäischen Wagenlenker waren Männer der Berge und kamen unter den erschwerten Bedingungen vielleicht besser zurecht als die meisten anderen. Joram hielt es also für sinnvoll, den Feldzug mit seinen »Panzern« anzutreten, was um so einleuchtender ist, da die »Läufer« (die Elite der Infanterie), die als Unterstützung der Wagenlenker ausgebildet waren, sicherlich auch an diesem Feldzug teilnahmen.

Die Edomiter waren beunruhigt, aber sie gerieten nicht in Panik. Eine nüchterne Einschätzung der Situation hatte sie zu der Überzeugung gebracht, daß sie sich nur retten konnten, wenn sie den Feind in einer Situation überraschten, in der er seine überlegenen Waffen nicht einsetzen konnte. Das war dieselbe Taktik, die die Israeliten vor der Zeit Davids anwandten. Die Gelegenheit bot sich, als die erschöpften Judäer in Zoar ihr Nachtlager aufschlugen.

Im Schutz der Dunkelheit schlichen sich die Edomiter in das Soldatenlager und fielen über die Judäer her. Sie hatten es hauptsächlich auf den König, die Befehlshaber der Streitwagentruppen (in deren Gesellschaft sich der König befand), die Wagen und die Pferde abgesehen. Sie hofften, die Offensivkraft der Feinde entscheidend zu schwächen, wenn sie sich auf diese Ziele konzentrierten. Glücklicherweise wurde Joram rechtzeitig alarmiert, so daß er die Verteidigung der Wagenlenker, Pferde und Streitwagen organisieren konnte. Wenn die Aufteilung des Lagers in dieser Nacht dem üblichen Muster entsprach, lagen die »Läufer« in der Nähe der Streitwagen oder hatten sich um sie herum verteilt. Möglicherweise wurden auch sie gerade rechtzeitig geweckt, so daß sie zu den Waffen greifen und sich gegen die Eindringlinge verteidigen konnten. Wie es scheint, schlugen sich der König und

Abb. 64: Hetitischer Angriff auf das Lager von Ramses II. in Syrien. Nachdem die Angreifer den linken Sektor mit den Zelten der Truppen überrannt haben, stürmen sie zum Zentrum, in dem sich die Zelte des Königs und seines Stabes befinden. Auf der rechten Seite herrscht normales Lagerleben. Streitwagen sind aufgereiht, die Pferde nicht angeschirrt. In einer Ecke sieht man Jungen, die als Diener mit dem Troß ziehen. Der Lagerbereich wird von aufrecht stehenden Schilden abgeschirmt. König Jorams Lager in Zoar, das die Edomiter überfallen haben, muß ähnlich ausgesehen haben.

viele unbekannte Helden in dieser Nacht sehr gut, und der Angriff der Edomiter wurde abgewehrt. Ihre Niederlage war immerhin so groß, daß Joram anschließend ungehindert mit den Truppen, die unter seinem persönlichen Kommando gestanden hatten, den Rückzug antreten konnte.

Da der König von den Edomitern umzingelt und angegriffen wurde, wähnten sich die anderen Soldaten im Lager führerlos. Eine Panik brach aus, und die durch den nächtlichen Überfall aufgeschreckten Soldaten flohen Hals über Kopf. Große Truppenteile hatten die Flucht ergriffen, und Joram war gezwungen, die Kampagne abzubrechen. Als es in seinem Reich zu internen

Schwierigkeiten kam, die die ganze Aufmerksamkeit des Königs erforderten, gelang es den Edomitern, sich endgültig von Juda loszusagen.

Edom bewahrte sich etwa 35 Jahre die Unabhängigkeit. Juda war an seinem Tiefpunkt angelangt. Wegen der verheerenden Nachwirkungen von Jehus Revolte hatte Israel sein Schutzschildfunktion gegen die Aramäer verloren, und Juda stand allein den Damaszenern gegenüber, die am Höhepunkt ihrer Macht angelangt waren. Hasaël von Damaskus machte sich daran, den uralten Traum zu verwirklichen, Damaskus zur Herrscherin über die palästinensische Landbrücke zu machen, und wollte zunächst alle wichtigen Straßen und Handelswege seiner Kontrolle unterwerfen. Wäre ihm das gelungen, hätte ihm seine dominante Position im Welthandel das Ansehen und Gewicht in internationalen Angelegenheiten eingebracht, das seinerzeit Salomo und David genossen hatten.

Die »Nachbarn der Nachbarn« waren einmal mehr die natürlichen Verbündeten – in diesem Fall die der Damaszener. Moab und Edom im Osten und die Philister im Westen zogen ein Dasein unter der Hegemonie der weit entfernten Aramäer einem unabhängigen Leben im Schatten der Juden vor. Bei seinen Feldzügen in den letzten zwei Jahrzehnten des 9. Jahrhunderts v. Chr. besetzte Hasaël zuerst die Königsstraße im Trans-Jordanland, die die Verbindung zu Moab darstellte, und dann die Via Maris, die zu den Philistern nach Gat führte. Die Moabiter und die Philister waren ebenso wie die Edomiter nur allzu bereit, sich den Damaszenern bei ihren wirtschaftlichen Aktivitäten als Transporteure und Mittelsmänner zur Verfügung zu stellen.

Doch Hasaël versäumte es, seinen Plan bis zum logischen Ende durchzuführen. Möglich wäre, daß er die Lage richtig einschätzte und wußte, daß er keinen Erfolg haben konnte. Denn solange er das Cis-Jordanland und damit das Zentralmassiv von Juda und Samaria nicht erobert hatte, überließ er den Juden die Herrschaft über die Wasserscheidenstraße im Zentrum der natürlichen

Gebirgsbastion, und sie hatten weiterhin die seitlichen Zugänge zur Königsstraße und zur Via Maris unter Kontrolle. Sie konnten auf einen günstigen Moment warten, um aus ihren Schlupfwinkeln in den Bergen zu kommen und die Herrschaft über die verlorenen Gebiete und die Handelsrouten wieder an sich zu reißen.

Amazja erobert Edom zurück

Diesmal ergriffen die Judäer die Initiative. Da die Aramäer an der assyrischen Front beschäftigt waren, führte Amazja von Juda um 785 v. Chr. einen Feldzug an, um Edom zurückzuerobern. Wie es scheint, folgte er Jorams strategischem Plan, vermied es aber, in die gleichen Fallen zu tappen. Als die Armeen im Salztal, etwa zehn Kilometer südlich von Zoar, aufeinandertrafen, brachten die Judäer den Edomitern eine vernichtende Niederlage bei und ebneten sich so den Weg zur Rückeroberung der nördlichen Gebiete von Edom und der Hauptstadt Sela (der Felsen), die Amazja in Jokteel umbenannte (2. Könige 14, 7).

Im 2. Buch der Chronik, Kapitel 25, finden sich drei interessante zusätzliche Angaben zu dem biblischen Bericht von Amazjas Feldzug gegen die Edomiter. Die erste ist, daß eine Volkszählung durchgeführt wurde, bei der die männliche Bevölkerung von Juda erfaßt wurde. Möglicherweise fanden derartige Erhebungen regelmäßig in gewissen Abständen statt, aber auf jeden Fall vor großangelegten militärischen Operationen. Der zweite Hinweis ist der auf das Alter der »Wehrpflichtigen«: nur über Zwanzigjährige wurden zur Armee eingezogen. Die Gründe dafür sind offensichtlich. Die jungen Männer zwischen 17 und 20 mußten die Arbeit derer übernehmen, die zum Heer gingen, und den Alten und Frauen bei der Bewirtschaftung des Landes, in den Werkstätten und bei anderen Unternehmungen helfen. Bei der Arbeit stählten sie ihre körperlichen Kräfte. In einer Zeit, in der Väter ihre Söhne an den Waffen ausbildeten, wurden die Jugendlichen wahrscheinlich als noch nicht gewandt und stark genug angesehen, um bei einer großen Militäraktion mitzuwirken. Andererseits waren die Dörfer und Städte unvorhergesehenen Angriffen nicht vollkommen schutzlos ausgeliefert, solange junge Männer da waren, die im Notfall zu den Waffen greifen und ihr Hab und Gut verteidigen konnten.

Amazja war ein energischer, willensstarker Herrscher mit weitreichenden Ambitionen. Aus seiner Zeit stammt der erste, wenn auch indirekte, Hinweis auf ein Kavalleriekorps in der judäischen Armee. Trotz all seiner Erfolge und seines Elans gelang es Amazja allerdings nicht, Israel den Rang als vorherrschendes jüdisches Königreich abzulaufen. Seine ehrgeizigen Bemühungen führten jedoch dazu, daß die beiden Reiche ihre Allianz erneuerten, die die Grundlage für das zweite goldene Zeitalter des biblischen Israel bildete. Wie bereits erwähnt, konnten die beiden Reiche den größten Teil der Gebiete zurückerobern, die einstmals zum vereinten Königreich gehört hatten.

Usija

Amazja war für seinen Sohn Usija das, was später Philipp für Alexander war – der Schmied der Werkzeuge, die der Sohn und Erbe benutzte, um dem Reich höchsten Wohlstand und Macht zu bringen. Apropos Alexander – in der westlichen Welt ist es seit dem hellenistischen Zeitalter Brauch geworden, herausragenden Herrschern den Beinamen »der Große« zu geben. Ganz gewiß verdient Usija, der auf vielen Gebieten Großes geleistet hat, ebenfalls dieses Attribut. Da die nationale Sicherheit von wesentlich mehr Faktoren als nur den militärischen Angelegenheiten, die Gegenstand dieses Buches sind, beeinflußt wird, muß an dieser

Stelle daran erinnert werden, daß kulturelle, soziale, religiöse und wirtschaftliche Fortschritte Usija erst in die Lage versetzten, seine militärischen Meisterleistungen zu vollbringen.

> »Er [Usija] zog aus und kämpfte gegen die Philister und riß nieder die Mauer von Gat und die Mauer von Jabne und die Mauer von Aschdod und baute Festungen um Aschdod und im Philisterland; denn Gott half ihm gegen die Philister, gegen die Araber, die in Gur-Baal wohnten, und gegen die Mëuniter. Und die Ammoniter gaben Usija Geschenke, und er wurde berühmt, bis hin nach Ägypten; denn er wurde immer mächtiger« (2. Chronik 26, 6-8).

Usija machte die Philister also wieder zu einem Volk mit Vasallenstatus. Um seine Macht zu konsolidieren, riß er die Befestigungen der größeren Ortschaften ein und richtete judäische Garnisonen in den philistinischen Städten und Gebieten ein, zu deren Schutz er eigene Festungen erbauen ließ.

Die geopolitischen und geoökonomischen Beziehungen zwischen den Philistern, den arabischen Stämmen in der Negev und dem südlichen Trans-Jordanland (Edom) wurden bereits beschrieben. Nach der Eroberung der philistinischen Regionen waren die Negev-Stämme in wirtschaftlicher Hinsicht auf das Wohlwollen der Judäer angewiesen. Unter diesen Umständen taten sie das einzig Vernünftige und akzeptierten die judäische Hegemonie mit allen Konsequenzen.

Die Unterwerfung war weitreichend, denn in einer anderen Bibelpassage (2. Könige 14,22) heißt es: »Er [Usija] baute Elat und brachte es wieder an Juda ...« Die zeitliche Aufeinanderfolge der Ereignisse ist ungewiß, aber Usija komplettierte auf jeden Fall die Unterwerfung von Edom, die sein Vater begonnen hatte, entweder vor oder nach der Eroberung der philistinischen Küste, und krönte seinen Erfolg mit der Neugründung einer Marinebasis in Elat. Eine Tonscherbe aus der Markt- und Lagerstadt Tell Qassila, die am Rand des heutigen Tel Avivs bei Ausgrabungen freigelegt wurde, trägt die Inschrift: »Gold von Ofir für Bet-Horon ... dreißig Schekel.«[30] Die einfachste Deutung dieses interessanten Fundes wäre, daß die Garnison, die im israelitischen Fort von Bet-Horon stationiert war, eine vom Befehlshaber oder Zahlmeister der königlichen Lagerstadt angewiesene Goldzahlung erhielt. Eine erneuerte Allianz mit Juda, die entweder mit oder ohne Israels Mitwirkung die Wiederbelebung des Seehandels im Roten Meer (von Elat aus) zur Folge hatte, machte es möglich, daß das Ofir-Gold offizielles Zahlungsmittel in Israel wurde.

Die »Mëuniter« wurden traditionell mit den halbnomadischen Stämmen gleichgesetzt, die in der Gegend des heutigen Maan in Jordanien angesiedelt waren. Daß sowohl die Mëuniter als auch die Ammoniter in dieser Bibelstelle erwähnt werden, macht deutlich, daß Juda nicht nur die Kontrolle über die Königsstraße, sondern auch über die Nebenstraßen an den Ostgrenzen des Landes zwischen dem Plateau und der arabischen Wüste zurückgewonnen hatte. Die Widerstandskraft der Ammoniter und anderer Völker, die nach ihnen über die Straßen am Wüstenrand wachten, erwuchs aus der Unfähigkeit der Eroberer (die meist nur mangelhafte Kenntnisse über das Leben in der Wüste hatten), diese Nebenstraßen lückenlos abzusichern. Ammon hatte wegen seiner Lage am Wadi Schiran, der Straße von Arabien zur palästinensischen Landbrücke, eine besondere Bedeutung. Da das Dreieck Aschdod und Philistäa-Elat-Petra (Sela oder, zur damaligen Zeit, Jokteel) fest in Usijas Hand war, wußten die Ammoniter sehr gut, wo ihre wirtschaftlichen Interessen lagen.

Vor einigen Jahren wurde die These aufgestellt, bei den Mëunitern handle es sich um die Stämme, die in assyrischen Dokumenten als Bewohner des nördlichen Sinai oder der Kadesch-Barnea-Region erwähnt werden.[31] Die Argumente für diese Theorie tragen nicht viel dazu bei, ihre Identität zweifelsfrei zu bestimmen, doch sie ist genauso plausibel wie die erstgenannte, da Usija Judas Einflußbereich bis über den Bach Ägyptens (Wadi El Arisch) hinaus ausdehnte. Es ist unmöglich, den Übergang nach

Ägypten (»bis hin nach Ägypten«) örtlich genau festzulegen, doch er befand sich irgendwo zwischen den Festungen von Pelusium und Migdol, in dem Gebiet zwischen Tine, Romani und Kantara. Ptolemäer und Seleukiden, Kreuzritter und Sarazenen, Türken und Mamelucken, Briten und Türken, Israelis und Ägypter und viele mehr sind in der Folgezeit in dieser Gegend aneinandergeraten, wo oft eine Befestigungslinie am Isthmus von Suez den Übergang zu Ägypten bewachte.[32]

Usija brachte die beiden Zweige der Via Maris, die den Nord-Sinai überquerten, und möglicherweise die südlichen Nebenwege unter seine Kontrolle. Das erreichte er, indem er die Befestigungen an den Wasserquellen bemannte, die immer schon den Verlauf der Straßen und Wege bestimmt haben. Die Aufgabe als Wächter nahmen, wie wir bei der Schilderung des Exodus gesehen haben, lange Zeit die Ägypter wahr, die damit sowohl wirtschaftliche als auch strategische Ziele verfolgten. Nur weil die Pharaonen geschwächt waren und Juda gleichzeitig an Macht gewann, konnten die Judäer die Posten an der Wüstenstraße einnehmen.

Das Besiedelungsprogramm im Süden

Eine andere von Usijas großen Leistungen betrifft die Negev:

> »Er baute auch Türme in der Wüste und grub viele Brunnen; denn er hatte viel Vieh, sowohl im Hügelland wie in der Ebene, auch Ackerleute und Weingärtner auf den Bergen und am Karmel [am Bergkamm Sif im Süden des Hebron-Gebirges]; denn er hatte Lust zum Ackerbau« (2.Chronik 26, 10).

Diese wenigen Sätze deuten an, daß Usija die bestehenden Siedlungen und landwirtschaftlichen Nutzungsgebiete in den Südregionen seines Reiches vergrößerte. Soweit wir der modernen archäologischen Forschung Glauben schenken können, unternahm er keine Versuche, Salomos Unternehmungen im zentralen Hochland der Negev wiederzubeleben. Statt dessen vergrößerte er die ländlichen Siedlungen und förderte die Landwirtschaft in den judäischen Bergausläufern, im Beerscheba-Tal und anderen geeigneten Wüstenrandgebieten.

Ich vermute, er hat alle Garnisonen in dieser Gegend (bis auf die großen, zentralen Festungen) nach salomonischem Muster der örtlichen Miliz übergeben.

Mit ziemlicher Sicherheit war nicht Usija, sondern eher Joschafat für den Neuaufbau der Grenzmiliz verantwortlich. Trotzdem wird Usija das Verdienst zugesprochen, dieses gewaltige Unternehmen reformiert und ausgeweitet zu haben. Mit seinen genialen Neuerungen bewältigte er mehrere Probleme gleichzeitig, von denen jedes für sich schwierig zu lösen gewesen wäre. Greifen wir beispielsweise die Überbevölkerung von Juda heraus. Wann immer Juda zu Wohlstand kam und die Bevölkerungszahl über ein gewisses Maß hinaus anwuchs, mußte dem Volk mehr urbares Land zugänglich gemacht werden. Da Juda vom Meer, dem Land Israel und der Wüste, die an Edom grenzte, umgeben war, stand nur noch in der Negev Land zur Verfügung. Indem die judäischen Könige den Bevölkerungsüberschuß in die Negev lenkten, linderten sie zugleich die Not in den besiedelten Gebieten, schufen neue Heimstätten für die Bedürftigen, vermehrten die bewirtschafteten Flächen, bauten eine logistische Infrastruktur für den Handel und die Verteidigung am Rand der Negev auf, verbreiterten den Verteidigungsgürtel gegen die Überfälle der Nomaden und stellten Einsatzkräfte für die Grenzkontrollen und die Verteidigung bereit, die das Unternehmen zumindest zum Teil durch ihre eigene Arbeit finanzierten.[33]

Usija folgte auch noch in einem anderen Fall Joschafats Leitlinien, die sich ihrerseits an die salomonische Tradition hielten. Obwohl Juda die Philister bezwungen hatte, die nie eine Gelegenheit versäumt hatten, die Judäer zu überfallen, wenn diese sich in einer schwachen Position befanden, unternahm Usija keinen Versuch, den Erzfeind zu vernichten oder auch nur entscheidend zu schwächen. Der Grund für Usijas Zurückhaltung war, daß die Philister Juda gute Dienste beim Seehandel leisteten, genau wie die Tyrer dem Schwesterreich Israel. Auch ein großer Teil des Landhandels durch die Negev lag in den Händen der Philister, die ihre wirtschaftlichen Beziehungen wie ein »Berufsgeheimnis« hüteten. Usija scheute wie seine Vorfahren davor zurück, den bedeutendsten Zweig seiner kommerziellen Unternehmungen zu zerstören. Es könnte durchaus sein, daß er hoffte, die Philister zu einer positiven Zusammenarbeit zu bewegen, indem er Städte wie Gaza und Aschkelon verschonte und die Befestigungsmauern nicht niederriß.

Usijas Generalstab und die Armee

Jeder, der sich näher mit Militärgeschichte befaßt, kennt Wellingtons Klage, daß er nur eines von beidem tun könne: Entweder er erledigte den Papierkrieg, wie es der britische Kriegsminister verlangte, oder er führte seine Truppen und versuchte, die wirklichen Schlachten zu gewinnen. Jeder erfahrene Soldat wird bestätigen, daß die Bürokratie schon viele taktische Operationen verdorben hat. Andererseits müßte er auch zugeben, daß gute Stabsarbeit eine der Grundvoraussetzungen für einen Sieg ist. Wir sind dankbar, wenigstens einen flüchtigen Blick auf Usijas Kommandostelle werfen zu können. Drei Funktionäre werden erwähnt: »der Oberste des Königs«, Hananja, den man als Generalstabschef bezeichen kann und der die Armee in Abwesenheit des Königs befehligte; der Schreiber Jeïel, der die Namenslisten der Truppen führte und die schriftlichen Aufgaben erledigte (der hebräische Titel lautet *sofer* – wörtlich: Schreiber, Schriftgelehrter – und weist auch auf die zusätzliche Aufgabe als Chef des

Nachrichtendienstes hin); und Maaseja, der shoter, zu dessen Pflichten gehörte, die Befehle vom Hauptquartier weiterzuleiten und gegebenenfalls durchzusetzen und die logistische Abteilung, zumindest teilweise, zu leiten.

Usijas Streitkräfte kämpften mit den traditionellen judäischen Waffen: »Und Usija beschaffte für das ganze Heer Schilde, Spieße, Helme, Panzer, Bogen und Schleudersteine ...« (2. Chronik 26, 14). Seit der Zeit Davids berichtet die Bibel wiederholt von Vorbereitungen, was Bewaffnung und Ausrüstung der judäischen Armee betrifft. Daß diese Vorkehrungen immer wieder getroffen werden mußten, lag natürlich daran, daß sich die Waffen verschlissen und bei den Übungen und im Kampf verloren- oder kaputtgingen. Obwohl uns keine radikalen Veränderungen bei den »kleinen Waffen« bekannt sind, wurden vermutlich von Zeit zu Zeit geringfügige Verbesserungen vorgenommen, und das machte eine Neubewaffnung erforderlich. Bestimmt legte man auch Wert auf eine einheitliche Bewaffnung, und von mittellosen Soldaten konnte man nicht erwarten, daß sie sich selbst und auf eigene Kosten mit den vorgeschriebenen Waffen versorgte. Usija war der erste König, der das gesamte Heer komplett neu mit einheitlichen Waffen ausrüstete – zumindest der erste, von dem dies berichtet wird. Die Auflistung enthält auch die *shiryoniyot*, was mit »Panzer« übersetzt ist und allgemein Körperrüstung bedeutet. Wir können den Schluß ziehen, daß die einzelnen Korps ihren Aufgaben entsprechend unterschiedliche Waffen und Rüstungen trugen. Die Soldaten, die die berühmte judäische Phalanx bildeten, hatten wahrscheinlich Helme, Kettenhemden und schwere Riemenschuhe – ähnlich wie die Assyrer.

Noch eine Komponente von Usijas militärischer Rangeinteilung verdient Erwähnung: der erbliche Stand der *gibborei hayil*, der »Häupter der Sippen unter den Kriegern«. Sie scheinen zumindest teilweise Nachkömmlinge von Davids Elitegarde, den *gibborim* (»Helden«), gewesen zu sein, denen der König Lehensgüter oder Landbesitz gab. Sie bildeten eine Kaste von Rittern, die das

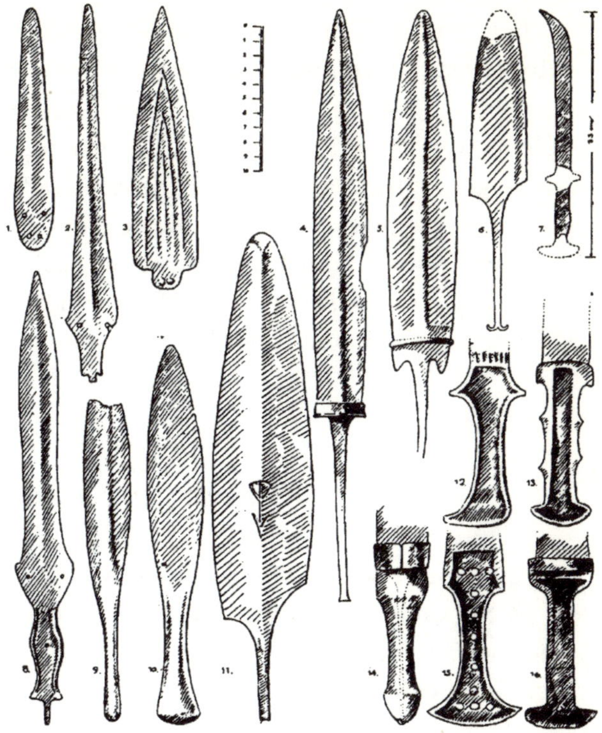

Abb. 65: Dolche aus dem 2. und 1. vorchristlichen Jahrtausend.

Rückgrat der Armee darstellte, obwohl sie als Landbesitzer wohl eher den Reservisten (dem »Kriegsvolk«) als dem Berufsheer angehörten. Als vermögende Männer hatten sie mehr Zeit und Muße, sich im Gebrauch von Waffen zu üben, als andere. Ihre Anzahl wird mit 2600 angegeben, »und unter ihrem Befehl« stand die Reservearmee (2. Chronik 26, 12f.).[34]

Mit dieser Streitmacht errang Usija seine zahlreichen militärischen Siege. An ihrer Spitze trat er stolz als Anführer der syro-palästinensischen Koalition in die Fußstapfen des verstorbenen Jerobeam II. von Israel und führte sein Heer und die Armeen seiner Verbündeten bis nach Hamat am Orontes, um sich den Assyrern entgegenzustellen. Wie die Schlacht bei Qarqar scheint auch der Kampf bei Hamat (um 739 v. Chr.) keine Entscheidung herbeigeführt zu haben.[35] Doch blieb die Stärke der Assyrer ungebrochen. 738 v. Chr. marschierte Tiglat-Pileser wieder ein und eroberte, da die Koalition mittlerweile zersplittert war, ganz Syrien.

Den assyrischen Annalen zufolge war sogar Usija gezwungen, dem Sieger zu huldigen. Doch es scheint, daß es Tiglat-Pileser aus gesundem Respekt vor der judäischen Armee unterließ, seine Überlegenheit auszunutzen und weiter nach Süden vorzudringen. Selbst als er 734 v. Chr. seine Feldzüge in den Süden begann, machte er vor den Gebieten Judas halt.

Die Armee im Krieg

Die logistischen Maßnahmen, die für Usijas Feldzug nach Syrien getroffen werden mußten, waren dieselben wie die, die wir im Zusammenhang mit Ahabs Marsch nach Qarqar geschildert haben. Was wissen wir über die Marschordnung, das Heerlager, die Kommunikation und die taktischen Manöver der judäischen Streitkräfte? Glücklicherweise überliefert uns das Buch Numeri/4. Buch Moses bei der Schilderung des Auszugs aus Ägypten interessante Einzelheiten, die bestimmt auch noch im judäischen Königreich unverändert waren.

In Kapitel 10 wird berichtet, daß das Volk durch feindliches Gebiet in vier großen Schlachtformationen marschierte, die jeweils in drei Divisionen unterteilt waren. Der Führungsstab ordnete sich hinter der ersten Division ein, und das Heiligtum, die Bundeslade, befand sich vermutlich zusammen mit dem Troß zwischen der zweiten und dritten Division. Der Hauptkolonne ging die Vorhut voraus, die die Stellen für das nächste Nachtlager aussuchte und markierte.

Bis in die Neuzeit wurde diese Anordnung im Grundsatz beibehalten. Der Führungsstab hinter der ersten Schlachtformation war nicht unmittelbar gefährdet, wenn die Spitze der Kolonne mit dem Feind in Berührung kam. Genügend Truppen gingen voraus, um erste Verteidigungsmaßnahmen einzuleiten, und der Oberbefehlshaber hielt sich einerseits so nahe am Geschehen auf, daß er sich ein Bild von der Situation machen konnte, andererseits war er weit genug entfernt, um sich ungefährdet eine geeignete Strategie überlegen zu können, solange der größte Teil der Truppen noch nicht in den Kampf verwickelt war. Meistens konnte die Vorhut auch rechtzeitig vor feindlichen Übergriffen warnen.

Um nicht nur in Schlachten, sondern auch in allen anderen Situationen Zeit zu sparen und die verfügbaren Männer am wirksamsten einzusetzen, mußte der Befehlshaber die Möglichkeit haben, seine Truppen mit kurzen Signalen zu dirigieren. Die Israeliten benutzten dazu Standarten und Blasinstrumente wie alle Armeen vor der Einführung der Feldtelefone.

Im Buch Numeri/4. Buch Moses, Kapitel 10, 4-6 finden wir die Aufzählung einiger Signale – in den heutigen Sprachgebrauch übersetzt sind das: 1. ein Trompetenstoß – die Offiziere versammeln sich um den Heerführer, um Befehle und Instruktionen entgegenzunehmen; 2. ein Alarmsignal (ein anderer Ton als der erste) – östlicher Flügel der Formation: vorwärts Marsch; 3. zwei Alarmsignale – rechter Flügel: vorwärts Marsch; 4. die in Marsch gesetzten Flügel bestätigen ihrerseits den Befehl und seine Ausführung mit einem Signalton.

Passagen wie im Buch Jesaja, Kapitel 5, 26, beweisen, daß Standarten und Feldzeichen benutzt wurden, um taktische Manöver anzuzeigen: »Er wird ein Feldzeichen aufrichten ... Und siehe, eilends und schnell kommen sie daher«, oder in Jesaja 11, 12: »Und wird ein Zeichen aufrichten ... und zusammenbringen die Verjagten Israels ...«. Jeremia (4, 6) erwähnt ein anderes Flaggensignal, das zum Rückzug auffordert: »Richtet in Zion ein Fluchtzeichen auf; flieht und säumet nicht!« Blasinstrumente und Banner wurden auch zusammen benutzt; möglicherweise aber nur, um die Aufmerksamkeit in der Hitze der Schlacht auf die lautlosen Zeichen der Flaggen zu lenken (Jesaja 18, 3).

Wenn das Lager aufgeschlagen wurde, marschierte jede Einheit direkt zu der Stelle, die ihr von der Vorhut angewiesen worden war (die Vorhut hatte im voraus den Bereich für das Lager abgesteckt und die Plätze für die verschiedenen Divisionen mit den entsprechenden Standarten markiert). Das und die Tatsache, daß die jeweiligen Truppen immer an denselben Stellen im Lager kampierten, ersparte viel Zeit und beugte der Unordnung und dem Chaos vor. Jede Armee war beim Aufschlagen eines Lagers besonders angreifbar, wie die Belagerung von Jerusalem im Jahr 70 n. Chr. zeigte: Die 10. Legion der Römer war vermutlich im gesamten Krieg niemals in so großer Gefahr wie zu dem Zeitpunkt, als sie ihr Lager aufschlug und von Truppen aus Jerusalem überfallen wurde.[36]

Verblüffend ist die Ähnlichkeit des israelitischen Lagers – wie es in Numeri/4. Moses, Kapitel 2, beschrieben ist – mit der berühmten römischen *castra*, die als die größte logistische Leistung der römischen Armee bezeichnet wird. Das israelitische Lager war in vier, das römische entweder in drei oder vier große Sektoren gegliedert, die jeweils denselben Einheiten vorbehalten waren. In beiden Lagern befanden sich das Hauptquartier, das Heiligtum und das Zelt des Heerführers in der Mitte, und sowohl die Israeliten als auch die Römer benutzten Standarten zu Markierungszwecken. Der große niederländische General und Militärphilosoph Wilhelm Ludwig von Nassau (1560–1620) rekonstruierte in mehreren wissenschaftlichen Schriften das israelitische Heerlager und empfahl den Holländern, in ihrem Unabhängigkeitskrieg dieses Modell zu übernehmen. Seine Schriften waren Grundlage vieler europäischer Militärreformen.[37]

Wie sahen die judäischen Feldzeichen aus? Heute werden den zwölf Stämmen oft heraldische Symbole zugeordnet, die Jakobs Segen (Genesis/1. Moses 49) entnommen sind. Die Israeliten der Antike könnten durchaus Stammessymbole gehabt haben, aber uns ist leider nicht bekannt, ob diese Insignien denen entsprachen, die Jakob seinen Söhnen zugesprochen hat. Professor Yadin vermutete, daß die Gestalt eines geflügelten Käfers und Scheiben, die an langen Pfählen befestigt waren, die Standarten des Königshauses von Juda darstellten. Die Standarten sind auf Metallscheiben (jetzt im britischen Museum) dargestellt. Professor R. D. Barnett hat nachgewiesen, daß sie ein Teil der Tributzahlung von Juda an einen assyrischen König waren. Sie werden von Bannerträgern in einer Prozession getragen.[38] Möglicherweise wurden diese Standarten, die zumindest teilweise aus Metall bestanden, in der Schlacht eingesetzt, um Sonnenstrahlen einzufangen und Lichtsignale auszusenden, wie Josua es mit seinem Schwert, Speer oder Schild bei der Schlacht um Ai getan hat.

Jotam gelang es während seiner Regierungszeit (758–742 v. Chr.?), den Wohlstand und die Macht zu erhalten, die sein Vater Usija dem Land Juda gebracht hatte. Als die Ammoniter versuchten, das geschwächte Israel ihrer Herrschaft zu unterwerfen, zwang Jotam sie, Tribut zu zahlen (2. Chronik 27, 5) – auch in diesem Punkt folgte er dem Beispiel seines Vaters.

Die Bibel erzählt von Jotams massiven Befestigungsanlagen in Jerusalem und in den bewaldeten Regionen von Juda (2. Chronik 27, 3f.). Archäologische Forschungen bestätigen, daß er die fruchtbaren nördlichen Randgebiete der Negev weiterhin bewachen ließ. Obwohl die Leiter der Ausgrabungen den Bau von Aroer in die Zeit von Manasse datieren, lassen strategische Überlegungen den Schluß zu, daß diese Festung wie auch eine ganze Reihe von kleineren Befestigungsanlagen in der Region bereits zu Jotams Lebzeiten entstanden sind.[39]

KAPITEL 11

JUDAS LETZTES JAHRHUNDERT

JUDA IN GEFAHR

Ohne Hilfe von außen konnte Juda dem Druck, der von den Assyrern ausging, nicht standhalten. Asa, Usijas Enkelsohn, weigerte sich jedoch – aus welchen Gründen auch immer –, dem Bündnis, das Remaljas Sohn Pekach von Israel mit dem aramäischen Damaskus geschlossen hatte, beizutreten. Vielleicht war Asa der Ansicht, daß sich die Assyrer nicht auf Kämpfe in den Bergen von Juda einlassen würden, solange er die Allianz mit ihnen aufrechterhielt, ihre Pläne nicht durchkreuzte und ihnen beispielsweise bei künftigen Konflikten mit Ägypten Bewegungsfreiheit auf der Via Maris zusicherte. Er zog es vor, das bevorstehende Blutvergießen der Großmächte von seinem relativ sicheren Schlupfwinkel in den judäischen Bergen aus zu beobachten und die weitere Entwicklung abzuwarten.

Damaskus und Israel befanden sich in einer anderen Situation. Beide Länder lagen auf der assyrischen Operationsachse, und wenn Assyrien in Zukunft mehr Kontrolle über die palästinensische Landbrücke für sich beanspruchte, war ihre Existenz unmittelbar bedroht. Daher marschierten sowohl Rezin von Damaskus als auch Pekach von Israel nach Juda ein, um es zu einer Allianz zu zwingen. Sie unternahmen sogar den Versuch, Ahas und die Davidische Dynastie vom Thron zu stoßen.

Obwohl sich der Prophet Jesaja bemühte, Ahas' Zuversicht und Selbstbewußtsein »vor diesen beiden Brandscheiten« zu stärken, geriet Ahas in Panik und rief Tiglat-Pileser zu Hilfe. Während dieser Zeit des mangelnden Selbstvertrauens und der gegenseitigen Vernichtungskriege mit Israel, verlor Juda erneut Edom, Philistäa und große Teile der Negev (2. Könige 16; 2. Chronik 28; Jesaja 7).

Das Schicksal eines Landes hängt zum großen Teil davon ab, ob die Bevölkerung fähig ist, auch großen Herausforderungen die Stirn zu bieten. Schwere Prüfungen rütteln auf, einigen ein Volk und spornen es zu Höchstleistungen an. Die Niederlage Frankreichs, Dünkirchen und die deutschen Luftangriffe auf England im Jahr 1940 halfen dabei, die britische Lethargie schließlich zu durchbrechen, was letztlich zum Sieg über Nazi-Deutschland führte. In vielerlei Hinsicht war der Fall von Samaria 722 v. Chr. ein ebensolcher Auslöser für die Judäer, die bis dahin in interne Zwistigkeiten verstrickt und äußeren Angelegenheiten gegenüber gleichgültig gewesen waren. Das Trauma des Verlusts durch die Deportation von zehn der zwölf jüdischen Stämme bewirkte eine spirituelle Renaissance, die die Bereitschaft mit sich brachte, physische Opfer und Strapazen auf sich zu nehmen – nicht nur um die eigene nationale Identität und Unabhängigkeit zu bewahren, sondern auch um den religiösen Einfluß im ehemaligen Israel zu erneuern und so weit wie möglich zu verbreiten.

Die Regierungszeit von Hiskia

Natürlich braucht es die richtigen Menschen am richtigen Platz und den richtigen Anführer zur richtigen Zeit, der den Stimmungsumschwung zu nutzen weiß und in eine Richtung lenken kann, die Erlösung verspricht. Hiskia, Ahas' Sohn, war ein solcher Mann. Seine 30 Jahre lange Regierungszeit (Beginn um 724 v. Chr.) verdient mit Fug und Recht das hohe Lob, das ihr in der Bibel gezollt wird. Die biblischen Chronisten gehen so weit, zu behaupten, »daß unter allen Königen von Juda seinesgleichen nach ihm nicht war noch vor ihm gewesen ist« (2. Könige 18, 5)

Bei seinen internen Reformen folgte Hiskia wie Joschafat vor ihm dem Beispiel Davids, und er machte die Leviter zu Vorboten und Vermittlern seiner kulturellen, administrativen und religiösen Erneuerungen. Er leitete erste Sicherheitsmaßnahmen ein, die darauf abzielten, die Herrschaft über die Negev und Edom zurückzugewinnen. Um eine permanente Präsenz in beiden Gebieten zu gewährleisten, sorgte er dafür, daß sich Teile des bevölkerungsreichen Stammes Simeon dort ansiedelten. Vor seinem Vorstoß in das nördliche Königreich schickte er Priester als Gesandte los, die die Altäre bis Bet-El und Samaria zerstörten und die verbliebenen Israeliten dazu aufriefen, in Jerusalem Opfer zu bringen und die Stadt als ihr religiöses Zentrum zu akzeptieren. Um die Bevölkerung in Juda zu stärken, holte Hiskia Israeliten aus dem Norden, aus Asser und Sebulon, in sein Reich.[1]

Hiskia proklamierte die offene Rebellion gegen Assyrien:

> »Und der Herr war mit ihm; und alles, was er sich vornahm, gelang ihm. Und er wurde abtrünnig vom König von Assyrien und war ihm nicht mehr untertan. Er schlug auch die Philister bis nach Gaza und seinem Gebiet, von den Wachttürmen bis zu den festen Städten« (2. Könige 18, 7f.).

Die Beziehungen zu den Philistern waren komplizierter, als es hier zum Ausdruck kommt.[2] Aus nicht-biblischen Quellen wissen wir, daß die Bedrohung durch den gemeinsamen Feind den Haß zwischen Judäern und den Philistern linderte, der in den dunklen Tagen Ahas' neu entflammt war, als die Philister die judäischen Gebirgsausläufer zwischen Gimso, Ajalon und Soko besetzt hielten. Die einzelnen philistinischen Gemeinschaften, die von den Großmächten mit widersprüchlichen politischen Versprechungen abgespeist und unter Druck gesetzt wurden, waren untereinander uneinig und vertraten unterschiedliche Standpunkte. Hiskia machte sich diesen Umstand zunutze und schloß ein Bündnis mit dem anti-assyrisch eingestellten Aschkelon. Er konnte die meisten verlorenen Gebiete zurückerobern und die Besitzungen von Gaza unter seine Gewalt bringen. Zusammen mit Sidka von Aschkelon stürzte er König Padi von Ekron, setzte ihn in Jerusalem gefangen und machte an seiner Stelle einen anti-assyrischen Mann zum Herrscher über Ekron. Das Schlachtfeld für die unausweichliche Auseinandersetzung mit Assyrien war vorbereitet.

Denkbar ist, daß Hiskia bereits Verhandlungen mit den Babyloniern führte,[3] die sich in Mesopotamien – einem der Hauptstützpunkte der Assyrer – erhoben und zur echten Bedrohung für die assyrische Herrschaft wurden. Zudem war Hiskia sicherlich über alle Ereignisse in Assyrien bestens informiert, da viele Israeliten ins Kernland des assyrischen Reiches und nach Babylon deportiert worden waren.

Der dritte Partner in der Allianz von Juda und Aschkelon war natürlich Ägypten. Die Pharaonen, die nie ihre frühere Macht zurückgewinnen konnten, waren sich bewußt, daß eine Besetzung der palästinensischen Landbrücke durch eine andere Großmacht ein erster Schritt zur Eroberung des Landes am Nil war, das für seine reichhaltigen Ressourcen und seinen Wohlstand bekannt war. Aus diesem Grund hatte sich Pharao Schabako der anti-assyrischen Allianz angeschlossen.[4]

Hiskia war sich darüber im klaren, daß er das Königreich Juda einer ernsthaften Gefahr aussetzte, wenn er König Sanherib von Assyrien den Fehdehandschuh hinwarf. Er traf umfassende Vorkehrungen, um gegen den Ansturm der Assyrer gewappnet zu sein, und scheute keine Mühen, sein Reich in höchste militärische Bereitschaft zu versetzen.

Jerusalem war die bedeutendste Festung in seinem Reich: »Und Hiskia ward getrost und besserte alle Mauern aus, wo sie Lücken hatten, und führte Türme auf und baute noch eine andere Mauer und befestigte den Millo an der Stadt Davids und machte viel Waffen und Schilde« (2. Chronik 32, 5). Mit anderen Worten: Er reparierte die Mauern von Jerusalem und schloß die Lücken und Risse, die in der Zeit Ahas' entstanden und entweder wegen eines falschen Gefühls der Sicherheit oder aus Not bis dahin nicht geflickt worden waren. Die Erweiterung der Verteidigungsanlage und die Einbeziehung neuer Viertel am Westhügel in die Stadtmauern hatte Hiskias Großvater Usija bereits begonnen, und Jotam hatte das Werk fortgesetzt. »Und Usija baute Türme in Jerusalem am Ecktor und am Taltor und am Winkel und befestigte sie« (2. Chronik 26, 9). »Er [Jotam] baute das obere Tor am Hause des Herrn, und an der Mauer des Ofel baute er viel« (2. Chronik, 27:3). Die Spuren der etwa sechs Meter dicken Mauer und einer ausgeklügelten Torkonstruktion, die von N. Avi Gad aus etwas zwei bis fünf Metern Tiefe in der Altstadt ausgegraben wurde, werden in die Zeit dieser beiden Könige datiert. Diese Funde lieferten den endgültigen Beweis dafür, daß der Westhügel noch vor der Babylonischen Gefangenschaft in die Befestigungsanlage der Stadt einbezogen wurde. Frühere Hinweise darauf wurden – vielleicht nicht immer aus wissenschaftlichen Gründen – als Versuch abgetan, die Bedeutung des alten Jerusalem zu steigern.

Der Verlauf der Mauer um das Nordtor konnte bis zur Drucklegung dieses Buches noch nicht genau rekonstruiert werden. Dennoch kann man sich des Eindrucks nicht erwehren, daß die judäischen Baumeister eine komplizierte »Zangenkonstruktion« entworfen haben, um das Tor zu schützen. Dieser Typ war im alten Griechenland bekannt und wurde in der frühen Neuzeit in Europa wieder aufgegriffen. Dementsprechend hatten die Mauern die Form eines »U« (einer Zange), und häufig gab es zwei Doppeltore – eines am äußeren Ende der »Zange« und eines an ihrer Basis. Der Hof zwischen den »Zangenbacken« wurde für den angreifenden Feind zur tödlichen Falle: auf der inneren Tormauer und auf dem Scheitelpunkt der »Zange« postierte Bogenschützen und Männer mit Steinschleudern empfingen ihn. Je mehr Eindringlinge sich hier zusammendrängten, um so leichtere Ziele wurden sie für Speere und alle anderen Geschosse die von oben auf sie geschleudert wurden.[5]

Wir sehen also, daß große Mühen darauf verwendet wurden, die bei Festungen bekannten Schwachpunkte sicherer zu machen: die Zugänge und die Mauerabschnitte, die tote Winkel für die Verteidiger bildeten. Vorspringende Türme, von denen aus die Flanke vorrückender Belagerungstruppen angegriffen werden konnte, lösten dieses Problem. Der traditionellen Übersetzung der Chronik zufolge rüstete Usija diese Türme mit mechanischen Geschützen: »... und machte in Jerusalem kunstvolle Geschütze, die auf den Türmen und Ecken stehen sollten, um mit Pfeilen und großen Steinen zu schießen« (2. Chronik 26, 15).

Die hebräische Passage *»khesbonoth makhasheveth khloshev«* ist unklar und läßt mehrere Interpretationen zu. Die traditionelle Übersetzung, der die Septuaginta zugrunde liegt, würde einen ersten schriftlichen Hinweis auf Artilleriegeschütze geben. Beweise für das Vorhandensein derartiger Vorrichtungen liegen aus der Zeit 500 Jahre nach Usija vor, und es wird allgemein angenommen, daß sie 300 Jahre nach ihm in Gebrauch waren. Doch diese Erkenntnisse allein stellen die Auslegung der Septuaginta noch nicht in Frage. Nach allem, was wir mittlerweile über die technischen Fertigkeiten der antiken Juden wissen, muß herausgestellt werden, daß ein kleines Land – wegen der permanenten Bedrohungen von außen – gezwungen war, auf militärischem Gebiet erfindungsreich zu sein und ständig neue Verteidigungsmethoden zu entwickeln. Wie sonst hätten die Juden in diesem am meisten umkämpften Gebiet der Antike überleben können? Übrigens berichtet die römische Überlieferung, daß diese Geschütze in der syro-phönizischen Region erfunden wurden. Doch eines der Argumente, die gegen die Übersetzung von *khesbonoth* mit »Katapult« (oder Geschütz oder ähnlichem) sprechen, ist die Tatsache, daß nicht eine einzige Erwähnung oder Darstellung aus der Fülle von schriftlichen und bildlichen Überlieferungen aus Assyrien (der damals größten Militärmacht) als Beweis für die Existenz solcher Geräte herangezogen werden kann. Wenn die Assyrer diese Maschinen schon nicht selbst entwickelt haben, dann hätten sie diese Neuerung doch sicherlich (falls sie brauchbar war) übernommen; zumindest hätten sie sich gebrüstet, wenn sie ihrer habhaft geworden wären oder sie zerstört hätten.

Professor Yadin schlägt vor, *khesbonoth* als Ableitung von dem semitischen Stammwort für »Holz« anzusehen und die Passage mit »hölzerne Galerien und Brüstungen« (die wir von alten Darstellungen kennen) zu übersetzen. Damit sind Holzkonstruktionen auf Gerüsten gemeint, die auf Mauern und Türmen angebracht wurden, um sie zu erhöhen und Platz für zusätzliche Verteidiger zu schaffen, wo immer es nötig war.[6] Um diese Aufbauten vor Feuerpfeilen und brennbaren Stoffen und die dort postierten Soldaten vor den Geschossen der Feinde zu schützen, wurden Schilde und Metallscheiben an den Holzbalken befestigt. Ähnliche Gerüste, die Festungen und Stadtmauern verstärkten, waren bis ins 16. Jahrhundert n.Chr. bekannt. Doch auch die von Professor Yadin vorgeschlagene Lesart überzeugt nicht vollständig, denn die Holzteile waren in dem trockenen Klima leicht entflammbar, und die heiße Sommersonne und der Wind beeinträchtigten ihre Stabilität. Außerdem wurden diese Gerüste (eine der wenigen Überraschungen, mit denen Verteidiger einer befestigten Anlage aufwarten konnten) nur aufgebaut, wenn sich eine feindliche Armee näherte.

Welche Konstruktionen und Geräte Usija auch immer installieren ließ, wir können sicher sein, daß Hiskia sie in seine Befestigungsanlagen integrierte. Interessanterweise weist der oben zitierte Bibelabschnitt aus dem 2. Buch der Chronik, Kapitel 32, der Hiskias militärische Vorbereitungen in Jerusalem schildert, auf die Herstellung von »vielen Waffen und Schilden« hin. Diese Maßnahme könnte darauf hindeuten, daß man zusätzliche Schilde brauchte, um die Gerüste damit zu verkleiden, und daß ein üppi-

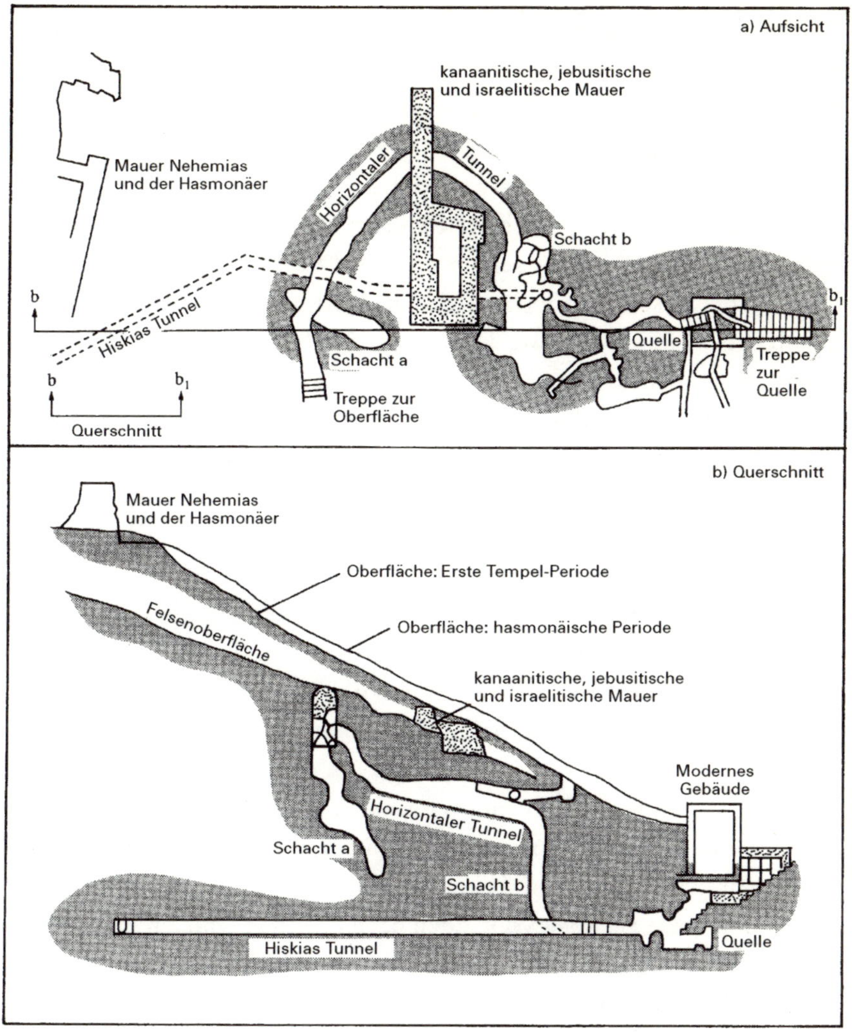

Abb. 66: Jerusalem: Aufsicht und Querschnitt des ursprünglich jebusitischen oder früher entstandenen Wasserschachtes mit späteren Erweiterungen und dem Tunnel, den Hiskia graben ließ.

ger Vorrat an Waffen, Pfeilen und Wurfgeschossen für die Verteidiger bereitgestellt wurde. Andererseits könnten mit »Waffen« auch die »Munition« für Katapulte und Geschütze gemeint sein.

Um zu verhindern, daß die Festungen bei einer langen Belagerung aus Nahrungsmangel aufgegeben werden mußten, errichtete Hiskia »Vorratshäuser für den Ertrag an Getreide, Wein und Öl und Ställe für die verschiedenen Arten von Vieh und Hürden für die Schafe« in seinen »festen Städten« (2. Chronik 32, 28). Da Fleisch und andere verderbliche Lebensmittel nicht lange gelagert werden konnten, war es sehr weise und umsichtig, lebendes Vieh als eiserne Reserve innerhalb der Befestigungsmauern zu halten. Doch die vielleicht größte Leistung war, Jerusalem im Falle einer Belagerung ständig mit frischem Wasser versorgen zu können: »Das ist der Hiskia, der die obere Wasserquelle in Gihon verschloß und sie hinunterleitete westwärts zur Stadt Davids« (2. Chronik 32, 30). Hiskias Baumeister versperrten den Abfluß der Quelle von Gihon am Fuß der Stadt Davids und leiteten den Wasserlauf durch einen mehr als 500 Meter langen unterirdischen Schacht mit einem Durchmesser von einem bis drei Metern in ein speziell dafür ausgehobenes Becken innerhalb der Stadtmauern. Im Jahr 1880 wurde die berühmte Inschrift in dem Tunnel gefunden, die von seiner Fertigstellung berichtet.[7] Auf dem erhaltenen Fragment steht zu lesen:

> »... und so ging die Bohrung vor sich: Als die Hauer ihre Hacken erhoben – jeder einem anderen gegenüber, und als noch drei Ellen zu bohren waren, hörten sie jeweils die Stimmen des anderen rufen; denn es führte ein Spalt von Süden nach Norden. Und am Ende des Tunnels schlugen die Hauer zu, um auf die Hacken des anderen zu treffen, dann floß das Wasser von der Mündung eintausend und zweihundert Ellen weit zum Becken, und der Felsen über dem Kopf der Hauer war hundert Ellen hoch.«

Hiskias vielfältige Vorbereitungen waren von großem Nutzen, als die assyrische Lawine 701 v. Chr. anrollte. Von Sanheribs Feldzug, der Aufteilung seines Heeres, den langen Belagerungen und dem darauffolgenden, unrühmlichen Rückzug aus dem unabhängig gebliebenen Juda wurde bereits in Kapitel 9 berichtet.

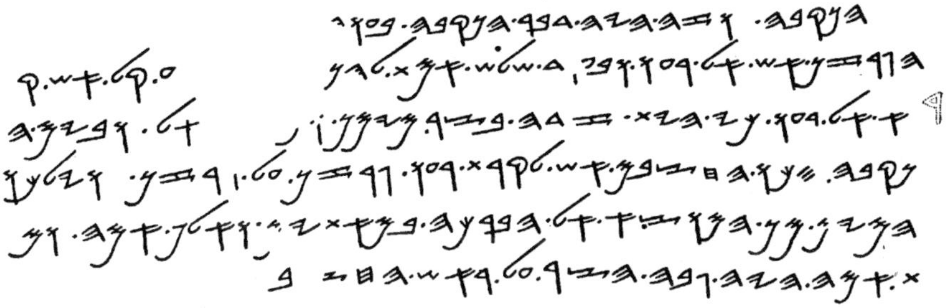

Abb. 67: Die Inschrift auf dem Gedenkstein erinnert an den Befehl König Hiskias (726-697 v. Chr.) zur Ausschachtung des Tunnels, durch den das Wasser der Quelle von Gihon in ein Bassin in der Stadt umgeleitet wurde. Die Arbeiten begannen auf beiden Seiten.

Eine in letzter Minute vorgenommene Maßnahme der Judäer muß noch erwähnt werden:

> »Und als Hiskia sah, daß Sanherib kam und willens war, gegen Jerusalem zu kämpfen, beriet er sich mit seinen Obersten und Kriegshelden, ob man die Wasserquellen verdecken sollte, die draußen vor der Stadt waren; und sie stimmten ihm zu. Und es versammelte sich viel Volk, und die verdeckten alle Quellen und den Bach, der durch die Erde geleitet wird, und sprachen: Daß die Könige von Assur nur kein Wasser finden, wenn sie kommen« (2. Chronik 32, 2-4).

Obwohl diese Maßnahmen nicht als »Politik der verbrannten Erde« – wie sie die Russen 1812 und noch einmal 1941/42 praktizierten – im eigentlichen Sinne betrachtet werden können, hatten sie auch für die Landbevölkerung, die Bauern und Hirten, schwerwiegende Folgen. Um solche Schritte unternehmen zu können, forderte Hiskia die Bevölkerung zur Mithilfe auf, und er erhielt sie auch. Die gibborim, die »feudalen« Landbesitzer, waren die treibende Kraft bei diesem Unternehmen. Sie sagten zu, mit gutem Beispiel voranzugehen und die Quellen und Brunnen auf ihren Ländereien zu verschließen; auf diese Weise sicherten sie sich die

Bereitschaft der kleinen Bauern, und die Eindringlinge wurden durch den Wassermangel geschwächt.

In historischen Aufzeichnungen wird selten von der Einstellung und dem Verhalten der einfachen Bürger berichtet. Ein Glücksfall brachte aber den Unterschlupf zutage, in dem einige Judäer während Sanheribs Belagerung von Lachisch Zuflucht gesucht hatten.[8] Diese Menschen, die sich in einer großen Grabhöhle in der Nähe der Stadt versteckt hielten, machten ihren Gefühlen durch Graffiti an den Höhlenwänden Luft. Ihre Angst drückten sie mit einem Schrei der Verzweiflung aus: »Allmächtiger Gott, erlöse uns!«; sie beteten um Erfolg und das Überleben des Volkes Juda: »Der Allmächtige ist der Gott der ganzen Welt, die Berge von Juda sind sein Besitz, der Besitz des Gottes von Jerusalem«; und Jerusalems Standhaftigkeit und die Befreiung aus ihrer Höhle priesen sie mit folgenden Worten: »Allmächtiger Gott, du hast dir den Berg Moria als deine Wohnstatt erwählt!«

Es gibt auch Zeichnungen von Schiffen und drei Menschen an den Wänden dieser Höhle. Die Schiffe sind höchstwahrscheinlich Anspielungen auf die Flotte der Aschkeloniter, mit denen sich die Judäer gegen Sanherib verbündet hatten, oder auf ägyptische Boote. Sie drückten die Hoffnung auf Verstärkung aus, die Ägypten übers Meer schicken möge. Zwei der dargestellten Personen könnten Leviter sein – eine spielt die Lyra, und die zweite hat die Hände zum Gebet erhoben. Zeigen diese Gemälde die Flüchtlinge selbst oder Menschen, die ihnen nahestanden? In diesem Zusammenhang ist die dritte Person noch interessanter: Es ist ein Mann mit der Rüstung und dem Helmbusch, die beide für die Armeen dieser Zeit üblich waren. Ist das die Darstellung eines verhaßten feindlichen Kämpfers, oder haben die Flüchtlinge einen unbekannten judäischen Soldaten auf der Höhlenwand verewigt, von dem, wenn es hart auf hart kam, der Ausgang der Militäraktion abhing?

Die Bibel weist auf ein relativ modern anmutendes Element der psychologischen Kriegführung hin, das die Invasoren anwandten – auf die Tiraden und Hetzparolen, die die Assyrer den belagerten Bewohnern von Jerusalem auf Hebräisch entgegenschrien. Die Assyrer versuchten den Verteidigern Angst einzujagen, verhöhnten sie, machten Versprechungen, verbreiteten falsche Informationen und lieferten »logische« Beweise dafür, daß Widerstand zwecklos war. Auf diese Weise wollten sie den Widerstand der Verteidiger brechen. Sowohl im 2. Buch der Könige als auch im 2. Buch der Chroniken wird die Rede des assyrischen Oberbefehlshabers so zitiert, als hätte er die Verteidiger Jerusalems auf Hebräisch angesprochen. Falls sie tatsächlich in der Lage waren, sich ohne Dolmetscher zu verständigen, dann können wir das als Beweis dafür werten, daß die jüdischen Königreiche im ausgehenden 8. Jahrhundert v. Chr. in internationalen Angelegenheiten relativ viel Gewicht hatten (2. Könige 18; 2. Chronik 32).

Die versuchte »Gehirnwäsche« fand gegenüber des oberen Beckens statt, in dem sich das durch den Tunnel geleitete Wasser der Quelle von Gihon sammelte. Möglicherweise hatten die Assyrer gerade diesen Ort gewählt, um den Bewohnern von Jerusalem klarzumachen, daß sie Sanherib trotz all ihrer Anstrengungen und Vorkehrungen nicht entrinnen konnten. Einige der Begründungen für das sichere Scheitern Jerusalems waren reichlich abwegig. Der assyrische Oberbefehlshaber spottete über Hiskias Unfähigkeit, ein schlagkräftiges Kavalleriekorps aufzustellen. Höchstwahrscheinlich priesen die Verteidiger auf den Mauern den Weitblick ihres Königs, der sich den Reitern Sanheribs nicht auf offenem Schlachtfeld entgegenstellte (was ein ziemlich aussichtsloses Unterfangen gewesen wäre) und sich statt dessen auf die Befestigung der Stadt konzentriert und dafür gesorgt hatte, daß die Bewohner weder Hunger noch Durst leiden mußten.

Die assyrischen Chronisten versuchten, den plötzlichen Rückzug aus Jerusalem zu beschönigen, der um so schmachvoller war, da der Fall der Stadt der Einschätzung der Angreifer nach unmittelbar bevorstand. Wenn man dieser Quelle Glauben schenken darf, gewann Juda die verlorenen Gebiete in der Ebene nicht zurück, und Hiskia hielt es sogar für angemessen, Assyrien öffentlich Zugeständnisse zu machen.[9]

Dennoch trug Sanheribs Rückzug viel dazu bei, das Ansehen Judas zu erhöhen, und zwar so sehr, daß der babylonische König Merodach-Baladan einen offiziellen Gesandten mit Briefen und Geschenken zu Hiskia schickte.[10] Doch Assyriens Macht war noch lange nicht gebrochen. Im Gegenteil – Sanherib und Esarhaddon (681–669 v. Chr.) setzten ihre Feldzüge mit dem Ziel, Ägypten zu erobern, fort. Aber der Ausgang und die Erfahrung der Belagerung von 701 v. Chr. ebneten den Weg zu einem stillschweigenden Übereinkommen mit den Judäern: Juda mischte sich nicht in die assyrischen Pläne und militärischen Operationen an der Via Maris ein, und Assyrien griff Juda nicht mehr an.

Esarhaddon eroberte im Jahr 669 (während der Regentschaft des Pharaos Tirhaka) Unterägypten, und 663 vervollständigte Assurbanipal den assyrischen Sieg, indem er sich Oberägypten bis zum ersten Nil-Katarakt unterwarf. Assyrien war am Höhepunkt seiner Macht angelangt, und König Manasse von Juda, Hiskias Sohn, sah keine andere Möglichkeit mehr, als sich zu fügen und die assyrische Oberherrschaft zu akzeptieren. Er stellte den Assyrern sogar Hilfstruppen für ihre militärischen Unternehmen zur Verfügung. In seinem Eifer, die Assyrer gnädig zu stimmen (vielleicht auch auf ihr Drängen hin) und sich mit den Nachbarn gutzustellen, öffnete er Juda heidnischen Einflüssen. Dieser Kompromiß und die drastischen Maßnahmen, die Manasse gegen Andersdenkende ergriff, sowie die gut befestigten Grenzen sicherten die Einheit des judäischen Herzlandes. Gleichzeitig konnte Manasse umfassende militärische Vorbereitungen und Umstrukturierungen einleiten. Manasse trat seine 55 Jahre dauernde Regentschaft an, als Assurbanipal sein riesiges Reich wegen interner Probleme nicht mehr fest im Griff hatte. Seine Taten waren von religiösen Reformen im Sinne seines Vaters begleitet, mit der Absicht, das Bewußtsein und die Moral der Juden zu stärken und sie so vorsichtig von den fremdartigen Praktiken abzubringen.[11]

Eine der wichtigsten Defensivmaßnahmen, die Manasse zugeschrieben und sicherlich zumindest von ihm weitergeführt wurden, war die Absicherung eines der großen westlichen Zugänge zum Beerscheba-Tal durch die Festungsstadt Aroer. Die Mauern von Aroer gehörten zu den soliden Konstruktionen mit Vorsprüngen und Nischen und waren zweieinhalb bis vier Meter breit. Die engeren Winkel konnten von den Brustwehren auf den nächstgelegen Vorsprüngen wirksam geschützt werden. Die ausgeklügelte Bauweise, die optimale Sicherheit bot, hatte so viele Vorteile, daß der große Militärarchitekt Philo sie im 3. Jahrhundert v. Chr., also etwa 1000 Jahre später, zur Nachahmung empfahl.[12]

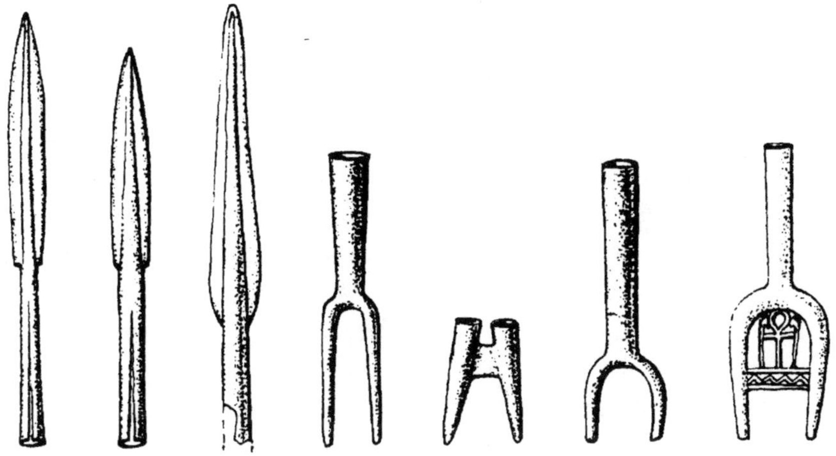

Abb. 68: Spitzen und Enden philistinischer Lanzen. Die gegabelten Enden wurden in den Boden gerammt, wenn die Lanzen nicht in Gebrauch waren.

Josia

Der wahre Erbe von Hiskias Politik war Josia (628–609 v. Chr.), der Assyriens zunehmende Schwäche klug nutzte, indem er Priester als Speerspitzen seiner politischen Expansionbestrebungen aussandte. Die Entdeckung des Buches Deuteronomium (des 5. Buch Moses) im Tempel diente als Antrieb, das Land von fremden Einflüssen zu säubern, und Juda machte eine rasch fortschreitende religiöse Erneuerung durch. Die nationale Begeisterung wirkte wie ein Magnet, auf die führerlose israelitische Landbevölkerung auf beiden Seiten des Jordan ebenso wie auf fremde ethnische Gruppen, die nach Israel umgesiedelt worden waren und sich mittlerweile der jüdischen Kultur angepaßt hatten. Josia gewann während der ersten zehn Jahre seiner Regierungszeit praktisch die Herrschaft über die meisten Gebiete des ehemals israelitischen Cis-Jordanlandes und über große Teile von Gilead zurück.

Die Bibel berichtet nichts über Josias Bautätigkeit, aber bei Ausgrabungen an der Meeresküste etwa zwölf Kilometer nördlich von Aschdod wurde ein solides Fort freigelegt. Diese Anlage konnte eindeutig als ein Gebäude aus Josias Zeit identifiziert werden. Sie diente einem doppelten Zweck: Sie bewachte die Grenze zu den Philistern und verhinderte feindliche Bewegungen an der Küstenlinie.[13] Letzteres deutet darauf hin, daß das Wiedererstarken der Ägypter und ihre möglichen Absichten Josia Unbehagen bereiteten. Seine Angst war nicht unbegründet. Judas Sicherheit hing von dem Gleichgewicht der Kräfte der »Großen Drei« der damaligen Zeit ab: Ägypten, Assyrien und Babylon. Solange die drei ihre Aggressionen nur gegeneinander richteten, standen die Chancen, daß die kleineren Staaten nicht nur recht und schlecht überlebten, relativ gut. Niemand war sich der Situation bewußter als der König von Juda, durch dessen Gebiete der traditionelle Aufmarschweg der Großmächte führte.[14]

Hiskia hatte bereits einiges getan, um das Gleichgewicht der Kräfte wiederherzustellen. Bei Manasses vorübergehender Gefangennahme (2. Chronik 33, 11) hatte Assyrien den Höhepunkt der Macht zu seiner Zeit erreicht. Doch seither wurde das assyrische Reich von internen Rivalitäten zerrissen – Babylonien und Medien taten sich zusammen, um die östlichen Gebiete von Assyrien, eingeschlossen die Hauptstadt Ninive, zu besetzen. Zur selben Zeit konnte sich Ägypten von der fremden Herrschaft befreien, und Psamtik, der erste Pharao der 25. Dynastie, unternahm alle Anstrengungen, das Mächtegleichgewicht der drei großen Reiche zu seinen Gunsten zu verschieben. Er kam den Assyrern zu Hilfe, die seiner Ansicht nach für die nächste Zukunft ihre Vormachtstellung verloren hatten, und hoffte, so die Ambitionen der Babylonier, sich als einzige oder tonangebende Großmacht zu etablieren, im Keim zu ersticken und Ägypten diese Position zu sichern.

Nechos Feldzug

Da Josia genau diese Pläne der Ägypter fürchtete und zu hintertreiben versuchte, verweigerte er Pharao Necho den freien Durchgang durch judäisches Territorium, als dieser im Jahr 609 v. Chr. aufbrach, um Assyrien bei seinem letzten Kampf gegen die »Neo«-Babylonier zu helfen. Josia riskierte viel. Er schlug das ägyptische Neutralitätsangebot aus, hinderte die ägyptische Armee aber nicht daran, über die Küstenebene und den berüchtigten Iyron-Paß durch das Karmel-Gebirge vorzudringen. In der Nähe von Megiddo ließ er sein Heer auf offenem Gelände – an der Stelle, an der der Iyron-Paß ins Jesreel-Tal mündet – Aufstellung nehmen. Die Situation war hochdramatisch, da die Juden und Ägypter zum erstenmal seit dem Exodus auf einem großen Schlachtfeld die Klingen kreuzten. Josia war sich seines psychologischen und politischen Vorteils sehr wohl bewußt, als er den

Schauplatz der Auseinandersetzung auswählte. Er wollte beweisen, daß Juda den Ägyptern in einer offenen Schlacht überlegen war, und er hoffte, damit jeden möglichen Eindringling nachhaltig zu beeindrucken. Er baute darauf, daß er die gegnerische Armee überrumpeln konnte, wenn sie in ungeordneten Reihen und unvorbereitet ins Tal kam. Das Karmel-Gebirge sollte wie ein Amboß sein, gegen den er die Ägypter mit einem Großangriff von Streitwagen und Infanterie drängen konnte, ehe er sie vollends zermalmte. Eine Flucht durchs Gebirge und der weite Rückweg nach Ägypten an den judäischen Bergen entlang hätte verheerende Folgen gehabt.

Josias Plan war sicher verwegen. Das Vertrauen auf Gottes Beistand mag viel zur moralischen Stärke und Bereitschaft, das kalkulierte Risiko auf sich zu nehmen, beigetragen haben. Jedenfalls muß man davon ausgehen, daß Josia überzeugt war, seine Armee könne sich sowohl, was die Größe, als auch, was die Schlagkraft betraf, mit der Nechos messen. Diese Einschätzung an sich zeigt schon, daß die judäischen Streitkräfte gut gerüstet und voller Selbstvertrauen waren. Übrigens schien Josia auch das, was er für unwahrscheinlich hielt, berücksichtigt zu haben: Falls das judäische Heer gezwungen wäre, den Rückzug anzutreten, stünden das Fort von Megiddo und viele natürliche Höhlen im Karmel-Gebirge als Zufluchtsorte zur Verfügung.

Necho muß geahnt haben, daß die Judäer vorhatten, ihn anzugreifen, ehe er einen geordneten Aufmarsch im Tal organisieren konnte. Vermutlich schickte er seine Bogenschützen vor, damit sie den ersten Ansturm der Judäer zurückschlugen oder zumindest verlangsamten. Zudem befahl er wie seinerzeit Hasaël seinen Bogenschützen, den judäischen König auszumachen und den königlichen Streitwagen unter Beschuß zu nehmen. Die Strategie war wie in Ramot erfolgreich. Wir müssen uns Josia aufrecht stehend in seinem Streitwagen an der Spitze seiner Truppen vorstellen, als er zu Beginn der Schlacht von einem ägyptischen Pfeil tödlich getroffen wurde (2. Könige 23, 29; 2. Chronik 35, 19-24).

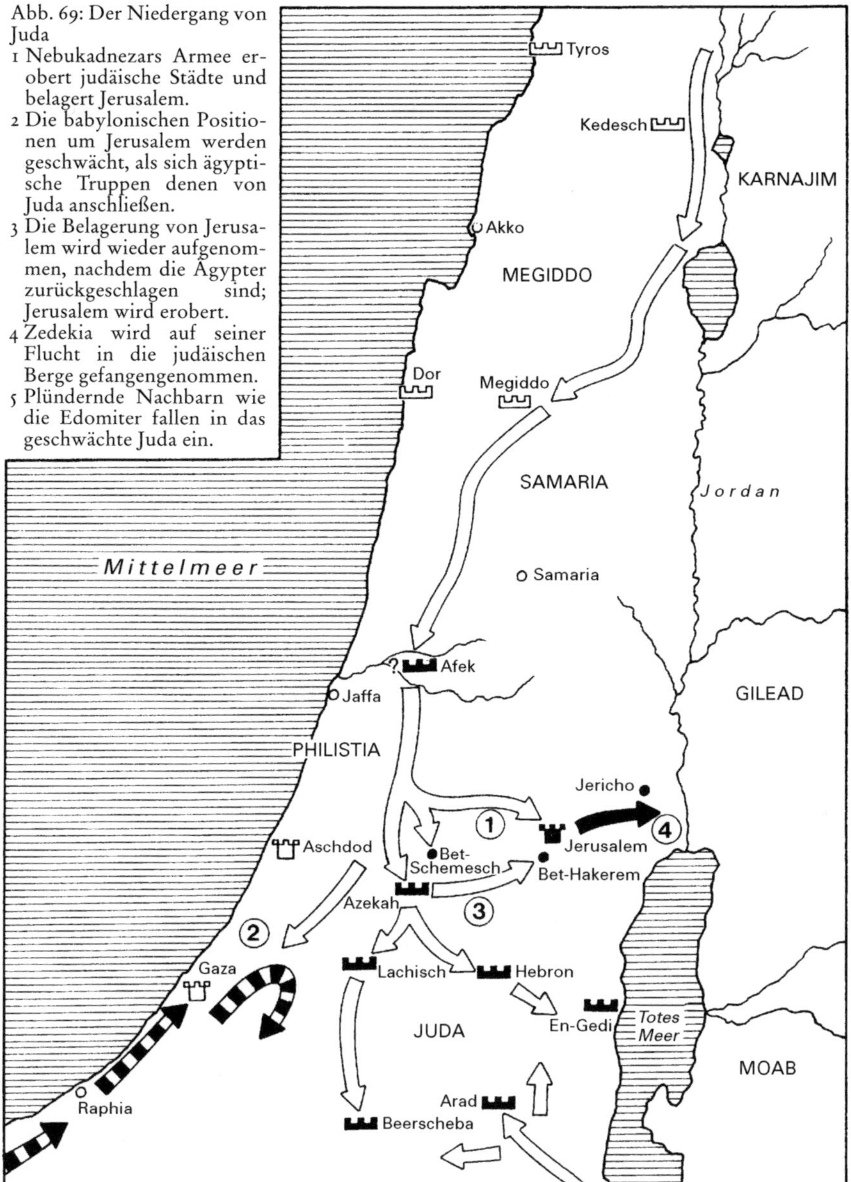

Abb. 69: Der Niedergang von Juda

1 Nebukadnezars Armee erobert judäische Städte und belagert Jerusalem.
2 Die babylonischen Positionen um Jerusalem werden geschwächt, als sich ägyptische Truppen denen von Juda anschließen.
3 Die Belagerung von Jerusalem wird wieder aufgenommen, nachdem die Ägypter zurückgeschlagen sind; Jerusalem wird erobert.
4 Zedekia wird auf seiner Flucht in die judäischen Berge gefangengenommen.
5 Plündernde Nachbarn wie die Edomiter fallen in das geschwächte Juda ein.

Mit dem Tod des Königs war die Schlacht verloren, und mit der verlorenen Schlacht war der Plan der Judäer, das internationale Gleichgewicht aufrechtzuerhalten, gescheitert. So gesehen gab der unbekannte Bogenschütze, der Josia im Jahr 609 tötete, den Startschuß für Judas endgültigen Untergang. Um 605 v. Chr. wurde das judäische Königreich, das durch den unerwarteten Tod seines charismatischen Königs erniedrigt und geschwächt war, zum Vasallenstaat König Nebukadnezars, des Herrschers über das mächtige neo-babylonische Reich. Doch selbst in dieser hoffnungslosen Situation verlor das Volk nicht den Glauben an seine Stärke und die Fähigkeit, das fremde Joch abzuschütteln. Die religiöse Begeisterung, die durch Josias Reformen (herbeigeführt durch die Entdeckung des Deuteronomium) ausgebrochen war, dauerte an und war so unerschütterlich, daß die Menschen aus allen Schichten sich weigerten, die Bedingungen ohne Gegenwehr zu akzeptieren. Gegen die einzelne Stimme des Propheten Jeremias, der die vorübergehende Unterwerfung unter Babylon als von Gott gutgeheißene, diplomatische Maßnahme predigte, riefen »falsche« Propheten zu aktiven Schritten und zur Revolte auf.

Um den Geist der Rebellion auf der strategisch wichtigen Landbrücke auszulöschen, schickte Nebukadnezar im Jahr 598 Truppen nach Juda, die Jerusalem belagerten und die völlige Unterwerfung des Königs Jojakim erzwangen. Jojakim fand sich damit ab, in die Verbannung geschickt zu werden, und erduldete die Plünderung des Tempels, um Jerusalem die völlige Zerstörung zu ersparen. Zusammen mit dem König wurden 10 000 Gefangene verschleppt, unter ihnen »alle Obersten und Gewaltigen«, die *gibborim*, und »alle Zimmerleute und alle Schmiede«. Die Absicht war offensichtlich: Die Babylonier schickten alle judäischen Militärführer, Baumeister und Handwerker ins Exil, um eine erneute Rebellion zu verhindern.

Doch Nebukadnezars Schachzug hatte nicht den gewünschten Erfolg. Es brauchte nur eine Demonstration der ägyptischen Seestreitmacht an der phönizischen Küste und einige ägyptische Landungstrupps, um Zedekia, den neuen König von Juda, dazu zu bringen, einen weiteren Aufstand vorzubereiten. Die Unverwüstlichkeit und die physischen Kräfte der judäischen Bevölkerung, die beträchtlich dezimiert worden war und jetzt in einem kleinen, unbedeutenden Land lebte, sind bewundernswert. Wieder beschleunigte der religiöse Eifer die Vorbereitungsarbeiten, und diesmal wurde der Glaube auch als Triebfeder für gesellschaftliche Reformen genutzt, um jedem Bürger vor Augen zu führen, daß sich der Kampf um die Unabhängigkeit lohnte. Juda sicherte sich Ägyptens Beistand, und die anti-babylonische Allianz festigte sich. Nebukadnezar spürte, daß er handeln mußte, ehe die Verbündeten umfassende Vorbereitungen treffen konnten. Im Jahr 588 v. Chr. eilte er durch Syrien, um die rebellischen Juden zu unterjochen.

Judas Verteidigung wurde in den erbitterten Schlachten aufgerieben. Von den heroischen Bemühungen klingt ein schwaches, aber klares Echo bis in unsere Zeit. Bei Ausgrabungen in Lachisch wurde eine ganze Reihe von Tonscherben gefunden, die der Befehlshaber des kleinen Außenpostens Hoschayahu abgeschickt hat. Dieser Posten wurde unter den Befehl von Yausch, dem Militärgouverneur von Lachisch, gestellt. Eine knappe, prägnante Nachricht wurde während der entscheidenden Phase des Angriffs auf das judäische Herzland verfaßt: »... denn wir beobachten die Signaltürme von Lachisch gemäß den Zeichen, die mein Herr mir gibt, weil wir [die Zeichen] von Aseka nicht sehen.«[15]

Aseka war demnach bereits gefallen, und die Babylonier marschierten mit ihrem riesigen Heer auf Lachisch und andere Festungen zu. Sie waren klug genug, nicht ins Gebirge vorzustoßen, bevor sie die Festungen an den Zugängen erobert hatten. Am Ende wurde Jerusalem zum letztenmal vor der Babylonischen Gefangenschaft belagert. Ein vergeblicher ägyptischer Versuch, Juda zu Hilfe zu kommen, stärkte nur Nebukadnezars Überzeugung, daß Babyloniens Position auf der palästinensischen Landbrücke nicht gesichert war, solange der judäische Staat existierte. Die Verteidiger ihrerseits erkannten nur zu gut den Ernst der Lage und hielten

Abb. 70: Rekonstruktion eines assyrischen Sturmgerätes bei einer Belagerung.

G. LEGRAND

noch mehr als zwei Jahre durch: »So wurde die Stadt belagert bis ins elfte Jahr des Königs Zedekia. Aber am neunten Tage des vierten Monats wurde der Hunger stark in der Stadt, so daß das Volk des Landes nichts mehr zu essen hatte. Da brach man in die Stadt ein ...« (2. Könige 25, 2-4).

Der König unternahm einen letzten Versuch, den Kampfgeist neu zu entfachen, und flüchtete an der Spitze seiner Leibgarde aus der Stadt, um den Kampf – möglicherweise von der judäischen Wüste aus – weiterzuführen. Doch ehe Zedekia in der Wüste Schutz suchen konnte, wurde er aufgegriffen und gefangengenommen. Die babylonische Armee unter Nebusaradan, dem »Obersten der Leibwache«, zerstörte systematisch die Stadt Jerusalem und brannte auch den Tempel nieder, den Salomo erbaut hatte.[16]

Den Verbannten und Emigranten, die Juda nach der babylonischen Eroberung verließen, blieb ihre kriegerische Mentalität erhalten. Die Juden bekleideten bis in die Zeit der Römer sowohl in Babylonien als auch in Ägypten wichtige Posten in den Armeen und Garnisonen. Nach Ansicht der Experten waren die Söldnerdienste der Juden einer der Gründe für die rasche Verbreitung der jüdischen Diaspora in der Osthälfte der mediterranen Welt.[17] Die militärischen Fähigkeiten waren auch ein gewichtiger Grund dafür, daß Kyros, der König der Perser, die Rückkehr aus dem Babylonischen Exil nach Juda erlaubte und sogar förderte. Nachdem er Palästina im Zuge der großen persischen Eroberungen besetzt und Babylonien die Vormachtstellung streitig gemacht hatte (ca. 540 v. Chr.), wollte er das Land mit Menschen bevölkern, die sowohl kriegerisch als auch loyal, aber nicht stark genug waren, um sich unabhängig zu machen. Deshalb räumte er den Juden das Recht ein, in das stark verkleinerte Juda zurückzukehren. Kyros war überzeugt, daß die feindseligen Nachbarn jeden Versuch der Juden, sich von Persiens Herrschaft zu befreien, verhindern würden. Im Jahr 537 konnten die ersten Heimkehrer den Grundstein für einen neuen Staat mit dem Zweiten Tempel als Mittelpunkt legen.

II

Der Zweite Tempel bis zum Tod von Judas Makkabäus

KAPITEL 12

Frühe makkabäische Kriege

Die Ursprünge des makkabäischen Aufstandes

Die Schlachten der Makkabäer brachten einen der großen Feldherren der Geschichte hervor: Judas Makkabäus. Es waren die ersten Kriege, bei denen nachweislich um Religionsfreiheit gekämpft wurde. Was sie jedoch besonders auszeichnete, war das hervorragende militärische Verständnis von Judas Makkabäus, der radikal von den zu dieser Zeit allgemein üblichen militärischen Taktiken abwich und instinktiv vollkommen neue Prinzipien der Kriegführung anwandte.

Der Aufstand der Makkabäer brach 167 v. Chr. aus, nach einer langen Periode, in der keine organisierte jüdische Streitkraft in Kriegsangelegenheiten verwickelt gewesen war. Von Zeit zu Zeit hatten Juden als Söldner in Armeen anderer Nationen gekämpft, aber 400 Jahre lang hatten in den Bergen von Juda keine Truppenbewegungen stattgefunden.

In der Mitte des 2. vorchristlichen Jahrhunderts war Judäa eine kleine Provinz des syrischen Seleukidenreiches. 198 v. Chr. hatte der seleukidische Monarch Antiochos III. das Gebiet Palästina den ägyptischen Ptolemäern abgerungen und seinem Reich einverleibt. Zur Zeit von Judas Makkabäus war die Provinz ein rechteckiges, etwa 2600 Quadratkilometer umfassendes Land – jede Seite des Rechteckes maß 50 bis 60 Kilometer. Die Region war bergig und von Wadis durchzogen, die zum Mittelmeer im Westen oder zum Jordantal und dem Toten Meer im Osten führten. Es wird geschätzt, daß zu dieser Zeit 200 000 bis 250 000 Menschen in dieser Provinz lebten.

Im Jahr 332 v. Chr. hatte Alexander der Große von Makedonien, einer der bedeutendsten Feldherren der Geschichte, die Perser besiegt und die Kontrolle über das persische Reich, das sich weit nach Asien erstreckte, übernommen. Juda, das zu seinem großen Reich gehörte, trug den latinisierten Namen Judäa. Nach dem zu frühen Tod des jungen Alexander im Jahr 323 v. Chr. wurden die von ihm eroberten Länder von Ägypten und Kleinasien im Westen bis Indien im Osten unter den makedonischen Generälen aufgeteilt. Ptolemäus wurde Statthalter von Ägypten; er ernannte sich bald selbst zum Monarchen und regierte sein Reich von Alexandria aus. Seleukos, der Statthalter von Babylonien, krönte sich ebenfalls selbst zum König und machte Seleukia zu seiner Hauptstadt. Später dehnte er seinen Herrschaftsbereich nach Syrien aus und gründete die neue Hauptstadt Antiochia am Mittelmeer, in der Nordwest-Ecke von Syrien.

Die seit langer Zeit bestehenden Rivalitäten zwischen den Herrschern Syriens und Ägyptens brachen erneut auf, denn sowohl die Ptolemäer im Süden als auch die Seleukiden im Norden waren daran interessiert, das strategisch wichtige Palästina unter ihre Herrschaft zu bringen. Über 100 Jahre lang waren Jerusalem und Judäa Teil des ptolemäischen Reiches, doch 198 v. Chr. eroberte Antiochos III. – der Vater des Herrschers, gegen den sich die Makkabäer erhoben – Palästina und gliederte es dem Seleukidenreich ein.

Die Ptolemäer waren relativ milde Herrscher gewesen, und Judäa war, abgesehen von den hohen jährlichen Tributzahlungen, die es leisten mußte, praktisch eine autonome Region. Josephus Flavius, der Historiker aus dem 1. nachchristlichen Jahrhundert, schreibt, daß die Juden alle Freiheiten hatten, ihre eigenen Angelegenheiten in Frieden zu regeln, ihre Religion ungestört zu praktizieren und die traditionellen jüdischen Rituale im Tempel in Jerusalem zu vollziehen. Die Seleukiden unter Antiochos III. behielten diese Politik der Toleranz bei und ließen den Juden in Judäa weiterhin freie Hand in inneren Angelegenheiten.[1] Doch das änderte sich, als Antiochos IV. Epiphanes, der Sohn Antiochos' III., die Macht übernahm.[2]

Als Antiochos IV. 175 v. Chr. den Thron bestieg, war er sich im klaren, daß dem Seleukidenreich, während es sich mit dem südlichen Nachbarn Ägypten im Konflikt befand, eine noch größere Gefahr vom immer mächtiger werdenden Rom drohte. Judäa bekam für ihn eine zusätzliche Bedeutung, weil es sich in der Nähe Ägyptens befand und seine Berge die historische Küstenstraße, die Syrien mit Ägypten verband, beherrschten. Judäa stellte keine militärische Bedrohung für Antiochos dar, und er fürchtete auch nicht, daß es in diesem Gebiet zu Auseinandersetzungen kommen könnte. Allerdings waren die Meder und Parther an den Süd- und Ostgrenzen seines Reiches eine ständige Gefahr, und so entschloß er sich, die strategisch wichtige Provinz Judäa fester an sich zu binden, indem er der Bevölkerung die griechische Kultur und Religion aufzwang. Er meinte, sein Land innerlich stärken und die Loyalität seiner Untertanen gewinnen zu können, wenn die Religion sie einte.

Abb. 71: Nach innen gewölbter Kompositbogen aus der Zweiten Tempel-Periode oder später.

Der Prozeß der Hellenisierung von Judäa und besonders von Jerusalem, die seleukidische Anmaßung, einen Hohenpriester zu bestimmen, der geistlicher Führer der Juden sein sollte, und die Kluft zwischen den »hellenisierten« Juden und denen, die ihren Traditionen und ihrem Glauben treu blieben – das alles führte in Jerusalem zu einer Rebellion. Nachrichten von dem

Aufstand erreichten Antiochos 168 v. Chr., als er nach der erfolglosen Belagerung Alexandrias aus Ägypten über die Küstenstraße nach Norden zog. Dieser Rückzug war demütigend, da ihn eine drohende Intervention der Römer gezwungen hatte, die eroberten Gebiete in Ägypten wieder aufzugeben. In seinem Zorn schickte er Apollonius, einen seiner Generäle, mit Truppen los, damit er in Judäa die Ordnung wiederherstellte.

Die seleukidischen Truppen richteten ein Massaker unter der jüdischen Bevölkerung in Jerusalem an. Sie plünderten und verwüsteten die Stadt, stürmten den Tempel und stahlen viele der kostbaren heiligen Gefäße. Das jüdische Gotteshaus wurde zu einem hellenistischen Zeustempel; den profanen Akt der Entweihung krönte die Opferung eines Schweins.

Ein Fort, das als Acra oder Zitadelle bekannt ist, wurde auf einem Hügel gegenüber dem Tempel errichtet und mit seleukidischen Soldaten bemannt. Bald wurden weitere Maßnahmen ergriffen, um den rebellischen Juden Antiochos' Willen aufzuzwingen und die jüdischen Rituale und Bräuche auszurotten. Den Juden war es unter Androhung der Todesstrafe verboten, sich zum Gebet zu versammeln, den Sabbat und religiöse Feste zu begehen, Beschneidungen durchzuführen und sich an die Speisevorschriften zu halten. Statt dessen wurden sie zu heidnischen Ritualen gezwungen, mußten Schweine opfern und das Fleisch unter sich aufteilen und essen.

Der Aufstieg der Makkabäer

Nach der Unterwerfung Jerusalems schickte Antiochos Truppen ins Land, um die jüdische Religion in ganz Judäa auszurotten. Eine dieser seleukidischen Einheiten, die von einem Mann namens Apelles befehligt wurde, kam in das am Fuß der judäischen Berge nordwestlich von Jerusalem gelegene Dorf

Modeïn. Ein Altar wurde im Dorf aufgebaut, und Mattatias, dem jüdischen Priester, wurde befohlen, vor der versammelten Gemeinde ein Schwein zu opfern und von dem Fleisch zu essen. Er hatte seine fünf Söhne bei sich. Als sich Mattatias nicht von der Stelle rührte, trat einer der anwesenden Juden vor den Altar, um den Befehl zu befolgen und das Schwein zu opfern. Mattatias stürzte sich wütend auf den Verräter und erschlug ihn und Apelles. Seine Söhne führten die Dorfbewohner in der darauffolgenden Schlacht gegen die griechische Truppe an und töteten die Soldaten. Das war der Beginn des makkabäischen Aufstandes.

Mattatias führte die Bevölkerung seines Dorfes in die Berge von Gofna, eine Region nordwestlich des heutigen Ramalla. Er wählte diese Gegend aus, da sie für die auf der Küstenebene stationierten seleukidischen Garnisonssoldaten schlecht zugänglich war und das gebirgige Terrain viele Möglichkeiten für Verteidigungs- und Ausweichmanöver bot. Hier konnte sich die kleine Schar von Bauern zu einer Guerillagruppe organisieren, sich an den Waffen üben und einen Plan für eine Revolte entwickeln. Mattatias waren schätzungsweise 200 Menschen gefolgt, von denen wahrscheinlich nicht mehr als 50 kräftige, wehrhafte Männer waren, und keiner von ihnen war in irgendeiner Weise militärisch geschult.

Ungefähr ein Jahr lang trafen die Rebellen in relativem Frieden ihre Vorbereitungen. Sie übten sich in Guerillataktiken und warben neue Mitglieder für ihre Truppe an. Besonderen Wert legten die Abtrünnigen auf die Einhaltung der jüdischen Gesetze und Prinzipien, für die sie kämpften. Sie verteidigten sich, wann immer es nötig war, leiteten jedoch selbst nur wenige Operationen ein, während sie ihre Basis organisierten. Gleichzeitig knüpften sie Kontakte zu den Dörfern im Land und verbreiteten die Kunde von dem bevorstehenden Aufstand. Bald entwickelte sich ein wirksames Nachrichtensystem, und die Volksmiliz unter dem Anführer Judas Makkabäus wurde immer größer. Der betagte Priester Mattatias hatte vor seinem Tod im ersten Jahr des Aufstandes Judas, seinen mittleren Sohn, zu seinem Nachfolger ernannt.

Bewaffnet mit primitiven landwirtschaftlichen Geräten und selbstgefertigten Waffen wie Streithämmern und Steinschleudern, bereitete sich Judas' kleine Gruppe auf einen Kampf mit der gut gerüsteten griechischen Armee vor. Die Seleukiden waren bestens ausgebildet. Ihr Heer bestand aus schwerer und leichter Infanterie, schwerer und leichter Kavallerie, Streitwagen, Einheiten mit Elefanten und »Artillerie«, die mit Wurfgeschützen (Geräte, mit denen man schwere Steine abfeuern konnte) operierte, von den zahlreichen Hilfstruppen ganz zu schweigen. Zu ihren Waffen gehörten Schwerter, Wurfspieße, Speere, Bogen, Steinschleudern, Wurfgeschütze und Rammböcke.

Judas analysierte die scheinbar hoffnungslose Situation und zählte instinktiv all die Faktoren auf, die er zu seinen Gunsten nutzen konnte. Obwohl die seleukidischen Truppen den Juden zahlenmäßig und in der Bewaffnung haushoch überlegen waren, waren sie nur darauf trainiert, eine sorgfältig geplante Schlacht in konventioneller Kampfformation zu führen. Sie bestanden aus Söldnern, die sich der Sache nur wenig oder gar nicht verpflichtet fühlten. Die Menschen, die sich ihnen entgegenstellen sollten, waren Söhne des Landes, die auf ihrem eigenen Grund und Boden für ihr eigenes Volk kämpften und bereit waren, für ihren Glauben und die Religionsfreiheit zu sterben. Da die Seleukiden in konventioneller Kriegführung geschult waren, mußte Judas ihnen mit unkonventionellen militärischen Taktiken begegnen. Judas mußte sie bei Nacht angreifen, weil die Griechen daran gewöhnt waren, nur bei Tag zu kämpfen. Außerdem erfüllte Judas' Streitmacht, so klein sie auch war, eines der grundlegenden Erfordernisse einer Guerillatruppe. Wie es Mao Tse-tung viele Jahrhunderte später ausdrückte: Sie waren wie Fische im Wasser. Judas' Kämpfer kamen aus den umliegenden Dörfern und konnten, wenn nötig, sich mühelos unter die Bevölkerung mischen und untertauchen.

Während sie Fortschritte in ihrem Training machten und Selbstvertrauen gewannen, entwickelten Judas' Guerillas ein gut funktionierendes Versorgungsnetz, in das immer mehr über das Land verteilte Dörfer einbezogen wurden. Am Ende des ersten Jahres war das Heer auf etliche hundert bewaffnete Männer angewachsen. Ein effizientes Nachrichtensystem lieferte Judas umfassende Informationen über die Situation in Judäa und in der Region um Samaria im Norden. Allmählich wurden Guerillaüberfälle auf seleukidische Patrouillen organisiert, bei denen die Juden Hinterhalte legten und die gegnerischen Soldaten vernichteten. Ziel dieser Überfälle war nicht nur, die Besatzungstruppen aufzureiben, sondern ein Arsenal von modernen Waffen anzulegen, die die jüdischen Rebellen bei diesen kleinen Scharmützeln erbeuteten.

Judas' Aktivitäten verstärkten sich, und er brachte immer mehr ländliche Gebiete unter seine Kontrolle. Die seleukidische Garnison in Jerusalem wurde von den anderen Truppen abgeschnitten. Als Apollonius, der Statthalter und Befehlshaber über die in Samaria stationierten seleukidischen Truppen, begriff, daß die Makkabäer die Oberhand in Judäa gewannen, entschloß er sich zu Gegenmaßnahmen. Judas und seine Männer standen kurz vor ihrer ersten großangelegten militärischen Operation.

Seleukidische Kampftaktiken

Der Kern der seleukidischen Armee war die Phalanx, eine taktische Formation, die aus dicht aufeinanderfolgenden Reihen schwerer Infanteriesoldaten bestand. Die Männer marschierten Schulter an Schulter auf den Feind zu. Das wichtigste taktische Element der Phalanx war die *syntagma*, die 256 Mann umfaßte und mit einer modernen Kompanie verglichen werden könnte. Diese Einheit setzte sich aus 16 Reihen à 16 Soldaten zusammen – mit anderen Worten, die Formation maß etwa 15 Meter im Quadrat. Vier solcher *syntagmae* bildeten eine *chiliarchia* von über 1000 Männern. Die kleinste Phalanx, die zur damaligen Zeit in einer Schlacht aufgestellt wurde, bestand aus zwei *chiliarchiae*, also aus etwas mehr als 2000 Soldaten, und war 110 Meter breit und etwa 15 Meter tief.

Beim Angriff hielten die Männer in den ersten fünf Reihen ihre Speere horizontal, die restlichen elf Reihen vertikal. Alle waren kampfbereit. Zu Beginn der Schlacht rückte die gesamte Phalanx vor und drängte mit ihrer ganzen Wucht gegen den Feind. War die feindliche Armee schwach, wurde sie von den Reihen überrollt und niedergetrampelt. Ebenbürtige Truppen hielten dem Ansturm stand, und es kam zu einem furchterregenden Frontalangriff. Die Phalanx wurde an den Flanken von Kavallerie und leichter Infanterie geschützt, die vor dem Hauptheer das »Feuer« eröffneten.

Der Schwachpunkt einer solchen Aufstellung lag in ihrer Schwerfälligkeit und darin, daß jedes überraschende Manöver bei einem derartigen Aufmarsch ausgeschlossen war. Eine der nutzbringenden Kriegstaktiken war demnach nicht durchzuführen. Eine marschierende Kolonne in Schlachtformation kam langsam voran. Die Feinde standen sich von Angesicht zu Angesicht gegenüber, und wenn der Kampf begann, entwickelte sich das weitere Geschehen nach festgelegten Regeln. Das Konzept, den Feind schon an der Aufstellung zu hindern und sich durch Überraschungsangriffe taktische oder strategische Vorteile zu verschaffen, gab es nicht. So etwas wurde zur damaligen Zeit schlicht und einfach nicht gemacht.

Judas, der mit großer militärischer Begabung gesegnet war, begriff instinktiv, daß er den Feind nicht den Stil des Kampfes und den Ort des Geschehens bestimmen lassen durfte, wenn er im Vorteil sein wollte. Grundsätzlich waren seine Methoden von den politischen und gesellschaftlichen Problemen beeinflußt, mit denen sich sein Volk zu dieser Zeit auseinandersetzen mußte. Wie in der heutigen Zeit, in der das Reserve- und Militärsystem in Israel soziale, wirtschaftliche und politische Gegebenheiten berücksichtigt, spiegelte auch die damalige Organisation von Judas' Streitmacht die Probleme der jüdischen Bevölkerung von Judäa wider.

Der Sieg über Apollonius

Im Jahr 166 v. Chr. zog Apollonius' Streitkraft über die Wasserscheidenstraße von Samaria südwärts nach Jerusalem. Er nahm die direkte Route Samaria-Jerusalem, die am Rand des Gofna-Gebietes vorbeiführte. Generalmajor Avisar schreibt in seinem detaillierten Buch über die makkabäischen Schlachten,[3] Apollonius sei mit 2000 Soldaten nach Judäa marschiert, während Judas' Heer schätzungsweise 600 Mann stark war. Nach einer Analyse der bevorstehenden Probleme beschloß Judas, das Überraschungsmoment zu nutzen und das Gelände zu seinem Verbündeten zu machen, um so die zahlenmäßige Überlegenheit und die bessere Bewaffnung des Feindes auszugleichen. Auf offener Ebene wären die Seleukiden im Vorteil gewesen; daher entschied Judas, in einer Schlucht oder einem schmalen Tal anzugreifen. Das große Heer war auf eine normale, taktisch festgelegte Schlacht vorbereitet, aber Judas wollte die Seleukiden während des Marsches attackieren, wenn sie nicht mit einem Angriff rechneten und sich nicht in Formation bringen konnten.

Judas wählte Nahal el-Haramia, das etwa fünf Kilometer nordöstlich von Gofna lag, als Ort für die Auseinandersetzung. An diesem Punkt mündet die Straße in einen Engpaß, der sich über eine Strecke von fast zwei Kilometern bergauf windet. Der Feind näherte sich in Viererkolonnen. Judas hatte vor, den Weg zu blockieren und die seleukidischen Truppen zu zwingen, eine Front an ihrer Flanke zu bilden. So kam der Feind in eine Position, auf die er am wenigsten vorbereitet war und in der er am meisten verwundbar war.

Judas teilte seine Armee in vier Einheiten auf. Eine sollte den südlichen Ausgang des engen Tales abriegeln, eine zweite den Hauptangriff am Osthang des Tales durchführen, zu dem sich der Feind gezwungenermaßen wenden mußte. Die dritte Einheit würde vom Westhang aus angreifen, während die vierte hinter den

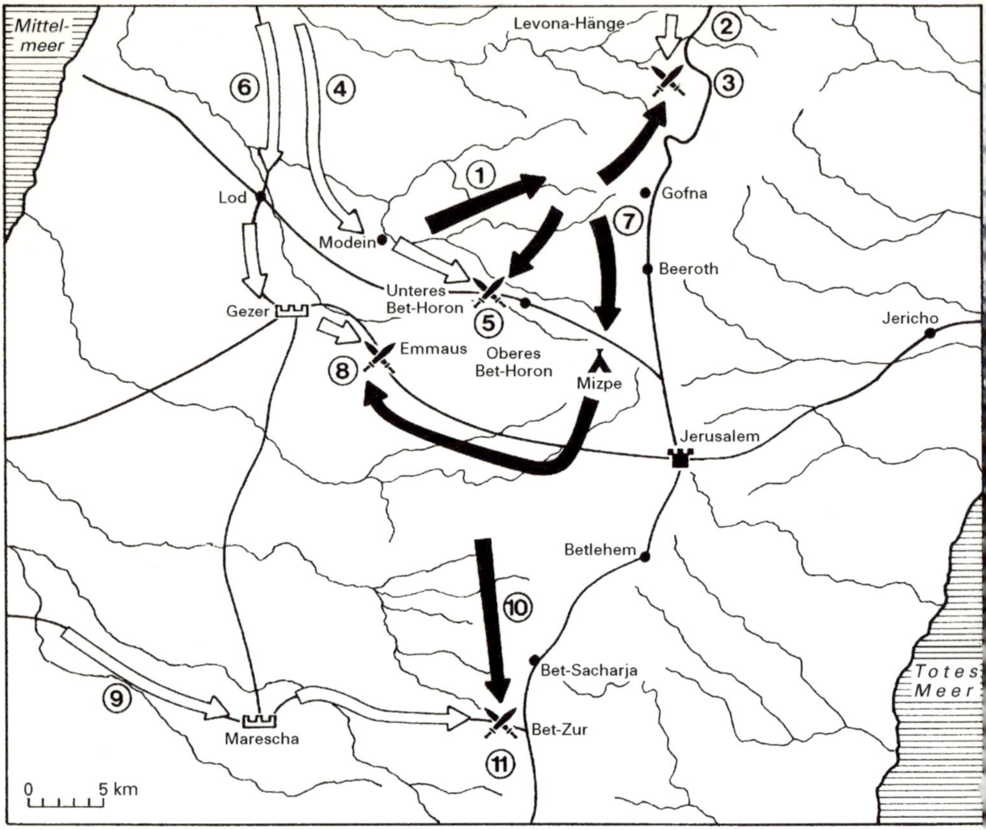

Abb. 72: Die Kampagnen von Judas Makkabäus, 167–164 v. Chr.

1 Rückzug der Makkabäer in die Berge von Gofna.
2 Der seleukidische Statthalter von Judäa, Apollonius, rückt an, um den Widerstand in Judäa niederzuschlagen.
3 Judas' Truppen legen einen Hinterhalt und schlagen die seleukidische Armee.
4 General Seron unternimmt einen zweiten Feldzug zur Niederschlagung des Aufstandes.
5 165 v. Chr.: Die Schlacht am Bet-Horon-Paß. Wieder gerät die seleukidische Armee an einem Engpaß in einen Hinterhalt und wird geschlagen.
6 Antiochos schickt ein drittes Heer unter dem Befehl der Generäle Ptolemäus, Nikanor und Gorgias nach Judäa. Sie halten sich den judäischen Bergen fern und schlagen ein Lager in Emmaus auf.
7 Judas versammelt seine Truppen in Mizpe und rückt aus, um sich den Seleukiden entgegenzustellen.
8 Die Seleukiden erleiden eine Niederlage in Emmaus.
9 Eine vierte Armee unter Lysias nähert sich Judäa aus dem Süden.
10 Judas' Truppen kommen ihnen entgegen.
11 164 v. Chr.: Lysias wird in Bet-Zur geschlagen.

seleukidischen Truppen den nördlichen Zugang zum Engpaß absperren und so die Falle schließen sollte.

Es war später Nachmittag, als sich die Kolonne dem Engpaß näherte. Sie marschierte in zwei getrennten *chiliarchiae* von jeweils etwa 1000 Mann, und der Oberbefehlshaber Apollonius ritt zwischen ihnen. Dicht zusammengedrängt zu einer kompakten Gruppe, in der ein Mann dem anderen dicht auf den Fersen folgte, rückten die Seleukiden vor. Auf ein Zeichen hin stürmte die Blockade-Einheit am südlichen Talausgang auf die führenden Reihen der Kolonne zu. Die Hauptabteilung des Heeres wußte nicht, was sich an der Spitze abspielte, und marschierte unaufhaltsam vorwärts, so daß sich das gesamte Heer in den Engpaß drängte. In diesem Moment tauchte die zweite jüdische Einheit am Osthang auf und griff die Flanke der Kolonne an. Behindert durch das schwere Kriegsgerät, das in diesem schmalen Tal unbrauchbar war, schwenkten die seleukidischen Truppen schwerfällig zur Seite, um den Überfall abzuwehren, während gleichzeitig die hinteren Reihen nachrückten. Die dritte jüdische Division stürmte im Westen an und fiel dem Feind in den Rücken. Die Seleukiden saßen in der Falle und wurden von beiden Seiten unter Beschuß genommen.

Als Apollonius den Kampflärm hörte, gab er seinem Pferd die Sporen, um nachzusehen, was an der Spitze der Kolonne vor sich ging. Er kam in dem Hagel von Pfeilen und Geschossen, der von beiden Seiten des Tales auf ihn und seine Soldaten niederging, ums Leben. Sobald sich das gesamte Heer in das Tal gezwängt hatte, führte Judas die vierte Abteilung an und blockierte den nördlichen Zugang. Die feindlichen Truppen waren somit von allen Seiten eingeschlossen und kämpften führerlos unter Bedingungen, auf die sie niemals vorbereitet worden waren. Die Armee wurde vernichtet, und alle Waffen sowie die gesamte Ausrüstung fielen in die Hände der Juden.

Judas' Sieg elektrisierte die jüdische Bevölkerung. Er wurde als nationaler Führer akzeptiert und konnte so Disziplin und Ordnung in sein Volk bringen. Ein Strom von Freiwilligen schloß sich seiner Streitmacht an. Seine unkonventionellen Methoden hatten sich als richtig und erfolgreich erwiesen. Er hatte unter Beweis gestellt, daß ein kleines, schwaches Volk eine mächtige Armee bezwingen und der unbedingte Siegeswille mehr ausrichten konnte als zahlenmäßige Überlegenheit. Im wesentlichen hatte Judas seinem Volk vor Augen geführt, daß Kampfmoral und Siegeswille die wichtigsten Voraussetzungen für eine erfolgreiche Kriegführung sind. Bei seinen Taktiken, die Flexibilität und Anpassung an die Umstände beinhalteten, konnte er seine Fähigkeiten als Feldherr voll ausspielen und neue Strategien anwenden, denen die starren Kampfmethoden des Feindes nicht gewachsen waren. Zusätzlich hatte Judas gelernt, wie wichtig es war, den Anführer des Gegners in einer Schlacht so früh wie möglich kampfunfähig zu machen, besonders wenn die feindlichen Soldaten auf eine festgelegte Strategie fixiert waren.

Nach der Niederlage von Apollonius' Truppen begriff Antiochos, daß die Lage in Judäa ernst war. Dennoch zog er keine taktischen Schlüsse aus dem Verlauf des Kampfes. Aber es war klar, daß er einer Horde von Rebellen nicht gestatten konnte, seine Autorität so dreist zu mißachten. Statt die politische und militärische Lage in Juda zu analysieren, beschloß Antiochos, eine großangelegte Operation einzuleiten, um Recht und Ordnung in der Provinz wiederherzustellen und drastische Maßnahmen gegen diejenigen zu ergreifen, die sich seinen Truppen widersetzt hatten.

Die Schlacht am Bet-Horon-Pass

Antiochos schickte General Seron nach Judäa, um Apollonius' Niederlage zu rächen. Seron sah diese Mission als Gelegenheit an, seine militärische Reputation bei einem harmlosen Feldzug gegen ein Grüppchen leichtbewaffneter Partisanen zu verbessern. Er brach Anfang des Jahres 165 v. Chr auf und mar-

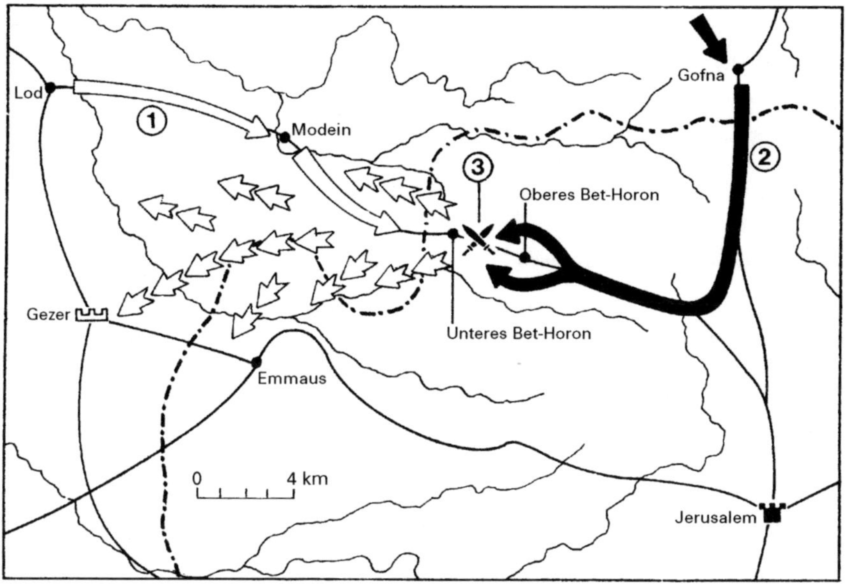

Abb. 73: Die Schlacht am Bet-Horon-Paß
1 Serons Truppen marschieren durch die judäischen Berge.
2 Judas' Truppen verlassen Gofna, um die Seleukiden anzugreifen.
3 Die Schlacht am Bet-Horon-Paß.

schierte südwärts nach Judäa. Um nicht in dieselbe Falle zu tappen, die Apollonius zum Verhängnis geworden war, entschied er sich für den Küstenweg. Diese Route garantierte ihm einen ungefährdeten Anmarsch.

Bei Jaffa schwenkte Seron ins Landesinnere ab, an der Stelle vorbei, an der sich heute der internationale Flughafen von Lod befindet, und erreichte die Ausläufer des judäischen Gebirges. Seine Streitmacht war nur noch etwa 25 Kilometer, einen Tagesmarsch, von Jerusalem und damit von der nächsten seleukidischen Garnison entfernt. Seron plante, sich der Garnison anzuschließen und von Jerusalem aus eine Strafexpedition in ganz Judäa durchzuführen, um den makkabäischen Aufstand und den jüdischen Widerstand ein für allemal niederzuschlagen.

Nach dem 1. Buch der Makkabäer, Kapitel 3, Vers 16, brach

Seron zum Bet-Horon-Paß auf. Über ebendiesen Paß, eine Nebenstraße nach Jerusalem, rückte 1917 die britische 90. Division unter General Allenby im Kampf gegen die Türken vor. Und im Sechs-Tage-Krieg 1967 wählte die israelische Armee diese Route, um sich der Altstadt von Jerusalem aus dem Norden anzunähern.

Serons Heer war doppelt so groß wie das von Apollonius – eine Streitmacht, die aus vier *chiliarchiae*, also 4000 Soldaten bestand –, während Judas schätzungsweise 1000 Männer unter seinem Kommando hatte. Im 1. Buch der Makkabäer wird die Besorgnis beschrieben, mit der die jüdischen Soldaten, die sich in den Bergen verschanzt hatten, die seleukidische Armee auf der anderen Seite des Tales von Ajalon beobachteten. Judas rief ihnen ins Gedächtnis, daß sie um ihre Heimat, ihre Familien und ihren Glauben an Gott kämpften.

Wieder entschied sich Judas, den näher kommenden Truppen einen Hinterhalt auf einem Gelände zu legen, wo sie weder ihre Überzahl noch ihre Waffen zu ihrem Vorteil nutzen konnten. Der Aufstieg zum Bet-Horon-Paß führt durch ein langes Tal mit steilen Hängen zu beiden Seiten. Judas wollte wieder den Ausgang abriegeln und die Flanken des feindlichen Zuges angreifen.

Diesmal ritt der seleukidische General Seron an der Spitze seines Heeres. Judas hielt es für seine wichtigste Aufgabe, den feindlichen Befehlshaber möglichst zu Beginn der Schlacht zu eliminieren, weil sein Tod eine verheerende Wirkung auf die Moral der Soldaten haben würde. Nach Aussage des jüdischen Historikers Josephus lautete Judas' Ansprache an seine Truppen: »ungeachtet der Anzahl der Feinde, die gewaltig ist, wir werden gemeinsam auf ihn zu marschieren und Seron erreichen«.

Bei dieser Auseinandersetzung konnte Judas nicht hoffen, die feindlichen Truppen vollkommen einschließen zu können, wie er es mit Apollonius getan hatte, denn zwischen den einzelnen Einheiten waren große Lücken, als die Soldaten in die Berge marschierten. Die Kolonne war fast zwei Kilometer lang. Diesen langen Zug einzukesseln, hätte bedeutet, wegen des Zeitfaktors auf das Überraschungsmoment verzichten zu müssen. Judas aber wollte den Feind überrumpeln.

In der Morgendämmerung brachen Serons Truppen zum vermeintlich letzten Tagesmarsch nach Jerusalem auf. Die vordere *syntagma* der ersten *chiliarchia* begann den langen, gewundenen Anstieg nach Bet-Horon. Sie kamen langsam voran, da sie schweres Gerät und Waffen bei sich hatten. Judas' Späher, die zwischen den Felsen an den mit Olivenbäumen bewachsenen Hängen lauerten, beobachteten still, wie sich die Soldaten dem Paß näherten.

Judas führte diesmal die Einheit an, die den Weg blockierte. Er war mit dem Schwert bewaffnet, das er Apollonius abgenommen hatte und bei all seinen Schlachten mit sich führte. Als die seleukidische Vorhut dem Hinterhalt näher kam, stellten sich ihr Judas' Männer entgegen. Sie schlugen die ersten Reihen der seleukidischen Soldaten, die wie gelähmt vor Schreck waren, und stürzten sich auf Seron. Die hinteren Reihen der führenden *chiliarchia* marschierten weiter, während die Vorhut vor dem Ansturm der jüdischen Truppen zurückwich. Zu diesem Zeitpunkt nahmen die Angreifer auf den Hängen die Gegner mit Bogen und Steinschleudern unter Beschuß. Die Seleukiden gerieten in Panik, und im größten Chaos griffen die Juden zu den Schwertern und gingen zum Nahkampf über.

Die führende *chiliarchia* wurde beträchtlich dezimiert, Seron war gefallen, und die übrigen seleukidischen Truppen brachen auseinander und ergriffen die Flucht. In ihrer Panik rannten sie in Richtung Küstenebene und ließen etwa 800 Soldaten – fast die ganze erste *chiliarchia* – tot auf dem Schlachtfeld liegen. Judas verfolgte mit seinen Männern die Fliehenden »den Paß von Bet-Horon hinab bis in die Ebene ...«.

Judas hatte zwei seleukidische Armeen geschlagen und eine Menge Waffen und Kriegsgerät an sich gebracht, mit denen er seine eigenen Truppen ausrüstete. Er gewann noch mehr Ansehen in der jüdischen Bevölkerung und konnte ein Heer zusammenstellen, dem etwa 6000 Männer angehörten. Er hatte sich das Prinzip der Überraschung und die Moral seiner Mitstreiter zunutze gemacht, den Ort der Schlacht bestimmt und den feindlichen Befehlshaber zuerst niedergestreckt. Jetzt stand er an der Spitze einer gut ausgebildeten Armee, die durch die Siege gegen eine übermächtige Streitkraft und die Kampferfahrung gestärkt war und durch die weitreichende Unterstützung der Bevölkerung zuätzlich an Selbstbewußtsein gewann.

Die Schlacht von Emmaus

Schließlich mußte Antiochos einsehen, daß seine Truppen in der Provinz Judäa mit einer größeren Rebellion zu kämpfen hatten. Der Herrscher war dabei, einen Feldzug gegen die aufständischen Elemente im östlichen Teil des Seleukidenreiches zu organisieren, als ihn die Nachricht von Serons Niederlage erreichte. Da er selbst aufbrechen wollte, um sich zusätzliche Einnahmen für seine geplante Militäroperation im Osten zu verschaffen, ernannte er Lysias, ein Mitglied der königlichen Familie, bis zu seiner Rückkehr zu seinem Stellvertreter und Vormund für seinen Sohn Antiochos (den späteren Antiochos V. Eupator). Die Lage in Judäa war ernst, und er hatte keine andere Wahl, als Lysias einen beträchtlichen Teil der Truppen, die er selbst hatte anführen wollen, für den Feldzug gegen die aufständischen Judäer zur Verfügung zu stellen.

Antiochos befahl Lysias, Judas' Heer mit allen Mitteln, die ihm zur Verfügung standen, zu vernichten, »um die Macht Israels und den Überrest Jerusalems gänzlich auszurotten und ihr Gedächtnis aus dem Lande zu vertilgen. In ihrem ganzen Gebiete solle er fremde Leute ansiedeln und das Land durch das Los verteilen« (1. Makkabäer 3, 35f.). Lysias wählte drei Generäle aus, die den Feldzug gegen Judäa anführen sollten: Ptolemäus, Nikanor und Gor-

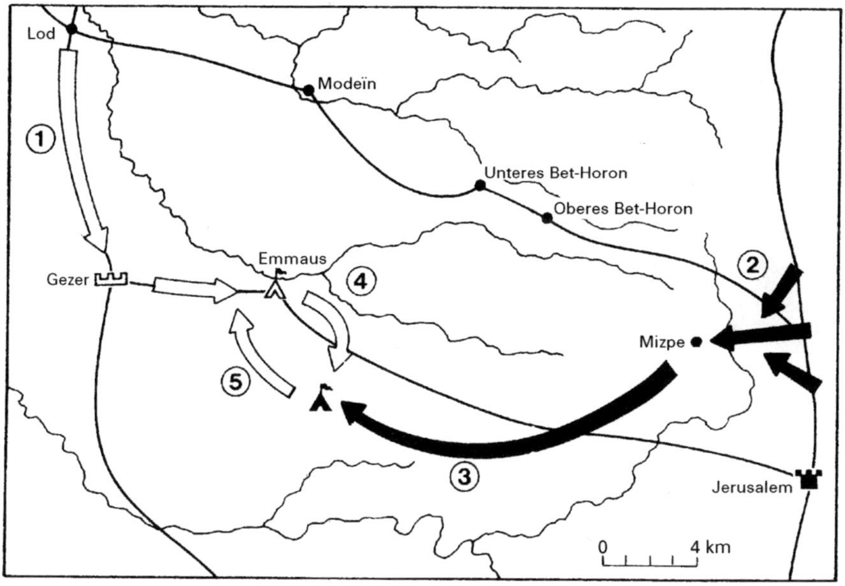

Abb. 74: Die Schlacht in Emmaus (Phase eins)
1 Seleukidische Truppen rücken an und schlagen ein Lager in Emmaus auf.
2 Judas versammelt sein Heer bei Mizpe.
3 Judas führt seine Truppen in den Südosten von Emmaus, nachdem er von der Position der Seleukiden erfahren hat.
4 Gorgias plant einen nächtlichen Überraschungsangriff auf das israelitische Lager.
5 Judas ist jedoch gewarnt, läßt viele Feuer in seinem Lager anzünden und zieht sich mit seinen Männern zurück. Nur 200 Soldaten bleiben als Nachhut im Lager.

gias. Unter ihrem Befehl zog das Heer im Frühjahr 165 v. Chr. über die Küstenstraße nach Emmaus. Dort schlugen sie ein großes Basislager auf. Offenbar hatten sie nicht vor, sich in die judäischen Berge und in dieselbe Falle locken zu lassen wie die beiden Armeen vor ihnen.

Das Lager bei Emmaus (dem heutigen Imwas, das an das Dorf Latrun grenzt) befand sich am Fuß der Berge am Anfang des Tales von Ajalon. Das Gelände erfüllte die Voraussetzungen, die das seleukidische Heer für eine großangelegte Schlacht nach herkömmlichem Muster brauchte. Die Größe der seleukidischen Armee wird im 1. Buch der Makkabäer mit 400 000 Infanteristen und 7000 Kavalleristen angegeben, während im 2. Buch der Makkabäer von »wenigstens 20 000 Mann« die Rede ist. (Die letztere Angabe wird allgemein als glaubwürdiger angesehen.) Der Plan der Seleukiden war, vom Lager aus Angriffe auf Jerusalem zu organisieren, die allem Anschein nach von der Garnison in Jerusalem unterstützt werden sollten. Danach wollte man nach und nach in ganz Judäa aktiv werden.

Judas hatte die Zeit seit seinem Sieg am Bet-Horon genutzt, um seine Männer auf diesen neuen Konflikt mit einer Streitmacht vorzubereiten, die etwa die halbe Stärke der seleukidischen Gesamtarmee hatte. Er rekrutierte mehr Männer und organisierte sein Heer, dem etwa 6000 Soldaten angehörten, in die bekannten Untereinheiten von »Tausend«, »Hundert«, »Fünfzig« und »Zehn«.

Die Seleukiden waren so siegesgewiß (sie hatten Verstärkung aus Idumäa an der südlichen Grenze von Judäa und aus der Küstenebene erhalten), daß ihre Anführer Kaufleute und Sklavenhändler einluden, sich ihren Truppen in Emmaus anzuschließen. Nikanor schickte Boten in die Küstenstädte und bot jüdische Sklaven zum Kauf an, »indem er ihrer neunzig für ein Talent zu überlassen versprach« (2. Makkabäer 8, 11). Die Sklavenhändler brachten, in Erwartung eines guten Geschäfts, eine Menge Gold und Silber sowie Ketten für die Sklaven mit.

Judas seinerseits teilte sein Heer in vier gleiche Gruppen von 1500 Männern auf. Drei Gruppen wurden von seinen Brüdern Simon, Johanan und Jonatan angeführt, er selbst übernahm das Kommando über die vierte. Er versammelte seine Soldaten in Mizpe, das ungefähr acht Kilometer nordwestlich von Jerusalem an der Straße nach Bet-Horon lag. Hier stellte er sein Heer auf und nahm sich die Zeit, seinen Männern Mut zu machen und ihre Moral zu stärken. Er erinnerte sie an die Siege, die die Israeliten in der Vergangenheit errungen hatten, gab ihnen Anweisungen nach biblischem Brauch und entließ alle frisch Vermählten und diejenigen, die ein neues Haus gebaut hatten, aus seinen Diensten, wie es das biblische Gesetz vorschreibt.

Von Mizpe aus konnte Judas alle Straßen bewachen, die von Emmaus nach Judäa führten, und als ihm seine Späher berichteten, daß der Feind seine Basis in Emmaus eingerichtet hatte, marschierte er mit seiner Streitmacht in die Berge oberhalb des heutigen Latrun im Südosten von Emmaus.

Das eine Heerlager befand sich in Sichtweite des anderen, und die Seleukiden standen unter ständiger Beobachtung. Diesmal entschied sich Judas, den Gegner den ersten Schritt machen zu lassen. Die Aktivitäten im seleukidischen Lager deuteten darauf hin, daß ein Angriff auf das jüdische Lager vorbereitet wurde.

Gorgias beschloß, die Taktik, die Judas bei seinen früheren Schlachten angewandt hatte, zu übernehmen. Er hatte vor, eine Truppe im Schutz der Dunkelheit in die Berge zu führen, das Lager bei Nacht zu überfallen und Judas' Heer zu vernichten. Natürlich nahm er an, daß Judas nicht mit einem nächtlichen Angriff rechnete, da die Seleukiden gewöhnlich nur bei Tageslicht kämpften. Gorgias rückte daher an der Spitze von nur 5000 Infanteristen und 1000 Kavalleristen in die Berge vor.

Offenbar war Judas sehr gut über Gorgias' Vorhaben informiert, als er sich auf den Gegenangriff vorbereitete. Er wandte eine List an, um Gorgias' Streitmacht tiefer ins Gebirge zu locken und von den seleukidischen Haupttruppen zu trennen. Zunächst befahl er, daß viele Feuer im jüdischen Lager angezündet wurden, damit es aussah, als hätte sich der größte Teil der jüdischen Armee hier versammelt. Aber im Schutz der Dunkelheit zog Judas seine Truppen ab und ließ nur eine Nachhut von etwa 200 Mann zurück.

Als Gorgias' Heer das Lager bei Nacht angriff, fand er es zu seiner Überraschung leer vor, beobachtete aber, daß die Nachhut den Rückzug antrat (wie Judas es befohlen hatte). In dem Glauben, diese Truppe sei das gesamte jüdische Heer, nahm Gorgias die Verfolgung auf. Die 200 Juden zogen in das Tal – heute Shaar Hagai (Bab el-Wadi) –, das nach Jerusalem führt. Als Gorgias' Soldaten in dieses Tal kamen, griffen die jüdischen Einheiten an, die sich im voraus hier postiert hatten.

In Emmaus lagerten jedoch noch 15 000 feindliche Infanteristen und 3000 Kavalleristen, und Judas bereitete einen Überraschungsangriff auf das Lager vor. Er schickte eine Gruppe von 1500 Männern los und wies sie an, an der Nordseite des seleukidischen Lagers zu warten und in Aktion zu treten, sobald er mit dem Hauptheer den Angriff startete. Judas rückte bei Tagesanbruch mit 3000 Mann vor, doch zu seiner Überraschung war der Feind bereits alarmiert und hatte sich auf der Ebene vor dem Lager zur Schlacht formiert.

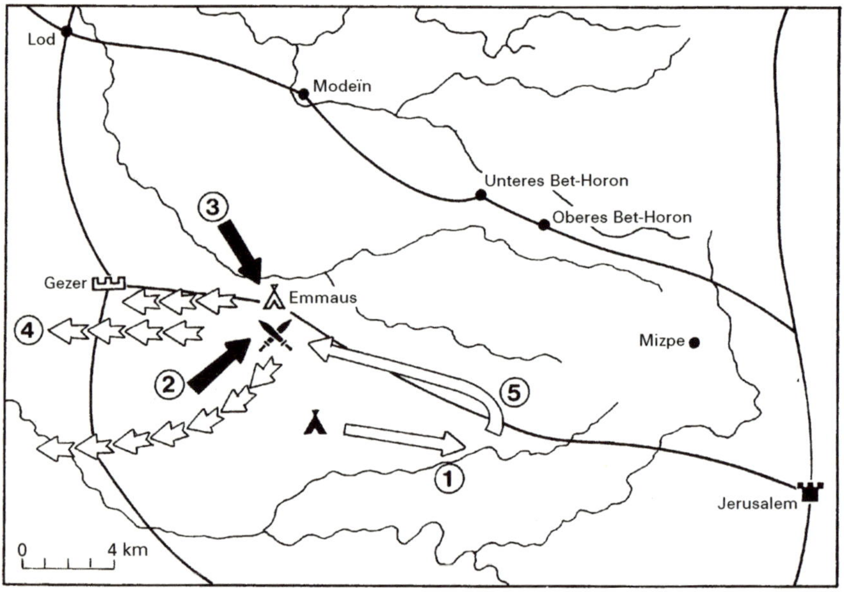

Abb. 75: Die Schlacht in Emmaus (Phase zwei)

1 Gorgias greift, in dem Glauben, die Israeliten seien noch dort, das Lager an. Als er sieht, daß sich die Nachhut durch das Tal in Richtung Jerusalem zurückzieht, nimmt er die Verfolgung auf.

2 Judas bereitet zur selben Zeit den Angriff auf das seleukidische Lager vor und schickt eine Abteilung von 1500 Männern in den Norden von Emmaus; dann greift er die Phalanx von Südwesten an.

3 Die Abteilung aus dem Norden fällt in das Lager ein.

4 Die Seleukiden fliehen in Richtung Küste.

5 Gorgias kehrt mit seiner Armee zum Basislager zurück, ergreift aber ebenfalls die Flucht, als er die Verheerung sieht.

Judas mußte seinen Plan, einen Blitzangriff auf das Lager durchzuführen, aufgeben und war gezwungen, sich der Phalanx der Seleukiden entgegenzustellen. Zum erstenmal war es ihm nicht gelungen, das Überraschungsmoment auszunützen, und zum erstenmal mußte er es mit einer Schlachtformation aufnehmen und einen Kampf ausfechten, für den seine Truppen nicht ausreichend ausgebildet waren. Aber Judas ersann eine Taktik, die den Feind dennoch überrumpelte. Wenn er sich auf das festgelegte Schema für militärische Auseinandersetzung auf einem Schlachtfeld eingelassen hätte, wäre das jüdische Heer dem Untergang geweiht gewesen. Wieder einmal bewies er Flexibilität und Einfallsreichtum, was bei Militärführern der damaligen Zeit ungewöhnlich war. Er erfaßte die Situation und unternahm unverzüglich geeignete Schritte.

Die feindlichen Schlachtreihen hatten sich nach Süden ausgerichtet, Judas' Truppen standen jedoch im Westen der Phalanx. Er beschloß, die Phalanx nicht von vorne anzugreifen, wie man es von ihm erwartet hätte, sondern den Westflügel, der von leichter Kavallerie geschützt war, zu attackiern und die Reihen auseinanderzusprengen. Judas teilte die Streitmacht, die bei ihm war, in drei Gruppen zu je 1000 Mann. Eine dieser Einheiten griff an und beschäftigte die Kavallerie, während sich die anderen beiden gleichzeitig in kleinen Gruppen zwischen die Schlachreihen drängten. Die seleukidischen Soldaten gaben ihre Schlachtordnung auf, als sie zu erbitterten Kämpfen von Mann zu Mann gezwungen wurden.

In diesem Moment griffen die 1500 Mann an, die im Norden des Lagers auf der Lauer gelegen hatten; sie nahmen an, Judas sei über das feindliche Lager hergefallen, in dem sich noch ungefähr 10 000 Infanteristen und 2000 Kavalleristen befanden. Die Soldaten im Lager waren nicht auf eine Schlacht vorbereitet. Sie waren überzeugt, Gorgias hätte die relativ kleine jüdische Streitkraft in den Bergen unter Kontrolle. Zudem fühlten sie sich sicher, weil die Phalanx den Zugang zum Lager versperrte. Die jüdische Truppe stürmte das Lager und griff die erschrockenen Bewohner an. Auf diese Weise gelang es Judas, das seleukidische Heer zu zerschlagen: Gorgias jagte in den Bergen einer flüchtenden Gruppe nach, Judas' Streitmacht hatte die Phalanx gesprengt und zwang den Gegner zu Nahkämpfen, und seine Brüder kämpften mit ihren Einheiten gegen die überraschten Männer im Lager.

Die Schlachtformation löste sich vollends auf, und die Soldaten flohen ins Lager. Dort war das Chaos ausgebrochen. Pferde und Elefanten irrten ziellos umher, überall wurde gekämpft, und die Kaufleute und Sklavenhändler gerieten in Panik und rannten davon. Nikanors Truppen gaben auf und flüchteten in Richtung Küste. Etwa 3000 von ihnen wurden getötet. In dieser Situation erwies sich Judas erneut als außergewöhnlicher Feldherr, denn er brach die Verfolgung ab und verbot seinen Männern, Beute aus dem Lager mitzunehmen. Er wußte, daß ihm noch eine Auseinandersetzung mit Gorgias bevorstand. Daher versammelte er seine Truppen in Emmaus und setzte das feindliche Lager in Brand.

Es dauerte nicht lange, bis Gorgias die Nachricht erreichte, daß das seleukidische Lager in Flammen stand. Er machte kehrt und marschierte mit seiner Streitmacht, die sich mit der schnellen jüdischen Einheit in den Bergen hatte auseinandersetzen müssen, zurück in Richtung Emmaus. Doch der Anblick, der sich Gorgias' Männern bot, als sie ins Tal schauten, versetzte auch sie in Panik, und sie ergriffen die Flucht. Diesmal nahm Judas die Verfolgung auf.

Die Niederlage von Emmaus war ein schwerer Schlag für Antiochos und beeinträchtigte auch seine Kampagne in den östlichen Provinzen des Reiches. Tatsächlich war sogar die Existenz der seleukidischen Dynastie bedroht, denn die Niederlage hatte schwerwiegende Folgen. Judas seinerseits hatte Zeit gewonnen und ganz Judäa mit Ausnahme der seleukidischen Garnison in Jerusalem (die jetzt vollkommen isoliert war) unter seine Kontrolle gebracht. Er hatte eine weitere große Armee vernichtet, und eine beträchtliche Menge an Waffen und Geräten sowie Gold, Silber und andere wertvolle Beutestücke waren in seine Hände gefallen. Judas konnte sein mittlerweile 10 000 Mann umfassendes Heer ausrüsten.

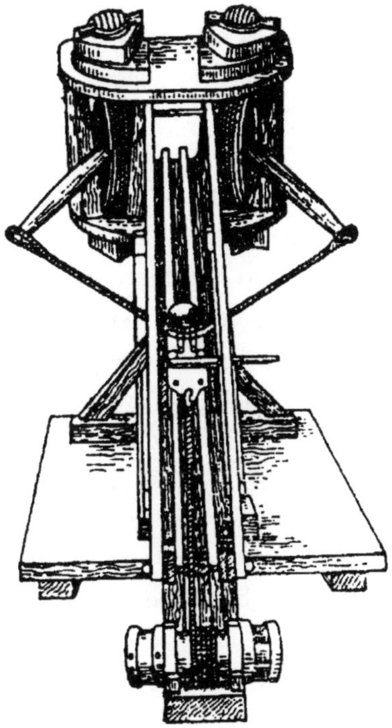

Abb. 76: Rekonstruktion einer hellenistischen Steinwurfmaschine *(palintolon)* – ein Beispiel für die Artillerie in der makkabäischen Periode.

KAPITEL 13

Von der Freiheit zur Unabhängigkeit

Die Schlacht von Bet-Zur

Die Seleukiden warteten nicht lange damit, ihre Rache für die Niederlage vorzubereiten. Lysias selbst machte sich von Antiochia aus an der Spitze eines Heeres auf den Weg. Er wollte der demütigenden Situation, in der die Makkabäer einer mächtigen Armee nach der anderen eine Niederlage bereiteten, ein für allemal ein Ende machen. Lysias' Ziel war Jerusalem, um sich der seleukidischen Garnison in der Festung Acra anzuschließen. Sein Plan war, von diesem Stützpunkt in alle Winkel von Judäa auszuschwärmen und die jüdische Streitmacht auf seinen Strafexpeditionen zu vernichten.

Lysias führte seine Truppen über die traditionelle Route auf der Küstenebene. Aber er benutzte nicht die Straßen in die Berge, die den anderen seleukidischen Armeen zum Verhängnis geworden waren. Statt dessen machte er einen Bogen um Judäa, marschierte an der Küste entlang in Richtung Süden bis in die Gegend von Aschkelon, dann schwenkte er landeinwärts nach Marisa (Marescha) und gelangte von dort nach Hebron. Auf diesem Weg kam er durch Gebiete, deren Bewohner den Seleukiden freundlich gesinnt waren. Der letzte Streckenabschnitt führte durch das Land der Idumäer, die Feinde der Juden und Freunde der hellenistischen Herrscher waren. Er setzte seinen Marsch bis nach Bet-Zur fort, einer etwa neun Kilometer von Hebron ent-

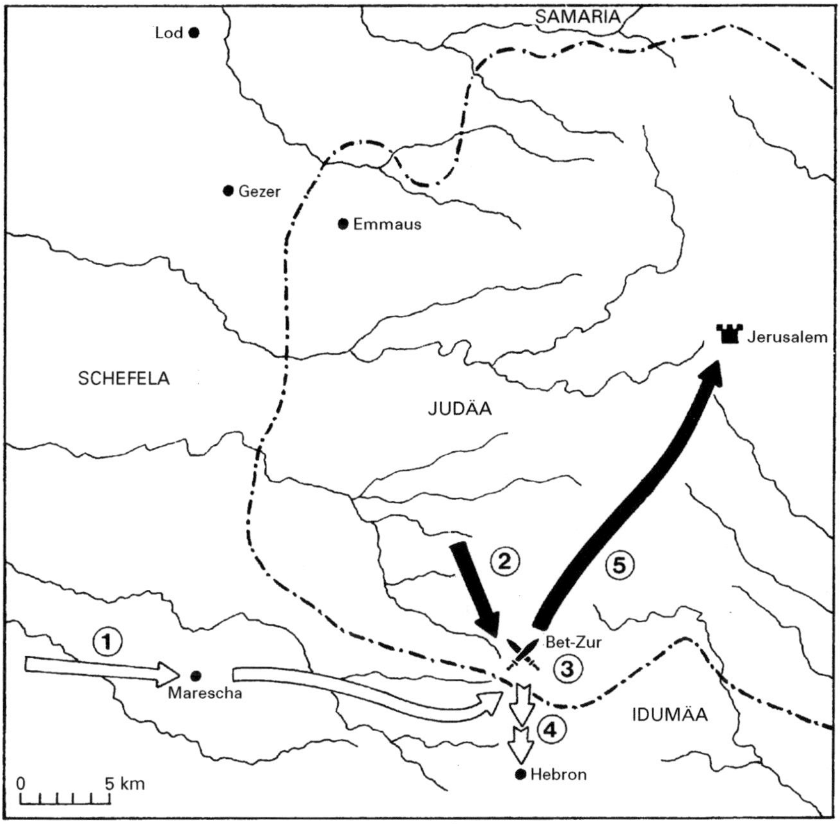

Abb. 77: Die Schlacht bei Bet-Zur
1 Lysias marschiert von der Küste über das Fort Marescha nach Judäa; auf diese Weise umgeht er das gefährliche Terrain der judäischen Berge.
2 Judas' Truppen kommen ihm entgegen.
3 Die Seleukiden geraten bei Bet-Zur in einen Hinterhalt.
4 Lysias' Truppen fliehen nach Hebron.
5 Judas geht nach Jerusalem; der Tempel wird neu geweiht.

fernten judäischen Grenzfestung, und ließ dort ein Lager aufschlagen.

Lysias' Armee bestand schätzungsweise aus 20 000 Infanteristen und 4000 Kavalleristen und war demnach so groß wie die, die Judas in Emmaus geschlagen hatte. Ihr stand in Bet-Zur eine jüdische Streitmacht von ungefähr 10 000 Mann gegenüber. Judas hatte das seleukidische Heer beobachten lassen und rückte ihm näher, als es von Süden nach Judäa kam. Es war ihm bewußt, daß er sich diesmal nicht darauf verlassen konnte, die feindliche Streitmacht aufspalten zu können, wie es ihm bei der Begegnung mit Nikanor und Gorgias gelungen war.

Ein direkter Angriff wäre viel zu gefährlich gewesen, da Lysias' Armee zu stark war. Judas beschloß, sich das Gelände an der Straße, die nordwärts nach Jerusalem führte, zunutze zu machen und die Attacke an einer Stelle zu beginnen, an der die Seleukiden in leicht angreifbaren, langen Kolonnen marschieren mußten.

Er suchte nach einem geeigneten Wegstück und entschied sich für die Region im Norden von Bet-Zur (vermutlich die Gegend, in der das heutige Hirbet Bet-Heiran liegt). Die Straße führte über gebirgiges Gelände mit Schluchten und Wadis, die ausgezeichnete Deckung für im Hinterhalt liegende Truppen boten. Zudem war die Straße dort so schmal, daß die Armee nicht in Schlachtformation aufmarschieren konnte.

Judas teilte seine Armee in vier Abteilungen: Die erste bestand aus 3000, die zweite und dritte aus je 1000 und die vierte aus 5000 Männern. Er rechnete damit, daß es Lysias trotz des schwierigen Geländes möglich sein würde, bis zu 10 000 Soldaten auf gewissen Streckenabschnitten zu konzentrieren.

Die seleukidischen Truppen setzten sich in einer Marschkolonne in Bewegung und marschierten durch einen langgezogenen Engpaß. Als sie aus dem Tal kamen, stürmte Judas' erste Abteilung aus einer Schlucht, in der sie auf der Lauer gelegen hatte, und fiel über die linke Flanke des Feindes her. Die führende seleukidische Einheit wurde bei dem schweren Angriff stark dezimiert, und der erste Abschnitt der Kolonne geriet in ein heilloses Chaos, als Judas' Abteilung die nachfolgenden Reihen von beiden Seiten der Schlucht unter Beschuß nahm. Jetzt rückten die zweite und dritte jüdische Division an und bildeten eine Front mit einer Länge von etwa 800 Metern.

Als die ersten Reihen der Kolonne zurückgeschlagen wurden,

breitete sich Panik unter den nachfolgenden aus. Die Seleukiden erkannten, daß sie in der Falle saßen. In Lysias' Heer marschierte eine große Anzahl ungeübter Rekruten, und es dauerte nicht lange, bis die vordersten Einheiten die Flucht ergriffen. Sie erreichten das Lager, in dem sich noch ungefähr 8000 Soldaten befanden. Judas hatte vorgesehen, daß seine 5000 Mann starke Reservearmee den Kampf mit den Seleukiden im Lager aufnehmen sollte, doch die seleukidischen Basistruppen gerieten in Panik und flohen, noch ehe die jüdische Reserve den Angriff startete.

Judas sah davon ab, Lysias' Armee nach Hebron zu verfolgen, weil er trotz seiner militärischen Erfolge im eigenen Land zögerte, sich auf feindliches Terrain zu begeben. Lysias, mutlos geworden angesichts des kläglichen Kampfgeistes seiner Söldner, trat den Rückzug an und ging nach Antiochia. Sein Heer hatte eine Niederlage und große Verluste erlitten – etwa 5000 Männer waren gefallen. Aber daß er sich, ohne den Kampf noch einmal aufzunehmen, zurückzog, hatte eher politische als militärische Gründe. Lysias war sich bewußt, daß er eine stärkere, schlagkräftigere Armee brauchte, um gegen Judas bestehen zu können. Andererseits war er mit drängenden internen Problemen und dem wiederaufflackernden Kampf um die Macht im Seleukidenreich beschäftigt. Obwohl Judas erneut einen bemerkenswerten Sieg errungen hatte, machte er sich keine Illusionen über die wahren Gründe von Lysias' raschem Abzug.

Die Wiedereinweihung des Tempels

Die Schlacht bei Bet-Zur hatte der seleukidischen Armee die schlimmste Niederlage beigebracht, die man sich vorstellen konnte: Ein vom Vizekönig persönlich angeführtes, zahlenmäßig weit überlegenes und bestens ausgerüstetes Heer war von den Makkabäern besiegt und in die Flucht geschlagen worden.

Judas war der Ansicht, daß er sich mit diesem Triumph eine Atempause verschafft hatte, weil das Ansehen der Seleukiden stark gelitten hatte und das Machtgefüge im Reich instabil geworden war. Daher konnte er annehmen, daß einige Zeit vergehen würde, ehe die seleukidischen Truppen nach Judäa zurückkehren würden. Die Makkabäer hatten die religiöse Freiheit für ihr Volk erstritten, und Judas machte sich Gedanken darüber, wie er auch die politische Unabhängigkeit erreichen konnte. Sein erster Schritt auf dem Weg zu dieser Unabhängigkeit mußte ihn nach Jerusalem führen. Die Weihe des heiligen Tempels sollte dem ganzen jüdischen Volk bestätigen, daß die Religionsfreiheit wiedererlangt war.

Als Judas in Jerusalem eintraf, beschloß er, den Angriff auf Acra, die furchterregende seleukidische Festung gegenüber dem Tempelberg, zu verschieben. Er zog zum Tempel, und seine Soldaten hielten die seleukidische Garnison in Schach, während die Juden den Tempel betraten, alles Heidnische entfernten, einen neuen Altar errichteten, den zum Teil zerstörten Tempel wieder aufbauten und reinigten. Am fünfundzwanzigsten Tag des Kislev (des neunten Monats im jüdischen Kalender) im Jahre 164 v. Chr. wurde der Tempel geweiht. Der Talmud erzählt die Geschichte von dem Wunder, das der Weihe folgte: Das Öl in einem einzigen Kännchen, das im Tempel gefunden wurde und eigentlich nur für einen Tag ausreichte, brannte im Kandelaber acht Tage lang. An dieses Ereignis erinnert das alljährlich gefeierte jüdische Fest Hanukka.

Die Befreiung der bedrohten jüdischen Gemeinden

Das Wiedererstarken des jüdischen Nationalismus in der Provinz Judäa, in der die Makkabäer die militärische Oberhand behalten hatten, wirkte sich auch auf die angrenzenden Regionen aus. Pro-hellenistische Truppen, die den Makkabäern auf dem Schlachtfeld nicht gewachsen waren, richteten ihren Zorn auf die jüdischen Gemeinschaften, die über das Land jenseits des Jordan und in Galiläa verstreut waren. In dem Bemühen, die Verletzbarkeit der Juden zu demonstrieren, verfolgten sie die ortsansässigen Mitglieder der jüdischen Glaubensgemeinschaft und meinten, sie ungestraft schikanieren zu können.

Dringende Bittgesuche aus Galiläa berichten, daß »Ptolemais [Akko], Tyros und Sidon ihre Truppen mobilisiert haben, um uns ein Ende zu machen«. Die Mächtigen in Gilead hatten die Juden angegriffen, und verzweifelte Hilferufe kamen von Datema, einer Festung etwa 30 Kilometer östlich vom See Genezareth (an der heutigen Grenze zwischen Syrien und Jordanien). Auf diesem Wege erfuhr Judas, daß eine Armee unter dem Befehl von Timotheus die befestigte Stadt belagerte und daß die jüdischen Gemeinden beträchtliche Verluste erlitten.

Judas begriff, daß diese neue Herausforderung seine Fähigkeit als Kämpfer für die Religion und die Unabhängigkeit auf eine harte Probe stellen würde. Er beschloß, bei der Rettungsaktion in den umliegenden Regionen einen Partisanenkampf zu führen und seine Soldaten nicht mit schwerem Gerät und Versorgungstrossen zu belasten. Judas wußte, daß er die größeren Mächte, die den Kampf in und um Judäa beobachteteten, auf die gewünschte Weise beeindrucken würde, wenn er unter Beweis stellte, daß er im eigenen Land eine Armee erhalten konnte, während er gleichzeitig Expeditionstruppen jenseits der Grenzen anführte. Vor allem Rom verfolgte mit wachsendem Interesse die Entwicklung in den seleukidischen und ptolemäischen Einflußbereichen.

Judas schickte seinen Bruder Simon mit 3000 Männern nach Galiläa, während er selbst zusammen mit seinem Bruder Jonatan an der Spitze eines 8000 Mann starken Heeres den Jordan überquerte und durch die transjordanische Wüste nach Gilead zog. Simons Streitmacht besiegte ungehindert von seleukidischen Verstärkungseinheiten die Truppen in Galiläa, befreite die Juden in diesem Gebiet und brachte sie triumphierend nach Judäa. In der Zwischenzeit marschierte Judas nach Gilead, wo die jüdische Be-

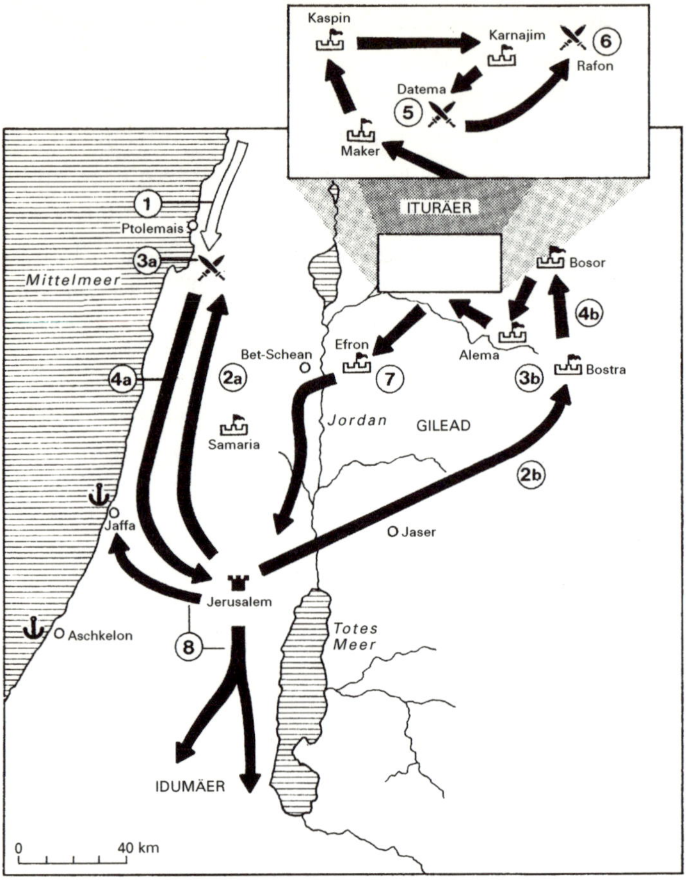

Abb. 78: Die Befreiungsfeldzüge von Judas und Simon

1 Truppen aus Tyros und Sidon schließen sich mit denen aus Ptolemais zusammen, um jüdische Gemeinschaften zu drangsalieren.
2a Als Judas davon erfährt, schickt er seinen Bruder Simon nach Galiläa.
2b Auch aus Gilead treffen Schreckensnachrichten ein, und Judas und Jonatan ziehen ins Trans-Jordanland.
3a Simon besiegt die phönizischen Alliierten und befreit die Juden in Galiläa.
3b Judas' Truppen befreien Bostra.
4a Simon kehrt mit den befreiten Juden zurück.
4b Judas befreit Bosor, Alema, Maker, Kaspin und Karnajim.
5 udas besiegt Timotheus in Datema.
6 Timotheus' Gegenangriff in Rafon schlägt fehl.
7 Judas kehrt mit den befreiten Juden durch feindliches Gebiet nach Judäa zurück.
8 Judas führt Kampagnen gegen Jaffa und die Idumäer durch.

völkerung in befestigten Städten wie Bostra, Bosor, Alema, Kaspin, Maked und Karnajim gefangengehalten wurde. Die meisten dieser Städte lagen im Osten und Südosten der heutigen Golanhöhen.

Judas eröffnete seine Befreiungsaktion mit einem Angriff auf Bostra, das etwa 100 Kilometer von Philadelphia (dem heutigen Amman) entfernt war. Er zog siegreich von Stadt zu Stadt, bis er nach Datema kam. Datema war das Zentrum des jüdischen Widerstandes und wurde von Timotheus' Truppen belagert. Judas näherte sich der Stadt bei Morgengrauen aus einer unerwarteten Richtung und sah, daß der Feind bereits Sturmleitern an die Befestigungen von Datema angelegt hatte. Die Situation der belagerten Juden erschien hoffnungslos, als Judas einen Blitzangriff startete und den überraschten Belagerungstruppen in den Rücken fiel. Die feindlichen Truppen erlitten eine Niederlage, die Stadt wurde befreit, und Timotheus' Armee ergriff die Flucht. Timotheus versuchte später einen Gegenangriff in Rafon (30 Kilometer nordwestlich von Datema), doch auch diesmal war Judas siegreich und eroberte die Stadt. Er versammelte alle geretteten Juden aus Gilead um sich, kämpfte sich den Rückweg durch feindliches Territorium frei und brachte alle wohlbehalten nach Judäa.

Nach seiner Kampagne im Trans-Jordanland führte Judas eine Reihe von Straffeldzügen gegen die feindlichen Idumäer (durch deren Gebiet Lysias nach Bet-Zur marschiert war) und gegen Jaffa durch, wo er den Hafen mit allen Schiffen niederbrannte; damit rächte er eine kleine jüdische Gemeinde, die dort von der Bevölkerung ertränkt worden war. Nach diesen Taten galt er als Anführer einer Streitmacht, mit der man nicht nur in Judäa, sondern auch in den umliegenden Gebieten zu rechnen hatte. Zudem hatte er ganz Judäa unter Kontrolle (mit Ausnahme von Acra), und die Grenzen waren verhältnismäßig sicher. Judas konnte jetzt beginnen, sein Volk in die nationale Unabhängigkeit zu führen.

Der gute Stern des seleukidischen Reiches war indessen im Sinken begriffen. Vor seinem Tod bestimmte Antiochos IV. Philippus zum Regenten über das Reich, bis Antiochos Eupator mündig war.

Aber diese Verfügung brachte keine Stabilität ins Land, sondern entfachte einen Machtkampf zwischen Philippus und Lysias, in dessen Obhut Antiochos' Sohn bis dahin gewesen war. Judas beschloß, die Streitigkeiten zu nutzen – die sich auch negativ auf die seleukidischen Streitkräfte auswirkten –, und griff die Festung Acra und die hellenistischen Juden in Jerusalem an. Mit Hilfe der Belagerungsgeräte, die er bei seinen Schlachten erbeutet hatte, machte er sich daran, die Zitadelle einzunehmen.

Judas war sich im klaren gewesen, daß er die Anwesenheit einer seleukidischen Streitkraft im Herzen Jerusalems auf längere Sicht nicht dulden konnte. Allein der Anblick der Festung erinnerte die Juden daran, daß das Gebiet nicht vollständig frei war, und die Herrscher in Antiochia mußten dafür sorgen, daß die Garnison versorgt und mit frischen Truppen bemannt wurde. Anfang des Jahres 162 v. Chr. organisierte Judas einen Angriff auf die Festung, aber er scheiterte, und seine Soldaten wurden zurückgeschlagen. Danach belagerte er Acra. Gesandte der Garnison eilten nach Antiochia und flehten Lysias an, sie zu retten. Von Rachedurst gegen Judas beseelt, entschied sich Lysias, die mögliche Rückkehr seines Rivalen Philippus nach Antiochia in Kauf zu nehmen (Philippus kämpfte an der Ostgrenze des Reiches), und brach nach Judäa auf, um eine neue Offensive gegen Judas zu starten.

Zum erstenmal hatte Judas die militärische und politische Lage falsch eingeschätzt. Er hatte sich darauf verlassen, daß der Machtkampf um die seleukidische Herrschaft Lysias in Antiochia festhalten würde. Aber der machte sich in Begleitung des jungen Antiochos V. Eupator auf den Weg nach Judäa und hatte eine Einheit mit Kriegselefanten bei sich – obwohl eine Abmachung mit den Römern bestand, in der sich die Seleukiden verpflichtet hatten, keine Elefanten im Kampf einzusetzen. Lysias ging das Risiko ein, den Zorn der Römer auf sich zu ziehen, in der Hoffnung, daß die Elefanten, denen die Makkabäer noch nie bei einer Schlacht auf offenem Feld gegenübergestanden hatten, der Faktor sein könnten, der das Blatt zu seinen Gunsten wendete.

An der Spitze von 30 000 Soldaten, 30 Elefanten, einem Kavallerie- und Streitwagenkorps zog Lysias über dieselbe Route, die er ein paar Jahre zuvor genommen hatte, und näherte sich Jerusalem von Süden. Auf dem Weg belagerte er Bet-Zur, um Judas zur Aufgabe der Belagerung von Acra zu zwingen. Judas scheint alle Optionen erwogen zu haben, die ihm offenstanden, und kam augenscheinlich zu dem Schluß, daß diesmal eine konventionelle Schlacht die beste Taktik war, weil der Feind alle anderen Strategien, nur keinen herkömmlichen Kampf erwartete. Daher überließ er es der Garnison in Bet-Zur, sich selbst zu verteidigen, und stellte sein Heer in Bet-Sacharja, etwa zehn Kilometer nördlich von Bet-Zur und 20 Kilometer südlich von Jerusalem, auf.

Die Garnison in Bet-Zur ergab sich schließlich den Seleukiden, und Judas' Truppen hatten in der Zwischenzeit auf der Hochebene bei Bet-Sacharja an der Straße nach Jerusalem ihre Positionen eingenommen. Der Anblick von Lysias' Streitmacht, die über die Ebene marschierte, sollte der gegnerischen Armee Angst einjagen. Die Szene ist im 1. Buch der Makkabäer beschrieben. Die Elefanten, die leichte Infanterie und die leichte Kavallerie führten das Heer an. Hinter ihnen marschierte die schwere Infanterie, bereit, eine Phalanx zu bilden, und ihre Flanken schützte die schwere Kavallerie. Auf jedem Elefanten stand »ein starker geschützter Holzturm ... mit Gurten kunstgerecht an ihm festgemacht, und auf jedem waren vier Mann, die von ihm aus kämpften, und der indische Lenker. Die übrige Reiterei stellte man hierhin und dorthin auf beide Flügel des Heeres, um die Feinde zu beunruhigen und die Schlachtreihen zu decken. Als nun die Sonne auf die goldenen und ehernen Schilde schien, da erglänzten davon die Berge und leuchteten wie Feuerfackeln« (1. Makkabäer 6, 37-39).

Diese Beschreibung zeigt, daß Lysias Lehren aus seinen früheren Begegnungen mit Judas gezogen hat, denn diesmal kontrollierte er die Hänge an seiner Marschroute, um zu verhindern, daß die Juden von der Seite her angriffen. Im 1. Buch der Makkabäer heißt es weiter, daß sich ein Teil seines Heeres über die Bergeshöhen und in den Niederungen verteilt hatte, so daß die Schlachtformation voller Zuversicht und in geordneten Reihen vorwärtsmarschieren konnte. »Und es erbebten alle, die den Schlachtruf dieser Massen, das Dröhnen ihrer Schritte und das Klirren der Waffen hörten; denn das Heer war gewaltig groß und stark« (1. Makkabäer 6, 41).

Zum erstenmal kämpften die Makkabäer aus einer Defensivposition. Judas hatte Sturmeinheiten aufgestellt, die den Feind zermürben sollten. Danach würde die Phalanx vom Hauptheer der Makkabäer angegriffen, das sich hinter den Sturmtruppen formiert hatte. Lysias seinerseits plante, daß seine vorderen Reihen, die durch die Elefanten unterstützt wurden, die Kampfkraft der Makkabäer schwächen, die Sturmtruppen schlagen und den Weg für die Phalanx freikämpfen sollten, die stetig vorwärts rücken und das makkabäische Hauptheer überrollen würde.

Die Judäer erschraken, als sie die Elefanten sahen, und waren dadurch psychologisch im Nachteil. Judas' jüngerer Bruder Eleasar erfaßte die Situation sofort und beschloß, seinen Männern zu zeigen, daß auch Elefanten nicht unbesiegbar waren. Eleasar entdeckte einen Elefanten mit königlichen Insignien und kämpfte sich den Weg durch die Reihen frei, die das Tier schützten. Er gelangte unter den Elefanten, stieß sein Schwert in den Bauch des Tieres und tötete es. Dabei fand auch Eleasar den Tod, denn der Elefant brach über ihm zusammen und zermalmte ihn. Er war der erste der Makkabäer-Brüder, der in der Schlacht fiel. Sein Opfer war jedoch vergebens, denn Lysias' Heer drängte unaufhaltsam nach vorn. Judas erkannte, daß er in einer hoffnungslosen Position war, und beschloß, seine Truppen in Sicherheit zu bringen. Er befahl den Rückzug und führte seine Streitmacht über die Berge nach Jerusalem.

Die Schlacht von Bet-Sacharja hatte Judas vor Augen geführt, daß es falsch war, die Kampfmethoden des Gegners nachahmen zu wollen. Die jüdische Armee konnte nur erfolgreich sein, solange sie ihre Guerilla-Strategien beibehielt und nicht die Taktiken eines besser gerüsteten, organisierten und geschulten Feindes über-

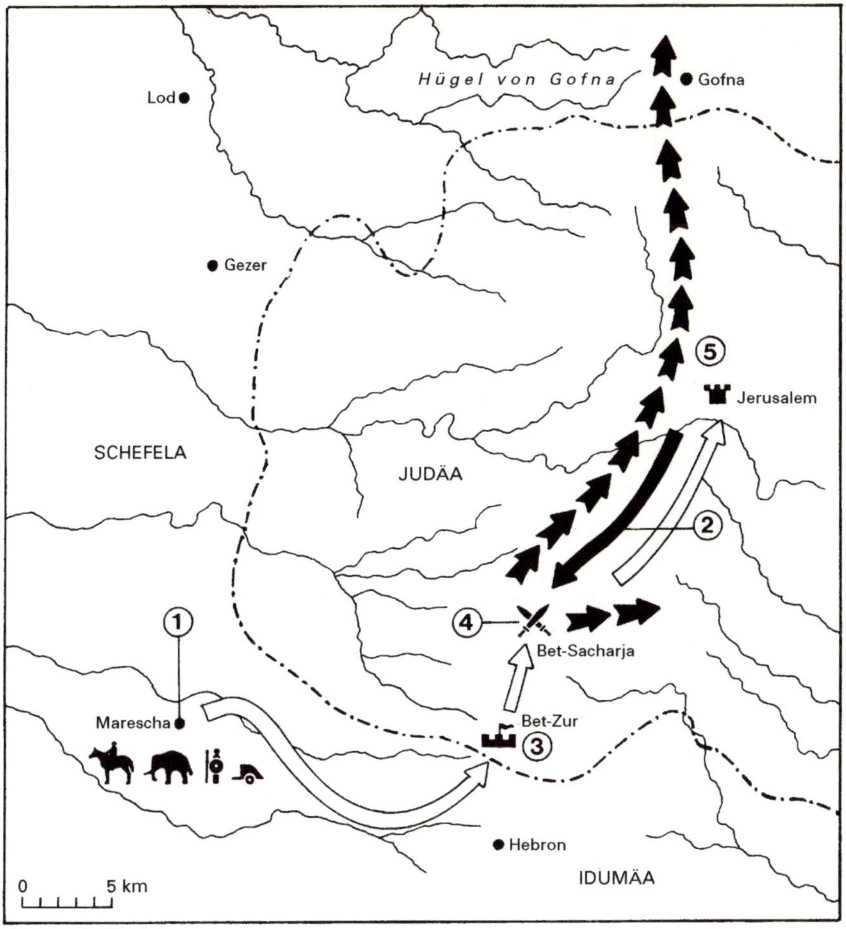

Abb. 79: Die Schlacht von Bet-Sacharja
1 Lysias' Armee.
2 Judas führt seine Truppen nach Bet-Sacharja, um die Seleukiden anzugreifen.
3 Lysias nimmt Bet-Zur ein.
4 Die Schlacht von Bet-Sacharja: Eleasar, Judas' Bruder, wird von einem Elefanten zermalmt; die Armee der Makkabäer wird geschlagen.
5 Judas flieht in die Hügel von Gofna. Lysias marschiert nach Jerusalem, um den Tempelberg zu stürmen.

nahm. Die seleukidische Armee bestand aus Berufssoldaten, die über lange Zeiträume den Kampf in geordneter Schlachtformation trainiert hatten. Judas' Heer hingegen gehörten Zivilisten an, die nur zu den Waffen gerufen wurden, wenn es die Umstände erforderten.

Noch auf dem Rückzug bewies Judas sein Talent als Feldherr. Seine größte Begabung war die Fähigkeit, sich neuen Bedingungen und veränderten Umständen sogar in der Hitze einer Schlacht anpassen zu können. Da Judas seinen Irrtum eingesehen und den Verlauf der Schlacht richtig beurteilt hatte, blieb er Herr der Lage. Er zog seine Schlüsse aus dem Geschehen und erteilte Befehle, so schmerzlich sie in diesem Fall auch gewesen sein mögen.

Nach Judas' Rückzug drängte Lysias nach Jerusalem, das ihm jetzt weit offenstand. Judas war vor ihm nach Jerusalem gekommen, hatte den Tempelberg befestigt und sich dann mit den restlichen Truppen nach Gofna zurückgezogen, damit sie sich erholen konnten. Als Lysias Jerusalem erreichte und den Tempelberg stürmen wollte, kämpften die Truppen, die Judas zurückgelassen hatte, heldenhaft. Sie schlugen die Angreifer zurück, und Lysias sah sich gezwungen, die Stadt zu belagern.

Die Makkabäer bereiteten sich auf eine lange Zeit des Widerstandes vor. Ihre Situation war ernst, denn Lebensmittel und Versorgungsgüter waren knapp – doch davon wußte Lysias nichts. Die Juden wurden buchstäblich im letzten Moment gerettet, als Lysias die Nachricht erhielt, daß Philippus den Rückweg nach Antiochia angetreten hatte, mit der Absicht, die Regierungsgewalt an sich zu reißen. Lysias befand sich in einem schrecklichen Dilemma. Der Sieg über die Makkabäer lag in greifbarer Nähe, aber er mußte seine Truppen abziehen. Er zog sich aus der Affäre, indem er den Juden ein Friedensangebot machte, in dem er ihnen Religionsfreiheit zusicherte.

> »Darum wollen wir jetzt diesen Menschen die Hand bieten und mit ihnen und ihrem ganzen Volk Frieden schließen. Wir wollen ihnen gestatten, nach ihren Bräuchen zu leben wie zuvor. Denn ihrer Bräuche wegen, die wir abgeschafft haben, sind sie in Zorn geraten und haben all das unternommen« (1. Makkabäer 6, 58, 59).

Als Judas sein Angebot annahm, eilte Lysias nach Antiochia, forderte Philippus zum Kampf, besiegte ihn und wurde zum Herrscher über das Reich der Seleukiden.

Viele Juden glaubten, daß sie nun ihr Ziel erreicht hätten. Sie hielten die Zeit für gekommen, in ihre Häuser zurückzukehren, ihr altes Leben wiederaufzunehmen und das Heer aufzulösen. Aber Judas war der Meinung, daß die Juden in Judäa nur dann wirklich ein freies Leben führen und ihre Religion ungehindert ausüben konnten, wenn sie politische Unabhängigkeit erlangt hatten. Daher mußte die Armee schlagkräftig bleiben und sich die nationale Unabhängigkeit zum obersten Ziel setzen. Judas glaubte, daß ihm die Schwäche der Seleukiden-Herrschaft, die Intrigen bei Hofe in Antiochia und die wachsamen Römer große Möglichkeiten eröffneten. Deshalb nahm er sich vor, den Kampf fortzusetzen.

Im Jahr 162 v. Chr. entbrannte wieder ein erbitterter und blutiger Kampf um den Thron der Seleukiden. Letztendlich kehrte Demetrius, der Cousin des neun Jahre alten Antiochos V. Eupator, aus Rom zurück (wo er als Geisel festgehalten worden war), riß mit der Unterstützung der Bevölkerung die Macht an sich und ließ Lysias und Antiochos töten. Er ernannte Alkimus zum Hohenpriester in Jerusalem. Alkimus ließ – wider Erwarten – viele Hasidim[1] (orthodoxe Juden) hinrichten. Gleichzeitig brachte der seleukidische General, den Demetrius nach Judäa entsandt hatte, damit er die Autorität des neuen Hohenpriesters stärkte, viele Juden aus dem Gebiet um Gofna um, weil sie im Verdacht standen, Sympathisanten der Makkabäer zu sein.

Die Rückkehr zur Tyrannei zwang Judas zum Handeln. Zusammen mit seinen Brüdern und kampferprobten Truppenführern reaktivierte er die jüdische Miliz und inszenierte Überfälle auf Alkimus und seine hellenistischen Gefolgsleute. Letztere baten Antiochia um Hilfe, und Demetrius schickte unverzüglich den Heerführer Nikanor, der drei Jahre zuvor bei Emmaus von Judas vernichtend geschlagen worden war, mit einer Armee nach Judäa.

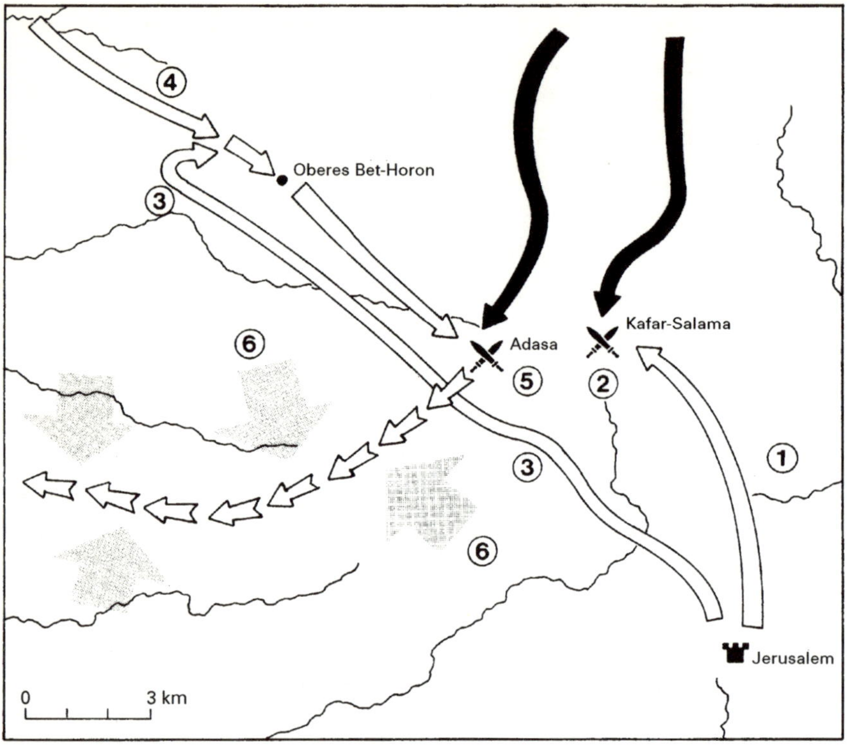

Abb. 80: 37 Die Schlachten von Kafar-Salama und Adasa
1 Nikanor bricht von Jerusalem auf, um die Makkabäer zu bezwingen.
2 Judas legt einen Hinterhalt und schlägt Nikanor bei Kafar-Salama.
3 Nikanor zieht ab, um sich den Verstärkungstruppen aus der Ebene anzuschließen.
4 Die seleukidischen Armeen treffen sich nahe des oberen Bet-Horon.
5 Auf dem Weg nach Jerusalem geraten die Seleukiden bei Adasa in einen Hinterhalt der Makkabäer.
6 Die fliehenden Seleukiden werden von der jüdischen Bevölkerung angegriffen.

Judas' Guerilla-Truppen lauerten Nikanor bei Kafar-Salama (Kfar Shalem) an der Straße zwischen Jerusalem und Bet-Horon auf und schlugen das seleukidische Heer in die Flucht. Nikanor suchte in Jerusalem Zuflucht und wartete auf Verstärkung aus Antiochia. Als diese Truppen schließlich die Grenze von Judäa erreichten, zog er ihnen mit seinen noch verbliebenen Soldaten aus

Jerusalem entgegen, um ihnen auf ihrem Marsch über den Bet-Horon-Paß Schutz zu bieten.

Judas wartete ab, und erst als sich die beiden Heere zusammenschlossen, griff er in Adasa, acht Kilometer nördlich von Jerusalem, aus dem Hinterhalt an und bestürmte die rechte Flanke der Kolonne. Die Seleukiden, die sich wegen ihrer Stärke in Sicherheit gewähnt hatten, wurden völlig überrumpelt. Nikanor fiel zu Beginn der Schlacht. Seine Truppen gerieten in Panik, und da Judas' Männer ihnen den Weg nach Jerusalem abschnitten, flohen sie in Richtung Küstenebene. Die jüdische Landbevölkerung schloß sich Judas' Kämpfern an, als sie den Feind verfolgten.

Der Sieg über Nikanor im Frühjahr 161 v. Chr. machte Judas wieder zum Herren über das Land, und wieder richtete er sein Augenmerk auf die politische Lage im Reich der Seleukiden. Timarchus, Statthalter von Medien und Babylonien, versuchte, sich von Demetrius loszusagen, und das machte deutlich, daß Demetrius keine Unterstützung von Rom erhielt. Deshalb beschloß Judas, mit dem Senat von Rom ins Gespräch zu kommen. Die Gesandten, die er nach Rom schickte, hatten Erfolg und schlossen ein Bündnis mit Rom (1. Makkabäer, 8, 23-30). Zum erstenmal seit der Babylonischen Gefangenschaft wurde Judäa als unabhängiger Staat anerkannt, und das von niemand geringerem als der größten Macht der damaligen Welt![2]

Die Ironie des Schicksals war, daß gerade das Bündnis mit Rom, das als der größte politische Erfolg Judas' angesehen werden kann, die eigentliche Ursache seines Niedergangs war. Die Seleukiden konnten die gelegentlich erfolgreichen Guerilla-Kämpfe der Bevölkerung mit relativer Gelassenheit betrachten, da sie überzeugt waren, daß sie bei passender Gelegenheit die Situation mit Leichtigkeit meistern könnten. Aber als sich Judäa selbständig Rom als Bündnispartner anbot und dadurch zum Protegé der Großmacht wurde, erkannten die Mächtigen in Antiochia, welche Gefahr diese neue Situation in sich barg. Zudem würde ein unabhängiges, von Rom unterstütztes Judäa die Bedrohung, die von

Ägypten ausging, noch verstärken. Die neue Machtkonstellation könnte letzten Endes zu einer Allianz zwischen den Ptolemäern in Alexandria und Judäa führen, und eine solche Entwicklung würde die rivalisierende Dynastie aus Ägypten fast bis an die Schwelle des Seleukidenreiches bringen.

Demetrius zögerte nicht, als er diese Gefahr erkannte. Seine Entscheidung wurde von den Berichten aus Judäa bestärkt: Der Widerstand dort war schwächer geworden, weil die Motivation fehlte, nachdem Lysias den Juden Religionsfreiheit zugesichert hatte. Deshalb konnte sich Demetrius auf die rebellischen makkabäischen Truppen konzentrieren. Seine Einschätzung wurde von den Ereignissen bestätigt. Im Frühling 160 v. Chr. schickte Demetrius Bakchides an der Spitze eines Heeres von 20 000 Infanteristen und 4000 Kavalleristen nach Judäa. Bakchides zog durch das östliche Galiläa und nahm die direkte Route nach Jerusalem. Wie Demetrius vorausgesehen hatte, war Judas nicht imstande, mehr als »3000 auserlesene Leute« um sich zu versammeln.

Judas' letzte Schlacht

Bakchides lagerte 13 Kilometer nördlich von Jerusalem in einer Gegend, in der heute Ramalla liegt. Während der Seleukide nach Norden zog, führte Judas seine Truppen in südwestliche Richtung, um die seleukidische Armee von ihrem Basislager abzuschneiden. Bakchides durchkreuzte diesen Plan, und die Truppen stießen bei Elasa, zehn Kilometer von Bet-Horon entfernt, aufeinander. Der Anblick der übermächtigen seleukidischen Armee machte Judas' Männern Angst. Viele desertierten, und Judas blieb mit nur etwa 800 Mann auf dem Schlachtfeld zurück. Das 1. Buch der Makkabäer schildert, daß der tapfere Anführer seine kleine Schar verzweifelt beschwor: »Auf, wir wollen auf unsere Gegner losgehen! Vielleicht vermögen wir den

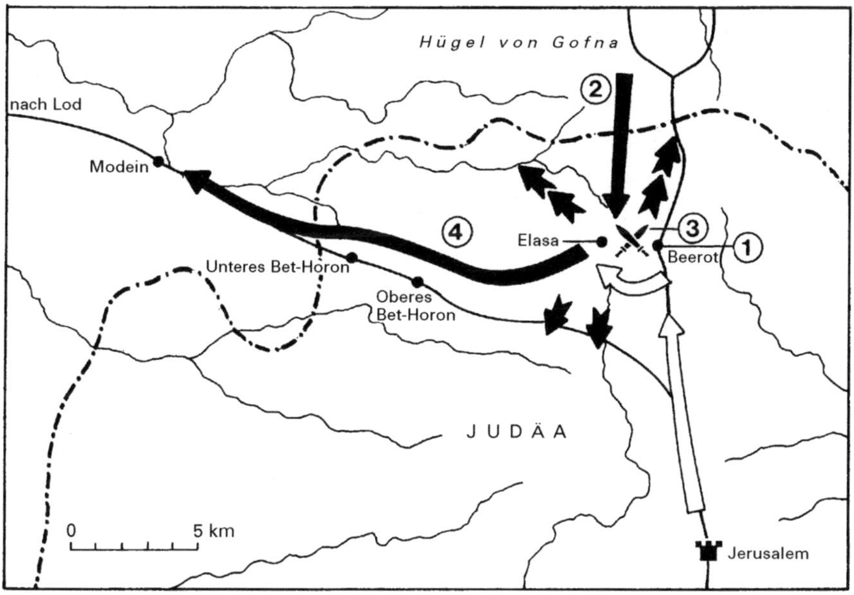

Abb. 81: Die Schlacht von Elasa und Judas' Tod
1 Bakchides lagert in Beerot.
2 Judas marschiert nach Süden.
3 Die Schlacht von Elasa: Judas wird besiegt und getötet. Die Makkabäer fliehen.
4 Judas' Leichnam wird nach Modeïn gebracht, dem Herkunftsort seiner Familie, und dort begraben.

Kampf mit ihnen zu bestehen!« Seine Leute versuchten, ihn von einem Angriff abzubringen, und drängten darauf, sich auf die bewährten Guerillataktiken zu besinnen. Doch davon wollte Judas nichts wissen: »Das sei ferne von mir, so zu handeln und vor ihnen zu fliehen! Wenn denn doch unsere Stunde gekommen ist, so wollen wir mannhaft für unsere Brüder sterben und keinen Makel auf unsere Ehre kommen lassen.«

Eine Flucht seiner loyalsten Männer vor dem Feind hätte, nach all den Desertionen kurz zuvor, das Volk demoralisiert und möglicherweise das Ende der jüdischen Widerstandsbewegung bedeutet. Ein entschlossener Kampf trotz widrigster Umstände und ein heldenhafter Tod hingegen würde seine Nachfolger inspirieren. Diese Entscheidung ist ein klassisches Beispiel dafür, wie ein

Befehlshaber das Prinzip der Moral gegen die Prinzipien des Krieges aufwog. Judas kam zu dem Schluß, daß der Kampfgeist seiner Männer die wirksamste Waffe in politischer und militärischer Hinsicht darstellte.

An der Spitze seiner 800 mutigen Männer stellte sich Judas den 20 000 Soldaten von Bakchides entgegen.

> »Die [feindliche] Reiterei war in zwei Abteilungen geteilt; die Schleuderer und Bogenschützen samt den tüchtigen Vorkämpfern zogen dem Heere voraus. Bakchides aber stand auf dem rechten Flügel. Nun rückte die Schlachtreihe von beiden Seiten heran ... Als Judas bemerkte, daß Bakchides und der Kern seines Heeres auf dem rechten Flügel standen, da schlossen sich ihm die Beherztesten an. Und der rechte Flügel wurde von ihnen geschlagen; und Judas verfolgte sie ... Als aber die auf dem linken Flügel sahen, daß der rechte Flügel geschlagen war, machten sie kehrt und faßten Judas und seine Leute im Rücken« (1. Makkabäer 9, 11-16).

Judas hatte seine Attacke auf die rechte Flanke des Feindes konzentriert, die von Bakchides angeführt wurde. Der Angriff verlief erfolgreich, aber sein Hauptziel, nämlich den seleukidischen Heerführer zu töten, hatte er nicht verwirklicht. Als der rechte Flügel auseinanderbrach und die Besiegten – Bakchides unter ihnen – die Flucht ergriffen, hetzten Judas und seine Schar ihnen nach. Aber die jüdischen Truppen, die die linke Flanke zurückhalten sollten, wurden überwältigt. Der linke Flügel der Phalanx schwenkte um und verfolgte Judas, der seinerseits Bakchides auf den Fersen war. Bakchides und seine Truppen machten kehrt, um die Verfolger abzuwehren, und Judas war plötzlich von Feinden umzingelt. Eine erbitterte Schlacht mit großen Verlusten auf beiden Seiten folgte. Judas Makkabäus fiel. »... und ganz Israel hielt eine große Totenklage um ihn; sie betrauerten ihn viele Tage lang und riefen: ›Wie ist der Held gefallen, der Retter Israels!‹«

Durch seine Selbstaufopferung hatte Judas den Kampfgeist seines Volk beflügelt. Seine Brüder übernahmen die Führung, erst Jonatan[3] und später Simon, der nach einem langen, bitteren Kampf Judas' Traum von der Unabhängigkeit verwirklichte.[4]

Judas' militärische Genialität wird in den Berichten über seine Schlachten deutlich. In allen größeren Auseinandersetzungen war seine Armee dem Gegner zahlenmäßig unterlegen. Tatsächlich wurden seine Taktiken und Strategien in hohem Maße von dem Ungleichgewicht der Kräfte bestimmt. Eine nüchterne militärische Analyse von Judas' Kriegen führt zu dem Schluß, daß seine Erfolge das Resultat seiner Genialität, der Tapferkeit seiner Soldaten und der moralischen Prinzipien waren, die ihn und seine Männer antrieben.

Eine genaue Betrachtung von Judas' Taktiken zeigt, daß das wichtigste Prinzip seiner Kriegführung der Angriff war – bei jeder Gelegenheit und unter allen Umständen. Er war der Ansicht, daß gegen die Seleukiden, die auf eine Schlachtordnung mit starrer Kampfaufstellung festgelegt waren, nur eine offensive Militärpolitik Erfolg versprach. Ein zweiter Grundsatz, an den sich Judas hielt, war, die Initiative immer selbst zu übernehmen. Er nutzte stets das Gelände zu seinem Vorteil und verhinderte so, daß der Feind den Ort der Auseinandersetzung bestimmen konnte.

Die seleukidische Strategie basierte auf einer Politik, die die Niederschlagung des jüdischen Aufstandes forderte. Demnach mußten die Seleukiden zunächst durch Späher den Standort der jüdischen Truppen ausfindig machen und den Feind dann zu einer Schlacht auf offenem Feld – die einzige Kampfmethode, die sie kannten – herausfordern. Judas hingegen baute darauf, den Aufmarsch des Feindes zu stören, den Ort des Geschehens selbst zu bestimmen und das Überraschungsmoment, auf dem seine Taktik basierte, für sich zu nutzen.

Die Strategie der Makkabäer erforderte ein gut organisiertes und effektives Nachrichtensystem, denn ohne detaillierte Informationen wären die taktischen Schachzüge, die Judas' Kriegführung kennzeichneten, wirkungslos geblieben. Judas profitierte auch von der Tatsache, daß die Seleukiden Truppenbewegungen bei Nacht vermieden. Er selbst machte sich die Dunkelheit oft zunutze, um die zahlenmäßige Überlegenheit des Feindes auszugleichen und die Initiative an sich zu reißen. Doch sein Erfolg gründete sich vor allem auf Einfallsreichtum, Flexibilität und die Anpassungsfähigkeit an die wechselnden Umstände. Die Seleukiden zogen keine Lehren aus den Begegnungen mit den Makkabäern. Beispielsweise rückten sie immer mit Kavallerie an, obwohl sich die Reiterei in den judäischen Bergen und Tälern nie als besonders wirksam erwiesen hatte. Solange Judas die festgelegte Kriegführung der Feinde zu seinem Vorteil nutzen konnte, war er siegreich. Als seine Armee jedoch immer größer wurde und immer modernere und wirksamere Waffen besaß, neigte er dazu, die Taktik der Seleukiden zu übernehmen. Das beweist sein Aufmarsch bei Bet-Sacharja, auch wenn er seine Truppen retten konnte, bevor sie vollständig aufgerieben wurden. Die Stärke der seleukidischen Armeen blieb konstant, die jüdische Streitmacht, der in der Blüte ihrer Zeit 15 000 Männer angehört hatten, verkleinerte sich, als interne politische Differenzen auftraten. Nur 800 Männer kämpften mit Judas in seiner letzten Schlacht. Aber er, der bis zum letzten dem Prinzip der Moral treu war, bestand darauf, an der Spitze seiner Soldaten in die Schlacht gegen ein übermächtiges Heer zu ziehen, statt den Rückzug anzutreten.

Judas war dazu bestimmt, sein Volk wachzurütteln, die Nation zusammenzuschweißen und auf die Verwirklichung seines Traums von der Unabhängigkeit vorzubereiten. Zum erstenmal in der Geschichte führte ein Volk Kriege für die Religionsfreiheit. Judas war ein Kämpfer, ein Held, ein Feldherr und Volksführer in Zeiten der größten Not und unter extremen Bedingungen. In Judas vereinten sich Größe und Mut mit ungewöhnlicher Geistesstärke, Tatkraft und der Fähigkeit, Menschen zu führen. Er war einer der großen Anführer der Geschichte.

Verwendete Abkürzungen

AASOR	Annual of the American Schools of Oriental Research
ABD	Anchor Bible Dictionary
ANET	*Ancient Near Eastern Texts*, hrsg. J. B. Pritchard (Princeton, 1955)
BA	Biblical Archaeologist
BAR	Biblical Archaeology Review
BASOR	Bulletin, The American Schools of Oriental Research
EB	Encyclopedia Biblica [Hebräisch]
HJP	*A History of the Jewish People*, I-III, hrsg. H. Ben Sasson (Cambridge, Massachusetts, 1976)
HUCA	Hebrew Union College Annual
IEJ	Israel Exploration Journal
JNES	Journal for Near Eastern Studies
JPOS	Journal of the Palestine Oriental Society
JQR	Jewish Quarterly Review
JSOT	Journal for the Study of the Old Testament
JSS	Journal for Semitic Studies
LB	*The Land of the Bible*, Y. Aharoni (London, 1979)
MHBT	*The Military History of the Land of Israel in Biblical Times*, hrsg. J. Liver (Jerusalem, 1964) [Hebräisch]
NEAEHL	*New Encyclopedia of Archaeological Excavations in the Holy Land,* I-IV, hrsg. E. Stern et al. (Jerusalem, 1993)
PEQ	Palestine Exploration Quarterly
RB	Revue Biblique
RE	*Paulys Realenzyklopädie der Klassischen Alterumswissenschaft,* hrsg. G. Wissowa et al. (Stuttgart, 1893–1964)
VT	Vetus Testamentum
Yadin, Warfare	*The Art of Warfare in the Biblical Lands,* Y. Yadin (London, 1963)
ZAW	Zeitschrift für Alttestamentliche Wissenschaft
ZDPV	Zeitschrift des Deutschen Palästina Vereins

Anmerkungen

Die Schlußfolgerungen, die die Autoren in diesem Buch ziehen, basieren auf ihrer persönlichen Einschätzung und der Anerkennung der Bibel als auf Tatsachen beruhende, unvoreingenommene Quelle. Obwohl aus verschiedenen Gründen berechtigte Kritik an den Texten an sich geübt wurde, hielten sich die Verfasser an die Reihenfolge der Berichte über militärische Aktionen, da ihnen diese logisch und überzeugend erschien.

Kürzlich erschienene Werke über biblische Themen wie auch andere Quellen waren bei der Rekonstruktion von geographischen und politischen Hintergründen der Ereignisse für dieses Buch von unschätzbarem Wert, und in den folgenden Anmerkungen werden diese Werke und die Autoren genannt. Der Verfasser des ersten Teiles vermied es jedoch, Bücher zu Rate zu ziehen, die sich nur mit militärischen Aspekten der Bibel beschäftigen, obwohl ihn die Lektüre aus früheren Jahren unbewußt beeinflußt haben mag. Lesern, die die Ansichten dieses Buch mit militärischen Ideen und Konzepten, die andere Wissenschaftler zum Ausdruck gebracht haben, vergleichen möchten, seien die Werke von Y. Aharoni, J. Liver, A. Malamat, B. Mazar, E. Oren, Y. Yadin und S. Yeivin empfohlen; der Verfasser entschuldigt und bedankt sich bei all jenen, von denen er sich unbewußt beeinflussen ließ und die in den Anmerkungen unerwähnt bleiben.

(H) weist auf Publikationen in Hebräisch hin.

Anmerkungen zum Vorwort

1 Vgl. Child, B.S., »The Etiological Tale Reexamined«, *VT* XXXIV, 4, S. 25–397 und die Bibliographie, die grundlegende Werke von H. Gressmann, M. Noth und A. Alt enthält. Viele Aussagen im vorliegenden Buch wiederlegen die Ansicht, daß Ätiologie als Basis für die militärischen Episoden in der Bibel anzusehen ist. Abgesehen davon, daß es unmöglich ist, die vielen Details zu erfinden, kann nicht zufriedenstellend erklärt werden, warum diese Geschichten erfunden sein sollten und weshalb die

Heldentaten einzelner nicht besungen wurden, wie es bei antiken Barden Brauch war.

2 Das Gebiet der biblischen Archäologie ist zusammengefaßt in: Myers, E. M., »The Bible and Archaeology«, *BA* 47 (1984), S. 36–40. Die vielschichtigen Probleme und Versuche, sie zu lösen, werden in den Artikeln von W. G. Dever angesprochen, die in diesen Anmerkungen häufig zitiert werden.

3 Unsere Ansicht, daß die in der Bibel enthaltenen Berichte über Kriege der Wahrheit entsprechen, wird von der Denkschule gestützt, die den meisten biblischen Erzählungen die Authentizität des »Sitz im Leben« zuspricht; das heißt, daß die Texte wahrheitsgetreu soziale, technologische und intellektuelle Hintergründe der Zeit, in der sie zusammengestellt wurden, widerspiegeln: Buss, J. »The Idea of Sitz im Leben«. *ZAW* 90 (1978), S. 158–170.

4 Daß der historische Wert der Bibel auch anders beurteilt wird, als wir es tun, wird in vielen Anmerkungen (z.B. die Amerkungen 1 und 18 zu Kapitel 1) deutlich. Soggin, J. A., Supp. *ZAW* 100 (1988) bemerkt richtig, daß spätere redaktionelle Bearbeitungen an sich die Authentizität der Ereignisse nicht entwerten. Gute Einführungen in die Bibelforschung bieten: Rendtdorff, R., *The Old Testament* (London, 1985), und Schmidt, W. H., *Introduction to the Old Testament* (London, 1984).

Kapitel 1

1 Pritchard, J. B. (Hrsg.), *ANET*, S. 227f.

2 Das einzige andere Land, das auf der palästinensischen Landbrücke über einen nennenswerten Zeitraum hinweg unabhängig war, das Kreuzritter-Königreich von Jerusalem, gewann ebenfalls aus der religiösen Überzeugung die Kraft und den Mut, die zahlenmäßige Überlegenheit der Moslems auszugleichen.

3 Gichon, M., »The influence of the Mediterrean shores upon the security of Israel in historical retrospect«, in: *The Sea and the Bible* (Haifa, 1970) S. 71–96. Des weiteren: Yeivin, S., »Did the Kingdoms of Israel have a maritime policy?«, in: *JQR* 50 (1960), S. 193–228.

4 Zur Topographie des biblischen Palästina siehe Smith, G. A., *A Historical Geography of the Holy Land* (London, 1894), und Abel, A., *La géographie de la Palestine* I und II (Paris, 1933-1938).

5 Zu den Ursprüngen und dem Schicksal der Hyksos siehe Winlock, H. E., *The Rise and Fall of the Middle Kingdoms in Thebes* (New York, 1947), S. 91ff.; Alt, A., *Die Herkunft der Hyksos in neuer Sicht* (Berlin, 1954);

Mazar, B., *Canaan and Israel* (Jerusalem, 1964), S. 64ff. (H). Die ersten bisher bekannten Streitwagen sind die sumerischen vier- und zweirädrigen Wagen aus der ersten Hälfte des 3. vorchristlichen Jhs. Des weiteren: Yadin, *Warfare*, S. 36ff.; Salonen, A., *Notes on Waggons in Ancient Mesopotamia* (Helsinki, 1950).

6 Zu Abraham und den Patriarchen siehe Malamat, A., in: *HJP* I, S. 37ff. (H); Albright, W. F., *From Stone Age to Christianity* (Baltimore, 1940), S.179ff.; Boehl, F. M., *Das Zeitalter Abrahams* (Leipzig, 1930).

7 McMunn, G., und Falls, C., *Military Operations in Egypt und Palestine* II, 2 (London, 1928), S. 560–595; Gullet, H. S., *Official History of Australia in the War of 1914–1918* IV (Sydney, 1923), S. 743–775.

8 Muffs, Y., »Abraham The Noble Warriors«, *JSS* 33 (1982), S. 81–107 und das Zitat von Grotius ebd.

9 *ANET*, S. 378. Welche Versuche auch immer unternommen werden, um der Inschrift den Wahrheitsgehalt abzusprechen, die Authentizität der Säule ist gesichert und somit auch die Erwähnung von »Israel«. Das Determinativ (das erläuternde Symbol) von »Volk« und nicht von »Land«, das den Namen Israel begleitet, weist auf die Möglichkeit hin, daß die Israeliten noch nicht seßhaft waren. Siehe: *ANET* und Bisom, A., »Mernephtah's Israel and recent Theories«, *JSOT* 49 (1991), S. 1–26.

10 Das Prophetentum war eines der wirksamsten Gegengewichte zu übertriebenen autokratischen Tendenzen. Auch die selbstherrlichsten Könige vermieden eine offene Machtprobe mit den Propheten. Siehe in diesem Kontext die Geschichten von David und Uria (2. Samuel 11, 12) sowie Ahab und Nabot (1. Könige 21). Zum israelitischen Regierungssystem siehe: Sulzberge, M. *Am Ha-arez, The Ancient Hebrew Parliament* (Philadelphia, 1909); De Vaux, R. *Ancient Israel* (London, 1961), S. 111–113.

11 Newberry, P. E., *Beni Hasan I* (London, 1893), Abb. 28, 30, 31.

12 Vgl. S. 131 f. und Anm. 16 zu Kapitel 5.

13 Jarvis, C. S., »The Forty Years' Wandering of the Israelites«, *PEQ* 70 (1938), S. 32ff. Zu einer vollkommen anderen Betrachtungsweise und einer Zusammenfassung aller Theorien siehe Anm. 17.

14 Diodorus Siculus I, 30,4.

15 Strabo, *Geographica* III, 17.

16 Friedrich II., *Die Instruktion Friedrichs des Großen für seine Generale von 1747*, Foerster, R. (Hrsg.) (Berlin, 1936), S. 38ff., 42.

17 Harel, M., *The Sinai Wanderings* (Tel Aviv, 1968), S. 90ff. (H). Harel prüft alle vorgeschlagenen Routen und bietet noch eine weitere Möglichkeit an. Er meint, die Israeliten hätten den mittleren Kurs eingeschlagen – von Ras Sudar nach Kadesch-Barnea. Ein ägyptisches Fort, das die Haupt-

straße blockierte, wurde vor einiger Zeit in der Nähe des Bahnhofs von Bir el Abd ausgegraben. Vgl. Oren, E., *Qadmoniot VI* (1973), S. 101–104.

18 Zu der Eroberung von Kanaan, ihrem Hintergrund und den Folgen siehe Malamat, *HJP* I, S. 51ff.; Mazar, *Canaan and Israel*, S. 102–120; Alt, A., *Kleine Schriften zur Geschichte des Volkes Israel* I (München, 1953), S. 89ff.; Rowley, H. H., *From Joseph to Joshua* (London, 1950); Yeivin, S., *The Israelite Conquest of Canaan* (Istanbul, 1971). Teilweise gegensätzlich zu unserer Interpretation ist die von A. D. H. Mayes in: *The Story of Israel between Settlement and Exile* (London, 1983). Zu einer friedlichen Durchdringung des Gebietes und allmählicher, gewaltloser Landnahme siehe Fritz, V., »The Israelite Conquest«, *BASOR* 241 (1980), S. 61–73. Finkelstein, I., *The Archaeology of Israelite Settlement*, Jerusalem 1988. Ders., »Conquest or Settlement«, *BA* 50 (1987), S. 84–100, bietet ein ausgewogeneres Bild. W. G. Dever kritisierte wiederholt die sich widersprechenden Argumente der modernen Theoretiker und ihr Unvermögen, grundlegende Fragen zu beantworten, die sich aus ihren Theorien ergeben. Diese Theorien stützen sich laut Dever zu sehr auf umstrittene archäologische Beweise. Vgl. z.B. Dever, W. G., »Archaeological Data on the Israelite Settlement«, *BASOR* 284 (1991), S. 70–90. Zum kanaanitischen Ursprung der Israeliten siehe Kempinski, A., »How Profoundly Canaanized Were the Early Israelites?«, *ZDPV* 108 (1992), S. 1–7.

19 Ägyptische Schriftstücke, zitiert von Simons, J., *Handbook for the Study of Egyptian Topographical Lists relating to Western Asia* (Leyden, 1973) Nr. 4, 8, 17, 23; Gardiner, A.H., *Ancient Egyptian Onomastica* I (Oxford, 1917), S. 193; und *ANET*, S. 477 – alle erwähnen den Stamm Asser als ein in Kanaan seit der Zeit Setis I. lebendes Volk.

20 Z. B. verließ sich Napoleon in Akko auf die Informationen, die Zivilisten ein Dutzend Jahre zuvor gesammelt hatten, und auf die Nachrichten eines Offiziers, der verwundet wurde, ehe er die Verteidigungsanlagen vollständig prüfen konnte. Vgl. Gichon, M., »Acre 1799, Napoleon's first assault«, in: *Army Quarterly* 89 (1964), S. 100ff.

21 Vgl. Anm. 17.

Kapitel 2

1 Vgl. Anm. 1 zu Kapitel 1. Meine Meinung über die ursprüngliche Bedeutung von Zonah wird gestützt von Schulte, H., »Beobachtungen zum Begriff der Zona im A.T.«, *ZAW* 104 (1992), S. 255–262.

2 Vgl. Anm. 3.

3 Garstang, J., *Foundations of Bible History: Joshua and the Judges* (London, 1932), S. 136–138. Erdbeben verursachten seit frühesten Zeiten viele Erdverschiebungen in Palästina. Siehe dazu: Amiran, D., »A revised earthquake catalogue of Palestine«, in: *IEJ,* S. 223–246. Zu archäologischen Beweisen für die Eroberung von Jericho siehe Kenyon, K. M., *Digging up Jericho* (London, 1957), S. 256ff.

4 McMunn und Falls, *Military Operations*, S. 175–204; Gullet, *Official History*, S.126–163; Kressenstein, F. K. V., *Mit den Türken zum Suezkanal* (Berlin, 1938), S. 171–191.

5 Wir benutzen die Bezeichnung »Via Maris«, da sie, auch wenn sie möglicherweise historisch falsch ist, die große Straße, die Palästina durchquert und sich nördlich des Karmel-Gebirges gabelt, treffend beschreibt. Einer der Zweige führt in Richtung Phönizien, der andere in Richtung Damaskus und zu einer Parallelstraße nach Bet-Schean. Ihr Verlauf änderte sich mit der Zeit. Vgl. die Bibliographie in: Beitzel, B. J., »The Via Maris«, *BA* 54 (1991), S. 64–75.

6 Gichon, M., »The conquest of Ai«, (*Zer L'Gevurot*), Shazar volume, *Yearbook of the Israel Society for Biblical Research* (1973), S. 56–73 (H).

7 Josuas Idee, seinen Truppen Signale mit reflektierten Sonnenstrahlen zu geben, war nicht einzigartig. Ein berühmtes Beispiel ist die Schlacht von Marathon zwischen Athenern und Persern (480 v. Chr.). Herodot berichtet, daß Sympathisanten der Perser der persischen Flotte Signale gaben, nicht nach Marathon zu kommen, sondern nach Athen zu fahren. Athen war ohne Verteidiger und leicht zu besetzen. Der schnelle Marathonläufer alarmierte in letzter Minute die schwache und ahnungslose Garnisonsstadt (Herodot VI, 115). Im Heiligen Land wurde der Sonnentelegraph – technisch perfektioniert – von Allenbys Armee im Ersten Weltkrieg verwendet. Seit dieser Zeit bis zur Gründung des Staates Israel im Jahr 1948 blieben Lichtsignale ein wichtiges Kommunikationsmittel für die oft isoliert lebenden jüdischen Siedler, die wohl kaum daran dachten, daß sie eine uralte, in dieser Gegend seit langem bekannte Methode anwandten.

8 Siehe: S. 312.

9 Fuller, J. F. C., *The Decisive Battles of the Western World and their Influence upon History* II (London, 1955), S. 72, 509.

10 Schlechte Witterungsbedingungen behinderten ernsthaft Allenbys Vorrücken in die judäischen Berge. Vgl. den Bericht seines Stabsoffiziers Wavell, A., *Palestine Campaigns* (London, 1931), S. 160–162. Es besteht kein Grund, die biblische Episode als mythologische Ausschmückung anzusehen. Immer wieder waren Kämpfer überzeugt, daß natürliche Phänomene wie ein plötzlicher Windwechsel, der die hölzerne Verteidi-

gungsmauer in Masada in Brand gesetzt hat, oder die gewaltigen Unwetter, die der großen Armada schweren Schaden zugefügt haben, Taten Gottes wären.

11 Vgl. Anm. 18 und 19 zu Kapitel 1.

12 Zu den Marianu siehe Callaghan, R.T.O., »New light on the Maryannu«, *Jahrbuch für Kleinasiatische Forschungen* I (1950–1951), S. 309ff. Des weiteren: Reviv, R. »Some comments on the Maryannu«, *IEJ* 22 (1972), S. 218ff. Nicht nur die Streitwagen, sondern das kanaanitische Militär als Ganzes war gut organisiert und versiert im Vergleich zu den israelitischen Stammestruppen. Vgl. Rainey, A.F., »The military personnel of Ugarit«, *JNES* 24 (1965), S. 17–27, und sein *Social Structure of Ugarit* (Jerusalem, 1967), S. 73–80. Zu den Streitwagen siehe Anm. 5 zu Kapitel 1 und Anm. 28 zu Kapitel 5.

13 Die Zeit, die gebraucht wurde, um die Soldaten zu bewaffnen, zu zählen und aufzustellen, war immer der Schwachpunkt von berittenen und mobilen Truppen. Aus diesem Grund lagerten im Zweiten Weltkrieg Panzertruppen in einem Kreis (ähnlich den Wagenburgen im Wilden Westen), und in Gefahrenzonen ließ man die Motoren von einem Teil der Fahrzeuge immer laufen, um sofort in Aktion treten zu können.

14 Es gab eine Stadt namens Merom, die nach dem angrenzenden Bach benannt war. Ramses II. zerstörte sie wegen ihrer strategischen Bedeutung (Malamat, *HJP*, S. 61). Zur Diskussion über diese Schlacht siehe Aharoni, Y., *LB*, S. 221ff. und Fußnoten. Archäologische Erkenntnise erhärten unsere Ansicht über die Korrektheit dieses Bibelabschnitts und sind zusammengefaßt in: Yadin, Y., *Hazor* (London, 1975), S. 254ff.

15 Fritz, V., »The Israelite Conquest«, *BASOR* 241 (1980), S. 88.

16 Habiru: vgl. Lemche, M. P., *ABD* III, S. 95 (»Hebrew«) und S. 7–10 (»Habiru«).

17 Die fehlenden Mauern, häufig als Beweis für eine friedliche Übernahme einiger in der Bibel genannten Orte gewertet, können mit der damaligen Schwäche in wirtschaftlicher und anderer Hinsicht erklärt werden. Die Bewohner mußten sich mit den vorhandenen Fragmenten (wie in Jericho und Ai) behelfen, oder sie verließen sich entweder auf die Topographie oder auf die Höfe und Hausmauern am Stadtrand, die eine »natürliche« Verteidigungsanlage bildeten. Boling, R. G., »Joshua, Book of«, *ABD* III, S. 1002–1015, weicht in Teilen von unserer Ansicht ab.

Kapitel 3

1 Vgl. Anm. 18 und 19 zu Kapitel 1. Zum Wesen des Richteramtes vgl. Malamat, A., »Charismatic leadership in the Book of Judges«, *Magnalia Dei Cross*, F., Lemke, W., Miller, D. (Hrsg.) (New York, 1977), S. 152–168.

2 Vgl.: Dever, D.W., »Ceramics, Ethnicity and the Question of Israel's Origins«, *BA* 58 (1995), S. 200ff., speziell S. 211. Dever legt dar, daß die Kanaaniter unter dem Völkergemisch, das sich in den unbewohnten Westgebieten Palästinas angesiedelt hat und zum Volk Israel wurde, führend waren. Er versäumt jedoch, auf den wichtigsten Punkt eines derartigen Prozesses hinzuweisen, nämlich auf das Vorhandensein eines dominanten ethnischen Kerns, der sich seines ausgeprägten Nationalcharakters bewußt war. Um diesen Kern scharten sich andere, die Aufnahme fanden. Dieser Prozeß mußte während einer oder zwei Generationen stattfinden (d.h. noch bevor »Israel« von Mernephtah erwähnt wurde). Den Kern stellte die Stammesgemeinschaft von Israel dar, die als einzige den Monotheismus als charakteristische Religion angenommen hatte. Der Monotheismus war allen anderen ethnischen Gruppen, die sich der Gemeinschaft anschlossen, fremd.

3 Aharoni, Y., »The Battle of the Waters of Merom and the Battle with Sisera«, in: *MHBT*, S. 100 (H).

4 Zum Problem der Identifizierung von Haroschet-Gojim (»Haroschet der Heiden«) siehe: *Encyclopedia Judaica*, S. 1347 und Bibliographie. Des weiteren: Aharoni, »Battle of the Waters«, S. 99ff.

5 Zu kanaanitischen Streitwagen siehe Yadin, *Warfare*, S. 86ff; zu kanaanitischen Wagen und Infanterie, die das sichelförmige Schwert trug, siehe ebd., S. 206; zu Wagenlenkern und kanaanitischen Pikenieren sowie zu Kettenkleidung der Infanterie siehe ebd., S. 242. Zu Tuthmosis' Kampagne in Megiddo siehe Faulkner, R. O., »The Battle of Megiddo«, *Journal of Egyptian Archaeology* XXVIII (1942).

6 Zur Textanalyse der biblischen Geschichten und zur Bewertung der Absichten des letzten Überarbeiters siehe Neef, H. D., »Der Sieg Deboras und Baraks über Sisera«, *ZAW* 101 (1989), S. 28–49. Zum Einvernehmen zwischen Israeliten und Kenitern siehe: Feusham, F. C., »Did a Treaty between the Israelites and the Kenites exist?«, *BASOR* 175 (1964), S. 51–54.

7 Vgl. Gichon, M., »The origin of the Limes Palaestinae and the major phases in its development«, *Bonner Jahrbücher* Beiheft XIX (1967), S. 175–193, und: »The defence of the Negev in military retrospect«, *Maarachot* (April, 1963), S. 13–21 (H).

8 Ofra: Kleinmann, S., *EB* VI, col. 124f. *LB*, S. 263f.

9 Die Schnelligkeit der Nomadenstämme, die in das Land einfielen, machte immer das Eingreifen zweier Truppenverbände erforderlich. Der größere und weniger mobile mußte so viele Rückzugswege wie möglich abriegeln, um der kleineren und flexibleren Truppe die Gelegenheit zu geben, die Plünderer in die richtige Richtung zu treiben. Über mehr als 500 Jahre hinweg war diese Strategie das grundlegende Konzept römischer Grenzverteidigung in allen Wüstengebieten. Vgl. Gichon, M., *Roman Frontier Studies* (Tel Aviv, 1968), S. 191ff. Laut Richter 7, 2 war das Volk »zu zahlreich« – d.h., so viele Soldaten waren für die Verfolgungstruppen, die so beweglich und schnell sein mußten wie die Nomadenkrieger, nicht nötig. Ob ihre Anzahl tatsächlich auf 300 verkleinert wurde, bleibt offen. Dennoch kann angenommen werden, daß der Rest der Truppen nicht einfach weggeschickt, sondern als Blockadeeinheiten eingesetzt wurde.

10 Wavell, A. P., *The Good Soldier* (London, 1948). Malamat, A. *MHBT*, S. 116f.

11 Der Befehlshaber der Mamelucken war allerdings zu schnell für Reynier und schlug den Franzosen im letzten Moment das Tor vor der Nase zu. Siehe: Gichon, M., »The sands of El Arish and Mount Tabor«, *Maarachot* (Juli 1964), S. 160 (H).

KAPITEL 4

1 Vgl. die Zusammenfassung von Mazar, B., »The Philistines and the rise of Israel and Tyre«, *Israel Academy of Sciences and Humanities* I (Jerusalem, 1964), 7; sowie Raban, A., »The Philistines in the Western Jesreel Valley«, *BASOR* 248 (1991), S 17–28.

2 Simsons legendäre Taten sind nicht das Thema dieses Buches, dennoch sollte erwähnt werden, daß sie in strategisch bedeutsamen Gebieten stattfanden. Zora und Eschtaol waren zur Zeit Joschafats große Städte. Erstere war eine königliche Festung aus Rehabeams Zeit (siehe: Kap. 9). Amazja und Joasch kämpften hier um die Vorherrschaft ihrer jeweiligen Reiche (2. Könige 14). Im Ersten Weltkrieg wie auch im israelischen Unabhängigkeitskrieg fanden Kämpfe in diesem Gebiet statt. Der Hügel von Ali el-Muntar, auf dem Samson der Legende nach die Tore von Gaza niederlegte (Richter 16, 3), spielte auch eine Rolle beim napoleonischen Feldzug (Napoleon Bonaparte, *Campagnes d'Egypte et de Syrie* II [Paris, 1947], S. 39f.) und im Ersten Weltkrieg (McMunn und Falls, *Military*

Operations I, S. 270ff.) sowie in den israelisch-arabischen Kriegen von 1956 und 1967. Vgl. Gichon, »Carta's Atlas of Palestine from Bethther to Tel Hai«, *Military History* II (1974), S. 85, 104, und Bibliographie, S. 118.

3 Zum allgemeinen Hintergrund siehe *LB*, S. 286; Peckham, B., »Deuteronomistic History of Saul und David«, *ZAW* 97 (1985), S. 190–209.

4 Z. B. in den Schlachten von Ain Jalud im Jahr 1260 und Radanija im Jahr 1616. Vgl. Gichon, »Carta's Atlas«, S. 65, 74; Smail, R. C., Crusading Warfare 1097–1193 (Cambridge, 1956), S. 78ff.

5 Cannae: z. B. Delbrück, H., *History of the Art of War*, I (London, 1975), S. 315–335. Friedrich II., *Principes Généraux de la Guerre* (Berlin, 1748), Kapitel 11.

6 Ein gutes und aufschlußreiches Beispiel für die Übereinstimmung in der taktischen Bewertung topographischer Gegebenheiten im Heiligen Land bietet die 181. Brigade der 60. Division, die Allenby am 12. Februar 1917 zur Eroberung von Michmasch abkommandierte. Am Vorabend des Angriffs überredete der Brigademajor – nachdem er in der Bibel gelesen hatte – seinen Kommandeur, den Frontalangriff abzublasen und statt dessen Jonatans Methode der heimlichen Annäherung anzuwenden und denselben Weg zu nehmen wie er.

7 Vgl. Heinrich von Kleists Theaterstück *Der Prinz von Homburg*. Becke, A. F., *Napoleon at Waterloo,* II (London, 1914), S. 158ff.

8 Kellermann, D., »David und Goliath im Lichte der Endokrinologie«, *ZAW* 102 (1990), S. 347–357. Goliats Rüstung: Brown, J. P., »Peace Symbolism«, *VT* XXI 170), S 1–32.

9 1. Samuel 28–30.

10 Zu den Philistern in den nördlichen Tälern siehe Rowe, A., *The Topography and History of Beth-shen* (Philadelphia, 1930), S. 23ff.; Garstang, *Foundations*, S. 310ff.; Alt, A., »Das Stützpunktsystem der Pharaonen«, *Beiträge zur Biblischen Landes- und Altertumskunde* LXVIII (1950).

11 Es wird angenommen, daß der biblische Begriff »Seren«, mit dem die Herrscher der philistinischen Pentapolis bezeichnet werden, vom selben Wortstamm wie das griechische Wort für »Tyrann« abgeleitet ist. Im heutigen Sprachgebrauch bezeichnet der Begriff den militärischen Rang eines Captain.

Kapitel 5

1 Die neun beispielhaften Ritter des Christentums: Josua, David, Judas Makkabäus, Hektor, Alexander, Cäsar, Artus, Karl der Große und Godefroi von Bouillon.

2 Zu den Jebusitern siehe Alt, A., *Palästina Jahrbuch* 24 (1928), S. 79–81; Mazar, B. (Maisler), *JPOS* 10 (1930), S. 189ff., und *Sefer Yerushalayim*, Avi-Yonah (Hrsg.), I (Jerusalem, 1956), S. 107ff. (H); Avigad, N., *IEJ* 5 (1955), S. 163ff.

3 Zu Jerusalem vor David siehe Kenyon, K.M., *Jerusalem: Excavating 3000 Years of History* (London, 1967), S. 9–53. Die Zitadelle wurde bis jetzt noch nicht gefunden, aber es wird vermutet, daß sie sich im Nordteil der Stadt befand, in dem keine Ausgrabungen stattfanden (Kenyon, Plan 5). Der große Turm – M – könnte zur Zitadelle gehört haben, und auch wenn es sich, wie Miss Kenyon annimmt, um einen Torturm handelt, wäre der Standort der angrenzenden Zitadelle aus topographischer Sicht richtig. Vgl. Kenyon, K. M., *Digging up Jerusalem* (London, 1974), S. 77ff.

4 Yadin, *Warfare*, S. 268f.; siehe auch Anm. 5.

5 Zum *tzinor* vgl. Abb. S. 277 und Kenyon, K. M., *Digging up Jerusalem*, S. 84ff. Die vielen weithergeholten Erklärungen zu 2 Samuel 5, 6–9 und 1. Chronik 11, 4–6 sind zum Teil zusammengefaßt in: Mazar, *Sefer Yerushalayim*, S. 108–110; vom militärischen Standpunkt aus betrachtet sind sie nicht überzeugend. Was die zwei Phasen der Eroberung – zuerst der Zitadelle, dann der Stadt – betrifft, die in den Bibelabschnitten im hebräischen Original enthalten sind, sollte darauf hingewiesen werden, daß die Übersetzung von »Ijr David« als »Stadt Davids« insofern falsch ist, da »Ijr« eigentlich »die Festung einer Stadt« bedeutet. Vgl. 2. Chronik 26, 6 – dort heißt es: »… und baute Festungen um Aschdod …«. 2. Samuel 5, 9 gibt den Nordrand der Stadt als Standpunkt der Zitadelle an. David ließ die Senke (»Millo«) bis zum Tempelberg auffüllen. In späterer Zeit wurde die Zitadelle wahrscheinlich über das aufgeschüttete Gelände erweitert und erhielt dessen Namen. Siehe: Simons, J., *Jerusalem in the Old Testament* (Leiden, 1952), S. 131ff., und Shiloh, Y., *NEAEHL* II, s. v. Jerusalem, S. 70–74.

6 Kenyon, K. M., *Digging up Jerusalem*, S.84ff. Shiloh, Y., a.a.O.

7 Vgl. Yeivin, S., »The Wars of David«, in *MHBT*, S. 156.

8 2. Samuel 8, 13; 1. Könige 11, 14f.; 1. Chronik 18, 12.

9 Vgl. Mazar, *Canaan and Israel*, S. 245–269. Zu den Aramäern siehe Malamat, A., »The Arameans« in *Peoples of the Old Testament*, Weideman, D. J. (Hrsg.) (Oxford, 1973), S. 134f. *ABD* I, S. 338ff., 345ff.

10 Zu den »Nachbarn der Nachbarn« in der europäischen Geschichte sei erinnert an: das zaristische Rußland, die UdSSR und Preußen; Deutschland und sein Verhältnis zu Polen; die Habsburger, die Bourbonen und Francos Spanien; Schottland und Frankreich und ihr Verhältnis zu England.

11 Hinweise auf diese Fakten verdankte ich Colonel Eric Patterson, der mir auch den Namen des Regiments nannte.

12 Gichon, »Carta's Atlas«, S. 36f., 201 und Bibliographie. Siehe auch: Playfair, I. S. O., et al., *History of the Second World War: The Mediterranean and Middle East* 2 (London, 1956).

13 Der Verlust der Küstenstraße(n) oder der Königsstraße bedeutete, daß feindliche Streitkräfte an den Flanken der jüdischen Königreiche operieren oder sie umgehen konnten. Dies wurde deutlich, wann immer die Reiche in ihre Bergbastionen zurückgedrängt wurden (siehe die folgenden Kapitel), oder wenn in späteren Zeiten die Kreuzritter die Herrschaft über das Trans-Jordanland verloren. Die Kontrolle über die Wege am Wüstenrand war entscheidend für die Verteidigung gegen feindliche Truppen, die an die Bedingungen in der Wüste gewöhnt waren. Der Verlust dieser Kontrolle (etwa 634 n. Chr.) erlaubte den Moslems nach Belieben Truppenbewegungen von Syrien in die Negev und zurück. Vgl. Gichon, »Carta's Atlas«, S. 18f.

14 Vgl. Anm. 3 zu Kapitel 1. In »The Philistines and the Rise of Israel« (Anm. 1 zu Kapitel 4), S. 19, führt Mazar Argumente für eine ägyptische Oberherrschaft über die philistinische Küste zu dieser Zeit an. Aus den biblischen Berichten wird deutlich, daß die geschwächte 21. Dynastie den Israeliten nicht gewachsen war, aber es kann angenommen werden, daß es gewisse gemeinsame Interessen gab. Erst mit dem Wiedererstarken Ägyptens in Salomos letzten Lebensjahren wurden erste Schritte unternommen, die Israeliten zu vertreiben. Daß Salomo in seiner Blütezeit und später auch Usija davon Abstand nahmen, die Ausgangspunkte des Trans-Negev-Handels in judäische Hände zu bringen, kann nicht allein militärischen oder politischen Gründen zugeschrieben werden.

15 Zu den Befestigungsanlagen am Wüstenrand im Trans-Jordanland, siehe: Clark, D. R., »The Iron I Western Defense System at Tel Umeri, Jordan«, *BA* 57 (1994), S. 138–148.

16 Zur persischen Schlachtordnung in Arbela siehe Arianus, *Anabasis* III, 8, 3–15; zu den römischen *auxilia* siehe: Webster, G., *The Imperial Roman Army* (London, 1969), S. 124–155. Noch im 16. Jh. waren Schweizer Pikeniere und Hellebardiere sowie kroatische und verwandte Reiter wegen ihrer traditionellen Kampfmethoden ständig gefragt.

17 Das Fehlen von Gad und Asser in der Liste der 1. Chronik 27, 16–22, ist höchstwahrscheinlich auf einen Fehler in einer späteren Abschrift zurückzuführen. Vielleicht war die Ursache dafür, daß man zwölf Stämme aufgezählt und übersehen hatte, daß die vier Halbstämme, die diesseits und jenseits des Jordan lebten, gesondert aufgeführt waren. Für eine etwas abweichende Ansicht über die Negeddim vgl. Yeivin, S., in *The Administration in Ancient Israel in the Kingdoms of Israel and Judah*, Malamat, A. (Hrsg.) (Jerusalem, 1961), S. 47–61 (H).

18 Zu den »Dreißig« siehe Mazar, *Canaan and Israel*, S. 183–207 und Bibliographie. Für teilweise divergierende Diskussionen über Davids Armee vgl. De Vaux, R., *Ancient Israel, Its Life and Institutions* (London, 1962), S. 214–267, Yadin, *Warfare*, S. 275ff., und Zeron, A., »Der Platz Benajahus«, *ZAW* 90 (1978), S. 20–24.
19 Siehe Mazar, »The Philistines and the Rise of Israel«, S. 187. Zu den Keretern siehe Albright, W. F., »A Colony of Cretan Mercenaries on the Coast of the Negev«, *JPOS* I (1921), S. 187–199, und Declor, M., »Les Kerethim et les Cretois«, *VT* XXVIII (1978), S. 409–422.
20 Mazar, B., *VT*, Supp. 7 (1960), S. 193–205. Alt, A., »Festungen und Levitenorte im Lande Juda« in *Kleine Schriften* II, S. 306–315. Der Vorschlag, das Verzeichnis der levitischen Städte in eine spätere Zeit zu datieren, macht wegen der veränderten politischen Situation keinen Sinn, genausowenig überzeugend sind die Argumente derer, die die Aufzählung als Fiktion abtun. Vgl. Ben Zvi, E. *JSOT* 54 (1992), S. 77–100.
21 Die Phalanx gab es schon bei den Sumerern im 3. vorchristlichen Jahrtausend. Beweis dafür ist das Relief auf der Säule König Eannatums von Lagasch; vgl. Parrot, A., *Tello* (Paris, 1948), Abb. VIb.
22 Teilbar durch vier; siehe: Exodus 12, 37*; Numeri 2 (alle außer Gad) 31, 5*; 20, 15; 20, 34; 1. Könige 10, 26; 20, 15*; 1. Chronik 27, 1; 2. Chronik 14, 8*; 26, 13. Teilbar durch drei oder speziell erwähnt als geteilt in drei: all jene Stellen, die mit * gekennzeichnet sind, sowie Richter 7, 16; 1. Samuel 13, 5; 2. Samuel 18, 2.
23 Mazar, »The Gibborim of David« in: *Canaan and Israel*, S.189f.
24 Gichon, M., »The Defences of the Solomonic Kingdom« in *PEQ* (1968), S. 113f.
25 Vgl. Anm. 3 zu Kapitel 1. Die Allianz mit Tyros, die Salomo mit der Abtretung von Kabul festigte, wurde erfolgreich bei gemeinsamen Seehandelsunternehmungen auf dem Roten Meer genutzt, womit dem ägyptischen Monopol der Kampf angesagt wurde. Siehe: S. 151, 246–249.
26 Die angegebene Zahlen können angezweifelt werden, obwohl sie nicht notwendigerweise falsch sein müssen. 1. Könige 5, 6 gibt 40 000 »urwot« an – d.h. Ställe oder Hürden. Der Vorschlag von Davies, G. I., in *JSS* XXXIV (1989), eine Analogie zu anderen semitischen Sprachen zu ziehen und »urwot« mit »Pferdgespann« zu übersetzen, ist nicht hilfreich. Die Zahl wäre nicht realistisch nach dieser Lesart, die im übrigen nicht auf die beiden anderen Bibelstellen (2. Chronik 9, 25 und 32, 28), in denen »urwot« vorkommt, anwendbar ist.
27 Yadin, *Warfare*, S. 86ff.
28 Zu den salomonischen Streitwagen siehe Yadin, *Warfare*, S. 284ff. Yadin spricht sich für einen kleinere Anzahl als die in der Bibel genannte aus.

Doch wenn man die größere Anzahl von 2000, die in den assyrischen Annalen während der Regierungszeit von Ahab aufgeführt ist, akzeptiert, erscheinen 1400 nicht unverhältnismäßig hoch für das vereinte Königreich zu seiner Blütezeit.

29 Yadin, *Warfare*, S. 366. Der dritte Mann im Streitwagen wird gewöhnlich mit dem »Shalish« gleichgesetzt (2. Könige 7, 2, 9, 25 etc.). In letzter Zeit wurden andere militärische und höfische Aufgaben in Betracht gezogen: Mastin, B. A., »Was the ›šališ‹ the Third Man in the Chariot?«, *VT*, Suppl. 30 (1979), S. 125–154. Diese Aufgaben könnten sich aus der ersten entwickelt haben.

30 Vgl. Anm. 5 zu Kapitel 3; *ANET*, S. 246.

31 Vgl. Gichon, »The Defences«, S. 113–126, für eine Beschreibung des Befestigungssystems und einzelner Festungen Salomos.

32 Megiddo: Shiloh, Y., *NEAEHL* III, S. 1016–1023. Hazor: Ben Tor, ebd. II, S. 594–605. Geser: Dever, W.G., ebd. II, S. 502–506. Tamar: vgl. Anm. 21 zu Kapitel 10.

33 Kürzlich wurden Zweifel an der Datierung der Türme mit den sechs Kammern und den angrenzenden Mauern (die Yadin in Hazor, Megiddo und Geser freilegte) in die salomonische Zeit angemeldet, doch die Argumente sind auch nach ergänzenden Ausgrabungen nicht überzeugend. Voreilige Schlußfolgerungen wie etwa in Whitman, G.T., *BASOR* 277/8, S. 5–22, wurden kritisiert von Dever, W.G., ebd., S. 121–130. Whitman ignoriert die damals drohenden Gefahren, wenn er die Notwendigkeit von Festungen in der salomonischen Zeit bestreitet. Außerdem stärkten weitblickende Herrscher gewöhnlich ihr Reich, besonders wenn es vor kurzem vergrößert wurde.

34 Zur salomonischen Verwaltung siehe (und vgl. die abweichenden Ansichten): Aharoni, *LB*, S. 303–320: Alt, »Israels Gaue unter Salomon« in *Kleine Schriften* II, S. 76–98; Yeivin, *The Administration*, wie in Anm. 17.

Kapitel 6

1 Mazar, *VT*, Suppl. 4 (1975), S. 57–66.

2 Glueck, N., »Tel el Khaleifa«, *NEAEHL* II, S. 582.

3 Zu den Auseinandersetzungen der Aramäer mit Israel siehe Mazar, *Canaan and Israel*, S, 245–269.

4 1. Könige 15, 27; 16, 15.

5 Zu Tirza und seinen Festungen siehe De Vaux, R., »La troisième campagne de fouilles a Tel-el Farah«, *RB* 58 (1951), S. 409ff.

6 Yadin, *Hazor*, S. 199.
7 Der Verfasser hat Tonscherben von Schüsseln und Kochtöpfen aus Samaria gefunden, ähnlich den in Amiran, R., *The Ancient Pottery of Eretz Israel* (Jerusalem, 1963), S. 195ff. und Abb. 75 II (a) und (b) vorgestellten.
8 Zu den Befestigungen der Naftali-Linie durch die Jahrhunderte siehe Gichon, »Carta's Atlas«, S. 24f., 71.

Kapitel 7

1 Zu der Säule von Mescha siehe Albright, *ANET*, S. 320.
2 Zu Samaria und seinen Festungen siehe Crowfoot, J. W.,Kenyon, K. M. und Sukenik, E. L., *The Buildings at Samaria* (London, 1942), S. 5ff. Hier wird auf den Ausgrabungsbericht von Reissner und Fisher verwiesen. Nimmt man die noch nicht freigelegte Festung von Jibleam (eine levitische Stadt), die den Weg von Norden durch das Jesreel-Tal und den aus Nordwesten durch das Dotan-Tal bewachte, zu den drei solide befestigten Städten Sichem (vgl. Wright, G. E., *Shechem: The Biography of a Biblical City* [London, 1950], S. 150), Samaria und Tirza hinzu, erhält man ein Viereck von Bollwerken mit idealer Position, um das Herzland von Samaria zu schützen. Gleichzeitig dienten sie als Stützpunkte bei Offensiven in vier verschiedenen Richtungen. Wenn man diese Befestigungen mit dem berühmten Viereck der Habsburger im Norditalien des 18. Jhs. vergleicht, scheint die Lösung des alten Israel die bessere zu sein.
3 1. Könige 20, 7 und 14. In Vers 12 wird deutlich, daß Ben-Hadad bereits vor Samaria ein Lager errichtet hatte und Samaria belagerte. Die Obersten und Statthalter befanden sich demnach schon in der Stadt. Zur damaligen Zeit dürfte es einem Befehlshaber kaum möglich gewesen sein, seine Truppen auf dem Feld von einem 63 Kilometer entfernten Hauptquartier aus zu befehligen. (Vgl. Yadin, *Warfare*, S. 305ff.)
4 Zu *ne'arim* siehe De Vaux, *Ancient Israel*, S. 220f.
5 McMunn und Falls, *Military Operations* II, 2, S. 416–546; Gullet, *Official History of Australia*, S. 692–712; Guhr, H., *Als türkischer Divisionskommandeur in Kleinasien und Palästina* (Berlin, 1937), S. 248–261; Gichon, »Carta's Atlas«, S. 109.
6 1. Könige 20, 26 deutet ein Wiederaufleben der Feindseligkeiten im Jahr nach der ersten aramäischen Invasion an. Die Zeitspanne war jedoch so kurz, daß sich das aramäische Reich für die zweite Kampagne nicht neu organisieren konnte.

7 Yadin, *Warfare,* S. 309.
8 Der Verfasser hatte die Gelegenheit, alle vier persönlich zu testen.
9 Vgl. LB, S. 381, Anm. 14 und 15. Die Ereignisse der Schlacht können jedoch auf gar keinen Fall am Fluß Jarmuk stattgefunden haben.
10 Taylor, F., *The Wars of Marlborough* 1702-9 I (Oxford, 1921), S. 213; Fuller, *The Decisive Battles*, S. 150, 211f.
11 Zum Verhältnis zwischen Israel und Assyrien siehe Malamat, »The War of Israel and Assyria« in *MHBT*, S. 241ff.
12 Yadin, *Warfare*, S. 382ff.
13 Yadin, *Warfare*, S. 297. Diese Passage könnte jedoch genausogut ausdrücken, daß beide mit Streitwagen fuhren.
14 *ANET*, S. 278f.
15 Eine extreme Ansicht vertritt Naaman, N., *Tel-Aviv* 3 (1976), S. 89–106. Ein Teil der Argumente ist nicht relevant – vgl. unseren Text.
16 Gunter, E., *The Officer's Field Note and Sketch Book and Reconnaissance Aide-Memoire* (14. revidierte Neuausgabe) (London, 1912), S. 58ff.
17 Zur nördlichen Gilead-Zone, zu dem Interessenskonflikt zwischen Aram und Israel, siehe Mazar, *Canaan and Israel*, S. 245ff., und Mazar, »Havoth Yair«, in: *EB* III, S. 66f.

Kapitel 8

1 *ANET*, S. 320.
2 *ANET*, para. (25). Zu Aroer-Ausgrabungen siehe: *NEAEHL*, Avi-Yonah (Hrsg.), S. 99f.
3 Kressenstein, *Mit den Türken*, S. 181ff.
4 Siehe Liver, J., »The Wars of Mesha, King of Moab«, *PEQ* 99 (1967), S. 30. Der andere Teil der Bibelpassage, 2. Könige 3, 27, ist nicht sehr klar: »Da kam ein großer Zorn (hebräisch: »Ketzef«) über Israel, so daß sie von ihm abzogen ...« Warum kam Zorn über Israel? P. D. Sterns »Of Kings and Moabites«, *HUCA* LIV (1993), S. 1–14, bietet keine überzeugende Antwort. Er stellt aber die Vermutung an, daß der Prinz, der geopfert wurde, der edomitische Thronerbe war, der möglicherwei se während des Kampfes gefangengenommen wurde (ebd. S. 26). Falls dies zuträfe, hätten wir eine weitere Erklärung für den »Zorn«, da die Edomiter Beschuldigungen gegen Israel vorbrachten: Unterlassung von wirksamen Hilfeleistungen bei Angriffen etc. Da ihre Kommunikationslinien bedroht waren, traten die Israeliten einen hastigen Rückzug an.

5 2. Könige 7, 6 erwähnt die aramäische Vorahnung auch einer ägyptischen Bedrohung. Kontakte zwischen Joram und Ägypten lagen auf der politischen Linie Ägyptens, das die Vormachtstellung eines anderen Staates auf der palästinensischen Landbrücke verhindern wollte und daher das schwächere Land unterstützte. Das erinnert an Großbritanniens »balance of power«-Politik dem Kontinent und insbesondere den Niederlanden gegenüber, einem Land, das viele geographische Ähnlichkeiten mit Israel aufweist. Ägypten war unter anderem besorgt um den Nachschub an Zedernholz aus dem Libanon, das für den Schiffsbau von großer Bedeutung war.

6 Mazar (Maisler), B., *Untersuchungen zur alten Geschichte und Ethnographie Syriens und Palästinas* (Gießen, 1930); Tadmor, H., in *HJP* I, S. 122ff.

7 Biran, A., und Naveh, J., »An Aramaic Stele Fragment from Tel Dan«, *IEJ* 43 (1993), S. 81–98. Ebd. 45 (1995), »The Tel Dan Inscription: A New Fragment«, S. 1–18. Dies ist die erste Erwähnung von König David und König Ahasja in einer nicht-biblischen Quelle; sie bringt Schande über die »fanatischen« Kritiker, die unnötigerweise Zweifel anmelden, ob es David und Salomo überhaupt gab.

8 Offensichtlich profitierte Joas von dem wachsenden Druck, den die Assyrer auf Aram ausübten: Weipert, M., »Die Feldzüge Adadniranis III.« *ZDPV* 108 (1992), S. 42–67.

9 Lipinski. E., »An Israelite King of Hamat?«, *VT* 21 (1971), S. 371–373.

10 Siehe Biran und Naveh, a.a.O.

11 Zu den Reliefdarstellungen des neuen assyrischen Armee-Typs siehe Yadin, *Warfare*, S. 406ff.

12 Historische Übersicht der letzten Phase des Königreichs Israel: Tadmor, H., in *HJP* I, S. 133ff.

13 Zum Verständnis der verwickelten politischen Situation siehe Ehrlich, C. B., »Coalition Politics in 8th cent. BCE Palestine«, *ZDPV* 107 (1991), S. 16–23.

14 Mittmann, S. »Gabbutuna«, *ZDPV* 105 (1989), S. 56–69.

Kapitel 9

1 Eine ausführliche Darstellung mit relevanten bibliographischen Angaben: Gichon, M. »The Fortifications of Judah« in *MHBT*, S. 410–425. Vgl. abweichende Theorien in: Kallai, Z., »The Kingdom of Rehoboam«, *Encyclopedia Judaica* 10, S. 246ff.

2 Zu Alam el-Halfa siehe de Guingand, F. W., *Operation Victory* (London, 1947), S. 139ff.

3 Vgl. Anm. 15 zu Kapitel 11; *BAR* IX (1983), S.6–8; Mazar, A., »Iron Age Fortresses in the Judean Hills«, *PEQ* 114 (1982), S. 87–109.

4 Z. B. Kochavi, M. (Hrsg.), *Judaea, Samaria and the Golan, Archaeological Survey 1967–1968* (Jerusalem, 1972).

5 Horwat Usa: Beit Arieh, I., *NEAEHL* IV, S. 1495–1497; Kadesch-Barnea: Cohen, R., ebd. III, S. 843–847.

6 Die Kuschiten von Sera sind keine Äthiopier, wie von früheren Kommentatoren angenommen wurde, sondern ein halbnomadisches Volk mit demselben Namen, der in der Bibel für Afrikaner gebraucht wurde. Die Kuschiten lebten seit dem 2. vorchr. Jahrtausend an den Südgrenzen Palästinas. Vgl. Mazar (Maisler), B., *Untersuchungen zur alten Geschichte und Ethnographie*, S. 46f.

7 *ANET*, S. 255–257. Die Belagerung von Lachisch ist auf einem Relief von Sanheribs Palast in Ninive detailliert dargestellt; siehe: Barnett, R. D., *Assyrian Palace Reliefs and their Influence on the Sculpture of Babylonia and Persia* (London, 1960), S. 44–49.

8 A. van der Kooijs »Das assyrische Heer vor den Mauern Jerusalems…«, *ZDPV* 102 (1986), S. 93–110, bietet Einblicke in die Diskussion um diese Kampagne. Siehe ebd.: bibliographische Hinweise. Nach Kooijs Textinterpretation trat die assyrische Armee den Rückzug an, nachdem sie die Stadt vollkommen abgeriegelt, aber noch keine Anstrengungen unternommen hatte, sie zu stürmen.

9 Tadmor, H., »The Campaigns of Sargon II of Assur«, *Journal of Cuneiform Studies* 12 (1958), S. 80ff. Tadmor spricht sich dafür aus, daß diese spezielle Belagerung Sargon zuzuschreiben ist.

10 De Bourienne, F., *Memoirs of Napoleon* (Edinburgh, 1830), S. 153 (lies »Cestius« statt »Crassus«!) Vgl. Josephus Flavius, *De Bello Judaico* II, para. 542ff.

KAPITEL 10

1 Zu Mizpe siehe McCown, C. C., *Tell en Nasbeh I Archaeological and Historical Results* (New Haven, Conn., 1947); zu Gibea siehe Albright, W. F., *AASOR* IV (1922–1923), und Sinclair, L. A., *AASOR* XXXV (1954–1956), S. 5ff. Geba wurde nicht ausgegraben. Erhebliche Zweifel wurden angemeldet, ob die Kriege zwischen Abija, dem Sohn Rehabeams, und Jerobeam (2. Chronik 13) tatsächlich stattgefunden haben: Klein, R. W., »Abijah's Campaign«, *ZAW* 95 (1982), S. 210–217. Auch

wenn der Ausgang des Kampfes für Juda nicht so günstig wie dargestellt war, zeigt die Schilderung, daß es häufig zu Auseinandersetzungen kam, ehe das Gleichgewicht hergestellt wurde.

2 Aharoni, Y., *Excavations at Ramat Rahel I and II* (Rom, 1962–1964); zur Identifizierung von Bet-Hakerem siehe S. 122f. Der Verfasser fand Tonscherben aus dem 8. Jh. v. Chr. in Bether.

3 Siehe die relevanten Beiträge in der *NEAEHL*. Einige Wissenschaftler siedeln Ziklag in Tell Seraan an: Seger, J. D., »The Location of Biblical Ziglag«, *BA* 47 (1984), S. 47–53.

4 Zu Horvat Rascham siehe Rahmani, L. I., *Yediot* 28 (1964), S. 209ff.

5 Kochavi, M. (Hrsg.), *Judaea, Samaria and the Golan Archaeological Survey 1967–1968* (Jerusalem, 1972). Die folgenden Befestigungen aus der Eisenzeit II könnten von Joschafat oder seinen Nachfolgern errichtet worden sein: Judäische Wüste, Nr. 4, 92, 93, 145, 199, 202; Juda: Nr. 28, 79, 166.

6 2. Chronik 8, 4–5. Eine ausführliche Darstellung aller Aspekte der biblischen Befestigungen ist nicht Gegenstand dieses Buches, genausowenig können detaillierte Hinweise auf die darüber erschienene Literatur gegeben werde. Zu archäologischen Funden und ihrer Interpretation siehe die entsprechenden Artikel in der *NEAEHL* und die umfassende Bibliographie. Eine knappere Übersicht bietet: *Archaeological Encyclopedia of the Holy Land*, Negev, A. (Hrsg.) (London, 1932).

7 Ihre Besonderheiten, obwohl auch an römischen Beispielen zu sehen, finden sich auch zu alttestamentarischer Zeit. Siehe Gichon, M., in *Akten des 14. Int. Limeskongreß Carnuntum* 1986, hrsg. Vetters und Kandler (Wien, 1990), S. 193–214.

8 Vgl. Anm. 7. Zur Stärke von Garnisonen siehe Gichon, M., »Estimating« in *The Eastern Frontier of the Roman Empire* I, S. 121–142 (zutreffend auch für die biblische Zeit), hrsg. French und Lightfood (London, 1989).

9 Vgl. entsprechende Beiträge zu der *NEAEHL*.

10 Yadin, Y., *Warfare*, S. 36ff.

11 Herzog, Z., »The Storehouses«, *Beersheba I*, Aharoni, Y. (Hrsg.) (Tel Aviv, 1973), S. 23–30.

12 Aharoni, Y., *IEJ* 18, S. 162ff. Aharoni könnte der Bibel entnommen haben, daß die Befestigungsanlagen des nördlichen Königreichs heilige Stätten mit einschlossen. Für beide Königreiche führt er Dan, Bet-El, Geba, Arad und Lachisch an.

13 Meshel, Z., *NEAEHL* IV, s.v. Teiman, Horvat, S. 458–464 und Bibliographie.

14 Aharoni, »Hebrew Ostraca from Arad«, *IEJ* 15, S. 1–15.

15 Tadmor, H., »Azriyau of Yaudi«, Scripta Hierosolymitana VIII (1961), S. 232–271; *ANET*, S. 282.

16 Bogenschießen blieb eine der wichtigsten Fertigkeiten der Israeliten bis zur Zerstörung des Zweiten Tempels und danach. Die benjaminitische Tradition (siehe Seite 131) wird an den berittenen Bogenschützen deutlich, die sich Alexander auf seinem Marsch nach Ägypten anschlossen; im Regiment der berittenen Bogenschützen, das das herodische Batanaia sicherte (Josephus, *Contra Apion* I, 22. Ders. *Antiquitates Judaicae* XVII, 2,3), sowie noch im 2. Jh. n. Chr. in der Kohorte der jüdischen Bogenschützen aus dem syrischen Emesa, die in der römischen Armee diente (RE IV, 1, col. 295 s.v. *cohors*).

17 Joschafats Verwaltungsbezirke sind in Josua 15, 21–62, überliefert. Zu den zehn Bezirken, die in der hebräischen Bibel genannt sind, fügt die Septuaginta einen elften hinzu, der einer vollständigeren Quelle als der des Kanon entnommen ist. Der zwölfte Bezirk umfaßt die benjamitischen Städte, die von seinem Vater erobert wurden und in denen Joschafat Garnisonen einrichtete (vgl. 2. Chronik 17, 2). Die Aufzählung dieser Städte findet sich in Josua 15, 21–24. Vgl. Alt, »Judas Gaue unter Josia«, *Kleine Schriften* II, S. 276–288; Aharoni, *LB*, S.347–356.

18 Während seines Militärdienstes bei den israelischen Verteidigungstruppen konnte der Verfasser feststellen, daß große Abschnitte dieser Wadis heute wirksame Hindernisse für Panzer darstellen.

19 Die Ausgrabungen in Beerscheba sind noch nicht abgeschlossen, doch sie konnten bereits ein Licht auf die dreifache Funktion der Bollwerke an der judäischen Grenze werfen: als Verteidigungsanlagen, Ausgangsbasis für offensive Operationen und Verwaltungszentren. Siehe *Beersheba I*, Aharoni (Hrsg.). Wegen ihrer unveränderten taktischen Bedeutung wurden diese Bollwerk später zu griechischen, herodischen und römischen Grenzfestungen. Siehe Gichon, M., »Idumea and the Herodian Limes«, *IEJ* 17 (1967), S. 27–55. Noch im Ersten Weltkrieg wurde Palästinas Schicksal durch Allenbys Eroberung von Beerscheba im Oktober 1917 entschieden (vgl. Gichon, »Carta's Atlas«, S. 105 und Bibliographie). Beerscheba: Herzog, S., *NEAEHL* I, S. 161–173. Masos: Kempinski. B. J., ebd. III, S. 986–989. Malata: Kochavi, M., ebd. III, S. 934–936: Arad: Aharoni, Y., ebd. I, S. 75–78; Ira: Beit Arieh, I., ebd. II, S. 642–646.

20 Vgl. S. 155 ff.

21 Hazeva: Cohen, R., »The Fortress at En Hazeva«, Eilat, hrsg. Aviram, J. et al., S. 150–168 (H); Kadesch-Barnea: ders., *NEAEHL* III, S. 843–847; Jotveta: Meshel, Z., ebd. IV, S. 1517–1519.

22 Zu den Befestigungsanlagen in der Negev während der Ersten Tempel-Periode siehe: Aharoni, Y., »Forerunners of the Limes«, *IEJ* 17 (1967), S. 1–17, und Anm. 25 zu diesem Kapitel.

23 Siehe die Zusammenfassung von Glueck, N. in: *Rivers in the Desert: a*

History of the Negev (London, 1959), S. 168ff. Zu seiner ausführlichen Darstellung siehe: *BASOR*, 1953–1960. Letzte Analyse: Cohen, R. wie in Anm. 25.

24 Vgl. Anm. 7.

25 Cohen, R., *NEAEHL* III, S. 1126–1133, s.v. Negev: ders., a.a.O. in Anm. 21, »Fortresses and Roads in the Negev«, S. 80–126.

26 Das hebräische Original kann entweder mit »ein Teil der Philister brachte...« oder »von den Philistern erhielt Joschafat...« übersetzt werden.

27 Vgl. Anm. 13.

28 Zu Ezjon-Geber, Kadesch-Barnea und Arad siehe die entsprechenden Artikel in *NEAEHL*. Zum südlichsten Fort in Qureiye vgl. Meshel, S., *Hadashot Archaelogiot* (Oktober 1975), S. 51f. (H).

29 Ein judäischer Streitwagen ist auf Sanheribs Relief abgebildet, das die Belagerung von Lachisch darstellt. Vgl. S. 241 dieses Buches, Anm. 7 zu Kapitel 9, und Yadin, *Warfare*, S. 301. Zur Zerlegung und von Menschen gezogenen Streitwagen siehe: Yadin, S. 426, nach Botta, L. E., *Monument de Ninive* I (Paris, 1849), Abb. 20.

30 Mazar, B., *The Excavations at Tel Qasile* (Jerusalem, 1950).

31 Moderne Wissenschaftler neigen dazu, die Mëuniter jenseits der Südgrenzen des alten Juda anzusiedeln. Vgl. Tadmor in *MHBT*, S. 266ff. Andere Wissenschaftler, z. B. Albright, W. F., *BASOR* 129, S. 10–24, haben die Mëuniter mit den Bani Main in Verbindung gebracht – in den klassischen Schriften als »Minaioi« bezeichnet. Ihr Karawanenhandel erstreckte sich vom südlichen Arabien bis zur Mittelmeerküste. Doch auch wenn diese Theorie nicht zutrifft, scheint ihr Stamm Gebiete im westlichen und östlichen Palästina besiedelt zu haben. Borger, R., und Tadmor, H., »Zwei Beiträge zur A.T. Wissenschaft«, *ZWA* 94 (1982), S. 250f., sehen einen Zusammenhang zwischen den Mëunitern und Maan.

32 Gichon, M., *Sinai as a Frontier Area in Historic Retrospect* (Tel Aviv, 1969), S. 17 ff.; Gichon, »Carta's Atlas«, die entsprechenden Karten; Abel, F. M., *Géographie de la Palestine* II, S. 218. Migdol=Tell el Kher, Pelusiam=Tell Farama. Eine judäische Festung mit Heiligtum wurde freigelegt von Z. Meshel; siehe *Qadmoniot* 36 (1977), S. 115ff.

33 Sorgfältige Forschungen versetzten B. Rothenberg in die Lage, einen speziellen Typus von Töpferarbeiten aus der Eisenzeit II, der charakteristisch für die Negev-Region ist, festzulegen. Er nennt sie »midianitisch«. Es kann vorausgesetzt werden, daß die südlichsten jüdischen Stämme, die halbnomadisch blieben und eine unentschiedene Siedlungspolitik verfolgten, viel von der Kultur und der Handwerkskunst übernommen haben, insbesondere da sie sich mit den bodenständigen »Midianitern« zusammentaten.

34 De Vaux, *Ancient Israel*, S. 69f. McKane, W., »The Gibbor hayil ...«, *Glasgow University Oriental Society Transactions* XVII (1959), S. 28–37.
35 Zu Usija an der Spitze der anti-assyrischen Koalition siehe Anm. 15.
36 Josephus Flavius, *De Bello Judaico* V. para. 73–97.
37 Webster, *The Imperial Roman Army*, S. 166ff. Zu einem Lager mit drei Sektionen plus Hauptquartier siehe Plan von Novaesium; zu vier Sektionen plus Hauptquartier siehe Birrens und Fendoch. Vgl. auch Hahlweg, W., *Die Heeresform der Oranier* (Wiesbaden, 1973), S. 362–367.
38 Barnett, R. D., *European Judaism* 8 (1968), S. 1*–6*; Yadin, *European Judaism* 8, S. 6*.
39 Aroer: Biran, A., *NEAEHL* I, S. 89–92.

Kapitel 11

1 1. Chronik 4, 41–43, 2. Chronik 30 und 31, 1. Der Text berichtet von Hiskias erfolgreichen Bemühungen, die Israeliten des ehemaligen nördlichen Königreiches dazu zu bringen, an religiösen Ritualen und Feiern im Tempel von Jerusalem teilzunehmen. Dem 2. Buch der Chronik 31, 6, entnehmen wir, daß er erfolgreich einige Bewohner von Israel in Juda ansiedelte. Wie Judas Makkabäus (1. Makkabäer 5) und die erste Regierung des Staates Israel ebenfalls erkannten, war auch Hiskia klar, daß es wichtig war, seine Truppen zu verstärken, indem er jüdische Männer aus anderen Gebieten anmusterte, um dem Druck fremder Mächte standhalten zu können.
2 Zu den Auseinandersetzungen Hiskias mit den Philistern und Assyrern siehe Tadmor, *MHBT*, S. 138ff.
3 2. Könige 20, 12f.; 2. Chronik 32, 31.
4 Maspero, G., *The Passing of the Empires 850 BC–330 BC* (London, 1900), S. 251–253 (veraltet, dennoch lesenswert); Breasted, J. H., *A History of Egypt* (London, 1964), S. 460f.
5 Avi Gad, N., *The Upper City of Jerusalem* (Jerusalem, 1980); Winter, F. E., *Greek Fortifications* (London, 1971), Kapitel 8.
6 Yadin, *Warfare*, S. 326f.
7 *ANET*, S. 321. Zitat aus: Baikie, J., *Lands and Peoples of the Bible* (London, 1932), S. 33.
8 Naveh, J., »Old Inscriptions in a Burial Cave«, *IEJ* 13 (1963), S. 74–92.
9 *ANET*, Sennacherib (a), S. 287f. Zur Belagerung siehe S. 219 u. 222 in diesem Buch.
10 Vgl. Anm. 3.

11 Loewenstamm, S. E., *EB* V, s.v. Manasseh, Sp. 41–45.

12 Lawrence. A. W., *Greek Aims in Fortification* (Oxford, 1979), Übersetzung von Philo dort: (84), S. 87, »The Meander-like System«. Dies bezieht sich auf sein erstes System: vgl. (1)–(38), S. 75ff. Aroer: Biran, *NEAEHL* I, S. 89–92.

13 Zu Mezad Hashaviahu siehe Naveh, J., *IEJ* 12, S. 89–99 und 10, 129–139.

14 Zum politischen Hintergrund während der Regierungszeit Josias siehe: Malamar, *MHBT*, S. 296ff. Josias Militärreformen wurden ausführlich behandelt von Jung, E., in *Beiträge zur Wissenschaft des Alten und Neuen Testaments* 1937: *Der Wiederaufbau des Heerwesens des Reiches Juda unter Josia* (Stuttgart, 1937). Dieses Werk stand mir nicht zur Verfügung, als ich das vorliegende Buch vorbereitete. Man beachte die Divergenz in unseren Interpretation der verschiedenen Probleme.

15 Torczyner, H., et al., »The Lachish Letters«, in *Lachish* I, Harding, L. (Hrsg.) (London, 1938): *Ostracon* 4; *ANET*, S. 322. Es wird deutlich, daß bereits in biblischer Zeit zu anderen Kommunikationsmethoden gewechselt wurde, wenn direkte Signale nicht gegeben werden konnten. Die Israeliten verständigten sich seit der Zeit der Richter mit Feuer und Rauchzeichen, zusätzlich zu anderen Methoden der mündlichen und visuellen Kommunikation (Richter 20, 38). Gewöhnlich wurden die Signale von festen Posten aus gegeben. Napoleon ließ noch 1799 in Galiläa Feuer- und Rauchsignale geben. Siehe auch Vegetius Renatus, Epitoma rei militaris III 5: »Per noctem flammis per diem fumo« – Flammen bei Nacht und Rauch am Tage zur Kommunikation mit den Verbündeten. Zum Alten Osten vgl. Dossin, G., »Signaux lumineux du pays du Mari«, *Revue Archéologique* XXXV (1938).

16 Der politische und strategische Hintergrund von Judas letztem Jahrzehnt wurde beschrieben von Malamat, A., »The twilight of Judah«, *VT*, Suppl. 28 (Edinburgh, 1974).

17 Zur Ausbreitung der Diaspora siehe Strabo, Hist. Hypomnemata apud Josephus, *Antiquities* XIV, S. 114–118. Zum Militärdienst als Hauptursache der Diaspora siehe: Hengel, M., *Judentum und Hellenismus* (Tübingen, 1973), S. 27–31.

Kapitel 12

1 Die Tempelschätze von Jerusalem wurden auf Befehl Seleukos' IV. (187–176 v. Chr.) geraubt, als er den Tribut aufbringen mußte, den Rom von seinem Vater Antiochos III. forderte (2. Makkabäer 3, 7ff.).

2 Die Geschichte von Antiochos und dem Aufstand der Makkabäer wird im 1. und 2. Buch der Makkabäer erzählt, die von verschiedenen anonymen Autoren verfaßt wurden. Antiochos' Verfolgungen finden Widerhall im Buch Daniel und bei Josephus Flavius, der auch die Geschichte der Makkabäer schildert.
3 Avisar, E., *The Wars of Judah the Maccabee* (Tel Aviv, 1965).

Kapitel 13

1 Wörtlich »die Frommen«. Obwohl sie sich jedem Versuch widersetzten, das Judentum zu hellenisieren, erscheint es unwahrscheinlich, daß sie zu den Waffen griffen. Die Psalmen Salomos nennen die Pharisäer »Hasidim«. Von dem Namen »Hasidim« könnte der der »Essener« abgeleitet sein. Die Essener waren eine pietistische Gruppe; sie lebten etwa ein Jahrhundert später an den Küsten des Toten Meeres und stellten sich gegen die Nachfolger von Judas Makkabäus, die zu der hellenistischen hasmonäischen Dynastie geworden waren. Die jüdischen Gruppen, die eine Wiederbelebung des Judentums propagierten, wurden im Mittelalter in Deutschland sowie in Polen und Litauen im 18. Jh. auch »Hasidim« genannt.
2 Obwohl der Verfasser des 1. Buchs der Makkabäer, in dem dieses Bündnis erwähnt wird, ein starker Verfechter des Judentums ist, besteht kein Grund, am Zustandekommen des Bündnisses zu zweifeln. Die Vereinbarungen wurden von Judas' Nachfolgern, den Hasmonäern, erneuert, verursachten jedoch Konflikte innerhalb Judäas, da sie lediglich von der Oberschicht – den Herrschern, Priestern und ihren wohlhabenden und einflußreichen Anhängern, den Sadduzäern – befürwortet wurden.
3 Der seleukidische Statthalter Alexander Balas setzte Jonatan als Hohenpriester ein. Judas hatte nie versucht, dieses Amt anzustreben, da seine Familie nicht die erbliche Befähigung dazu hatte. Jonatans Ernennung verusachte später Spannungen in Judäa.
4 Im Jahr 142 v. Chr. Von da an wurden die Nachkommen des Mattatias zur hasmonäischen Dynastie, die den Titel »Hohepriester und Ethnarch der Juden« annahmen. Die Römer erneuerten das Abkommen mit den Juden zu Simons Zeit im Jahr 139 v. Chr.

Personenregister

Ortsregister

Zor (Ṣūr [Tyros])
Lajisch
(Dan)
Qedesch
Hazor
Akko
Aschtarot
Rakat
Bet-Jerach
Schimron
Edreï
Megiddo
Taanach
Bet-Schean
(Tell el-Husn)
Arubboth
(Tell es-Asawir)
Dotan
Rehob
Tirza
Jordan
Zaretan
Aphek
(Azor)
Lod
Ai
Jericho
Geser
Jerusalem
(Tell es-Safi)
Jarmut
(Tell Erani)
Eglon
Lachisch
(Tell en-Nejile/Tell en-Neğile)
Gerar
Arad
(Tell Malhata)
(Bab ed-Dra)
0 5 10 15 km